KB274369

중국 주영신 교육문집 8

校園守望者

교정의 파수꾼

중국교육심리학 논문

주영신 지음 ● 최영준 옮김

어문학사

1995년, 저자가 타이완대학 초청으로 화교심리학자 학술 연구회 참석 차
대만을 방문했을 당시

연합국 사무총국 빌딩 앞에서

'책 만 권을 읽으면, 만 리를 갈 수 있다.'는 가치를 꾸준히 실천해
온 저자와 그 가족들

2003년 여름, 온라인 교육 사이트 소속 교육 봉사자들과 함께 윈난(雲南)성
안닝(安寧)현에서 의무 교육 지원 활동에 참가한 저자

노벨물리학 상을 수상한 쑤저우(蘇州) 출신 리정다오(李正道) 선생과 함께.
저자는 최근 강의 차 고향을 수차례 방문했다.

학창시절 친구 위안전궈(袁振國)
교수와 함께 황푸강(黃浦江)에서
찍은 사진

출간에 즈음하여

우리 출판사는 '교육에 이바지하고 학술을 발전시키며 문화 인프라를 구축한다服務教育, 繁榮學術, 積累文化.'는 목표 아래, 《차이위안페이 연보장편蔡元培年譜長篇》, 《예성타오 교육문집葉聖陶教育文集》, 《우바이쑤 문집吳伯籲文集》, 《류정 문집劉征文集》, 《량헝 문집梁衡文集》 등 여러 권의 중점 도서를 기획 출판하여 사회에 커다란 영향을 미쳤다. 이 가운데서 많은 도서들이 국가도서상, 중국도서상, 국무원 각 부와 각 위원회급 우수상 등을 수상하였다. 이를 바탕으로 본 출판사는 다시 《十五》 출판 계획의 중점 프로젝트로서 중점도서를 기획하였는데, 《주영신교육문집朱永新教育文集》이 바로 이 중 하나이다.

주영신朱永新 교수는 일찍이 쑤저우대학蘇州大學 교무처장, 교육과학부 주임, 중국심리학회 상임이사 겸 이론심리학 · 심리학사 전문위원회 부주임, 대만 잡지 《본토심리학 연구》의 학술고문, 일본 조치대학上智大學 연구원 등을 역임했다. 지금은 중국 인민정치협상회中國人民政治協商會議의 전국위원회 상무위원, 중국 민주건국회의 중앙위원회 상무위원, 쑤저우시蘇州市 인민정부 부시장, 쑤저우대학 교수, 박사학위 지도교수, 북경사범대학 등의 겸임교수, 교육부 교사교육 전문가위원회 위원, 고등교육기관 심리학 교수지도위원회 위원을 맡고 있다. 주영신 교수는 교육정책, 중국교육사, 중국심리학사, 일본교육 등의 영역에 관한 연구가 깊고, 그가 추진한 신교육 실험은 이미 중국의 수백 개 초 · 중고등학교에서 전개되고 있다. 이렇게 바쁜 업무 가운데서도 그는 집필 활동을 멈추지 않고, 《중화교육사상 연구》, 《곤경과 초월—당대 중국교육 논평》, 《영혼의 자취—중국 본토심리학 초고》, 《나의 교육이상》, 《신교육의 꿈》 등 영향력 있는 저서를 저술하였고, 《당대 일본교육 총서》 등 30여 권의 편집을 주관하였다. 이 밖에도 《신세기 교육문고》《교육과학 우수교재 번역집》의 편집·출판을 주재하면서, 중국 및 외국 학술지에 300여 편의 논문을 발표했다. 또한 주영신 교수는 일찍이 여러 차례 유네스코에서 위탁한 연구 프로젝트, 국가 자연과학기금 프로젝트, 국가 사회과학기금 프로젝트, 성급省級, 부급部級 연구 프로젝트를 진행하였다. 이러한 저서들은 국가도서상의 노미네이트상, 중국도서상, 중국 우수 대중정치이론 도서 1등상, 장쑤성江蘇省과 산시성山西省의 《오개일五個一》 프로젝트상, 국가 자연과학기금 프로젝트 우수성과상 등을 수상했다.

《주영신 교육문집》은 전 10권으로 구성되어 있다.

1. 1권은 총론으로, 작가가 교육에 대한 거시적인 사고와 이상적인 교육에 대한 청사진을 그린 것이다.

2. 2권~4권은 작가의 중국 교육사상에 관한 연구로, 상고시대부터 당대까지의 중국교육과학의 성과와 공헌을 논술하였다.

3. 5권, 6권은 중외中씨 교육문제에 관한 작가의 분석과 논평으로 이루어져 있으며, 교육 정책에 대한 연구와 건의가 포함되어 있다.

4. 7권, 8권은 중국 심리학과 교육심리학에 대한 작가의 연구 성과를

담은 저작물이다.

5. 9권, 10권은 작가의 교육수필과 중국 각지 교사들의 답변, 기자와
   네티즌의 다양한 물음에 대한 기록 등을 담고 있다.

인민교육출판사

2004년 1월

쉬자루許嘉璐

주영신朱永新 교수 문집 출판을 앞두고, 주영신 교수는 제게 문집의 서문을 써달라고 부탁했습니다. 아마도 제가 교육에 관심이 많아 자주 교육에 대한 견해를 발표하는 것을 보았거나, 혹은 우리가 마쉬룬馬敘倫, 저우젠런周建人, 예성타오葉聖陶, 뢰이졔충雷潔瓊 등과 함께 중국 민주촉진회의 후진들이기 때문일 것입니다. 우리는 중국 민주촉진회의 회원입니다. 주영신 교수가 어떻게 생각할는지 모르지만, 저는 그의 학술적 성취에 탄복하였고 또한 젊은 학자에 대한 사랑과 교육에 대한 관심으로 그 제안을 응낙하게 되었습니다. 하지만 제가 직접 서문을 써도 좋겠다는 생각을 한 것은 단지 이것 때문만은 아닙니다. 교육 분야에 줄곧 관심을 가진 비전문가의 안목으로써 이 문집과 작품에 대한 견해를 말하는 것이, 어쩌면 더욱 냉정하고 객관적일 수 있기 때문입니다.

저는 누구나 중국교육에 대해 말할 수 있다고 이야기한 적이 있습니다. 왜냐하면 교육문제 자체가 너무 복잡하고, 특히 중국의 교육문제는 더욱 심각한 수준이기 때문입니다. 중국이 개발도상국가로서의 미약한 실력으로 세계에서 가장 규모가 큰 교육을 실시하고 있다는 사실은 차치하고라도 지금 중국이 시대적 전환기를 맞아 도시와 농촌, 동부와 서부 사이에 불균형이 심각하고, 몇 세대 간의 사상과 관념이 서로 부딪히고 요동치고 있는 것 자체만으로도, 오늘날 세계에서 찾아볼 수 없는 유일무이唯一無二한 현상이 벌어지고 있다고 말할 수 있습니다.

교육 보급률이 향상됨에 따라 교육에 대한 평론을 발표하는 사람들도 당연히 증가하고, 거의 집집마다 항상 논의할 정도로 많아지고 있습니다. 이렇게 교육과 유관한 연구에 많은 것을 제기하는 것은 어쩌면 다른 나라에서는 별로 부각되지 않는 문제일 것입니다. 저는 이 가운데서 두 가지 문제가 가장 시급하다고 생각합니다. 하나는, 교육에 관한 일은 머리카락 한 올만 뽑아도 몸 전체가 움직이는 것처럼 교육만을 가지고 교육을 논할 수 없는 일이며, 교육의 일부분만을 논하고 다른 부분을 고려하지 않아 사람들의 일상적인 담론에서 벗어나서는 더욱 안 된다는 것입니다. 다른 하나는, 교육학이 어떻게 하면 협소한 교육이론의 틀을 벗어나 더욱 많은 사람들이 그것을 이해하고, 평론하고, 실천하게 하며, 더욱 큰 범위 내에서 일반 대중들에게 받아들일 수 있을지를 검증함으로써 전문가와 사회가 쉽게 공감대를 형성하도록 하는 것입니다. 주영신 교수의 이 문집은 바로 이 두 가지 문제에서 저에게 큰 기쁨과 위안을 주었습니다.

주영신 교수는 이 문집에서 국내외 정치·경제·사회·문화, 고금古今의 넓은 시각으로 중국의 교육 문제에 대해 면밀히 고찰하고 생각하였습니다. 주영신의 논술은 교육을 받은 사람이면 누구나 경험한 전반적인 교육 과정에 두루 걸쳐 있습니다. 크게는 교육이념과 원칙, 그리고 작게는 수업시간의 개혁 및 방과 후 활동에 이르기까지, 그는 이 모든 것에 대해 진지하게 생각하고, 체계적으로 조사하고, 성실하게 실험함으로써 언제나 체계적인 이론적 과정까지 끌어올렸습니다. 심리학은 교육학과 밀접하게 관련되어, 중국교육을 연구할 때 동시에 전개되는 국제교육에 대한 인식과 분석을 필요로 하는데, 이러한 내용 또한 그가 언급한 범위 내에 있습니다.

　주영신 교수는 결코 '순수한' 학자는 아니지만, 교육이론연구만큼은 그가 진행하는 많은 업무 가운데서 언제나 머릿속을 맴도는 핵심 내용입니다. 주영신 교수는 교사, 고급공무원, 그리고 연구자로서 일인 삼역을 해오다, 아이가 태어남에 따라 학부형이라는 또 하나의 신분을 갖게 되었습니다. 이를 계기로, 그는 교육체계를 연구할 때 어느 한 단락 혹은 어느 한 방면만을 관찰할 수 없게 되었으며, 반드시 전면적이고 다각적이며 과정적인 연구를 해야만 했습니다. 나는 그가 극도로 지쳤을 때의 모습을 보고서 '이것은 하늘이 장차 이 사람에게 큰 임무를 맡기려는 시험인가, 아니면 그의 '운명'이 이와 같아서 어쩔 수 없는 것일까?'라고 마음속으로 생각한 적이 있었습니다. 그러나 사실 이것은 바로, 다른 사람은 얻기 어려운 절호의 연구 환경과 조건을 그에게 제공해 준 셈입니다. 언제나 역할을 바꾸게 되면 생각의 각도와 방법을 바꾸고, 거시적 안목과 미시적 안목을 자연스럽게 결합하는 시간들이 켜켜이 쌓여야 하는데, 그만의 독특한 연구 방법과 스타일은 이렇게 만들어진 것입니다.

우리가 어떤 사물에 대해 연구할 때 이성적인 추진력은 있으나 그 사물에 대한 깊은 인식에 기초하여 나오는 지극한 애정이 없다면, 즉 연구 대상에 대한 폭넓은 애착이 없다면 사물을 창조적이고 특색 있게 만들어 낼 수 없습니다. 주영신 교수의 교육연구의 특징 중 하나는 바로 전심전력으로 몰두한다는 것입니다. 몸은 하나의 신분으로서 세 가지 역할을 맡아야 했기에, 그는 자연히 역할을 완수하기 위해 모든 시간과 정력을 쏟아야 했습니다. 마음은 볼 수 없는 것이지만 그의 모든 일에 꿰어져 있고, 그의 모든 논저에 표현되어 있는 선명한 사랑은 가장 좋은 증거라 할 수 있습니다.

그는 "교육은 한 편의 시다"라고 말하고, 그의 교육문집 제10권을 '시의와 이성詩意與理性'으로 명명하였습니다. 그는 시적인 언어로 교육을 노래하였으며, 그의 교육사상을 표현하였습니다.

교육은 한 편의 시
이 시의 이름은 열애.
모든 아이들의 눈동자 속에
어머니의 마음이 있듯이,
교육은 한 편의 시
이 시의 이름은 미래.
문명을 계승하는 긴 강 위에
파도 헤치는 한 척 배처럼.

만약 너무도 이성적이기만 하고 넘쳐흘러 억제할 수 없는 감정이 없다면, 어떻게 이러한 시적 정서를 뿜어낼 수 있겠습니까? 그러나 그는 낭만주의자는 아닙니다. 그는 원래 매우 바빴습니다. 하지만 오히려 솔선수범하여 자비를 들여서 교육 웹사이트를 개설하고, 여기저기 교육 개혁 일선에서 분투하는 많은 네티즌의 친구가 되었습니다. 그는 날마다 피곤한 발걸음을 이끌고서 집으로 돌아온 후에 인터넷 사이트 쪽지와 메일을 한 편씩 차례로 검색하고 일일이 리플을 달아주었습니다. 사실 이것은 사서하는 고생입니다. 그러나 그는 이것을 "시적 감성이 이성과 함께 하는 동행"이며 "즐거움이자 행복"이라고 여겼습니다.

그는 '인간 세상의 천당人間天堂'이라 불리는 쑤저우蘇州에서 일하고, 생활하며, 이곳에서 이미 12년 동안 교육을 널리 펼쳤습니다. 지금은 대학교육을 보급하는 목표를 추진하고 있는데, 전체 도시의 문교사업을 주관하는 부시장이면서도 마음은 오히려 서부 지역에 가 있습니다. 그는 어떻게 하면 동·서부 간의 교육 격차를 축소할 수 있을지 숙고하며 끊임없이 외치고 있습니다……. 그는 어떻게 이렇게 오랫동안 활동할 수 있었을까! 저는 그 가장 큰 원동력은 바로 '위대한 사랑'이라고 생각합니다.

감성과 이성을 빈틈없이 연결하려는 노력은 교육사업과 교육이론 연구를 오로지 돈벌이 사업으로 간주하는 태도와 구별되는 가장 큰 차이점이며 또한 성공의 요소입니다.

교육은 인류사회가 끊임없이 발전하게 할 수 있는 근본적인 보장입니다. 사람이 사람답고 다른 동물과 구별되는 까닭은 어떤 의미로 말하자면, 서로 다른 경로를 통해서 서로 다른 수준과 내용의 교육을 받은 결과입니다. 한 국가로 말하자면, 교육은 바로 국가가 발전하고 강대해지는 것을 보장하는 기초적인 프로젝트입니다. 이러한 견해는 이미 우리의 공통된 인식입니다. 그러나 교육은 지극히 복잡하고 방대한 시스템으로서 많은 교육이론 전문가와 관리 전문가를 필요로 합니다. 왜냐하면 교육에 몸담고 있는 사람은 그 안에서 즐거움을 찾겠지만, 제3자의 입장에서 볼 때 교육이론연구는 무미건조하고 어려운 것이기 때문입니다. 지나치게 많은 교육학 저서도 사람들의 이러한 느낌을 더욱 확실히 강화시켰습니다.

관리업무가 사람들에게 주는 인상은 번잡하고 자질구레합니다. 이러한 느낌과 인상은 종종 교육이론연구가, 관리자와 포괄적 교육 참여자(학부모와 학생, 그리고 방관자를 포함함)가 서로 거리감을 느끼도록 만드는 원인 중 하나였습니다. 우리 사회는 이론 연구와 관리를 한 몸에 집중시키고, 자신의 교육에 대한 애착심을 사회의 학자들에게 전달함으로써 사람들과 함께 교육이라는 바다에서 노니는 즐거움과 행복을 누리기를 바라고 있습니다. 그러나 오늘날 이러한 저서와 학자는 너무도 적습니다.

우리는 교육이론과 같은 인문사회과학의 이른바 '학문'에 대해 오해하였습니다. '오로지 특정한 전문 용어를 사용하고, 산더미 같은 술어와 독자들이 반복적으로 음미해야 알 수 있는 문장을 포함하고 있어야 학술인 것일까? 아니면 가장 명확한 언어로 복잡한 사물을 표현하는 데 뛰어난 사람이 그다지 많지 않아서일까? 그렇지 않으면, 교육이론은 확실히 오묘하고 깊어 예측하기 어려운 학문이기 때문에 반드시 사회관습을 '초월'하는 언어를 사용해야 분명하게 말할 수 있어서일까?' 라고 생각했던 것입니다. 하지만 나는 진리는 언제나 매우 소박하고 지극히 간단하다는 이치를 굳게 확신합니다. 진정한 '대가大家'는 분명 심오한 사상과 복잡한 법칙을 쉽고도 생동감 있는 언어로 표현할 수 있는 능력을 갖추고 있으며, 역사상으로도 그러한 예는 적지 않습니다.

주영신 교수는 젊은 교육이론가로서 이러한 목표를 향해 노력하고 있으며, 게다가 이미 자신의 스타일을 만들어냈습니다. 논술, 서정, 문답의 병용, 논리적이고 엄밀한 이성적 언어, 보통 사람들이 듣고 말하는 것에 습관화된 통속적 구어, 생각이 통통 튀며 열정이 넘치는 시구 등을 구비하여 생각이 이르는 곳, 감정이 머무는 곳, 글이 필요한 곳에 그것들을 펼쳐냈습니다. 어떤 문장은 읽을 때에는 엄숙하고 경건해지고, 어떤 것은 감탄을 금치 못하며, 어떤 것은 반복해서 음미해야 했습니다. 더욱 값진 것은, 이러한 글들이 결코 그가 고심하여 쓴 것이 아니라 천성이 이러하여 자연스럽게 드러난 것이라는 점입니다. 이러한 천성은 바로 그의 교육 사업에 대한 사랑이며 그 귀결점은 바로 국민에 대한 사랑인 것입니다.

어떤 스타일이 이미 사회에 만연하고 많은 사람들에게 익숙해져 그들의 잠재의식 속으로 스며들 때 또 다른 종류의 스타일이 출현하게 되는데, 초기에는 그런 스타일이 언제나 '다른 종류'(나는 잠시 '이단'이란 말을 쓰지 않겠다)'로 간주됩니다. 주 교수도 이러한 경험이 있었는지는 모릅니다. 저는 진정 설사 누군가 "이것은 논문이 아니다."라고 하더라도 그가 흔들리지 않기를 간절히 바랍니다. 왜냐하면 학술적 생명력의 강하고 약함은 최후에 가서 사람들이 판단하는 것이지, 결코 작은 학술 그룹에 의해 단정 지어지는 것이 아니기 때문입니다. 저는 또한 그가 이 방면에서 끊임없이 단련하여 교육이론계에 신선한 바람을 계속 불어넣기를 바랍니다.

사람들의 생활과 밀접하게 관련되어 있는 다른 모든 사물과 마찬가지로 교육은 민감하게 시대의 흐름을 바짝 따르고 사람들의 수요에 찰싹 달라붙어 시대에 따라 달라지고 지역에 따라 맞춰집니다. 주영신 교수의 문집은 주로 그가 교육학 분야에 발을 들여놓은 때부터 2003년까시 발표한 논문과 지시들을 수록하고 있습니다. 이것은 중국 개혁개방 이래 교육영역의 이론연구와 실천과정을 반영한 것입니다.

"전투는 어려운 시기에는 일어나지 않는 법이다." 기본적으로 먹고 살만한 수준小康의 사회에서, 대체적으로 먹고 살만한 수준의 사회로 접어든 20여 년 동안 한도 끝도 없는 교육문제가 대량으로 나타났습니다. 이를 해결해야 했기 때문에 끊임없이 관찰하고 생각하고 연구해야 했습니다. 중국의 교육학은 이러한 과정에서 발전하고 성장하고 있습니다. 중국만의 특색을 지닌 교육학도 이러한 시기에 형성된 것입니다.

주영신 교수는 한창 나이인데다 이름인 '永新'처럼 영원히 새로울 것입니다. 백 년에 한 번 있을까 말까 한 이 기회를 절대 놓치지 말고 반드시 자신의 연구를 심화하고 넓혀 나감으로써 중국교육 사업을 위해서, 그리고 중국의 교육이론을 위해서 자신의 모든 재주와 지혜를 바쳐서 더욱 훌륭하고 많은 글을 써내길 바랍니다.

우리는 기대하고 있겠습니다.

이것으로 서序를 대신합니다.

2003년 12월 14일

日讀一卷(날마다 책 한 권을 읽는) 서재에서

흔히 교육은 '백년지대계百年之大計'라고 한다. 인재 양성은 '백 년 앞을 내다보는 원대한 계획'으로서 국가와 사회 발전의 근본 초석이 되며, 그 영향 또한 지대하기 때문이다. 그래서 어느 나라, 어느 사회, 어느 가정에서든지 교육에 대한 관심과 열정은 그만큼 뜨겁다.

중국은 유구한 역사만큼이나 교육의 역사도 깊고 그 내용도 매우 풍부하다. 특히 교육에 대한 문제의식과 문제의 해결 방법도 우리와 놀라우리만치 비슷한 점을 많이 갖고 있다. 이러한 중국의 교육제도, 교육철학, 교육이론, 교육현황 등을 살펴보는 것은 우리의 교육을 되돌아보고 가다듬는 데도 매우 유익한 일이 아닐까 여겨진다.

역자는 대학에서 '중국어교수법연구' '중국어교과교재연구 및 지도법' '중국어교육론' 등을 강의하면서 우리 사회에 중국의 교육에 대한 전문서적이 매우 드물다는 것을 늘 안타깝게 생각해왔다. 이에 대해 고민하던 중 중국 교육학 대가인 주영신 교수의 《교육문집教育文集》을 접하게 되었고, 중국교육 연구에 대한 서광을 발견한 기쁨을 느꼈다. 그의 저서는 교육 철학, 교육 사상, 교육 역사, 교육 심리, 교육 평론, 교육 수필, 교육 상담 등 중국교육 전반에 대해 체계적이고 일목요연하게 기술하여, 중국교육 연구에 대해 충분한 내재적 가치를 포함하고 있었기 때문이다.

저자 주영신 교수는 중국 쑤저우대학苏州大学 교무처장, 쑤저우시 인민정부 부시장 등을 역임하였으며, 심리학자이자 교육학자 그리고 교육 실천가로서 중국에 널리 알려진 저명인사이다. 지금은 중국의 전국 정협상위全国政协常委 민진중앙상위民进中央常委의 부위원장으로서 정치 활동뿐만 아니라 교육 관련 활동으로 각계의 주목을 받고 있다. 그는 《주영신교육문집朱永新教育文集》 10권외에,《당대일본교육총서當代日本教育叢書》,《교육온라인문고教育在線文庫》 등 30여 종을 주편하였고,《신세기교육문고新世紀教育文庫》 편집과 출판을 주관하였으며, 국내외 학술 간행물에 200여 편의 논문을 발표하기도 하였다. 이 가운데서 역자는 주영신 교수의 《주영신교육문집朱永新教育文集》 10권을 번역 텍스트로 삼았는데, 그 내용은 다음과 같다.

1권: 《신교육의 꿈―이상적인 도덕교육》은 도덕교육, 지식교육, 체육 교육, 심미교육, 노동기술교육에 대한 이상理想과 해법을 제시하고 있 으며, 이상적인 학교·교사·교장·학생·학부모 등 상호 유기적인 역할 관계를 분석하고 있다.

2권: 《근원과 찬란―중국고대교육사상사》는 중국고대교육사상의 기원 과 주요 특징, 이론적 기초, 고대 덕육관, 고대 교학론, 고대 교사론, 과 거제도, 고대의 독서법, 서원, 몽학 등을 다루고 있다.

3권: 《소통과 융합―중국근현대近現代교육사상사》는 중서中西교육사상 의 교류와 융합, 양무교육사상, 유신교육사상과 중국 현대의 개성 교 육, 직업 교육, 평민 교육, 농촌 교육, 생활 교육, 산 교육 사상, 그리고 혁명교육사상을 다루고 있다.

4권: 《변천과 구조―중국당대當代교육사상사》는 당대 교육사상의 변천

과정, 마오쩌둥, 덩샤오핑 등 지도자의 교육이상, 당대 도덕교육사상, 당대 교육심리사상, 당대 교육개혁이론, 당대 교육발전전략, 당대 교육 과학 등을 다루고 있다.

5권: 《곤경과 초월－중국교육문제 분석》은 중국교육의 성과, 학업에 대한 심리적 분석, 가정교육 문제점, 의무교육, 독서, 시험, 인터넷 등 교육문제를 분석하고 있다.

6권: 《반성과 배움－중외中外교육 평론》은 중국교육 평론에서 거시교 육 정책, 중국교육 주제 연구, 지역교육 발전 연구를 다루었고, 외국교 육 평론에서는 비교교육 연구, 일본교육 연구, 교육사상 연구 등을 다 루고 있다.

7권: 《마음의 궤적－중국심리학 연구》는 응용심리에서 중국 고대 교육 심리, 인재심리, 범죄심리, 군사심리, 의학심리, 관리심리, 꿈에 관한 학 설, 근대 교육심리 사상을 다루었으며, 인물학파에서는 이정二程, 주희 朱熹, 육구연陸九淵, 왕정상王廷相, 왕부지王夫之, 안원顔元, 현학자玄學者의 심리 사상을 다루었다. 그리고 종합평론에서는 지의志意의 본질, 중국 인의 사회 정치 심리분석, 중국인의 '파리스 콤플렉스', 중국 고대 학자 의 대뇌 연구, 중국 사회개혁 심리 연구 및 중국심리학사 연구를 다루 고 있다.

8권: 《교정의 파수꾼－중국교육심리학 논문》은 '학교 심리 상담'에서 학교 심리 상담의 정의·준비·실제, 학습 심리, 진로 선택, 정신 건강, 상담의 원칙, 심리 측정, 심리 치료 등을 다루었고, '학생들과의 서신 상담'에서는 올바른 자기 인식을 위한 조언, 강한 의지를 기르는 방법,

원만한 관계 형성법, 능률 학습법 등을 다루었다. 그리고 '주영신 교수의 연구 논문'에서는 현대 학습 이론, 학습동기 소고, 협동 학습과 집단 심리학, 대학 커리큘럼의 심리적 기초 등을 다루고 있다.

9권: 《누림과 행복―중국교육수필 선집》은 성장과 깨달음, 교단에 대한 평가, 과학적 연구에 관한 이야기, 명사들과의 대화, 인터넷에 대한 단상, 교육의 법칙 등에 관한 수필들을 다루고 있다.

10권: 《시와 이성―중국교육 문답록》은 교사와의 대화, 교사의 새로운 사고, 이슈 토론, 초점 토론, 교육 방침에 관한 토론 등 질문과 응답 방식을 통해 교육에 관한 문제를 알기 쉽게 다루고 있다.

이처럼 주영신 교수의 《교육문집敎育文集》 10권은 중국교육 전반에 대한 이론과 실제, 그리고 담론을 거시적인 안목으로 총체적으로 망라하고 있다. 이러한 이유만으로도 그의 저서는 중국교육 연구의 중요한 지침서가 되기에 충분하다고 생각한다. 따라서 중국교육에 관심 있는 사람이라면 누구나 일독해 볼만한 책으로 망설임 없이 추천하고자 한다.

역자로서는 중국교육에 대한 역사성, 이론성, 현실성 등을 분명하게 전달하고자 하는 원저자의 저작 의도를 최대한 존중하면서도, 이념적 배경과 사회적 환경에 의한 정서적 충돌을 줄이기 위해서 부득이하게 일부 선역과 우회적 번역이 불가피했음을 밝혀둔다. 또한 짧은 시간에 방대한 분량의 책을 번역하여 충분한 검토를 거치지 못한 상태에서 출판에 임하여, 번역의 오류와 역주의 미진한 부분들이 발견될 가능성이 높다는 점을 부인할 수 없다. 앞으로 발견되는 문제점들은 향후 철저한 수정 보완 작업을 통하여 보다 완벽한 역서로 재출간한다는 계획으로 위안을 삼고자 한다.

끝으로 이 책을 번역하여 세상에 내놓는 데는 많은 분들의 도움이 있었다. 우선 중국어 교육 등을 공부하면서 번역 수업에 함께 참여했던 교직이수 학부생, 교육대학원생, 그리고 직 간접적으로 참여했던 여러 번역자들에게 진심으로 감사드린다. 아울러 번역 교정에 수고를 아끼지 않은 성은기, 조아라, 서조원 석사생과 이경훈, 이은영, 이승매, 김영 선생에게 깊은 감사의 마음을 전한다. 또한 훌륭한 저서의 번역을 허락해주신 주영신 교수님, 중국 인민출판사 관계자에게 감사드리며, 특히 여러 가지 어려운 상황을 무릅쓰고 중국교육 관련 역서를 정성 들여 출판해주신 어문학사 윤석전 사장님과 편집부 직원 여러분께 심심한 감사를 드린다.

2009년 11월

최영준

차 례

출간에 즈음하여 7

추천사 10

역자서문 19

교정의 파수꾼(서문을 대신하여) 32

상편 학교 심리 상담 35

01 학교 심리 상담이란 무엇인가 37

    1. 《중국청년》 지에 실린 편지 한 통 38

    2. 심리 상담의 의미와 유래 40

    3. 학교 심리 상담과 초등교육 및 중·고등교육 47

02 학교 심리 상담의 준비 51

    1. 상담자 선정 52

    2. 상담 환경 조성 57

    3. 상담 형식의 확정 63

03 학교 심리 상담의 실제 65

    1. 자료 수집-상담의 기틀 마련 단계 67

2. 심리 측정–진단 분석 단계 72

3. 상담 개입–문제 해결 단계 77

4. 상담 추적 및 점검–성과 다지기 단계 79

04 학교 심리 상담의 내용(1) – 학습 심리 상담 83

1. 지능적 요소에 대한 상담 86

2. 비지능적 요소에 대한 상담 92

3. 창조력에 대한 상담 96

05 학교 심리 상담의 내용(2) – 진로 선택 상담 105

1. 관심 분야에 관한 상담 108

2. 직무 능력에 관한 상담 111

3. 기질 상담 114

06 학교 심리 상담의 내용(3) – 사회 심리 상담 145

1. '학교병' 상담 147

2. 대인 관계 상담 156

07 학교 심리 상담의 내용(4) – 정신 건강 상담 169

1. 초·중고교생의 보편적인 정신 건강 문제 171

2. 초·중고교생의 정신 건강 문제는 왜 생기는가? 179

3. 초·중고교생의 정신 건강 지도 182

08 학교 심리 상담의 원칙 201

    1. 평등 원칙 202

    2. 성장을 촉진하는 비지시성 원칙 203

    3. 계발성 원칙 204

    4. 신뢰와 존중을 기반으로 한 세심한 상담 원칙 205

    5. 명확성과 완곡성의 원칙 206

    6. 통합성 원칙 207

    7. 점진성 원칙 208

    8. 비밀 유지의 원칙 209

    9. 상담과 측정, 치료 통합 진행의 원칙 210

    10. 예방성 원칙 211

09 심리 측정과 학교 심리 상담 213

    1. 지능 검사의 응용 215

    2. 인성 검사의 응용 224

    3. 상담 과정에서 심리 측정 실시 231

    4. 학습 심리 진단 242

10 심리 치료와 학교 심리 상담 251

    1. 학교 심리 상담에서 심리 치료는 어떤 역할을 하는가? 252

    2. 학교 심리 상담에 사용되는 심리 치료 방법 255

    3. 심리 치료에 보조적으로 사용되는 약품들 270

중편 학생들과의 서신 상담 281

11 올바른 자기 인식을 위한 조언 283

  1. 저도 저를 모르겠어요 284

  2. 다른 사람을 더 잘 이해하고 싶습니다 290

  3. 남의 말을 경솔하게 믿는 편입니다 294

  4. 말주변이 없어서 걱정이에요 298

  5. 상상력이 풍부한 사람이 되고 싶습니다 303

  6. 창조력을 기를 수 있는 방법을 알려주세요 308

12 적극적인 사람이 되고 싶은 이들에게 315

  1. 수줍음 타는 버릇을 고치고 싶어요 316

  2. 감정적으로 행동합니다 319

  3. 늘 두려움에 시달립니다 323

  4. 질투심 때문에 괴롭습니다 328

  5. 친구가 저를 질투해요 333

  6. 불안하고 초조해서 미치겠습니다 337

  7. 기분을 다스리는 방법을 알려주세요 342

  8. 근심, 걱정을 줄일 수 있을까요? 346

  9. 냉담함에 대하여 351

  10. 잘 웃는 버릇 때문에 고민입니다 356

  11. 이성 교제에 대하여 359

13 강인한 의지를 기르는 방법 363

    1. 끈기가 부족한 학생입니다 364

    2. 효과적인 심리 암시법을 알려주세요 366

    3. 나태함을 떨쳐내고 싶습니다 370

    4. 용기 있는 사람이 되고 싶습니다 374

    5. 매사에 우유부단합니다 377

    6. 나쁜 습관을 고치고 싶어요 382

    7. 유혹을 이기려면 어떻게 해야 하나요? 387

    8. 좌절에 대처하는 방법이 있을까요? 390

    9. 자살 충동에 시달립니다 395

14 원만한 관계 형성을 위한 조언 401

    1. 역할 고착 증세 때문에 고민입니다 402

    2. 필요 이상으로 초조해합니다 405

    3. 닫힌 마음의 문을 열 수 있을까요? 408

    4. 친구의 간섭 411

    5. 강박증에 시달리고 있습니다 414

    6. 상대방이 태도를 고치도록 설득하고 싶습니다 416

    7. 외로움을 많이 탑니다 423

    8. 의존적인 태도를 고치고 싶습니다 427

    9. 세대 차이를 극복할 수 있는 방법이 있나요? 430

15 능률학습을 위한 조언 435

    1. 스피치를 잘 준비할 수 있는 비결을 알고 싶어요 436

    2. 언변이 뛰어난 사람이 되고 싶습니다 446

3. 선생님이 싫어요 456

4. 수업에 집중할 수가 없습니다 460

5. 기억력이 안 좋아서 고민입니다 463

6. 불면증 468

7. 시험 공포증을 극복하고 싶습니다 473

8. 긴장을 해소할 수 있는 방법이 있을까요? 476

9. 문과가 좋을까요, 이과가 좋을까요? 481

10. 뭐든지 대충 처리하는 버릇이 있습니다 485

11. 흥미를 발전시키고 싶습니다 489

하편 주영신 교수의 연구 논문 493

16 현대 학습 이론 495

1. 학습 이론의 발전 496

2. 학습의 심리적 기초 504

3. 지식과 기술의 학습 510

4. 학생별 학습의 차이 521

17 학습 동기 소고(小考) 527

1. 학습 동기란 무엇인가 528

2. 학습 동기와 학습 효과 530

3. 학습 동기의 배양 및 촉진 531

18 학습과 흥미 535

    1. 호기심, 지적 욕구, 흥미 537

    2. 흥미가 학습 활동에 끼치는 작용 541

    3. 흥미 활동의 법칙과 학습 545

    4. 흥미의 유형과 학습 549

19 의지와 학습 553

    1. 의지의 실제와 특징 558

    2. 학습에 대한 의지의 작용 561

    3. 의지의 과정과 학습 564

    4. 의지 활동의 법칙과 학습 574

    5. 의지의 유형과 학습 577

    6. 의지의 품성과 학습 583

20 장재(張載)의 학습 심리 사상 589

    1. 학습의 의의 590

    2. 학습의 심리적 조건 593

    3. 학습 과정 595

    4. 학습 방법 596

    5. 학습의 본질 598

21 왕부지(王夫之)의 학습 심리 사상 601

1. 학습의 의의 602
2. 학습 과정 605
3. 학습의 심리적 조건 606

22 마오쩌둥(毛澤東)의 학습 심리 사상 609

1. 강인한 체력과 정신은 학습의 조건 610
2. 가장 효과적인 방법은 스스로 배우는 것 613
3. 학습의 중요 원칙 : 이론과 실제를 병행하라 615
4. 학습의 과학적 태도 : 비판적 계승 617

23 협동 학습과 집단심리학 619

1. 협동과 경쟁 원칙 621
2. 단체 구조 625
3. 단체의 플러스/마이너스 심리 효과 630

24 대학 커리큘럼의 심리적 기초 637

1. 대학생의 심리 특징 638
2. 대학 과정 개설의 심리학적 근거 644
3. 잠재적 교육 커리큘럼의 심리학적 의미 650

잊지 못할 우정을 위하여(후기) 653

교정의 파수꾼(서문을 대신하여)

"저 드넓은 호밀밭에서 수많은 꼬마들이 자기들끼리 뛰놀고 있어. 그곳에는 어른이라고는 단 한 사람도 없는 거야. '나' 말고는 말이지. 나는 그 어수선한 곳의 절벽 끝에 서 있지. 내가 할 일은 아이들이 절벽으로 떨어질 것 같으면 재빨리 붙잡아주는 거야. 애들이란 앞뒤 생각 없이 마구 달리는 법이니까. 그럴 때 어디선가 내가 나타나서 꼬마가 떨어지지 않게 붙잡아주는 거지. 온종일 그 일만 하는 거야. 말하자면 호밀밭의 파수꾼이 되고 싶다고나 할까."

이상의 《호밀밭의 파수꾼》에는 샐린저J. D Salinger가 소설 속 주인공인 16세 소년 홀든 콜필드Holden Caulfield의 입을 빌어 펼쳐 보인 그의 이상理想이 드러나 있다. 교육 종사자의 한 사람인 나 역시 평생을 '교정의 파수꾼'으로 살아가고자 한다.

나는 교정의 파수꾼이 되어
아이들의 영혼을 지켜주련다.
그들이 봄에 내리는 단비와 가을에 거두는 황금빛 수확의 의미를 알고
여름의 열정과 겨울의 냉엄함을 갖춘 선한 사람으로 자라날 수 있도록.

나는 교정의 파수꾼이 되어

아이들에게 지혜를 가르치련다.

그들이 독서하고 끊임없이 질문하고 사색하여

인류의 숭고한 정신이 배어있는 대화를 통해 자신을 한 단계 발전시

킬 수 있도록.

나는 교정의 파수꾼이 되어

아이들의 감정을 지켜주련다.

그들이 자연과 자신의 삶 그리고 생명의 소중한 가치를 알고

자아실현과 이상추구를 위해 노력하는 열정적인 사람이 되도록.

나는 교정의 파수꾼이 되어

아이들에게 의지를 가르치련다.

그들이 유혹이나 시련에 결코 좌절하지 않는 굳건한 의지로

고난과 좌절, 그리고 눈앞의 도전에 미소로 응대할 수 있도록.

나는 교정의 파수꾼이 되어

아이들에게 어울려 사는 삶을 가르치련다.

그들이 타인을 존중하고 따스하게 배려하며

경쟁과 협력이라는 거대한 흐름 속에서 굳세게 전진할 수 있도록.

나는 교정의 파수꾼이 되어

소설 속의 주인공 콜필드처럼

천 길 낭떠러지 가장자리에 서서

사랑스러운 아이들을 위해서라면 언제든 기꺼이 내 생명을 바치련다.

상편
학교 심리 상담

01

학교 심리 상담이란 무엇인가

1. 《중국청년》지에 실린 편지 한 통

1983년 제8기 《중국청년中國靑年》지에 한 학생의 편지가 실렸다. '제가 정말 문제 학생인가요?'라는 제목의 편지에는 선생님에게 가망 없는 학생으로 낙인찍힌 한 고등학생의 괴로운 심정이 구구절절 적혀 있었다. 《중국청년》지는 이 편지 내용에 대해 공개 토론을 벌였고, 그 결과 2개월이란 짧은 기간에 중고등학생, 대학생, 교사와 학부모를 포함한 사회 각계각층에서 자그마치 천 통이 넘는 편지와 원고가 날아들었다.

필자 역시 《중국청년》지에 '저마다 희망의 돛을 올려야 합니다.'라는 제목의 글을 보내 토론에 동참했다. 졸속한 글이었기에 발표한 후 그에 대해 편지를 받으리라고는 꿈에도 생각하지 못했다. 신장新疆에 사는 한 고등학생은 다음과 같은 편지를 보내왔다.

저는 졸업을 앞둔 문과 학생입니다. 졸업이 코앞인데 그동안 공부한 내용을 단기간에 복습하려면 어떻게 학습 계획을 짜야 할까요? 꼭 도와주세요.

또, 허난河南에 사는 자퇴생 몇 명이 이런 편지를 보내왔다.

《중국청년》에 기고하신 글을 보고 선생님을 존경하게 되었습니다. 선생님께서는 저희의 마음을 잘 이해하시고 저희가 가장 두려워하는 것이 바로 자존심을 다치는 일이라는 걸 알고 계시기 때문입니다. 또 선생님은 교육자가 어떤 자세를 갖춰야 하는지도 잘 아십니다. 그건 바로 시험 점수만으로 그 학생이 가망이 있는지 없는지를 결정할 수 없다는 것입니다. 또한 학생을 평가하려면 그 학생의 관심거리, 감정, 의지력, 성품과 품행, 체력이 전반적으로 고려되어야 한다는 것도요. 선생님 같은 스승을 얼마나 기다렸는지 모릅니다.

상하이上海에서 두 대학생이 보내온 편지에는 다음과 같은 내용이 적혀 있었다.

저희는 새로 시작한 대학 생활에서 해결하기 어려운 모순과 문제점에 직면했습니다. 빠져나오기 어려운 이런 문제들 때문에 숨 막혀 죽을 지경이며 공부에 전념할 수도 없습니다. 그래서 어쩔 수 없이 저희가 신뢰하는 선생님께 큰 기대를 품고 도움을 청하게 되었습니다.

이런 편지를 받고 교육에 종사하는 한 사람으로서 태만할 수 없던 나는 즉시 답장을 보냈다. 그러나 한편으로는 안타까운 생각을 떨쳐버릴 수가 없었다. 도움의 손길이 필요한 학생들이 이렇게나 많은데 만약 그들 주변에 교육학, 심리학에 정통하고 그들을 정성껏 지도해줄 교사들이 있다면 분명히 큰 도움이 되지 않겠는가?

게다가 편지를 보내온 학생 중 몇 명은 자신의 주소를 제대로 기입하지 않았고, 잡지에 답변을 싣는 것도 원하지 않아 구체적으로 답해줄 방법이 없었다. 어떻게 하면 학생들이 맞닥뜨릴 수 있는 각종 심리적인 문제들을 해결해 건강하게 자라나게 할 수 있을까? 국내외의 성공적인 경험에서 알 수 있듯이 현직 교사들의 꾸준한 도움과 지도 외에 학교 심리 상담이 그 바람을 실현할 효과적인 방안이 될 것이다.

20여 년이 지난 지금, 나는 당시의 소망이 실현되었음을 기쁘게 생각한다. 중국의 학교 심리 상담은 무에서 유로 큰 발전을 이루었고, 앞으로도 계속 발전해나갈 것이다. 현재 고등교육기관에서 학생들에게 실시간으로 도움을 줄 수 있는 전문가들이 활약하고 있으며, 사회의 발전에 따라 일선 교사들에게도 그들과 같은 직업적 지식과 능력이 요구되고 있다.

심리교육학은 바야흐로 약진에 약진을 거듭하고 있으며 전공과목으로 각광받고 있는 추세이다. 그러나 아직도 많은 사람이 '심리 상담'을 극단적인 개념으로 받아들이거나 효과에 회의적인 태도를 보인다. 그래서 필자는 심리 상담의 개념을 새로 정의하는 작업이 꼭 필요하다고 생각한다.

2. 심리 상담의 의미와 유래

심리 상담psychological counseling이란 전문 훈련을 받은 상담자가 심리학 이론과 방법론, 기교를 운용하여 언어, 문자 혹은 그 밖의 의사소통 수단으로 내담자에게 도움을 주는 계몽적이고 교육적인 일련의 과정이다.

심리 상담을 통해 내담자의 심리적 문제가 어디에서 기인하는지 찾아내고 당면한 곤경에서 빠져나올 대책을 연구하고 토론하여 부정적인 심리, 사회적 요소의 영향에서 벗어나거나 그런 영향을 제거할 수 있다. 또한 내담자의 인식과 감정, 태도에 변화가 생기고 학습, 업무, 일상생활에서 걸림돌이 되던 문제점들이 해결되어 내담자가 갈등 단계에서 벗어나 심리적 안정을 되찾게 된다. 아울러 환경 적응 능력을 향상시켜 올바른 인격 성장을 촉진한다.

일반적으로 말해서 심리 상담은 단기적으로 상담자와 내담자 간의 상호 작용이 지속되는 상태를 말하며, 명확하게 설정된 단계들을 거치면서 당면한 문제를 해결하고 이에 적응하여 발전할 수 있도록 돕는 과정이다. 미국 심리학회에서 심리 상담에 대해 상세한 정의를 내렸다. 그에 따르면, 심리 상담사의 인격은 상담 과정에서 개인, 사회, 직업, 교육 문제에 걸쳐 폭넓게 영향을 미치므로 심리 상담사는 반드시 성숙한 인격과 열정적인 성품을 갖추어야 한다. 또 심리 상담의 대상은 심리적 조정, 적응, 발전이 필요한 '정상인'이며, 해결이 필요한 문제가 있으면 단기적으로 상담을 받거나 치료를 받아야 한다. 심리 상담은 특정한 이론과 방법론을 기초로 고정적인 장소에서 진행된다. 상담자와 내담자는 상담 과정 내내 평등한 관계를 유지하며, 특히 상담자는 내담자가 도달하고자 하는 목표에 주안점을 두고 상담을 통해 그가 해결 방법을 찾고 새로운 사고방식과 감정, 행동으로 문제에 대처할 수 있도록 이끌어야 한다. 심리 상담은 광범위한 내용에 적용될 수 있다. 학교 상담, 결혼·가정 상담, 심리 건강 상담, 건강 회복 상담, 직업 상담의 영역을 포함하며, 각 영역별로 상담자의 특수한 전문 지식과 경험이 필요하다.

심리 상담에는 다음과 같은 몇 가지 특징이 있다.

① 내담자의 심리적 문제를 해결한다. 그러나 그들이 일상생활에서 당면하는 구체적인 어려움을 도와주는 것은 결코 아니다.
② 일반적인 조력 행위가 아니다. 심리 상담은 심리학 이론과 방법론을 운용하여 내담자에게 도움을 주는 활동이다. 따라서 상담자는 반드시 전문적인 훈련을 거친 사람이어야 한다.
③ 원만한 상담 분위기를 조성하기 위해 상담자와 내담자는 서로 이해하고 신뢰해야 한다.
④ 심리 상담은 학습과 성장의 과정이다.
⑤ 심리 상담은 내담자의 심리적 필요에 따른 자발적인 행위로 진행되어야 한다.
⑥ 심리 상담은 심리적 장애가 있는 정상인에게 도움을 주는 행위인 반면에 심리 치료는 정신적 질환이 있는 환자를 대상으로 정신의학과 치료 계획에 따라 치료를 진행한다는 점에서 양자는 본질적으로 다르다.

심리 상담과 지도, 심리 치료 등 내담자에게 도움을 줄 수 있는 활동들은 아래 표에서 볼 수 있듯이 일련의 관계가 있다. 내담자에게 필요한 도움을 제공하는 기능과 방법적인 면에서 교육, 지도, 상담, 치료는 하나의 연속체이면서 각기 다른 단계에 중점을 두며, 서로 다르면서도 서로를 포함한다.

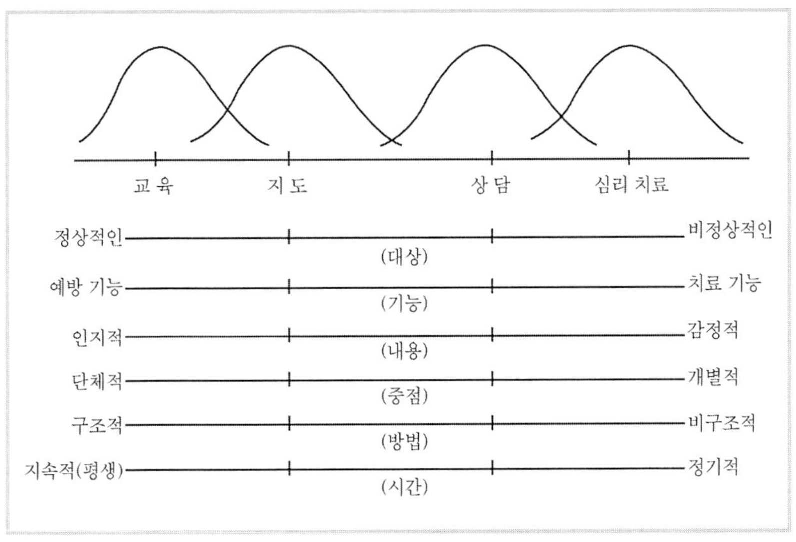

그림 1-1 내담자에게 도움을 주는 활동들의 관계성

　현대 상담심리학의 역사는 백 년을 좀 넘었지만 시초는 고대 그리스 시대로 거슬러 올라간다. 당시 사람들은 고대 그리스 철학자와 《구약성경》에 기록된 예언, 주술에서 방법을 찾았다. 그러다 20세기 초에 진로 지도와 지능 검사 기술, 심리 치료가 발전하면서 심리 상담이 상담 심리학이라는 신흥 학문으로 자리를 굳혔다. 1908년 프랭크 파슨스F. Parsons가 보스턴에 직업사무소를 설립하고, 그 이듬해에 《직업의 선택

Choosing a Vocation》이라는 저서를 발간했다. 이 책에서 그가 제시한 진로 선택의 방법론은 본격적인 진로 상담의 효시로 현대 상담심리학의 기초가 되었다. 그는 진로를 선택할 때 자신의 적성, 능력, 개성을 고려해 어울리는 직업을 찾아야 하며, 이상적인 직업을 선택하려면 주변 환경에 대한 정확한 평가와 자신의 심리적 특징에 대한 정확한 이해가 선행되어야 한다고 보았다. 이에 따라 개인의 취미, 태도, 능력을 측정하기 위한 진단 기술의 필요성이 대두되었다. 그리고 1913년 미국 국립직업지도협회(National Vocational Guidance Association, NVGA)가 설립되어 1915년부터 전문 간행물을 출판하여 심리 상담의 필요성을 인정받는 계기가 되었다.

1908년 당시 예일대학 재학생이었던 비어스C. W. Beers는 정신 질환으로 여러 차례 병원을 드나들며 목격한 병원의 열악한 환경과 자신의 체험을 바탕으로 《다시 찾은 내 마음A Mind That Found Itself》이라는 책을 출판해 세간의 관심을 끌었다. 비어스는 심리 질환을 앓는 환자들에 대한 치료 방법이 근본적으로 바뀌어야 한다고 호소했다. 이는 정신병리학자, 심리학자들의 인식에 큰 영향을 미쳐 중대한 변화를 이끌어냈고 이로부터 현대 정신 건강 운동이 시작되었다.

1909년 2월, 미국 정신건강위원회가 성립되고 심리 상담이 왕성하게 발전하기 시작했다.

제1차 세계 대전 기간에 미군은 모집된 군인들을 심사하고 선별해야 했다. 군의 의뢰를 받은 심리학계는 일종의 지능 테스트를 고안해내어 훈련 과정 동안 지능이 떨어지는 그룹을 가려내는 데 사용했다. 결과는 성공적이었다. 당시 육군에서는 언어 테스트와 비언어 테스트 두 종류를 사용했는데, 이 측정 시험은 전쟁이 끝난 후 곧 사회전반에 널리 전파되었다. 이러한 평가 방법들은 진로 지도에 도입되었으며 동시에 심리 상담의 근거 자료로 쓰였다.

1928년에 발표된 에드워드 스트롱Edward Strong의 저서 《스트롱 진로 적성 설문 조사(Strong Vocational Interest Inventory; SVII)》는 이후 진로 지도의 과학적 발전에 매우 중요한 지표가 되었다.

1930년, 인격 전반을 대상으로 한 종합적 상담이 발전하면서 내담자의 직업, 학업, 사회, 감정, 성품, 가정, 건강 문제 등도 상담 내용에 포함되었으며, 교육 기관 가운데서도 특히 대학교에 전문적인 심리 상담 센터가 설치되었다. 1930년 이전에는 심리 측정을 기초로 하는 임상 상담이 주류를 이루었는데 월리엄슨E. G. Williamson이 이를 바탕으로 상담의 과학적 기초를 다졌다. 그가 자신의 저서에서 제시한 '내담자 중심'의 상담 모델은 그 후로 20여 년을 풍미했다.

심리 측정을 기초로 하는 임상 상담 모델은 1930년대 말에서 1940년대 초에 이르러 심리 치료 모델로 대체되었다. 칼 로저스C. Rogers의 《상담과 심리 치료Counselling and Psychotherapy》(1942)는 이 시기의 주요 저서이다. 로저스의 상담 모델은 사회에서 상대적으로 독립적인 개인의 자아를 강조하며, 상담자 위주의 일방적인 관계 대신에 상담자와 내담자 간의 상호 이해와 신뢰 관계 구축을 통해 내담자가 주관적 능동성을 발휘하도록 했다.

1940년대 이후 상담심리학은 비약적으로 발전했다. 미국을 예로 들어

보자. 우선 관련 조직을 살펴보면, 전미인사 및 생활지도학회(American Personnel and Guidance Association; APGA)의 심리상담협회 이외에도 1946년에 미국 심리학회(American Psychological Association)의 하위분과로 상담심리학부가 설립되었다. 이 부서는 1952년에 상담심리학분회(Division of Counseling Psychology; DCP)로 명칭을 변경했다. 또 17개 분회로 재편되었는데 1976년에 이르러서는 정식 회원 수가 2,800여 명을 훨씬 넘었으며 초·중고등학교와 대학, 직업소개소, 사회 복지 기구와 산업계에도 잇따라 심리 상담 기구가 설립되었다. 인재 양성면으로 볼 때도 상담심리학에 대한 인지도가 높아져서 전공학위 취득자가 매년 증가했다. 통계에 따르면, 1973년 미국에서 석사 1,365명, 박사 325명이 배출되었다. 학술 계파로 볼 때는 지시적 상담, 비지시적 상담 모델 이외에 다수의 새로운 상담 모델이 출현했다. 일례로 행동 상담, 합리적 정서 치료, 정신분석적 상담, 게슈탈트Gestalt 치료, 인간관계 이론 등이 있다. 출판 간행물로 보면, 1954년 오하이오대학Ohio University을 중심으로 《상담심리학》지가 창간되었다. 이 잡지는 응용 학문 위주의 계간지였으며, 또 다른 계간지 《상담심리학자》는 이론 위주였다. 유럽 연합과 일본, 소련 등 심리 상담에 관심이 높은 지역에서는 관련 조직이 결성되어 상담심리학 이론과 그 응용에 대한 연구를 활발하게 진행하고 있다.

이와 비교하면 중국은 상담심리학이 비교적 늦게 대두되었지만, 최근 들어 베이징北京, 광둥廣東, 상하이上海, 장쑤江蘇, 쓰촨四川, 푸젠福建, 허난河南 등지의 고등학교와 병원에서 이미 심리 상담 센터나 심리 상담 클리닉을 운영하고 있으며 상담 칼럼을 게재하는 잡지들도 독자들에게서 좋은 반응을 얻고 있다. 그러나 초·중고등학교의 심리 상담 보급과 시행은 아직 미비한 수준이다.

3. 학교 심리 상담과 초등교육 및 중·고등교육

학교 심리 상담은 심리 상담 분야의 가장 중요한 활력소이다. 1930년에 윌리엄슨이 명저 《학교 상담의 기술college student counseling》을 발표한 이래 학교 심리 상담은 빠르게 발전해왔다. 많은 국가에서 대학에 심리 상담 센터를 설치하고 초·중고등학교에 전문 인력을 배치했다. 스코틀랜드는 비교적 이른 시기인 1946년에 '전국 교육 기관은 반드시 아동 지도를 수행할 봉사 기구를 설치해야 한다.'는 내용을 담은 교육법을 공포하고 전담 기구의 기능을 다음과 같이 규정했다.

"학습 장애, 발육 지체, 장애 아동에 대한 연구 활동을 진행하고, 학부모와 교사에게 적합한 교육과 훈련 방법을 제공하며, 필요하면 아동 지도 클리닉에서 전문적인 교육 치료를 제공한다."

그리고 1968년에는 사회봉사법에서 나아가 특수 교육을 받아야 하는 아동은 개별 건강 검사서와 심리 진단서를 구비해야 하며 아동 지도 봉사 기구에서 이를 시행하고 관할하도록 규정했다. 1979년 통계에 따르면, 미국의 교내 상담사와 초·중고등학교 학생의 비율은 1:2,000~1:4,000이었다. 또 1982년의 관련 보고 집계에 따르면, 학교 심리 상담사는 전 세계적으로 4만 명이 활동하고 있으며 주로 도시 지역에 편중되어 있다. 이를 바탕으로 국제연합교육과학문화기구(United Nations Educational, Scientific and Cultural Organization; UNESCO)는 1956년 보고서에서 전문적인 학교 심리 상담사는 반드시 교사 자격증과 최소한 5년의 교직 경력을 갖추고 심리 상담에 대한 전문 교육 과정을 이수해야 한다고 규정했다. 또한 관련 보고에서 학생 6,000~7,000명당 학교 심리 상담사가 적어도 한 명 이상 배치되어야 한다고 제안했지만, 대부분의 지역에서 현실적으로 충족되지 못하고 있는 실정이다. 게다가 국가와 지역별 차이가 매우 커서 덴마크는 학교 심리 상담사와 학생의 비율이 1 대 1,400인 반면에 아일랜드는 1 대 3만 3,300으로 천차만별이다. 일부 심리학자들은 앞으로 30~40년 후에는 학교 심리 상담사의 수가 더욱 증가할 것으로 예상했다. 다만 학교 심리 상담 기구가 이미 원활하게 운영되고 있고, 인구 증가율이 상대적으로 안정적인 나라에서는 학교 심리 상담 인력의 증가 추세가 비교적 완만한 편이고, 그런 반면에 인구가 많은 중국, 인도, 러시아 이 세 나라는 발전 잠재력이 매우 크다. 이 세 나라의 4세~15세 아동 총 인구는 4억 6천 명으로 전 세계 아동 인구의 절반을 차지한다. 세 나라가 유네스코가 제시한 1 대 6,000의 비율 기준에 도달하려면 앞으로 7만 6,833명의 학교 심리 상담사가 필요하다.

초·중고등학교 교육에서 심리 상담은 매우 중요하다. 우선 학교 심리 상담은 학생의 성장과 발전에 필요하며 무엇보다 청소년이 온전한 사회 구성원으로 자라도록 도움을 준다. 학교 심리 상담과 의학 심리 상담은 엄연히 다르다. 학교 심리 상담은 청소년을 대상으로 하며, 내담자들은 대부분 특정 연령층에서 학업 성취로 비롯한 단계성, 발전성 심리 문제 혹은 경중의 심리 장애를 겪고 있으며 심리적 질병을 앓는 사람은 극소수에 불과하다. 다시 말하면, 학교 심리 상담사는 정신과 의사가 아니라 심리 상담 교사인 것이다. 그들은 의학 지식이나 심리적 질병을 치료하는 방법에 대해서는 아는 바가 없다. 그들이 갖추어야 할 자질은 심리학 지식, 교육 및 교수법과 교수 경험이다. 그래서 학교 심리 상담은 그 자체로 독특한 특징이 있다.

예를 들어 미국 대학의 심리 상담 내용은 심리 건강 상담, 학업 상담, 진로 상담의 세 부분으로 나뉜다. 심리 건강 상담은 학생의 정신적 스트레스, 심리적 충돌, 감정 문제에 대한 심리 상담과 지도를 시행하는 것이다. 학업 상담이란 전공에 대한 올바른 이해를 돕고 향학열을 고취시켜 학생이 학습 능력을 배양하고 학습 과정에서 직면한 문제들을 해결할 수 있도록 하는 것이다. 그리고 진로 상담은 학생이 자신의 취미, 기호, 성격적 특징과 능력에 따라 진로방향을 결정할 수 있도록 지도하는 것이다.

어떤 의미에서 보면, 학생들은 그들의 성장 과정 전반에 걸쳐 상담 및 지도해야 하고 지도, 시범, 심리적 자극과 교정도 수반되어야 한다. 이를 통해 학생은 순조롭게 단계별 발전 시기를 넘기고 사회에 적응하는 건강한 인격체로 성장할 수 있다.

그 밖에 학교 심리 상담은 학교와 가정을 이어주는 다리 역할을 한다. 더욱 효과적인 학생 지도를 위해 상담을 통해서 학부모가 학생과

학교, 그리고 교사가 학생을 지도하는 목적과 방법을 잘 이해하도록 하여 학교와 학생의 가정을 가깝게 이어주고, 아울러 학부모에게 자녀 교육 방식에 대한 지침을 제공하여 가정과 학교가 서로 협력하도록 이끌어 학생 지도의 효율을 높인다.

또한, 학교 심리 상담은 교사가 자신의 정신적 건강을 유지하고 수업의 질과 업무 능력을 향상시킬 수 있도록 한다. 교사의 심리적 건강 상태는 학생들의 심리적 건강에 직접적인 영향을 주며 수업의 질과 업무 능력에도 직접적인 영향을 줄 수 있기 때문이다. 학교 심리 상담으로 학생의 심리적 문제를 근원적으로 해결하려면 학생에게서만 문제를 찾아서는 안 된다. 더 넓은 시야로 학생을 대해야 하고, 교육 과정 중에 주체와 객체 간의 상호 작용에서 비롯하는 문제점을 분석해야 한다. 학교 심리 상담사는 교사에게 학생의 심리 상태, 학생의 유형 분석 등 자료를 제공하고, 교사의 교육 심리 연구(예를 들면, 실험 방법, 실험 조건과 진행 순서, 이전 연구 사례와 현황 등)를 돕거나 교사의 정신적 자아 성장을 위해 전문적인 도움을 줄 수 있다.

마지막으로 학교 심리 상담은 학교 행정 관리자의 정신적인 문제를 해결해준다. 바로 학교 관리 업무를 향상시키는 데 중점을 둔 '조직 상담'이다. 이상으로 볼 때 학교 심리 상담사는 학생들에게 우수한 상담 교사일 뿐만 아니라 교사의 조언자이며 또한 학교의 브레인이다.(중국에서는 학교 심리 상담 업무가 이제 시작 단계이므로 이 책에서는 주로 학생 심리 상담을 소개한다)

02

학교 심리 상담의 준비

학교 심리 상담은 전문성과 기술이 강조되는 업무이며 복잡하고 힘든 고도의 정신노동이기도 하다. 그러므로 상담사는 직업 도덕과 수양, 전문적인 상담 기술과 전문 지식, 성숙한 인격을 갖추어야 한다. 학교에는 일정한 상담 환경, 시설, 상담 형식 등이 마련되어야 한다. 따라서 학교 심리 상담 업무는 대개 세부적인 준비를 완전히 갖추고 나서 정식으로 시작된다.

1. 상담자 선정

학교 심리 상담사는 어떤 사람이어야 하는가? 외국의 상황을 보면 비교적 엄격하게 규정하고 있다. 많은 나라에서 상담자의 자질을 보증하기 위해 법률이나 법규 제정에 상응하는 조치를 취해 증서 혹은 허가증, 자격증 등을 발급한다. 예를 들어 미국의 앨라배마Alabama, 아칸소Arkansas, 버지니아Virginia 등 20여 개 주에서는 심리 상담사에게 증서나 허가증을 발급해준다. 자격시험을 통과하지 못한 사람은 상담 업무에 종사할 자격을 얻지 못하며, 무자격자가 해당 업무에 종사하다가 적발되면 법률적 책임을 져야 한다.

미국에서는 심리 상담 허가증 혹은 관련 증서를 취득하려면 대학을 졸업한 후 다시 2년의 훈련 과정을 마쳐야 한다. 그리고 인성 구조와 발전에 관한 지식, 사회 환경에 대한 이해, 개인 심리평가 이론과 실제, 상담 이론과 실제, 통계·조사 방법, 직업 도덕 교육 등에 대한 전반적인 소양 심사를 거쳐야 비로소 이 분야에 종사할 수 있다.

중국은 학교 심리 상담이 시작된 지 얼마 되지 않았기에 전임 상담사의 비중이 낮고, 심리학을 전공했거나 부전공이나 복수 전공 등으로 심리학을 이수한 대졸자가 대부분이다. 그러므로 상담사를 단번에 전부 전문 지식을 갖춘 자격자로 교체하는 것은 불가능하다. 그나마 파트타임 제도를 도입하거나 외부 전문가를 정기적으로 학교에 초빙하는 대안을 생각해볼 수 있다.

그러나 상담사의 자질에 대한 요구치를 낮춰도 된다는 것은 결코 아니다. 그렇다면 과연 어떠한 사람이 학교 심리 상담 업무에 종사해야 하는가? 또, 이러한 직업에 종사하는 사람은 어떤 조건을 갖추어야 하는가? 필자가 생각하기에 학교 심리 상담사가 갖추어야 할 필수 조건은 다음과 같다.

(1) 고상한 직업 도덕

고상한 직업 도덕은 학교 심리 상담사가 우선적으로 구비해야만 하는 조건이며, 이는 심리 상담 업무라는 특수성에서 기인한다. 학교 심리 상담사의 내담자는 천진하고 순진무구한 학생들이다. 그들은 보호 속에서 교육을 통해 자라나야 할 다음 세대이므로, 이들을 어떻게 교육하느냐는 국가의 미래와도 중요한 연관성이 있다. 업무 성격으로 볼 때 심리 상담은 학생의 영혼을 마주 대하는 일이며 그들의 정신 건강을 위해 도움을 주는 일이므로 작은 실수도 용납되지 않는다. 또한 업무 내용으로 볼 때 심리 상담은 학생이 인격을 완성하여 사회에 적응하고, 잠재된 능력을 발휘할 수 있도록 하는 문제를 다루므로 다른 교사들의 업무와 비교해 특수한 성격을 띠며 더 높은 도덕성이 요구된다. 그리고 업무의 특수성으로 볼 때 심리 상담사는 교사, 학부모, 또 학생의 지극히 개인적이고 사적인 문제를 대면해야 한다. 그러므로 당사자를 위해 반드시 비밀을 유지해야 하며 업무에 실수가 없어야 한다. 심리 상담사의 직업 도덕은 내담자에 대한 애정, 심리 상담 업무에 대한 열의, 정신적인 도덕규범의 준수 등으로 표현되어야 한다. 다음에 소개할 미국의 전국학교심리학자협회가 제정한 '학교 심리 상담사가 준수해야 할 직업 도덕 원칙'을 참조하기 바란다.

(2) 충분한 전문 지식

학교 심리 상담사는 철학, 사회학, 교육학, 심리학, 정신의학과 덕성 교육, 학교 관리, 학과 교육에 관한 총체적인 지식을 갖추어야 한다. 그 중에 교육학, 심리학, 의학 지식은 매우 중요하다. 학교 심리 상담은 학교 교육 업무의 중요한 구성 요소이다. 학교 심리 상담 지도에는 교육학의 원칙과 방법이 직접적으로 사용되므로, 교육학은 상담사에게 필요한 모든 소양의 근간이 된다. 또한 심리학은 학교 심리 상담사의 핵심 지식이다. 다시 말해 학교 심리 상담사에게 상담심리학, 청소년심리학, 심리측정학은 필수 기초 지식이다. 아울러 학교 심리 상담사는 의학 지식도 반드시 이해하고 있어야 한다. 상담자가 내담자의 신체적, 정신적 문제를 정확히 진단해서 필요하다면 해당분야로 신속히 넘겨주어야 하기 때문이다.

(3) 우수한 정신적 자질

우수한 정신적 자질이란 심리 상담사로서 갖추어야 할 인격적 감화력이며 그들이 맡은 일에 최선을 하게 하는 동기로, 다음과 같은 자질을 포함한다.

① 내담자의 언어적, 비언어적 메시지에서 그들의 내면세계를 통찰해 내는 예리한 관찰력이 있어야 한다.
② 녹취나 필기 없이도 내담자와의 대화 내용을 대략적으로 기억하는 우수한 기억력이 있어야 한다.
③ 내담자의 심리적 특징과 임상적 현상을 근거로 그들의 발전 동향을 예측하고, 그에 맞게 지도 방침을 조절해 최상의 효과를 이끌어낼 수 있는 풍부한 상상력이 있어야 한다.

④ 상담 과정 중에 새로운 방향성을 모색하고 새로운 방법을 연구할 수 있는 창조적 사고가 필요하다.

⑤ 간단명료하고 논리적인 언어를 사용해야 하고, 자연스럽고 친절하며 유머 감각도 갖춘 의사소통 능력이 있어야 한다. 내담자를 더욱 잘 이해하려면 내담자가 상담자에게 신뢰와 친근감을 느낄 수 있도록 해야 한다.

⑥ 자신의 느낌을 정확하고 진실하게 표현하며 진지해야 한다. 그러므로 엄숙하고 찌푸린 얼굴은 절대 금물이다. 편안하고 유쾌하고 자신에 찬 표정으로 내담자에게 적극적인 심리적 암시를 주어야 한다.

⑦ 내담자의 문제를 해결하겠다는 강한 의지가 지녀야 하고, 자신의 업무에 대한 믿음을 가져야 한다. 왕성한 직업 정신과 중도에 포기하지 않는 집념으로 즉각적인 결단을 내릴 수 있어야 한다.

(4) 건전한 인격

심리 상담사는 건전한 인격과 자아 완성을 목표로 부단히 자신을 성장, 발전시키기 위해 노력해야 하며 아울러 자신을 명확하게 이해하고 있어야 한다. 자신을 있는 그대로 받아들이면 자신의 편견이 내담자에게 어떤 영향을 주는지 알 수 있다. 이렇게 자신을 분명하게 관찰하는 상담사여야 상담을 통해 자기 자신을 돌아볼 수 있다. 이것이 바로 심리 상담의 '남뿐만 아니라 자기 자신에게도 도움을 주는' 기능이며, 상담자와 내담자가 함께 성장하는 기초이기도 하다.

결론적으로 상담자는 직업의식이 투철하고 정신적 소양이 높고 전문성을 갖춰야 하며 반드시 전문적인 훈련 과정을 거친 후에 상담 업무에 종사해야 한다. 어떤 상담사를 채용하느냐는 학교 심리 상담 업무의 질과 직결되는 선결 조건이므로 반드시 엄격하게 심사해야 하고, 상담사의 전문성을 감독하고 평가하는 일 역시 소홀히 해서는 안 된다. 자격 미달인 상담사가 넘치는 것보다 수가 조금 부족하더라도 자격을 갖춘 상담사들이 있는 편이 낫다.

2. 상담 환경 조성

효과적인 학교 심리 상담을 위해서는 일정한 환경이 갖추어져야 한다. 여기에서는 장소의 선택과 실내 배치의 두 가지 측면 위주로 소개하고자 한다.

먼저 장소의 선택을 보자. 일반적으로 심리 상담은 개인의 사적인 문제를 다루며, 찾아오는 학생들은 정도의 차이는 있겠지만 저마다 심리적 갈등을 겪고 있다. 그러므로 심리 상담실은 소란하고 시끄러운 곳보다는 비교적 한적하고 학생들이 이용하기 편리한 곳에 설치되어야 한다. 호기심이 많은 초·중고등학교 학생은 상담과는 별개로 상담실에 한 번 들어가 보고 싶은 마음에 때로는 진행 중인 상담 업무를 방해하기도 한다. 그러므로 비교적 한적한 곳에 상담실을 설치하면 이런 방해를 방지할 수 있다. 중고교생들은 나이가 들어가면서 자기 자신에 대한 관심이 점점 높아지며 자신을 더 잘 이해하길 원한다. 또한 완전한 존재가 되고 싶어 하는 경향이 있다. 그러나 한편으로는 남들이 자신의 '숨겨진 모습'을 알아챌까 봐 두려워한다. 구석지고 외진 곳에 있는 상담실은 그들의 이러한 심리적 요구를 충족시켜줄 수 있다.

단, 학교 심리 상담실은 공간미가 돋보이도록 인테리어를 꾸미는 것이 좋다. 화원처럼 꾸며 분위기를 낸 정갈한 상담실은 편안하고 안락한 느낌을 준다.

다음은 실내 배치에 대한 이야기이다. 학교 심리 상담실은 일반적으로 접견실과 상담실을 따로 두는 것이 바람직하다. 상담실의 전체적인 분위기는 조용해야 하며 채광과 통풍이 좋아야 밝은 느낌을 준다. 상담실에는 꽃병을 놓거나 벽에 그림을 걸어두는 것이 좋다. 그리고 접견실은 밝고 부드러운 분위기가 조성되도록 채광에 신경 쓰고 벽에 학교 심리 상담사의 업무 수칙을 붙여놓으면 학생들에게 신뢰감과 기대감을 줄 수 있다. 또한 심리 상담, 심리 건강과 보건 심리에 관한 내용을 담은 포스터를 벽에 붙일 수도 있다. 다음은 필자가 운영했던 쑤저우대학 SuZhou University 교내 심리 상담 센터의 접견실 포스터 내용으로, 모두 네 부분으로 구성된다. 관련 직업에 종사하는 독자들은 참조하기 바란다.

심리 상담 업무의 기본 원칙

1. 비밀 유지 원칙 : 상담실에서 주고받은 이야기를 내담자의 동의 없이 마음대로 외부에 누설하지 않는다.

2. 시간제한 원칙 : 심리 상담은 시간 제약을 두고 진행한다. 접수 후 상담 시간은 상황에 따라 연장할 수 있으나 일반적인 상담 시간은 회당 50분 정도로, 원칙상 마음대로 연장하거나 사이를 둘 수 없다.

3. '개방적인 운영' 원칙 : 내담자는 반드시 자기 의지로 심리 상담 센터를 방문해야 하며, 이는 상담의 선결조건이다. 상담사는 자원하지 않는 내담자에게 주동적으로 상담을 권유해서는 안 된다.

4. 적절한 관계 유지 원칙 : 상담이 결정되고 나서 상담 업무가 순조롭게 진행되려면 상담사와 내담자 간의 정신적 유대와 소통이 매우 중요하다. 이를 위해서는 서로 간에 관계의 선이 분명하게 그어져 있어야 한다. 설사 내담자가 개인적인 호의를 표시하더라도 상담이 종료되기 전까지는 일정 거리를 유지한다.

5. 중대 결정 연기 원칙 : 심리 상담을 하는 중에는 내담자의 감정 동요가 심하고 심리적 상태가 불안정하므로 원칙상 이직이나 퇴학, 이혼, 퇴직 등과 같은 중대 결정을 경솔하게 내리지 않도록 이끌어야 한다.

6. 윤리 원칙 : 심리 상담은 일정한 윤리 규범의 제약을 받으며 시작된다. 그러므로 상담사는 사회도덕 준칙과 윤리 규범을 준수해야 한다.

쑤저우대학 심리 상담 센터의 상담사는 다음 원칙을 준수한다

1. 자신의 정신적, 심리적 건강을 유지하기 위해 노력하며 사회 일원으로서 도의적 책임을 지고 상담 업무에 매진하여 상담의 질적 향상을

위해 노력한다.

2. 내담자의 권리를 최우선으로 존중하고 개인, 조직, 경제, 정치 혹은 종교적 목적을 품지 않는다. 또한 어떠한 형식의 강제성도 행사하지 않도록 주의한다.

3. 내담자의 모든 자료는 상담 센터의 자료 보관실에 보관하되 절대 타인에게 공개하지 않으며 내담자에 대한 비밀 유지의 책임을 다한다.

4. 상담 업무는 직업 범위에서만 진행되며, 내담자 및 관계인과 개인적으로 접촉해서는 안 된다.

5. 다른 상담사의 권리와 기술을 존중하고 서로 협조하며, 동료들의 업무를 방해해서는 안 된다.

6. 심리 검사 및 심리 측정을 진행할 때는 내담자 본인의 동의를 거쳐야 하며, 강제로 진행하거나 검사 결과를 남용해서는 안 된다.

7. 상담 내용을 잘 기록하고 정기적으로 사례별로 토론하고 상담 내용을 총괄한다. 단, 사례 연구가 내담자의 권익을 손상시켜서는 안 된다.

8. 상담 지식과 전문가적 의견을 공개적으로 설명할 필요가 있을 때는 과장되지 않은 태도를 유지한다. 특히 상업 광고나 선전에 출연할 때에는 사회에 끼칠 영향에 책임을 져야 한다.

9. 상담 업무 원칙상 상담은 반드시 상담실 안에서 진행되어야 한다.

10. 상담사는 상담 센터가 규정한 원칙들을 충분히 이해하고 준수하며 이를 위반해서는 안 된다.

심리적 건강과 보건 심리란 무엇인가

세계보건기구(World Health Organization; WHO)는 신체적 결함과 질병이 없고 생리적, 심리적으로 완전하며 사회 적응 능력을 갖춘 상태를 '건강'이라고 정의한다. 이는 건강에는 생리적인 측면뿐만 아니라 정신적인 측면까지 반드시 고려해야 한다는 것을 뜻한다. 그렇게 해야만 몸과 마음의 적응 능력을 기를 수 있다.

보건 심리란 바로 심리적 건강을 보장하기 위한 원칙, 방법, 조치, 각종 활동의 종합체로 심리적 특징을 연구하고 심리과학에 대한 지식의 보급을 포함한다. 심리적 건강과 신체 건강은 사회 환경과 밀접한 연관이 있다. 인간은 유아기, 아동기, 청소년기, 장년기와 노년기를 거치며 각기 다른 생리적 상태와 심리적 상태의 특징을 보이며, 각 단계마다 마주하게 되는 사회 환경도 크게 다르다. 각 연령별 생리적, 심리적 특징과 사회 환경적 특징은 교육, 가정, 의학적인 면과 연관되어 심리적 건강 상태를 결정한다.

심리적 건강 상태를 유지하는 것은 인간의 신체 심리적 건강을 보장하고, 사회 구성원의 전면적 발전을 촉진하며 학습과 작업 효율을 향상시키는 데 중요한 의미가 있다. 또한 심리적 문제로 비롯한 청소년 범죄를 예방하는 작용을 한다.

심리 측정과 심리 상담이란 무엇인가

심리 측정은 심리학 연구의 기본적인 방법 중 하나로, 시험과 검사를 통해 피시험자의 지능 수준과 개인적 특징 등을 이해하는 방법이다. 측정 방식에는 문자와 도형을 이용한 방법과 기계와 물체를 이용한 방법 두 가지가 있다. 측정 유형은 매우 다양하며, 인간 심리의 여러 가지 측면을 모두 포함한다.

심리 측정은 반드시 객관적이어야 한다. 또한 규범화되어 신뢰성과 효율성이 보장되어야 하고, 수치로 표현되어 피시험자의 심리적 지표 항목을 불특정 집단의 해당 심리 지표 항목과 비교할 수 있어야 한다.

심리 상담은 현실생활 속에서 인간이 제기하는 모든 심리학 문제들을 심리학 종사자 혹은 의사들이 해결하고 답하는 행위를 말한다. 그리고 심리 건강 상담은 측정, 교류, 접촉 과정에서 내담자에게 심리과학과 심리적 건강 지식을 이용한 지도와 도움으로 보건 심리에 관한 교육을 행하는 것이다. 이로써 내담자의 적응 능력을 향상시키고, 심리적 긴장과 심리적 충돌을 완화시키는 동시에 이상 심리를 예방하고 치료하는 작용을 한다.

접견실이 제법 규모 있는 편이라면 내담자가 자기 자신을 알고 스스로 도울 수 있도록 각종 심리 측정 도구와 심리 장애 질병의 종류, 그리고 이를 극복하기 위한 방법을 소개하는 문구를 붙여두면 좋다. 이를 통해 전체 심리 상담 과정을 위한 기초를 다질 수 있다.

상담실은 대개 상담과 측정에 사용된다. 여건이 된다면 3, 4개의 작은 단독 상담실을 꾸며 동시에 여러 명의 상담을 진행하면서 서로 방해받지 않도록 할 수 있다. 내실의 배치는 비교적 간단하며 심리 진단과 치료에 사용되는 시설과 장비(예를 들면 바이오피드백, 동작 반응 검사장비 등)를 두어도 무방하다. 그러나 녹음기는 설치하지 않는 것이 좋다. 상담 시간에 주고받은 대화 내용을 녹음하거나 필기하는 것에 대한 내담자의 스트레스를 줄이려면 미리 동의를 얻어야 한다.

결론적으로, 심리 상담실을 배치할 때는 내담자가 충분히 편안함과 안전함, 쾌적하고 유쾌한 느낌을 받도록 각별히 주의한다.

상담 받는 학생의 자리는 상담실 문이나 창 쪽을 피해서 배치하여 학생이 갑작스럽게 외부 손님과 만나 불안감을 느끼지 않도록 주의한다. 또한 학생들의 개인 자료는 상담 교사가 열람하기 편한 곳에 보관해서 상담 중에 과도하게 움직이느라 집중력이 분산되지 않도록 한다. 또한 심리 상담실에는 규격에 맞는 보안 설비가 갖추어져 있어야 한다.

3. 상담 형식의 확정

학교 심리 상담에는 여러 가지 형식이 있다. 상담 대상의 수로 나누면 개별 상담과 단체 상담이 있다. 상담 대상의 성격으로 나누면 학생 상담(저학년 학생은 학부모 배석), 교사 상담, 관리 상담이 있다. 또 상담 경로로 나누면, 방문 상담과 서신 상담, 전화 상담, 인터넷 상담, 매체 상담 등이 있다. 그리고 상담 대상과 접촉하는 방식으로 나누면 직접 상담과 간접 상담이 있다. 이상과 같이 소개하긴 했지만 현장에서는 상황에 따라 적절한 방식으로 진행하면 된다.

03

학교 심리 상담의 실제

준비 작업이 갖추어졌으면 정식으로 상담 활동을 시작한다. 학생, 교사 등 내담자들이 찾아오면 상담자는 구체적으로 상담을 어떻게 진행해야 하는가? 해외 심리학계에서는 심리 상담 과정에 대해 서로 다른 관점을 주장한다. 예를 들면 상담심리학의 태두인 윌리엄슨 교수 등은 심리 상담 과정을 다음의 여섯 단계로 구분했다.

① 분석 : 내담자와 관련 있는 자료를 수집하는 단계.

② 종합 : 전 과정에서 수집한 자료 중에 가장 중요하고 의미 있는 부분을 종합하고 개괄하는 단계.

③ 진단 : 심리적 문제가 생긴 원인을 분명하게 규명하는 단계.

④ 예측 : 내담자의 장래 발전 양상과 상담 결과를 예측하는 단계.

⑤ 지도 및 치료 : 상담자와 내담자가 협력하여 내담자의 심리적 문제를 해결하는 단계.

⑥ 확인 종료 : 상담의 효과 여부를 검사하고 확정하는 단계.

이 밖에 심리학자 중에는 문제 해결 방법에 관한 듀이J. Dewey의 이론을 도입해야 한다고 주장하는 이들도 있다. 어반Urban, 포드Ford, 페이트R. H. Pate 등은 심리 상담 자체가 문제 해결의 과정이라고 생각했다. 그래서 각종 상담 이론과 방법은 모두 심리 상담의 문제를 다양한 방식으로 해결하기 위해 사용된다고 보았다. 특히 페이트는 내담자의 상담 목적이 실생활에서 맞닥뜨린 문제를 해결하기 위한 것이며, 상담 과정은 그 문제를 해결하기 위한 과정이라고 여겼다. 그는 심리 상담을 문제 파악, 가설 제기, 가설 검토, 결정, 행동 참여, 평가의 여섯 단계로 나누었다.

각 단계를 더욱 명확히 구분하기 위해 심리 상담 과정의 기본 순서로 다음의 4단계를 제시하고자 한다.

1. 자료 수집-상담의 기틀 마련 단계

상담자는 내담자가 찾아오면 반갑게 맞이하면서 심리 상담의 성격과 원칙을 간단히 소개한다. 특히 비밀이 철저히 보장된다는 점을 설명해 내담자가 긴장을 풀고 좀 더 자연스럽고 편안한 상태에서 상담 받을 수 있도록 한다.

심리 상담은 상담자와 내담자 간의 관계를 형성하는 데서 시작된다. 상담자와 내담자가 인간적으로 교류하는 상호 작용의 과정이기 때문이다. 따라서 심리 상담 초기에 양호한 관계를 형성하는 일은 매우 중요하다. 이를 통해 내담자에게서 진실하고 전체적인 정보를 얻고 다음 단계로 나아가기 위한 기초를 다질 수 있다.

먼저 상담자는 내담자들이 어떤 생각을 하고 어떤 행위를 하든지 '문제 자체의 분석보다 어떻게 문제를 해결하느냐에 집중하자'라는 생각으로 조건 없이 모든 내담자를 받아들여야 한다.

그리고 적극적이고 진지한 태도로 상담에 임해야 한다.

다음으로는 경청의 기술을 운용하여 내담자의 이야기를 경청하며 필요한 정보를 수집하고 내담자가 처한 상황과 그의 사회적 배경을 정확히 이해해야 한다.

경청은 양호한 상담 관계를 형성하는 필수 조건으로, 상담자가 정보를 이해하고, 내담자가 문제를 해명하는 데 도움을 준다. 또한 상담자는 경청을 통해 내담자에 대한 이해와 존중을 보여줄 수 있고, 내담자는 이를 통해 상담자에게 친밀감, 존경심, 신뢰를 느끼고 마음을 열 수 있다. 아울러 그의 지도와 도움도 전적으로 받아들이게 된다.

나이, 성별, 학년, 가정환경, 건강 상태 등 내담자의 기본 자료는 신청서를 통해 이해한다. 일반적으로 정식 상담이 시작되기 전에 내담자에게 미리 신청서를 작성하도록 하거나 상담자가 직접 질문하면서 작성할 수도 있다(특히 저학년 학생일 경우). 기본 자료는 표 3-1의 양식을 참조하기 바란다.

표 3-1 심리 상담 신청서

I. 개인 자료

성명________ 주소__________________________

나이_______ 성별 _______ 직업 __________

학년 _______

업무 시간 ___________ 결혼 여부 _______ 전화번호 _______________

II. 현황—가정, 직장 현황, 학력

III. 상담 목표와 목적

IV. 상담 효력과 신뢰도

V. 필요한 상담의 종류(항목을 선택한 후 체크하시오.)

개별 상담   단체 상담   기타

상담 기관이나 상담 내용에 따라 위의 신청서를 상황에 맞게 수정해서 사용하면 된다. 상하이 시는 '중고생의 벗'이라는 제목의 캠페인을 전개했는데 표 3-2에 따라 신청서를 만들었다.

표 3-2 '중고생의 벗' 심리 상담 신청서

날짜:　　　　　　반:　　　　　번호:

이 름		성 별		나 이		호 적 지		거 주 지	
주간 학습 시간	최소 50시간	수면 시간		10시간 이상		건강 상태		건강	
	35~50시간			8~10시간				체력이 약하고 병치레가 잦다.	
	30시간 미만			8시간 미만				만성 질병	
가족 구성원		자기 평가	성격이 명랑쾌활하다	안 정 성	정서적으로 안정되어 있다	취미			
			우울하고 내향적이다		안정되어 있는 편이다				
			남에게 우호적이다		정서적으로 취약하다				
최근 6개월 이내에 일어났던 일들	1. 부모와의 갈등 2. 학습 곤란, 성적 저하 3. 시험으로 말미암은 불안, 초조감 4. 학교의 처분을 받음 5. 선생님, 반 친구들과의 갈등 6. 가족 중에 병을 앓거나 사망한 사람이 있다.			7. 외상을 입거나 질병에 걸렸다. 8. 교우관계, 남녀 교제 문제 9. 경제적 빈곤 10. 진학, 취직 문제 11. 기타(자세히 기술하세요)			상 담 요 청	1. 학습법 2. 교우관계, 남녀 교제 문제 3. 대인관계 4. 진로 상담 5. 대리 상담 6. 기타(자세히 기술하세요)	
	(상세히 기술한 후 상담사에게 제출하세요)								
비고	상담사 의견 :								

(기록 카드는 파일로 보관할 것)　　　　　　　　　　　　　　　　　　　상담사 이름:

내담자와 내담자의 동료 혹은 학우와 면담하거나 학생기록부를 열람하는 등의 방법으로 신청서를 작성할 수도 있다.

이 단계에서는 상담자의 심리적 문제를 파악하는 것이 매우 중요하다. 혹자는 이를 아주 쉬운 일이라고 생각한다. 내담자의 진술과 상담자의 보충 질문을 근거로 대략적인 심리적 문제를 분명히 밝힐 수 있다고 여기기 때문이다. 그러나 실제로는 전혀 그렇지 않다. 내담자의 심리적 문제를 파악하는 일은 아주 까다롭고 복잡하다.

먼저 학교 심리 상담의 대상은 주로 학생들인데 초·중고교생의 개괄 능력과 표현 능력, 자아 인식 능력은 아직 발전 단계이므로 그들은 자신의 문제를 분명하게 설명하지 못한다.

두 번째로, 내담자는 그 심리적 문제로 오랫동안 시달려왔다. 그러나 줄곧 고뇌에 사로잡혀 허우적거리면서도 문제의 궁극적인 원인을 정확히 말로 표현하지 못하고 끊임없이 고통을 하소연할 뿐이다.

세 번째, 심리적 문제는 매우 복잡한 형태로 표출되므로 이러한 문제들의 평가지표는 으레 종합적이고 다면적이다. 이런 점 역시 심리적 문제를 파악하는 데 어려움을 초래하는 요인이 된다.

그러므로 학교 심리 상담사는 상담자가 겪고 있는 심리적 애로사항과 내담 목적 등을 분명히 파악하기 위해 인내심 있게 경청할 수 있어야 한다. 그리고 적극적이고 자연스러운 태도로 피드백을 통해 내담자에게서 가능한 한 많은 정보를 얻을 수 있도록 대화를 이끌어갈 수 있어야 한다.

2. 심리 측정-진단 분석 단계

이 단계의 주요 임무는 수집한 자료를 기초로 체계적으로 사고하고 분석하고 이를 통해 내담자가 겪고 있는 문제의 실체를 파악하는 것이다.

전 단계에서 상담자는 이미 내담자의 첫인상을 통해 많은 감성적 정보를 얻고 내담자의 심리적 문제에 대해 초보적으로 인식한 상태이다. 이제 내담자의 첫인상과 초보적 인식을 심층 분석하고 그의 심리적 문제에 대한 분명한 결론을 도출하기 위해 심리 측정과 진단 등의 방법을 사용하는 한편 첫 단계에서 수집한 정보들을 정리해본다. 필요하면 내담자와 그의 가족, 동료, 학우들에게서 더 상세한 정보를 얻는다.

여기서 특별히 언급하고 싶은 것은 심리측정이 상담 과정에서 상담자의 심리를 분석하는 데 사용되는 중요한 도구의 하나일 뿐이지 과정에서 필수불가결한 것은 아니라는 점이다. 그러므로 구체적인 상황에 근거하여 사용 여부를 결정해야 한다. 중국 심리학자 판슈潘菽는 다음과 같이 말했다.

"심리 측정의 신뢰성은 인정하지만 완전히 믿을 수는 없다. 마찬가지로 유용하지만 측정 결과에 완전히 의존할 수는 없다. 때때로 과도한 심리 측정은 도리어 상담 효과를 저하시킨다."

상담 등록, 상담과 심리 측정을 진행한 후에야 비로소 내담자의 심리적 상황에 대한 전면적인 진단과 분석이 가능해진다. 위 과정을 통해 획득한 자료를 종합적으로 분석하여 내담자의 심리적 문제가 무엇인지, 또 문제가 생긴 원인과 심리적 문제의 심각성 정도를 진단한다. 더욱 명료하게 진단분석하기 위해 내담자의 심리적 문제를 전체적 관계성의 맥락에서 파악하고 진단 분석 요강診斷分析要綱으로 이를 보충할 수 있다. 우리는 미국《상담 과정 중의 진단 분석 요강》의 내용을 수정해 다음과 같이《학교 심리 상담용 진단 분석 요강(표 3-3 참조)》으로 개편했다.

표 3-3 학교 심리 상담용 진단 분석 요강

성명 :   번호 :

I. 발전 현황

  A. 나이, 학력 및 본인이 제기한 문제

  B. 상담자의 연령층과 관련된 임무, 역할과 문제를 분석

  C. 현재 가정생활 여건과 사회문화적 여건

  D. 지능 혹은 개별 측정 결과 분석

II. 심리적 현황

  A. 일반 현황

    1. 인생관

    2. 목표 의식

    3. 인격적 성숙

    4. 생활에서 겪고 있는 고충

　　5. 생활 방식

　B. 자아 인식

　　1. 자기 자신에 대한 견해

　　2. 자신에 대한 타인의 평가

　　3. 이상적인 자아

　　4. 자기 성취에 대한 생각－학술·직업상의 성취, 예를 들면 학업 성적
　　　에 대한 자아 평가

　C. 독립성

　　1. 현실 대응 능력

　　2. 의사 결정 능력

　　3. 감정 조절 능력, 방법

　　4. 생활 변화에 따른 적응 능력

III. 직업 및 학습

　A. 상담자의 직업 및 업무 내용(학생은 장래 희망과 진로 선택)

　B. 업무, 학습에 임하는 감정과 태도

　C. 업무, 학습 과정에서의 대인 관계-상사, 부하 직원, 사제 및 동료(학우) 등

　D. 업무, 학습에서 자신의 장단점, 학업 성적

　E. 장래 희망

　F. 여가 활동

IV. 대인 관계

　A. 가족 구성원(배우자, 자녀)과의 관계(혹은 교사와)

　B. 부모, 형제자매 간의 관계

　C. 배우자, 부모에 대한 서술

　D. 가정에 대한 일반적인 생각

　E. 문제점 및 갈등 요인

　F. 갈등의 해결책

　G. 기타 중요한 관계

V. 건강

  A. 상담자 자신의 건강 상태에 대한 종합적인 견해

  B. 건강 문제가 상담자의 생활에 미치는 영향

  C. 건강 유지를 위한 습관

  D. 과거 혹은 현재 심리 치료를 받은 전력 여부

전체적으로 내담자가 겪고 있는 문제의 실체를 정확히 분석하고 나서 우선 내담자의 문제가 자신의 상담 범위에 속하는지를 판단해야 한다. 상담 범위에 속한다면 다음 단계를 준비한다. 만약 자신의 상담 능력으로 해결할 수 없다고 판단되면 속히 다른 기관으로 전담시키는 문제를 고려해야 한다. 이때 내담자의 일을 누구에게, 또 어떻게 전담할 것인지를 상세하게 고려해야 한다. 내담자의 문제가 자신의 상담 범위에 속할 때는 상담 목표를 더욱 명확히 한다. 상담 목표를 정하는 과정에서는 상담사와 내담자가 서로 협력해야 한다. 다시 말해, 상담 목표는 반드시 내담자의 개인적인 희망 사항을 존중하여 정해야 한다. 상담자가 변화하길 바라도록 돕는 것이 급선무이다.

그러므로 상담자는 내담자와 충분히 토론하여 구체적이고 실행 가능한 상담 목표를 정하되 절대 자신의 주관적인 판단에 따라 강제로 목표를 정해서는 안 된다. 이러한 기초 위에 다시 내담자의 문제를 해결할 방법을 토론하여 가능성 있는 해결책을 찾아낸다. 이 단계에서는 일반적으로 자유로운 사고를 통해 여러 가지의 해결 방법을 제시하길 권한다.

　실행할 수 있는 해결 방법을 모색하는 동안 내담자도 주관적인 능동성을 충분히 발휘하도록 해야 한다. 내담자는 대부분 상담 센터를 찾아오기 전에 이미 자신의 문제를 심각하게 고민하고 여러 가지 해결 방법을 찾아보았을 것이다. 학급 내 문제아들을 다루기 위해 가능한 모든 방법을 동원했음에도 여전히 속수무책인 담임교사를 예로 들자. 그는 실패한 경험으로 인해 상담자 앞에서 자기 생각이나 방법들을 털어놓는 것을 꺼릴 수도 있다. 그러므로 상담자는 그가 자신의 생각을 피력할 수 있도록 격려하고 호응해 주되 분석하려 해서는 안 된다. 또한 문제를 해결할 수 있는 방법들을 기록해두었다가 상담이 끝난 후에 분석해도 좋다.

　내담자의 자아 분석은 진단 분석의 시발점이다. 상담사는 이 과정에서 제기된 생각과 방법에 착안해 자신의 진단과 분석을 다시 종합하고, 이를 통해 내담자에게 실행할 만한 해결책들을 제시해 선택하도록 한다.

　또한, 어려운 사례를 진행하게 되었을 때는 간단히 결론 내릴 것이 아니라 내담자와 다음 상담 약속을 정해 혼자 생각할 시간을 주거나 동료, 학생의 지도 교사와 상의한다. 정확한 진단 여부는 심리 상담의 성공을 결정짓는다. 의사의 오진이 잘못된 치료, 심지어는 심각한 결과를 초래하는 것과 같은 이치이다. 따라서 상담자는 문제를 최대한 정확하게 진단해야 한다.

상담 방안을 세웠으면 교육적으로 어떻게 관여할지 구체적인 방법을 정해 방안이 더욱 효과적으로 실행될 수 있도록 한다.

상담 범위에 속하지 않는 사례에는 신중을 기해야 한다. 자기 능력으로 충분히 도움을 줄 수 있는 문제를 겪고 있는 내담자를 모른 척 밖으로 내몰아도 안 되고, 자신이 다룰 수 없는 문제를 겪고 있는 내담자를 붙들어둬도 안 된다. 그렇게 하면 두 경우 모두 내담자가 치료받을 최적기를 놓치게 된다. 그러므로 상담 사례의 전담 여부에 대한 정확한 판단은 심리 상담사가 기본적으로 갖추어야 할 직업윤리이다.

3. 상담 개입-문제 해결 단계

선택할 수 있는 몇 가지 방법을 제시한 후 상담자는 반드시 이에 대해 내담자와 토론을 거쳐 문제를 해결할 최선의 방법을 결정해야 한다.

방법에 대해 토론할 때에는 단순히 나열된 여러 방법 중에서 하나를 고르는 것이 아니라 선별하고 결정해야 한다. 대개 두 가지 측면에서 각각의 방법을 고찰하는데, 첫째는 성공 가능성이고 둘째는 내담자가 이를 위해 치러야 할 대가이다. 예를 들어 급우 간의 갈등 문제는 다툼, 회피 혹은 타협 등의 방법으로 해결하거나 협상을 통한 양보, 용서의 방법으로 해결할 수 있다. 정도의 차이는 있지만 이런 방법들은 모두 내담자의 생활에 영향을 끼친다. 그러므로 그 영향을 최소화할 수 있는 방법을 선택하는 것이 가장 좋다.

상담자는 각각의 방법이 생활에 끼칠 수 있는 영향에 대해 내담자에게 적극적으로 설명해야 한다. 이때 가장 효과적인 기술은 연상법 Imagery으로, 내담자가 자신이 선택한 방법을 이미 실행하고 있다고 상상해 그 결과와 그에 대한 자신의 감정을 체험하게 하는 것이다. 이는 미국 심리학자 라자러스Lazarus가 1977년 발표한 이론으로, 임상 실험에서 효과가 입증되었다.

교육적 관여를 통해 문제를 해결하고자 할 때는 필요에 따라 학부모, 학교 측의 협조를 구해야 하며 내담자에게도 납득이 가도록 충분히 설명해야 한다. 이때 모든 과정은 내담자의 의지에 따라 진행되어야 하며, 절대로 내담자 몰래 진행해서는 안 된다. 만약 내담자가 방법에 동의하지 않으면 억지로 진행하지 말고 인내심 있게 기다린다.

그리고 교육을 적용한 후에는 지속적으로 어떤 효과가 나타나고 있는지 내담자에게 피드백을 주고, 적용된 방법론을 평가해야 한다. 필요하다면 내담자가 효과를 느낄 수 있을 때까지 관여 목표와 시행 과정을 다시 평가하고 조정한다.

상담 계획에 따라 상담 목표를 결정하고 당사자의 심리적 문제가 해결되면 이로써 심리 상담은 종결된다. 상담자는 도출된 결론을 내담자에게 분명히 알려주고 내담자가 미처 알아채지 못한 중요한 부분들을 일깨워주어서 내담자가 필요할 때 곧바로 실생활에 적용하여 효과를 볼 수 있도록 한다. 동시에 앞으로 문제가 생기면 다시 상담실을 찾도록 격려한다.

4. 상담 추적 및 점검-성과 다지기 단계

일정한 시간이 지나면 상담 성과의 경과를 이해하기 위해 상담 추적을 수행한다. 수시 방문 제도, 비망록 쓰기, 좌담회, 인터뷰 등의 방식으로 상담 성과를 추적, 조사한다. 이러한 일련의 활동을 통해 상담 시의 진단과 분석이 정확했는지 여부와 내담자에 대한 지도, 상담 활동이 성공적이었는지 평가할 수 있다.

첫째, 비망록을 쓰게 한다. 상담자는 도움 단계 이후에 내담자에게 비망록을 나눠주고 꾸준히 작성하도록 당부한다. 그러면 내담자는 비망록에 성명, 나이, 성별 등과 같은 개인 신분 자료 외에 주로 자신의 심리적 문제를 기재한다. 예를 들면 상담을 받고 나서 일상생활에서 생긴 중요한 변화와 사건, 주관적인 생각과 느낌들, 남들이 자신을 어떻게 평가하는가에 대한 느낌 등이 있다. 상담자는 정기적으로 비망록을 회수해 검토한다. 학교 심리 상담에 사용하는 비망록은 일반적으로 표 3-4의 양식을 따른다.

표 3-4　심리 상담 비망록

성명		성 별		나 이		반	
주　　소					최초 상담 일자		
최초 상담 시의 상담 주제							
일상에서 일어났던 일들 (공란에 체크 혹은 ×로 표시하고, ∨표시했다면 날짜를 쓰시오)	학업 곤란	시험에 대한 불안 공포	급우와의 갈등	선생님과의 갈등	부모님에게 꾸중을 듣거나 체벌을 당함	이성 교제와 성 문제	
	부모의 불화	가족의 우환	질병	유급	선생님께 벌을 받음	기타 (자세히 쓰시오)	
자아 검사 (표시 방법은 위와 같음)	모든 것이 정상 기분이 좋음	기본적으로 정상 가끔 우울	일정치 않음 말로 하기 어려움	기타			
처음 받은 상담에 만족하십니까? 의견이 있으면 써보세요.							
상담을 계속할 예정입니까? (그렇다면 상담이 가능한 날짜를 쓰세요)							
주의사항	1. 비망록을 써서 1개월, 2개월, 6개월 후에 상담 센터로 보내주세요. 2. 6개월 후에 이 비망록을 가지고 오면 무료로 1회 상담이나 기념품 증정의 혜택이 있습니다.						

둘째, 수시로 내담자를 방문해 상담 효과를 점검한다.

셋째, 좌담회를 개최한다. 내담자의 가족, 동료, 급우들과 교사, 상급자 등을 초대하고 상담 후 달라진 내담자의 면모에 대한 그들의 의견을 수렴해 상담 효과에 대한 객관적 평가를 얻는다. 이 방법은 동시에 상담자가 사회 각층의 적극적인 협조를 얻어 상담의 성과를 공고히 다질 수 있다는 장점이 있다. 그러나 너무 많은 인원이 참가하면 오히려 평가에 방해가 되기 쉽고 내담자의 프라이버시가 공개되어 내담자의 향후 변화와 발전을 저해할 수 있으므로 활용하는 데 신중을 기해야 한다.

상담 성과를 추적하고 고찰해 일반적으로 다음의 세 가지 결과를 얻게 될 것이다.

첫째, 상담자의 도움과 관여가 원만한 성과를 얻어 내담자의 적응 능력이 눈에 띄게 개선되었으며 내담자도 상담 과정에 만족한다. 이때, 체계적인 대화를 통해 내담자의 성과에 대해 다시 한 번 긍정적으로 표현해 상담 효과를 강화하는 것도 좋다.

둘째, 내담자의 심리적 문제를 대략적으로 이해했으나 다시 새로운 문제들이 생겨났다. 이때, 상담자는 기존의 심리적인 문제와 새로 나타난 심리적 문제 간의 관련성을 분석하고 새로운 상담 목표를 제시하며 그에 따른 상담 과정을 진행해야 한다.

셋째, 상담 성과가 미비하다. 이 세 번째 결과에는 보통 두 가지 원인이 있다. 하나는 상담자가 상담 과정에서 문제를 편파적으로 분석한 탓에 치료나 지도 방법이 효과를 거두기 어려운 경우이다. 다른 하나는 내담자가 의식적인 노력 없이 피동적인 태도로 상담자의 요구에 따르지 않은 탓에 상담이 끝난 후에도 변화가 없는 경우이다.

만약 첫 번째 경우라면 상담자는 다시 한 번 상담 과정을 돌이켜보고 자신에게서 원인을 찾아내어 새로운 상담 방법을 시도해야 한다. 그러나 만약 두 번째 경우라면 상담자는 내담자에게 상담 원칙을 다시 설명하여 내담자가 상담 과정의 주도자는 자신이며 또한 자신의 주동적 협조가 상담의 성공 여부를 결정하는 근본 조건임을 이해하게 해야 한다.

상담자 자신의 경험과 능력이 현재 맡고 있는 상담 업무를 수행하는 데 부족하다고 느껴질 때는 즉시 상담을 중지하고, 내담자의 동의를 얻어 다른 상담자나 상담 기구를 소개해주어야 한다.

학교 심리 상담의 순서는 천편일률적으로 정해진 것이 아니므로 상황에 따라 운용하면 된다.

04

학교 심리 상담의 내용(1)
—학습 심리 상담

《과학과 생활》지의 심리 상담 칼럼에 고민을 호소하는 한 중학생의 편지가 날아들었다. 편지 내용은 다음과 같았다.

저는 수업 도중에 늘 덤벙거려서 실수를 저지릅니다. 국어 숙제를 할 때도 글자를 잘못 쓰거나 받침을 빼먹고 쓰는 일이 많고 수학 공식을 잘못 대입하거나 숫자를 잘못 계산하기 일쑤에요. 시험 날은 긴장 때문인지 더 실수가 잦아서 아주 쉬운 문제도 제대로 계산하지 못할 때가 많습니다. 집에서도 손에 가시가 돋쳤는지 늘 덤벙거리다가 종종 그릇을 깨먹기도 합니다. 그래서 가족들은 저를 '덜렁이'라고 부릅니다. 이런 버릇을 빨리 고쳐야겠다고 생각하면서도 고치질 못하니 괴롭기만 합니다.

내가 알기로는 《중국청년》, 《청년보靑年報》, 《중국청년보中國靑年報》, 《중학생中學生》, 《중학생시대中學生時代》 등 수많은 신문사와 잡지사가 이런 편지들을 받는다. 안타까운 일은 시간, 인력, 지면의 한계로 즉각적이고 만족할 만한 해답을 싣지 못한다는 점이다. 그러나 이런 문제들이야말로 학교 교육에 반드시 포함되어야 하는 업무이며 학교 심리 상담의 중요한 내용이기도 하다.

그렇다면 학교 심리 상담은 일반적으로 어떤 내용들을 포함하고 있어야 할까? 학생들이 직면한 현실적인 심리 문제와 외국의 연구 사례들로 볼 때, 주로 학업 문제, 진로 선택에서 비롯한 심리적 문제, 직장 생활에서 비롯한 심리적 문제와 심리 건강 문제 등이라고 할 수 있다.

이상의 심리적 문제들은 전문 상담사의 진단을 통해 개선할 수 있는데, 학생의 자기이해는 물론이고 학부모와 교사가 자녀와 학생들을 이해하는 데 필요한 과학적인 교육 방법을 적용하므로 매우 중요한 의미가 있다.

이 장에서는 먼저 학업에서 비롯하는 심리적 문제에 대해 토론하려고 한다.

학업 이수는 학생의 주요 임무이며, 학생의 심리에 직접적 영향을 줄 뿐만 아니라 학교 심리 상담의 주요 내용이기도 하다. 학생들의 학업 지도와 상담은 주로 두 가지 측면의 의미를 내포한다. 첫 번째는 학생이 학습 과정에서 겪는 심리적 어려움을 해결해주는 것이다. 학습 전략과 학습 방법의 개선을 통해 학습상의 장애를 해결해주는 것이 대표적인 예이다. 두 번째는 학생이 잠재된 학습 능력을 개발할 수 있도록 돕는 것이다. 또한 학생이 적합한 학습 목표를 확립하고 스스로 학습 동기를 부여할 수 있도록 도와 능동적인 자세로 학습할 수 있게 한다. 학생의 학업 성적에 영향을 주는 요소는 가정환경(대부분 양친의 학력, 소득 정도, 가족 분위기, 자녀에 대한 관심 정도 등), 교우관계, 교육의 질적, 양적 수준, 학습 환경 등 여러 가지가 있으며 주로 지능적 요소, 비지능적 요소, 창조력의 세 요소로 나뉜다.

1. 지능적 요소에 대한 상담

지능 상담은 학생이 지능의 본질, 지능과 학업 성적의 상관관계, 능력을 발휘하는 데 따르는 제약이 무엇인지 과학적으로 파악할 수 있도록 돕는다. 상담을 통해 학생은 자신의 학업 잠재 능력을 정확히 알 수 있어 학업 성과를 향상시키고 심리 건강을 지키는 데 매우 중요한 역할을 한다.

학습 잠재력이란 특정 학습 영역의 지식과 기술에 대한 잠재 능력을 말하며, 지능과 재능이 여기에 포함된다.

지능은 우수한 학업 성적을 성취하기 위해 필요한 조건이다. 지능이란 우리가 객관적인 사물을 이해하고 해석하는 과정에서 형성되는 종합적인 심리적 능력으로 관찰력, 기억력, 상상력, 사고력, 주의력의 5대 기본 요소가 있다. 5대 기본 요소는 기계적으로 조합된 것이 아니라 유기적으로 종합체를 이룬다.

지능은 보통 다음의 네 가지 측면을 종합하여 평가한다.

① 비판력을 갖추었는가? 비판력은 어떤 사물이나 현상에 대해 긍정 혹은 부정적인 이유를 제기할 수 있는 능력이다.

② 융통성이 있는가? 융통성은 복잡한 상황, 문제 해결 방법과 생소한 환경 등 구체적인 조건의 변화에 따라 문제를 탄력적이고 빠르게 처

리하는 능력을 말한다.

③ 생각이 주도면밀한가? 이는 여러 측면에서 문제의 상황을 전면적으로 파악하되 어느 한 부분도 소홀히 다루지 않는 능력이다.

④ 민첩하게 행동하는가? 민첩성이란 신속하고 정확하게 문제를 해결하는 능력이다. 이 네 가지 특징은 사람마다 명확한 차이를 보이며 대개 능력별로 불균형한 현상이 나타난다. 또한 한 개인이라도 분야별로 능력이 현저히 다르므로 해당 학과 혹은 활동에서 취득할 수 있는 성적에 영향을 끼친다. 그러므로 지능 상담을 통해 자기 지능의 장단점을 파악하고 이에 맞게 대처할 수 있다.

지능의 구성 요소(관찰력, 기억력, 상상력, 사고 능력, 주의력) 상담에는 더욱 많은 작업이 소요된다.

우선 관찰력은 다음과 같은 사항들을 위주로 평가된다.

① 관찰이 전체적이고 세밀한지의 여부

② 관찰이 체계적인지의 여부 : 예를 들면 '위에서 아래로' '위쪽에서 오른쪽으로' '밖에서 안으로' 식으로 관찰하는지 여부를 평가한다.

③ 관찰을 통해 사물의 핵심과 특징을 잘 파악하는지의 여부

④ 관찰의 객관성 여부 : 예를 들면 감정이 배제된 상태에서 관찰 대상을 있는 그대로 관찰하는지를 평가한다.

관찰력은 초등학생과 중학생이 성공적으로 학업을 완수하기 위한 전

제 조건이다. 그들이 관찰을 통해 받아들인 많은 느낌들은 학습에 관한 흥미를 불러일으키고 사고력을 발전시키는 기초가 되기 때문이다. 관찰력이 상대적으로 부족한 학생을 지도할 때는 다음과 같이 시작하면 좋다.

첫째, 학생이 자기 힘으로 관찰 목표를 세우고 실행하도록 한다.

둘째, 학생에게 순서 나열법, 비교법, 특정 예시법 등의 관찰 기법을 가르친다.

셋째, 학생에게 꾸준히 관찰 과제를 내주고 일기를 쓰게 하여 올바르게 관찰하는 습관을 기르도록 한다.

얼마나 정확하게, 오래 그리고 신속하게 기억하는가에 따라 관찰력의 우열이 결정된다.

개인의 기억력은 주로 형상 기억, 논리 기억, 감정 기억, 그리고 운동 기억에 편중된다. 다시 말해 화면, 개념, 체험, 동작 중에서 어느 한 분야가 뛰어나면 그 분야의 의미 있고 가치 있는 내용과 그렇지 않은 내용을 더욱 쉽고 기계적으로 기억할 수 있다. 이는 기억 지속 시간과 정확하고 분명한 기억의 재연과도 밀접한 관련이 있다.

우수한 기억력은 초등학생, 중학생이 학업을 완수하는 데도 필요하다. 만약 데이터를 저장하는 기능을 하는 기억력이 없다면 대뇌는 그야말로 '공허한 백지 상태'가 되어 지능 활동 자체를 논할 수 없게 된다. 그러므로 기억력은 학업 성적의 우열에 직접적인 영향을 준다.

기억력은 기억력 테스트(9장 참조)로 측정된다. 또한 간단한 방법으로 자가 테스트(자가 테스트 4-1 참조)를 실시할 수도 있다. 기억력이 저하되는 까닭은 크게 병리성과 비병리성의 두 가지 원인에서 찾아볼 수 있다. 병리성 원인은 신경쇠약이나 대뇌의 퇴화와 손상으로 기억력이 저하되는 경우이다. 반면에 비병리성 원인이란 기억 동기가 강하지 않거나 기억 방법이 잘못되어서, 또는 과도한 피로나 초조감 등이 원인이 되어 기억력이 떨어지는 경우이다. 일반적으로 심리 상담은 비병리성 원인에서 비롯한 기억력 저하의 경우로 제한된다. 기억력을 향상시키는 방법으로는 다음의 몇 가지가 있다.

첫째, 학생에게 학습 내용을 이해하고 암기할 때 고도의 집중력을 발휘하도록 한다.

둘째, 학생이 구체적이고 명확한 기억 목표를 세우도록 한다.

셋째, 학생에게 한꺼번에 여러 번 읽는 대신 한 번 훑어보고 암기하는 식으로 암기 방법을 개선하도록 지도한다.

넷째, 새벽 기상 시간이나 잠자리에 들기 직전의 시간을 이용해 중간 부분을 여러 번 복습하도록 한다.

다섯째, 학생이 암기한 내용을 잊어버리기 전에 복습을 통해 암기 내용을 강화하여 기억을 공고히 하도록 한다.

여섯째, 학생이 합리적이고 능률적으로 두뇌를 사용하고 학업과 휴식을 적절히 병행하도록 한다. 특히 뇌의 기억 기능이 가장 활발한 아침 8~10시, 저녁 6~8시, 취침 1시간 전의 시간을 충분히 활용하도록 한다.

그 밖에 관련 도서를 추천하여 그들이 기억력 법칙과 형상 기억법, 연상법 같은 기술들을 스스로 찾아보고 실전에서 응용할 수 있도록 한다.

상상력은 주로 생활의 한계에 구애받지 않고 자신이 설명하고자 하는 이미지를 보충할 수 있는가를 평가하며, 대상을 얼마나 구체적이고 생동감 있게 그려내는지 여부로 상상력의 풍부함을 가늠한다. 또한 타인이 묘사하는 이미지를 통해 희로애락의 감정을 느낄 수 있는지 여부는 개인의 감수성을 보여준다. 자신 혹은 타인이 이미 가지고 있는 이미지를 뛰어넘어 참신하고 독특한 발상을 할 수 있는지의 여부는 창의력과 관련이 있다. 상상력은 주동적인 학습 태도를 강화하고 생동감을 부여하며 창의력을 향상시키므로 학업과 관련이 깊다. 상상력이 부족한 학생은 이미 도출된 결론만 미련하게 암기하므로 평면적인 지식만 답습한다. 그런 탓에 창의적인 생각을 발표하는 일이 드물고 특히 읽기와 작문에 어려움을 호소한다. 이러한 학생에게는 생활과 경험의 폭을 넓힐 기회를 마련해주고, 여러 방면의 문학 작품과 과학 잡지 등 읽을거리를 주거나 문예반이나 과학반, 발명반 활동을 권장하여 상상력을 길러줄 수 있다.

사고 능력은 주로 사고의 깊이, 추상, 개괄, 유추 능력을 평가한다. 다시 말하면 사고가 치밀하고 분석적이며 설득력 있는지, 또한 사고가 적극적이고 참신하고 대담하며 창의적인지 등을 본다. 그리고 형상 사고, 추상 사고 중 어느 쪽이 더 우수한가 하는 점도 평가 항목에 포함된다.

사고 능력은 지능 활동인 동시에 학습의 핵심 요소이다. 해외 심리학자들은 학습을 기억 학습 수준, 이해 학습 수준, 사고 학습 수준의 세

가지로 구분한다. 후자일수록 문제 해결 위주의 주동적인 탐색 과정으로, 더욱 고차원적인 학습 수준이다. 사고 능력의 측정 방법으로는 웩슬러의 아동 지능 검사(Wechsler Intelligence Scale for Children; WISC) 외에 레벤Reven의 표준 격자형 추리 행렬 과제(Raven's Standard progressive Matrices; SPM) 그리고 초등학교, 중학교용 단체 지능 검사 등(9장 참조)이 있다. 사고 능력이 비교적 낮은 학생들에게 가장 중요한 것은 문제 상황에 자주 처하게 하여 해결이 필요한 난제에 직면했을 때 기지를 발휘하여 스스로 해결하도록 하는 것이다. 또한 학생들이 의식적으로 문제를 분석, 종합, 비교, 분류, 추상, 개괄과 체계화, 구체화, 귀납, 연역 등의 구체적인 사고 방법을 응용해 사고 능력을 기를 수 있도록 돕는 것이다.

주의력은 주로 다음 사항들을 평가한다. 주위 환경의 간섭을 받지 않고 안정적이고 지속적으로 주의력을 집중할 수 있는지의 여부, 더 큰 범위의 사물에 주의하면서 구체적인 사물도 변별할 수 있는지의 여부, 동시에 여러 대상에 주의력을 집중할 수 있는지의 여부, 필요하면 곧바로 새로운 대상으로 집중력을 옮길 수 있는지의 여부 등이다. 주의력은 인간의 지능 활동을 조직하고 유지하는 역할을 하며 학습 효율에도 영향을 끼친다. 주의력이 분산되면 학습 효과를 기대하기 어렵거나 심지어는 아무런 효과를 거둘 수 없다. 일반적으로 초등학생과 중학생은 자기 제어 능력이 약하므로 주의력도 쉽게 분산된다. 수업을 듣고 책을 읽을 때 늘 딴전을 피우는 학생(자가 테스트 4-2 참조)은 상담을 진행하면서 다음과 같은 방법으로 주의력을 향상시킬 수 있다.

첫째, 학생에게 책임을 부여한다. 다시 말하면 자기가 정한 목표대로 공부하고 상세한 학습 계획을 세우는 동시에 흥미에 따라 스스로 학습 동기를 강화하게 하는 것이다.

둘째, 조용하고 깨끗한 환경을 조성하여 외부의 방해 요소를 차단한다.

셋째, 과도하게 정신적, 육체적으로 피로를 느끼지 않도록 충분한 수면과 적절한 휴식을 취하게 한다.

넷째, 주의력을 집중하는 습관을 기르도록 한다. 일단 공부를 시작하면 그 시간에는 온전히 공부에만 집중하도록 지도한다.

학습 활동의 주체인 학생은 자기 학습 잠재력을 정확히 파악하고, 자기 능력의 특징과 발전 정도를 알고 있어야 하며 자신에게 맞는 학습법과 개선이 필요한 부분에 대해 자각할 필요가 있다. 또한 자신의 장단점과 가장 흥미를 느끼는 분야가 무엇인지, 또 발전에 따르는 제약이 무엇인지 객관적으로 정확히 알고 있어야 한다. 이를 통해 전반적인 학습 과정과 학습 방향을 효과적으로 관리하고 적절한 학습 방법을 통해 학습 효과를 극대화하는 것이 가장 중요하다.

2. 비지능적 요소에 대한 상담

우수한 학업 성적을 거두려면 정상적인 수준의 지능이 필요하다. 그러나 지능이 정상 수준이라고 해서 모든 학생이 우수한 성적을 거둔다는 말은 아니다. 비지능적 요소에 대한 문제가 남아 있기 때문이다. 넓은 의미에서 볼 때 비지능적 요소는 지능 외의 모든 심리적 요소를 가리키며, 개인의 사상과 학업에 대한 인식도 포함한다. 반면에 좁은 의미에서 볼 때 비지능적 요소는 주로 동기, 흥미, 감정, 의지, 성격의 다섯 가지 요소를 말한다. 중국에서는 최근 몇 년 동안 비지능적 요소와 학업의 상관관계가 특히 큰 주목을 받고 있으며, 괄목할 만한 연구 성과를 거두었다. 대다수 학생이 지능 면에서 큰 우열이 없는 상황에서 학업 성적의 차이를 보이는 까닭은 바로 비지능적 요소 때문이라는 것이 입증되었다. 열등생을 조사한 결과, 표면적으로는 우등생과 열등생이 학업 성적, 학습 능력에만 차이가 있는 것으로 보이지만 실질적으로는 학습 동기와 학업에 대한 흥미와 열정에서 큰 차이가 있었다. 또한 학습 지속력, 자신감, 독립성과 근면성에서도 확연하게 차이가 드러난다. 이러한 비지능적 요소와 학업 성취의 상관관계는 중국은 물론 해외에서도 지금껏 비중 있게 다루어지지 않았던 분야이다.

그러므로 심리 상담에 필요한 학생의 동기, 흥미, 감정, 의지, 성격에 대한 일반적 이해 외에도 학업 성적과 밀접한 관계가 있을 수 있는 아래 요소들의 중요성을 깨닫고 기르는 데 힘써야 한다.

첫째는 탐구심이다. 호기심은 인간의 본능이다. 호기심을 느끼기 때문에 다른 사물에 관심을 보이고 주의를 기울이며, 해당 사물을 이해할 수 없기 때문에 이를 알고 싶어 하는 열망이 생겨난다. 이것이야말로 학습의 가장 원초적인 동기이며 내재된 동력이다. 외부 요인의 영향으로 생겨난 학습 동기(예를 들면 물질적, 정신적 격려나 칭찬)는 호기심이 충족되면 줄어들기 마련이다. 그러나 탐구심은 그렇지 않아서 개인이 느끼는 학습의 욕구는 저마다 다르다. 그러므로 어떻게 하면 학생들의 탐구심을 개발시키는 문제는 비지능적 요소에 대한 상담에서 매우 중요한 내용이다.

둘째는 희열감이다. 학습을 통해 특정 지식과 기술을 배우고 능력을 발전시키는 가운데 다른 성과로는 대신할 수 없는 희열을 만끽할 수 있다. 개인이 학습을 통해 이러한 희열감을 느끼는지의 여부와 체험의 강도, 감정의 지속 시간, 그리고 어떻게 하면 이러한 감정을 맛볼 수 있는가 하는 것이 상담의 내용이 된다.

셋째는 지속성이다. 아무래도 학습은 즐거운 활동일 수만은 없다. 학습 과정에는 많은 어려움이 있고 때로는 무미건조한 연습이 반복된다. 그러므로 강한 인내심이 없으면 학업을 달성하기 어렵다. 학생의 학습 지속성을 평가하는 일 역시 상담 내용의 한 부분으로, 문제 해결에 초점을 맞춘 제안이 뒤따라야 한다.

넷째는 세심하고 침착한 태도이다. 이는 조급함, 부주의함과 상반된다. 이번 장 서두에서 인용한 사례 역시 이 항목과 관련된다. 학생들이 실수를 저지르는 것은 대개 지능이 낮아서가 아니라 부주의하고 인내심이 부족한 탓이다. 세심하고 침착한 태도는 자기 제어 능력과도 연관성이 크므로 병행해서 다루어야 한다.

다섯째는 자신감이다. 자신감은 좋은 성적을 거둘 수 있다는 낙관적인 태도와 자기 능력에 대한 긍정적인 평가에서 나온다. 자신감은 좋은 성적을 거두는 데 가장 중요한 심리적 조건의 하나로, 열등생들에게 변화를 줄 수 있는 돌파구이다. 자신감은 평가 가능한 항목이며, 학생은 특히 교육자와의 관계를 통해 자신감을 형성한다. 그러므로 자신감은 당연히 상담에서 중요한 내용이 될 수밖에 없다.

여섯째는 독립심이다. 독립심이 있는 학생은 맹목적이지 않으며 독자적으로 학업을 완수한다. 이는 지식을 비판적으로 수용하고 학습 능력을 향상하는 데 꼭 필요한 요소이다. 독립심도 평가할 수 있지만, 학생에게 독립심을 길러주는 데는 더 많은 시간과 노력이 필요하다.

초등학생, 중학생이 상술한 여섯 가지 요소를 얼마나 갖추었는지는 대략적으로 카텔Cattell의 다요인 인성 검사(PF16)로 측정할 수 있다.(9장 참조), 상하이사범대학上海師大 교학연구소는 비지능적 요소에 대한 설문 조사를 특별히 고안해 실생활에 응용하여 기대한 성과를 거두었다. 학교 심리 상담에서는 각기 지능이 다른 학생들의 비지능적 요소를 진단하고 배양해야 하며, 특히 여학생들의 비지능적 요소를 배양하는 데 힘써야 한다.

구체적인 예를 들어, 탐구심을 길러주려면 학생들이 가능한 한 질문을 자주 하도록 격려하고, 이에 대해 답을 제시해주는 것이 과거이다. 절대 학생들에게 냉소적이거나 조소하는 태도를 보여서는 안 된다. 학생들에게 배움의 기쁨을 느끼게 하려면 그들의 감정들, 예를 들면 놀라움, 의혹, 확신 등을 소중히 여기고 이를 의식적으로 강화해나가야 한다. 또한 학생이 성과를 거두면 진심어린 격려와 칭찬을 아끼지 말아야 한다. 또, 학생들에게 지속성을 길러주려면 정해진 시간에 기상, 매일 일기쓰기, 아침 체조 등 작은 일부터 하나하나 꾸준히 실천하도록 독려해야 한다. 고난이 닥쳤을 때는 이에 맞서 인내심 있게 극복해내는 올바른 '고난관苦難觀'을 심어주는 일도 중요하다. 세심하고 침착한 태도를 길러주려면 덤벙거리지 않고 모든 일을 꼼꼼하게 다루도록 가르친다. 아울러 학생들이 사물에 대한 총체적인 관찰 방법을 익혀 같은 사물에 존재하는 차이점을 찾아내고 반대로 다른 사물에 존재하는 공통점을 발견해내는 능력을 반복적으로 기르도록 한다. 자신감을 기르려면 학생 스스로 성공을 경험해야 한다. 그리고 노력에 대한 성공을 확신하고 자기 현실에 맞는 포부를 지녀야 하며 동시에 자신의 부족한 점에 연연하거나 결함을 확대 해석하지 않아야 한다. 이때 교사의 격려와 칭찬이 무엇보다 중요하다는 점에 각별히 유의하라. 다음으로, 독립성을 기르려면 뚜렷한 자기 주관이 있어야 한다. 맹목적으로 믿는 습관을 버리고 자기중심적인 가치관을 키우며 독립적으로 사고하는 습관을 길러야 한다. 그래서 어떤 일에 대해서든 성급하게 결정하거나 평가하지 않고 먼저 스스로 직접 따져보고 분석할 수 있어야 한다. 이 방면에 관심 있는 독자는 필자의 저서 《비지능적 요소와 학습》(쑤저우대학출판사, 2000년)을 참고하기 바란다.

3. 창조력에 대한 상담

창조력은 지능적 요소와 비지능적 요소가 결합되어 형성된 심리적 특징이다. 창조력은 개인의 능력이며 의식이자 성격이기도 하다. 창조력의 두 가지 특징은 참신성과 유효성이다. 창조력은 학습 과정에서 개인이 독자적인 사고를 통해 학업 성취를 거두는 데 꼭 필요하다. 1960년대 미국 심리학자들은 인간의 창조력과 학습 능력 간의 상관관계를 연구했다. 이 연구에서 시어도어L. S Theodore는 8학년 학생 300여 명을 대상으로 실시한 실험에서 학습 능력과 창조적 사고 능력 간의 연관성이 매우 높으며(상관계수 : 0.56), 창조력이 뛰어난 학생이 반드시 지능이 높은 것은 아니지만 보통사람들과 다른 독특한 행동 패턴을 보여준다는 것을 발견했다. 그러므로 어떻게 하면 학생들의 창조력을 판별하고 창조력이 뛰어난 학생에게 특수한 교육을 제공할 수 있는지에 관심을 기울여야 한다.

사우스캘리포니아 창조적 사고 테스트, 토렌스 창조력 테스트(9장 참조) 등의 방법으로 학생들의 창조력과 발전 수준을 측정할 수 있으며, 간단하게 자가 테스트(자가 테스트 4-3 참조)를 실행해볼 수 있다. 학생들의 창조력을 키워주기 위해 몇 가지 건의할 사항이 있다.

첫째, 학생의 지적 욕구를 일깨우고 관찰력과 창조적 상상력을 배양한다. 그리고 새로운 문제를 발견하고 변화를 추구하는 능력을 길러준다.

둘째, 참신한 사고 능력을 배양한다.

셋째, 연습을 통해 보편적이면서도 독자적인 사고 능력을 키워준다.

넷째, 브레인스토밍을 이용해 학생의 창조력을 배양한다. 창조력이 부족한 학생에게는 먼저 창의성을 추구하는 강렬한 열망을 심어주고 그들이 호기심과 탐구 정신을 유지하도록 보살핀다. 그리고 대담하게 상상의 나래를 펼 수 있도록 배려한다. 다음으로 우뇌右惱 개발에 힘쓴다. 음악, 미술, 체육 등 교과목을 강화하고 다채로운 특별 활동을 추천하여 학생들이 양쪽 뇌를 고루 사용하도록 할 수 있다.

4-1 기억력 자가 테스트

(1) 자가 테스트 문항

① 기계적 기억력 테스트

다음 3열은 각각 숫자 12개로 구성되어있다. 임의로 한 줄을 골라 1분 안에 암기하고(평균 5초 동안 1개 숫자를 읽는다), 기억한 숫자를 종이에 쓰라(위치가 바뀌어도 상관없음). 기억해낸 숫자에 따라 기억력을 측정할 수 있다.

73	49	64	83	41	27	62	29	38	93	74	97
57	29	32	47	94	86	14	67	75	28	79	24
36	45	73	29	87	28	43	62	75	59	93	67

② 주의력을 집중했을 때의 기억력 테스트

숫자 100개가 다음과 같이 나열되어 있다. 임의의 연속되는 숫자 15개를 찾으시오. 예를 들어 2에서 16까지 혹은 61에서 75까지의 숫자를 찾으면 된다. 15개의 연속된 숫자를 찾는 데 소요된 시간에 따라 주의력을 집중했을 때의 기억력을 측정할 수 있다.

12	33	40	97	94	57	22	19	49	60
27	98	79	8	70	13	61	6	80	99
5	41	95	14	76	81	59	48	93	28
20	96	34	62	50	3	68	16	78	39
86	7	42	11	82	85	38	87	24	47
63	32	77	51	71	21	52	4	9	69
35	58	18	43	26	75	30	67	46	88
17	64	53	1	72	15	54	10	37	23
83	73	84	90	44	89	66	91	74	92
25	36	55	65	31	0	45	29	56	2

③ 방위 기억력 테스트

서로 다른 10종의 기하학 도형이 있다. 그림 속에 있는 도형들의 위치를(배치되어 있는 순서대로) 5초 동안 보여준 후, 역시 10종의 기하학 도형 그림이 그려진 골판지를 보여준다.(골판지에 그려진 기하학 도형의 순서는 반드시 뒤바뀌어야 한다) 처음 관찰했을 때 기억한 도형의 위치대로 배열해보시오. 배열이 끝나면 실제 그림과 자신이 배열한 위치가 맞는지 틀리는지에 따라 점수를 기재한다.

(2) 평가 방법

① 기계적 기억력 테스트

특정한 어느 한 줄의 숫자 12개를 전부 정확히 기억할 수 있다면 당신은 발군의 기억력을 갖춘 사람이고, 8~9개의 숫자를 기억할 수 있으면 기억력이 뛰어난 편이라고 할 수 있다. 만약 4~7개만 기억했다면 보통 수준인 셈이고, 4개조차 기억해내지 못했다면 기억력이 부족한 편이므로 원인을 찾는 한편, 기억력을 향상시키기 위해 노력해야 한다.

② 주의력을 집중했을 때의 기억력 테스트

당신이 30~40초 내에 숫자 15개를 모두 찾아냈다면 기억력이 매우 우수한 편이라고 할 수 있다. 인류의 5%만이 이런 능력이 있다. 40~90초 동안 찾아냈다면 기억력은 보통 수준인 셈이다. 그리고 2~3분 만에 모두 찾아냈다면 당신은 주의력이 산만한 사람이라고 할 수 있다.

③ 방위 기억력 테스트

도형 한 개를 제 위치에 놓으면 1점이다. 서로 이웃한 도형들을 제 위치에 놓으면 0.5점이다. 위치를 잘못 놓으면 0점 처리한다. 10점이 나왔다면 방위 기억력이 매우 우수한 편에 속하고, 6~8점은 우수, 3~5점은 보통 수준이다.

4-2 주의력 자가 테스트

대뇌의 집중력 정도는 대뇌의 건강한 활동을 보여주는 지표가 된다. 먼저 대뇌 집중력을 측정하고자 다음의 항목에서 자신의 상황과 일치하는 문항의 괄호에 O 혹은 X 표시하시오.

1. 종종 남의 말을 건성으로 들을 때가 있다.	(　)
2. 공부할 때, 가끔은 나른 일을 하고 싶다는 생각에 조급해진다.	(　)
3. 마음에 걱정거리가 생기면 온종일 그 생각에 시달린다.	(　)
4. 공부할 때면 종종 공부와 아무 관련 없는 일이 떠오른다.	(　)
5. 공부할 때면 시간이 너무 늦게 지나가는 것 같다.	(　)
6. 남에게 질책 받았던 일이 늘 뇌리를 떠나지 않는다.	(　)
7. 때로는 부산스럽게 이 일 저 일 서두르며 하루를 보낸다.	(　)
8. 하고 싶은 일은 많은데 한 가지 일에 집중할 수 없다.	(　)

9. 수업을 들을 때면 끊임없이 하품이 난다.　　　　　(　)

10. 때로는 말하는 도중에 나도 모르게 다른 일이 떠오른다.　(　)

11. 친구를 기다릴 때면 1분이 마치 한 시간처럼 느껴진다.　(　)

12. 방금 읽고 난 필기를 처음부터 다시 여러 번 읽는다.　　(　)

13. 두 시간 동안 집중해서 책을 읽기 어렵다.　　　　　(　)

14. 한 가지 일을 하는 데 시간이 너무 오래 걸려서 일을 빨리 끝내고
　　싶어 조바심이 난다.　　　　　　　　　　　　　(　)

15. 공부에 전념할 때도 주위 사람들의 말소리가 분명하게 들린다. (　)

X표 1개를 1점으로 해서 점수를 합산한다. 0~3점인 사람은 주의력이 나쁜 편이고, 4~7점인 사람은 주의력이 다소 산만한 편이다. 8~11개인 사람은 주의력이 보통 수준, 12~13개인 사람은 주의력이 좋은 편, 그리고 14~15점인 사람은 주의력이 매우 좋은 편이다.

4-3 창조력 자가 테스트

(1) 자가 테스트 문항

다음에서 자신의 상황과 일치하는 문항의 괄호에 체크 표시하거나 일치하지 않는 문항에 X 표시하시오.

1. 업무 중이거나 사물을 관찰하고 타인의 이야기를 들을 때 매우 집중한다.
　　　　　　　　　　　　　　　　　　　　　　　　　　（　　）

2. 이야기하거나 글을 쓸 때 '유추'법을 자주 쓴다.　　　（　　）

3. 집중해서 책을 보거나 그림을 그리고 붓글씨를 쓴다.　（　　）

4. 선생님이 내준 과제를 완수하면 늘 흥분된다.　　　　（　　）

5. 권위를 믿지 않으며, 언제나 권위에 도전할 준비가 되어 있다.　（　　）

6. 사물의 여러 가지 원인을 찾는 것을 좋아하거나 혹은 그런 습관이 있다.
　　　　　　　　　　　　　　　　　　　　　　　　　　（　　）

7. 언제나 주의 깊게 사물을 관찰한다.　　　　　　　　（　　）

8. 남이 하는 이야기 속에서 종종 문제점을 발견한다.　（　　）

9. 창조성이 수반되는 일을 할 때면 시간가는 줄 모른다.　（　　）

10. 늘 주동적으로 문제를 발견하고 그와 관련된 연관성들을 찾아낸다.
　　　　　　　　　　　　　　　　　　　　　　　　　　（　　）

11. 일상생활에서뿐만 아니라 평소에도 늘 학문을 연구한다.　（　　）

12. 주위 사물에 대해 늘 호기심을 느낀다.　　　　　　（　　）

13. 무언가 새로운 것을 발견하면 짜릿한 흥분을 느낀다.　（　　）

14. 대개 사물의 결과를 예측하고 그 결과를 정확히 검증해낸다.　（　　）

15. 고난과 좌절이 닥칠지라도 낙담하지 않을 것이다.　（　　）

16. 사물에서 새로운 해답과 결과를 찾기 위해 생각에 골두한다.　（　　）

17. 예리한 관찰력과 문제 제기 능력이 있다.　　　　　（　　）

18. 학습 도중에 스스로 선택한 과제에 대해 독창적인 나름의 연구 방법을
　　도입한다.　　　　　　　　　　　　　　　　　　　（　　）

19. 문제에 맞닥뜨리면 여러 방면에서 가능성을 탐색하고, 고정적이고 제
　　한된 범위에서만 사고하지 않는다.　　　　　　　　（　　）

20. 언제나 새로운 생각이 머릿속에서 용솟음친다. 친구들과 놀이를 즐길
　　때도 마찬가지로 기발한 아이디어가 잘 떠오른다.　（　　）

(2) 평가 방법

　위에 서술된 20개 항목은 창조력이 뛰어난 학생들에게서 공통적으로 나타나는 심리적 특징이다. 본인의 상황이 예시된 항목과 많이 일치할수록(체크 표시한 항목이 많을수록) 창조적 유형에 가까우며 창조 능력도 매우 높다. 만약 체크 표시한 항목이 전체(20항목)의 90% 이상을 차지한다면 창조력이 뛰어난 편에 속하고, 80% 정도(체크 표시한 항목이 14~17개 정도)라면 양호한 편이다. 50% 정도(체크 표시한 항목이 10~13개 정도)라면 보통 수준이며, 30% 이하라면 비교적 낮은 편이다.

학교 심리 상담의 내용(2)
―진로 선택 상담

진로 상담은 20세기 초 미국 상담심리학자인 프랭크 파슨스가 주도한 직업 지도Vocational guidance 활동에서 시작되었다. 파슨스는 직업을 '선택'하는 일이 맹목적인 구직보다 중요하다고 보았다. 직업을 선택한다는 것은 단순히 생계 수단을 결정한다는 의미 이상으로, 인생에서 매우 중대한 선택이다. 한 개인에게 '어떤 일을 하느냐'하는 것은 사회적 지위, 인간관계, 취미와 오락, 재정 상태와 생활의 질, 생존 환경 등 생활 전반에 영향을 끼친다. 그러므로 자신의 직무 능력과 적성에 맞는 일을 선택하는 것은 사회생활을 앞둔 학생들에게 더없이 중요한 과제이다.

진로 상담은 학교 심리 상담 시스템에서 볼 때 명백히 인생 상담에 속한다. 진로 상담의 정의와 상담 목적, 주안점은 상담 주제에 따라 다르다. 미국직업협회(American Vocational Association; AVA)는 진로 상담을 다음과 같이 정의했다. 상담자는 내담자와 일대일 혹은 일대 일조의 관계를 맺고, 내담자가 자신과 자신이 처한 외부 환경을 파악하도록 돕는다. 쌍방 간의 협조로 가장 적절한 직업을 선택하고 구체적인 직업 분야를 확정짓는다. 넓은 의미에서의 진로 상담은 직업을 선택하고 취업을 도모하며 그 직업에 적응하거나 직업을 변경하는 등의 내용을 포함한다. 그러나 고등학교 단계에서는 주로 직업 선택의 문제, 즉 진로 선택 상담만 다루는 것이 보통이다.

"학교는 제대로 들어왔는데 학과 선택을 잘못했다."

대학에 진학한 학생 중에, 특히 졸업 후 막 직장생활을 시작한 학생들에게서 이와 같은 원망의 말을 흔히 들을 수 있다.

전국적으로 진행된 조사 결과에 따르면, 다시 직업을 선택할 수 있다면 현재의 직업을 택하지 않을 것이라고 응답한 사람의 비율이 대학생 38.2%, 전문대생 46.6%, 그리고 기술학교 학생 18.6% 순으로 집계되었다. 화둥사범대학華東師範大學 교학연구소 소장 웨이위안偉遠 등은 상하이에 거주하는 대학, 전문대, 기술학교 학생들을 대상으로 전공 현황을 조사했다. 그 결과, 전체 응답자 207명 가운데 86.5%의 학생이 당초 전공을 지원했을 당시 전공에 대한 이해가 부족했다고 응답했고, 54.9%의 학생이 지금 배우고 있는 전공이 자신의 생리적(신체조건), 심리적(소양, 능력, 흥미, 직업에 거는 기대, 성격, 기질 등) 특징에 맞지 않는다고 했으며, 39.6%의 학생이 전공 지원을 후회한다고 응답했다. 조사에 참여한 학생들은 1~2년 뒤 취업과 사회생활을 앞두고 있었는데 51.5%에 해당하는 학생만이 자신의 전공에 맞는 직업을 얻기를 희망했다. 25.5%의 학생은 기회가 되면 전공과 다른 직업을 얻길 희망했으며, 일부 대학생은 대학원 진학 등을 통해 전공을 바꾸고 싶어 했다. 궁극적인 원인을 따져보면, 진로 선택에 대한 이해가 부족했거나 진로 선택과 떼려야 뗄 수 없는 관계인 직업 능력, 직업 적성과 같은 심리적 상태

파악을 소홀히 했기 때문이다.

진로 선택은 사회의 구직 현황과 개인의 심리적 특성에 따라 수만 가지 직종 가운데 자신에게 적합한 직업을 찾아내는 과정이다. 진로 선택은 단순히 '사회에서 한 자리 차지한다'는 기존의 관념과 비교해볼 때 상대적으로 구직자의 주동성과 직업 선택의 주체성을 강조하며, 구체적으로는 직업에 대한 당사자의 적성, 직무 능력과 직업적 소양 등에 관해 상담을 진행한다.

진로 상담은 학생들이 진로와 대학 진학을 결정하고, 자아 능력과 적성 등을 측정하고 이해하는 데 도움을 줄 수 있는 상담과 정보를 제공한다. 이는 학생이 진학, 취업 과정에서 자신을 더욱 정확히 이해하여 맹목적이고 단편적인 선택을 지양하기 위함이다. 또한 합리적인 판단을 통해 최대한 자아실현을 이룰 수 있는 최적의 직업을 구하도록 하기 위함이다. 미국과 유럽 등 서양의 선진국에서는 진로 지도와 진로 상담이 고등학생, 대학생 상담에서 매우 중요한 항목이다.

1. 관심 분야에 관한 상담

이 상담은 주로 직업의 경향성, 지향성을 주제로 진행된다. 당신이 어떤 일에 흥미를 느꼈을 때를 생각해보자. 온종일 그 일에 대한 생각에 빠져 놀라운 집중력을 발휘하며 그 일을 성공적으로 완수하고자 참신한 아이디어 구상에 몰두할 것이다. 일반적으로 흥미는 생활을 통해 후천적으로 배양된 것이지만 매우 안정적인 특성이 있어 업무 혹은 학업 성취에도 간접적으로 영향을 끼친다. 미국 학자 홀랜드Holland 등은 십여 년에 걸친 연구 결과, 흥미를 보이는 분야에 따라 인간을 현실형, 연구형, 예술형, 사회형, 기업가형, 전통형의 여섯 유형으로 분류했다.

현실형은 기능직(예를 들면, 금속가공업, 전기 기술자, 기계 조립 및 조작자), 기술직(촬영 기사, 수리공, 제도공)이 적성에 맞으며 평소 수리, 운전, 수공 조작 등에 흥미를 보인다.

연구형의 관심은 주로 지능적, 추상, 분석, 추리적, 독립적인 업무에 편향되는 것이 특징이다. 이 유형은 대체로 리더십이 부족하며 과학, 기술 방면의 직업에서 두각을 드러낸다. 전자는 수학, 물리학, 화학, 생물학 등 연구 분야이며, 후자는 도서관 사서, 프로그래머, 전자학 연구원 등이다. 평상시에 자연과학 서적을 탐독하거나 실험실 업무, 어려운 문제를 해결, 분석하는 일에 흥미를 보인다.

예술형은 예술 작품을 통해 자기감정과 사상을 표출하는 일에 관심을 보인다. 상상하길 좋아하고 감성과 창조력이 풍부하며 관습에 따르기보다는 자유분방한 생활을 선호한다. 또한 혼자만의 생각에 몰두하는 습관이 있다. 이 유형은 대체로 사무 능력이 부족하고, 예술이나 문학에 관계된 일에 소질이 있다. 예를 들면 조각가, 설계가, 음악가, 안무가, 악단 지휘자, 작가, 평론가, 문학 편집자 등이다. 평소 음악을 듣고 연주하길 즐긴다. 때로는 소설과 극본을 읽고 작품을 쓰거나 건물, 가구 등을 도안하는 일에 흥미를 보인다.

사회형의 특징은 사람들과 어울리는 것을 좋아하고, 사교적인 장소에 드나드는 것을 즐기는 것이다. 또한 사회, 교육 문제에도 지대한 관심이 있다. 이 유형은 보편적으로 기계 조작 능력이 부족하다. 사회형은 교사, 교육 행정가 같은 교육자나 사회사업가, 사회학자, 상담사, 직업 간호사 등 사회 복지와 관련된 업무에 적합하다. 평소 친구들과 편지 왕래, 친목 활동에 잘 참여하고 곧잘 남을 도와 문제를 해결한다. 교육 홍보 활동이나 각종 회합에 참가하는 것에 흥미를 보인다.

기업가형은 모험적인 활동을 좋아하고 단체에서 지배적이고 주도적인 역할을 담당하고자 한다. 주로 지시, 설득 등 언어를 이용한 업무가 적합하다. 이 유형은 외향적이고 인내심과 과학 연구 능력이 부족하고, 사장, 영업부 주임, 외교관, 판매 사원 등 관리나 영업직에서 역량을 발휘한다. 평소 정치 토론을 즐기며 사람들과 이야기를 나누고 정보를 교류하며 인적 자원과 재물을 관리하는 데 관심이 있으며 남에게 영향력을 행사하길 좋아한다.

전통형은 업무를 체계적으로 일사분란하게 처리한다. 이 유형은 현실적이고 자족하며 생활한다. 또한 타인에게 우호적이고 유순한 것이 특징이다. 전통형은 사무직에 종사하는 것이 적합하며 문서 관리자, 출납, 회계, 비서, 안내 데스크 직원, 타이피스트 등의 업무가 적성에 맞다. 이들은 평소 방안이나 책상을 청결하게 유지하며 업무에 실수가 적다.

직업적 흥미에 대한 평가표(자가 테스트 5-1)를 이용해 내담자의 직업적 관심에 맞는 직업이 어떤 유형인지 평가할 수 있다. 여기에서 꼭 짚고 넘어가야 할 점은 개인이 단순하게 한 가지 관심 유형에 속하는 경우는 극히 드물며, 주요 관심 분야가 있고 동시에 제2, 제3의 관심 분야가 있는 경우가 대부분이라는 점이다. 그렇다고 이러한 유형들이 불규칙하게 혼재하는 것만은 아니다. 예를 들어 현실형과 사회형, 전통형과 예술형이 함께 나타나는 경우는 불가능하다. 으레 함께 나타나는 유형은 서로 관심사와 특징이 유사한 경우이다. 예를 들면 현실형과 연구형, 기업가형과 사회형 등이다. 이러한 관심 유형별 특징과 직업의 관계에 대한 이해를 바탕으로 학생들이 직업과 전공을 선택하도록 한다면 후회 없는 진로를 선택하는 데 큰 도움을 줄 수 있을 것이다.

2. 직무 능력에 관한 상담

직무 능력은 업무 효율에 직접적인 영향을 끼치며 또한 업무를 순조롭게 완성하기 위한 심리적 특징이기도 하다. 이 직업 능력이 기초가 되어 직업적 성취를 거둘 수 있는지 여부가 결정된다. 어떤 직종에 종사하든 일정한 업무 능력이 필요한데, 인간의 능력은 저마다 개인차가 있게 마련이고 직종별로 요구하는 능력도 각기 다르다. 그러므로 학생을 대상으로 진로 지도를 할 때는 학생이 자신의 직무 능력 성향과 희망 직업 간의 관계를 명확히 파악하도록 돕는 일이 매우 중요하다.

직무 능력 성향은 통상적으로 학습 능력, 언어 능력, 산술 능력, 공간 판단 능력, 형태 지각 능력, 직무 능력, 눈과 손의 협조 운동, 손가락 민첩성, 손 사용 기교의 아홉 가지로 분류된다.

학습 능력은 통상적으로 지능이라고도 한다. 객관적인 사물을 인식, 이해하고 지식과 경험을 바탕으로 문제를 해결하는 능력을 말한다. 일반적으로 학습 능력은 기억력, 관찰력, 주의력, 상상력, 사고 능력 등을 말하며 그중에서 사고 능력이 가장 핵심적이다. 학습 능력이 뛰어난 학생은 새로운 지식을 쉽게 자기 것으로 받아들이며 수학 문제를 신속하고 정확하게 풀이한다. 또한 어학에서 중심 의미와 함축적 의미를 재빠르게 찾아내어 기억한다. 학습 능력은 두뇌 종사자들이 반드시 갖춰야 하는 능력이며 특히 오늘날에서는 직종 전반에 걸쳐 요구되고 있다. 각종 지능 테스트를 통해 학생들의 학습 능력을 정확하게 평가할 수 있다.

언어 능력은 단어와 단어의 의미를 잘 이해하고 이를 활용하는 능력을 말한다. 언어 능력이 비교적 발달한 학생들은 읽기의 속도가 빠르고 글의 핵심을 잘 파악한다. 또한 이해하기 어려운 심오한 개념을 통속적이고 쉬운 언어로 풀어서 설명하는 능력이 뛰어나다. 어학 성적이 우수하며 자신의 관점을 잘 피력한다. 교사, 아나운서, 기자, 서비스 종사자에게는 이러한 고도의 언어 능력이 요구된다.

산술 능력은 신속하고 정확하게 수학 연산을 진행하는 능력이다. 수학 연산 능력이 뛰어난 학생은 일반적으로 수학 성적이 우수하고 암산, 계산을 잘한다. 또한 물체의 길이, 너비, 높이 등을 비교적 정확하게 측정할 수 있다. 측량사, 통계원, 회계사 등은 모두 이러한 능력이 요구되는 직군이다.

공간 판단 능력은 기하학 도형과 공간의 관계를 이해하는 능력을 말한다. 이 능력이 뛰어난 학생은 입체기하학과 관련된 문제를 비교적 잘 풀고 3차원적 입체 도형을 그리거나 3차원의 물체를 상상하기도 한다. 운전기사, 의사, 건축사, 설계 기사 등의 직업은 모두 고도의 공간 판단 능력이 요구된다.

형태 지각 능력은 물체 혹은 도형에 대한 지엽적이고 정확한 지각 능력을 말한다. 도형의 명암과 형상, 선의 너비와 길이의 미세한 차이를 구분할 수 있다. 형태 지각 능력이 뛰어난 사람은 물체와 도형의 미세한 차이를 쉽게 찾아내고 사람들이 대부분 보지 못하고 지나칠 수 있는 세세한 부분도 놓치지 않는다. 화가, 생물학자, 건축가, 측량사, 농업 기술자, 의사, 헤어 디자이너 등의 직업은 이러한 형태 지각 능력이 요구된다.

직무 능력은 문서 혹은 표, 시트 등을 정확하고 세밀하게 작성하는 데 필요한 능력이다. 이 능력을 지닌 학생은 신속하고 정확하게 자료를 입력하며 오탈자와 계산 착오를 재빠르게 찾아낸다. 또한 도서관에서 색인 카드를 신속하게 찾아내며 업무 처리 과정에서 인내심을 발휘한다. 경제학자, 통계원, 사무실 비서, 타이피스트, 장부 정리 요원, 출납원 등의 직업에 이러한 업무 능력이 요구된다.

눈과 손의 협조 능력은 눈과 손이 신속하고 정확하게 협조하여 정확한 동작과 운동 반응이 가능하도록 하는 능력이다. 예를 들면 전자오락, 농구, 탁구, 배드민턴, 주산과 타자를 잘하는지의 여부가 이 능력과 관련이 있다. 운전기사, 항공기 조종사, 안무가 등의 직업에 이러한 업무 능력이 요구된다. 현재 이 능력을 측정할 수 있는 기계도 개발되어 있다.

손가락 민첩성은 손가락을 신속하고 정확하게 움직여 작은 물체를 조작하는 능력을 말한다. 예를 들면 작은 공구의 사용 여부나 바늘귀 꿰기, 직물 직조, 피아노 연주, 조각 등이다. 방직공, 타이피스트, 재봉사, 외과의사, 안과, 이비인후과, 치과의사, 조각가, 악사 등의 직업은 이러한 눈과 손의 협조 능력이 요구된다.

손 사용 기교는 손가락을 빠르고 교묘하게 움직일 수 있는 능력으로 사물을 크기대로 분류하거나 과일 껍질을 빠르게 벗겨내는 일, 수공 도구를 잘 다루는 일, 그림 그리기, 글자 쓰기 등이 연관된다.

헤아릴 수 없이 많은 직업이 모두 위에서 언급한 한 종류 이상의 능력과 관련이 있다.

3. 기질 상담

기질은 인간의 신경 유형과 관계 깊은 고유한 심리적 특징이다. 사람마다 기질이 다르고, 기질은 또한 직업과 밀접한 관계가 있다. 자신의 기질에 적합한 직업을 구한 사람은 업무를 자유자재로 손쉽게 처리하므로 업무 효율이 매우 높은 반면에 그렇지 못한 사람은 극심한 피로를 느끼거나 소극적인 태도로 업무를 대하게 된다. 기질은 담즙질膽汁質, 우울질憂鬱質, 다혈질多血質, 점액질粘液質의 기초적인 네 가지 유형으로 나눌 수 있다. 일반적으로 기질 유형은 감수성, 참을성, 반응에 대한 민첩성, 가소성, 자극에 대한 향성向性과 흥분 정도 등으로 평가한다.

담즙질인 사람은 성품이 곧고 참을성이 강하며 즉흥적이다. 외향적인 성향이 강하고 감정적이며 감정을 잘 제어하지 못하는 경향이 있고 반응 속도는 빠르지만 기민한 정도는 아니다. 이들은 정력이 충만하고 솔직하며 열정적으로 일에 몰두한다. 그러나 성급해지기 쉽고, 정력이 고갈되면 곧 싫증을 낸다. 이들은 끊임없이 새로운 활동을 찾아 훌륭하게 성공하기 위해 왕성하게 움직이며 왁자지껄한 분위기를 즐긴다. 그래서 담즙질인 사람은 잦은 일과 환경의 변화에 스트레스를 받지 않는다. 어수선하고 복잡한 환경에 잘 적응하는 반면에 장기간에 걸쳐 안정적이고 세심한 검사가 필요한 일에는 상대적으로 약한 모습을 보인다.

이와 반대로 우울질인 사람은 감수성이 풍부하고 즉흥적이지 않다. 심각하게 내향적이고 자기감정에 빠져 깊이 사색하는 경향이 있으며 반응 속도가 느리다. 구태의연하고 기민하지 못한 점이 특징이다. 이들은 업무에 대한 참을성이 부족하고 쉽게 피로를 느끼며 당황하면 어찌할 바를 모르고 허둥댄다. 그러나 감정이 비교적 섬세하고 매사에 신중하고 주심스럽다. 관찰력이 예리해서 종종 남들은 쉽게 느끼지 못하는 세세한 부분까지 알아채기도 한다. 교열, 타자, 배판, 검사, 접수, 화학실험, 조각, 자수 혹은 보관원이나 기밀비서 등이 이들에게 가장 이상적인 직업이다.

다혈질인 사람은 성품이 곧고 참을성이 강하며 즉흥적이다. 이들은 외향적이며 과장적인 구석이 있다. 감정적일 뿐만 아니라 자신의 감정을 외부로 분명히 표출하며 반응 속도는 빠르고 기민하다. 다혈질은 감정이 풍부하고 업무 능력이 뛰어나 새로운 환경에 잘 적응하는 장점이 있는 반면에 주의력이 산만하고 관심 분야가 쉽게 바뀐다. 다혈질에게 적합한 직업으로는 외교관, 관리자, 운전기사, 방직 기술자, 서비스 종사자, 의사, 변호사, 운동선수, 모험가, 신문 기자, 배우, 매표소 직원, 군인, 탐정, 경찰관 등이 있으며 다른 유형보다 훨씬 광범위하다. 그러나 이들은 세밀함을 요하는 업무나 단조롭고 기계적인 업무에는 매우 취약하다.

점액질인 사람 역시 선택할 수 있는 직업 범위가 넓다. 이 기질의 유형은 성품이 곧고 참을성이 강하며 매우 이성적이다. 내향적인 기질이 두드러져 외부로 표현하는 일이 적고 반응 속도가 느리지만 안정적이다. 그래서 자제력, 침착성 등의 품성을 기르기 쉬운 조건을 갖추고 있다. 그러나 주위 사물에 대해 지나치게 냉담하고 피동적인 태도를 취하기 쉽다. 외과의사, 법관, 관리자, 출납계 직원, 보육원 교사, 전화 교환원, 회계사, 성우, 중재원 등이 이들에게 적합한 직업이다. 변화가 심하거나 신속하고 기민한 대처를 요구하는 직업은 이들에게 극도의 스트레스를 줄 수 있다.

세상에는 수많은 직업이 있으며, 그중에서 몇몇 직업은 특별히 그 직업에 잘 맞는 기질이 존재한다. 예를 들면 비행사, 등반가 등은 우울질이 지양해야 하며, 교정校正 업무와 디자인은 담즙질, 다혈질에게 적합하지 않다. 자신의 기질과 맞지 않는 직업은 그 자체로 이미 개인의 고통과 업무의 손실을 초래한다. 그러나 대부분의 직업은 기질과 무관하며 기질이 해당 업무와 맞지 않는 사람도 훌륭한 성과를 내는 일이 많다. 작가가 바로 그런 예이다. 《예브게니오네긴Evgenii Onegin》의 저자인 러시아 문호 푸슈킨Aleksandr Pushkin은 전형적인 다혈질이며, 정치 풍자 소설로 유명한 헤르젠Herzen은 전형적인 담즙질이다. 또한 풍자 소설의 대가 크릴로프Ivan Andreyevich Krylov는 점액질이고, 희극작가 고골리Nikolai Vasilievich Gogol는 대표적인 우울질이다. 중국 역사 자료를 살펴보면, 이백李白, 궈모뤄郭沫若, 마오둔茅盾, 두보杜甫는 각각 담즙질, 다혈질, 점액질, 우울질을 대표하는 인물이면서 동시에 중국 문학사에 큰 발자취를 남긴 거장들이다. 이로써 알 수 있듯이 기질별로 각자의 장단점이 있긴 하지만 기질 자체로 좋고 나쁨을 논할 수는 없다. 그러므로 우리는 질적 측면과 양적 측면을 모두 다룰 필요가 있다. 여기에서 꼭 설명하고 넘어가야 할 것이 두 가지 있다.

첫째, 모든 사람이 전형적인 한 가지 기질만 갖춘 것은 아니라는 점이다. 실제로 사람들은 대부분 두 가지 혹은 세 가지 기질을 갖춘 혼합형에 속한다. 이런 사람들은 당연히 진로 선택의 폭이 더욱 넓다.

둘째, 기질이 상대적으로 안정적이고 선천적인 속성이 있다고 해도 후천적인 변화 가능성을 완전히 배제할 수는 없다는 점이다. 우리는 자신의 의지와 노력, 장기적으로 연마하여 자신의 기질에서 취약한 부분을 극복하고 좋은 자질들을 자기 것으로 받아들일 수 있어야 한다.

진로 지도와 진로 상담은 오늘날 학교에서 통상적으로 직업 선택, 진학 지도, 대학 진학 상담, 직무 능력 측정, 구직 훈련 과정 등을 포함하며, 학생이 자신을 이해하고 인생 계획을 세우는 데 직접적인 영향을 준다. 효과적인 진로 상담을 통해 학생들이 학업 태만과 학업 열등감을

극복하도록 돕는 한편, 그들이 세운 맹목적인 장래 계획에 건설적인 제
안을 하는 일은 오늘날 학교 관리의 중요한 지표이다.

사례 5-1 직업 성향 상담

남성, 18세, 고2 학생. 어머니와 함께 학교 심리 검사, 상담 센터를 찾
아옴. 어머니의 말에 따르면 자녀는 매우 영특한 학생으로 초등학교,
중학교에서 학업 성적이 우수한 모범생이었다. 시, 도내 웅변대회에서
1등상을 받은 적도 있다. 그러나 최근 몇 년간 성적이 크게 떨어지고
특히 수학, 물리, 화학은 이미 심각한 상황이다. 어머니가 소개를 마치
고 센터를 떠난 후 학생에게서 들은 이야기는 어머니의 의견과 같았다.
그런데 대화를 나누던 중에 이 학생의 성적이 떨어지기 시작한 것은 중
학교 2학년 때 웅변대회에 참가해 1등을 하면서부터였다는 것을 발견
했다. 이 학생은 그때부터 자신이 이 방면에서 남보다 특출한 재능이
있다고 생각하고 방송국 아나운서나 배우가 되기 위해 연습하는 데 대
부분의 시간을 할애했다. 그러면서 수학, 물리, 화학 등의 성적이 떨어
지고 악순환이 반복되자 결국에는 자신감을 잃었고, 학교와 가정에서
꾸중을 듣는 횟수도 나날이 늘어났다.

관찰과 분석을 통해, 이 학생의 성적이 떨어진 이유는 특정 직업에
대한 과도한 직업 심리 편향과 취미 분야의 편협성이라는 것이 밝혀졌
다. 웩슬러 지능 검사를 실시한 결과, 학생은 지능이 매우 우수했으며,

백분율로 환산하면 95점이었다. 그리고 미네소타 다면성 인격 검사
(Minnesota Multiphasic Personality Inventory; MMPI) 결과는 정상치로, 성
격은 다소 완고한 편이었다. 이러한 결과를 바탕으로 상담사는 학생에
게 다음과 같이 건의했다.

첫째, 자신감을 가져라. 지능이 일반 학생들보다 훨씬 우수하므로 성
실하게 공부해 기초만 잘 다지면 얼마든지 성적을 향상시킬 수 있다.
심리학자는 웩슬러 지능 검사와 연합고사의 어학, 수학 과목 총점 간의
상관계수를 0.29(P〈0.02), 0.54와 0.45(두 항목은 P〈0.01)로 구분했다.
즉 내담자의 수학, 물리, 화학 성적이 향상될 잠재성은 매우 크다고 할
수 있다.

둘째, 의식적으로 자신을 제어하라. 신문방송학과나 연극영화과에
진학하고자 하는 학생의 소망 자체는 훌륭하다. 하지만 어떤 직업에 종
사하든 전문 지식 외에도 폭넓은 배경 지식이 필요하다. 다른 과목을
제대로 배우지 않고서는 원하는 학교에 절대 들어갈 수 없다(연합고사
는 총점과 과목별 점수의 등급이 정해져 있기 때문이다). 또한 설령 무사히
원하는 학교에 진학한다 하더라도 훌륭한 아나운서나 예술가로 성장하
기 어렵다. 그러므로 학습 시간을 합리적으로 안배해 뒤떨어지거나 포
기한 과목을 보충해야 하며, 지금처럼 관심 있는 한 가지 일에만 매달
려서는 안 된다.

셋째, 완고한 성격을 고쳐라. 상담사는 이 학생에게 완고한 성격의
폐해에 대해 설명했다. 완고한 사람은 다른 사람이 유익한 충고를 해주
어도 전혀 귀담아들으려 하지 않는다. 부모나 교사의 진정어린 충고조

차 받아들이려 하지 않고, 심지어는 자신을 방해하려 한다고 생각하기도 한다. 그러므로 겸허하게 타인의 의견을 받아들이고 자신의 단점을 고쳐나가려는 부단한 노력이 필요하다. 상담사는 학생과 함께 뒤떨어진 과목을 보충할 수 있는 학습 계획에 대해 충분히 상의하고 함께 시간표를 작성했다. 1년 후, 이 학생은 우수한 성적으로 모 대학 신문방송학과에 진학했다.

5-1 직업적 흥미를 측정하기 위한 자가 테스트

(1) 자가 테스트 문항

다음 문항에 자신의 실제 상황에 따라 솔직하게 답하시오.
(교사, 학부모 등이 평가에 참여하면 더욱 효과적임)

1조	그렇다	아니다
(1) 한 가지 일을 끝내고 다음 일을 시작하는 편인가?	( )	( )
(2) 일에 착수하기 전에 먼저 세밀하게 계획을 세우는 편인가?	( )	( )
(3) 집안의 가구를 고치는 걸 좋아하는가?	( )	( )
(4) 앞에 나서서 남의 이목을 끄는 것을 좋아하는가?	( )	( )
(5) 망치나 장도리 같은 공구를 즐겨 사용하는가?	( )	( )
총 횟수	( )	( )

2조   그렇다   아니다

(1) 어려운 수학 문제 푸는 것을 좋아하는가?   (   )   (   )

(2) 자신이 감정형 인간보다는 사고형 인간에 더 가깝다고 생각하는가?

                                                     (   )   (   )

(3) 자연과학을 연구할 능력이 있는가?   (   )   (   )

(4) 어려운 문제를 놓고 연구하거나 토론하기를 즐기는가? (   )   (   )

(5) 혼자 실험하기를 좋아하는가?   (   )   (   )

총 횟수   (   )   (   )

3조   그렇다   아니다

(1) 실제적인 일하기를 좋아하는가?   (   )   (   )

(2) 일하는 데 솜씨가 좋은 편인가?   (   )   (   )

(3) 곤란한 지경에 처할까 봐 걱정하는 편인가?   (   )   (   )

(4) 가전제품을 수리하고 캔에 든 식품 등을 만드는 등의 일을 즐기는가?

                                                   (   )   (   )

(5) 자전거, TV, 라디오를 수리하는 일을 좋아하는가?   (   )   (   )

총 횟수   (   )   (   )

4조   그렇다   아니다

(1) 남을 돌보는 일을 좋아하는가?   (   )   (   )

(2) 사람들과 어울리는 것을 좋아하는가?   (   )   (   )

(3) 책임감이 강한 편인가?   (   )   (   )

(4) 교직에 관심이 있는가?   (   )   (   )

(5) 카운슬링 업무에 관심이 있는가?   (   )   (   )

총 횟수   (   )   (   )

5조   그렇다   아니다

(1) 당신은 모험심이 있는가?   (   )   (   )

(2) 물건 파는 일을 좋아하는가?   (   )   (   )

(3) 자기 관점으로 변론하는 능력이 뛰어난가?   (   )   (   )

(4) 모임을 조직하고 주최하는 일을 좋아하는가?   (   )   (   )

(5) 사장이 되고 싶은가?   (   )   (   )

총 횟수   (   )   (   )

6조   그렇다   아니다

(1) 시나 소설을 쓰는 것을 좋아하는가?   (   )   (   )

(2) 그림 그리기를 좋아하는가?   (   )   (   )

(3) 음악, 예술 및 희곡 방면에 재능이 있는가?   (   )   (   )

(4) 기자가 되고 싶은가?   (   )   (   )

(5) 노래나 춤에 재능이 있는가?   (   )   (   )

총 횟수   (   )   (   )

7조   그렇다   아니다

(1) 체계적으로 일을 처리하기를 좋아하는가?   (   )   (   )

(2) 상사의 지시에 따라 꼼꼼히 일하는 것을 좋아하는가?   (   )   (   )

(3) 한 가지 일을 꼼꼼하고 효율적으로 처리하는 편인가?   (   )   (   )

(4) 사무에 필요한 통계 업무를 좋아하는가?   (   )   (   )

(5) 분류 작업(도서, 우편물 등)을 좋아하는가?   (   )   (   )

총 횟수   (   )   (   )

8조   그렇다   아니다

(1) 혼자서 일하는 것을 좋아하는가?   (   )   (   )

(2) 생물 과목을 좋아하는가? ( ) ( )

(3) 자연과학을 연구하는 일을 좋아하는가? ( ) ( )

(4) 자연과학과 관련된 서적이나 잡지를 즐겨보는가? ( ) ( )

(5) 물리 과목을 좋아하는가? ( ) ( )

총 횟수 ( ) ( )

9조 그렇다 아니다

(1) 사회 활동을 좋아하는가? ( ) ( )

(2) 타인과 협조해서 일하는 것을 좋아하는가? ( ) ( )

(3) 언변이 뛰어난 편인가? ( ) ( )

(4) 학업이 뒤떨어지거나 실수를 저지른 학우를 도울 수 있는가?

( ) ( )

(5) 친구 사귀는 것을 좋아하는가? ( ) ( )

총 횟수 ( ) ( )

10조 그렇다 아니다

(1) 행정 업무를 좋아하는가? ( ) ( )

(2) 사람들 앞에서 발표하는 것을 즐기는가? ( ) ( )

(3) 상품을 판매하는 일을 즐기는가? ( ) ( )

(4) 회의에 참가하는 일을 즐기는가? ( ) ( )

(5) 철학, 사상에 관련된 일을 잘 처리하는가? ( ) ( )

총 횟수 ( ) ( )

11조 그렇다 아니다

(1) 당신은 침착하고 감정에 잘 흔들리지 않는 편인가? ( ) ( )

(2) 서가 정리 정돈을 잘 하는 편인가? ( ) ( )

(3) 타이핑하는 일을 좋아하는가?　　　　　　　(　) 　(　)

(4) 장부 정리 업무를 좋아하는가?　　　　　　(　) 　(　)

(5) 수납 업무를 좋아하는가?　　　　　　　　(　) 　(　)

총 횟수　　　　　　　　　　　　　　　　　(　) 　(　)

12조　　　　　　　　　　　　　　　　그렇다　아니다

(1) 글쓰기를 좋아하는가?　　　　　　　　　(　) 　(　)

(2) 상상력이 풍부한 편인가?　　　　　　　　(　) 　(　)

(3) 당신은 감정이 풍부한 사람인가?　　　　　(　) 　(　)

(4) 새로운 업무를 배정받으면 자기만의 독창적인 방법으로 완성하는가?

　　　　　　　　　　　　　　　　　　　(　) 　(　)

(5) 글쓰기, 그림 그리기, 작곡 등의 창작을 할 수 있는가?　(　) 　(　)

총 횟수　　　　　　　　　　　　　　　　　(　) 　(　)

(2) 통계 방법

각 조별로 '그렇다'라고 답한 횟수를 다음 표에 기입하시오.

조	'그렇다'라고 대답한 횟수	개성 유형(코드)
1조와 3조의 합	( )	현실형(R)
2조와 8조의 합	( )	연구형(I)
4조와 9조의 합	( )	사회형(S)
5조와 10조의 합	( )	기업가형(E)
6조와 12조의 합	( )	예술형(A)
7조와 11조의 합	( )	전통형(C)

총 횟수가 높은 순서대로 상위 3조에 해당하는 코드를 도출한다.

직업적 흥미는 대체로 몇 가지 유형이 복합적으로 나타나는 것이 특징이며 대부분의 직업은 몇 가지 기본유형들 사이에 중립적인 형태로 나타난다.

테스트 결과 직업 유형 코드가 R, I, A로 도출되었다면 현실/연구/예술형이고, E, S, A로 도출되었다면 기업가/사회/예술형의 식으로 유추할 수 있다. 이와 같은 방법으로 직업적 흥미 유형을 보여주는 코드 3개가 결정되면 다음의 '직업 색인'에서 본인의 흥미 유형과 일치하는 직업을 찾아볼 수 있다.

(3) 직업 색인-직업적 흥미 코드와 직업군 대조표

먼저 본인의 직업적 흥미 코드에 대응하는 직업을 아래 표에서 찾아
낸다. 그리고 자신의 직업적 흥미 코드와 유사한 직업을 찾아본다. 예
를 들면 직업적 흥미 코드가 RIA라면 RIA 번호가 들어 있는 다른 직업
을 찾아볼 수 있다. 예를 들면 IRA, IAR, RAI, ARI 등이 상응하는 직업
이며 이런 직업들 역시 RIA 코드인 사람에게 적합하다.

RIA 치과 기공사, 도공, 건축 설계사, 주형업자, 소목공, 체인 제작자

RIS 요리사, 수목 관리원, 다이버, 잠수부, 도색공, 전기 수리공, 안경
　　제작자, 전기공, 방직 기계 설비업자, 전신원, 유리 포장공, 발전소
　　기술자, 용접공

RIE 건축, 교량 토목 기사, 환경 기사, 항공 기술자, 고속도로 건설 기
　　사, 전력, 해양, 도로 건설 기술자, 제도 기술자, 인양업자, 검침원,
　　농부, 농장 인부, 농업 기계 기술자, 환경미화원, 전기수리업자, 자
　　동차수리업자, 시계수리업자, 배관공, 철도보수업자, 건축 현장 인
　　부, 엔지니어, 공구 창고 관리원

RIC 갑판원, 서비스 업자, 잡지 보관원, 치과의사 보조, 모자 제작자, 제
　　분업자, 석공, 기계 제조업자, 열차 제조업자, 농기계조립업자, 자
　　동차조립업자, 재봉기계조립업자, 시계 조립 및 검사자, 전동기구
　　조립업자, 구두 제작자, 열쇠 제작자, 화물 검역원, 엘리베이터 수
　　리업자, 탁아소 원장, 피아노 조율사, 조립업자, 인쇄업자, 건축업

자, 제철업자, 트럭 운전기사

RAI 수공 조각, 유리 조각, 모형 제작, 가구 제작, 피혁 제품 제조업, 수
공예 자수 및 직조, 식자공, 인쇄조판업자, 도화조각업자, 제본업
자

RSE 소방 요원, 교통 순찰관, 경관, 경위, 이발사, 호텔 청소 업무, 도축
업자, 대장공, 굴착업자, 파이프 설치업자, 렌탈 차량 운전기사, 창
고 관리자

RSC 자동차 운전기사, 화물 운반원, 전보 통신원, 정탐 요원, 유흥업소
서비스 종사자, 하역기 기사, 살충업자, 엘리베이터 기사, 주방 보
조

RSI 직조공, 편직공, 농업학교 교사, 직업훈련소 교사(예술, 상업, 공예
과목), 비옷 제조업자

REC 계량기 검침원, 보모, 실험실 동물 사육자, 동물 관리원

REI 여객선장, 항해사, 1등 항해사, 시험관 실험원

RES 여관업자, 축산업자, 어민, 어망 수리공, 갑판장, 수확기 조작, 짐
운반업자, 공원 관리자, 구급 요원, 등산 전문가, 열차 시공 기술
자, 건축, 철도 공사장 인부

RCI 측량원, 정탐 요원, 계기 조작자, 농업 기술자, 화학 기술자, 민간사
업 기술자, 석유 시출업자, 자료실 관리자, 광부, 도자기 제작자, 정
비업자, 그라인더업자, 샘플 채취자, 샘플 검사원, 방직공, 포병, 표
백업자, 전기 용접공, 벌목공, 평삭판 기술자, 모자 제조업자, 수공
재봉사, 페인트업자, 날염업자, 안마사, 목수, 농민, 건축업자, 극장

영사실 직원, 탐정 조수

RCS 버스 기사, 1등 갑판원, 수영장관리자, 재봉, 건축자, 석공, 인조 대
리석 제작자, 미장이, 선반공, 굴뚝 청소업자, 콘크리트 업자, 전화
수리공, 폭파 전담, 우체부, 광부, 도배공, 방직공

RCE 우물 시공업자, 기중기 기사, 농장 인부, 우체국 우편물 분류 직원,
포클레인 기사, 트랙터 기사

IAS 경제학자, 농업경제학자, 재정경제학자, 대외무역 전문가, 실험심
리학자, 공정심리학자, 심리학자, 철학자, 내과의사, 수학자

IAR 인류학자, 천문학자, 화학자, 물리학자, 의학병리학자, 동물 표본
제작자, 화석 복원 전문가, 예술품 관리자

ISE 영양학자, 영양사, 화재 검사원, 우정 서비스 검사원

ISC 검사원, 방송국 음향 전담 수리업자, TV 수리업자, 검시관, 목차 분
류, 의학 실험실 기사, 조사 연구원

ISR 수생물학자, 곤충학자, 미생물학자, 안경사, 시력 교정사, 세균학
자, 치과의사, 정형외과의사

ISA 실험심리학자, 일반심리학자, 발전심리학자, 교육심리학자, 사회심
리학자, 임상심리학자, 목록학자, 피부병학자, 정신병전문가, 산부
인과의사, 안과의사, 이비인후과의사, 의학 실험실 기술 전문가, 민
항기 의료 요원, 간호사

IES 세균학자, 생리학자, 화학 전문가, 지질학 전문가, 지리물리학 전문
가, 방직 기술 전문가, 병원 약제사, 공업 약제사, 약국 영업자

IEC 파일관리자, 보험통계원

ICR 질량 검사 기술자, 지질학 기술자, 엔지니어, 법관, 도서관 기술 보조원, 컴퓨터 조작자, 가축 검사원

IRA 지리학자, 지질학자, 수문학자, 광물학자, 고생물학자, 석유지질학자, 지진학자, 성학물리학자, 원자 및 분자물리학자, 전기 및 자기물리학자, 기상학자, 설계 및 심의연구원, 인구통계학자, 수학통계학자, 외과의사, 도시 계획 전문가, 기상관측원

IRS 유체물리학자, 물리해양학자, 플라스마물리학자, 농업과학 전문가, 동물학자, 원예학자, 식품과학 전문가, 식물학자, 세균학자, 해부학자, 동물병리학자, 작물병리학자, 약물학자, 생물화학자, 생물물리학자, 세포생물학자, 임상화학자, 유전학자, 분자생물학자, 질량 제어 기술자, 지리학자, 수의사, 방사선 치료 기사

IRE 화학 검사원, 화학 기술자, 방직 기술자, 식품 기술자, 어업 기술 전문가, 재료공학 기술자, 측량 기술자, 전기, 토목, 항공 기술자, 전력 기술자, 구강과의사, 치과의사

IRC 비행 승무원, 비행사, 물리실험실 기사, 문헌 검사원, 농업 기술 전문가, 동식물 기술 전문가, 생물 기사, 송유관 검사자, 공상업 계획 전문가, 지하자원 검사원, 방직물 품질 검사원, 사진기 수리업자, 공정 기술자, 컴퓨터 프로그래머, 공구 설계자, 계량기 수리업자

CRI 부기원, 회계, 시간 기록 요원, 기계 제조업자, 타이피스트, 복사기와 기기 조작자

CRS 창고 보관원, 파일 관리원, 재봉사, 금전수납계

CRE 가격 공시, 실험실 직원, 광고업자, 자동타이핑 기기 조작자, 전동

기 조립, 재봉기 조작

CIS 장부 기입, 고객 응대, 잡지 발행인, 토지 측량원, 보험 회사 직원,
　　회계사, 가격 감정사, 우체국 검사원, 대외 무역 검사 요원

CRE 타이피스트, 통계 요원, 수표 기록, 물건 주문, 교정, 사무원

CIR 교정, 프로젝트 참여, 해저 전보 발송, 검사 수리 계획, 전보 발신

CSE 접대원, 통신원, 전화 교환원, 티켓 판매 직원, 여관 서비스업자,
　　비서, 상업학교 교사, 여행사 직원

CSR 화물 운송 대리점, 철도 직원, 교통 검사원, 사무실 연락원

CSI 장부 기록, 출납, 은행 재무 담당

CSA 비서, 도서관 관리원, 사무실 직원

CER 우체부, 데이터 처리, 항공 우편 검사원

CEI 세일즈, 경제 분석가

CES 은행 회계, 장부 기재, 법인 비서, 속기사, 법원 보고인

ECI 은행장, 회계 감사, 신용 관리, 부동산 관리, 영업 관리

ECS 신용 관련 업무, 보험 설계사, 화물 취급, 세관 담당 매니저, 제품
　　구매·판매 담당, 회계

ERI 건축물 관리, 공업 기사, 농업 관리원, 간호부장, 농업 경영 관리자

ERS 창고 관리자, 건물 관리, 물건 적재 감시

ERC 우체국장, 어선 선장, 기계 조작 반장, 목공·기와공 대표, 기사 대표

EIR 과학, 기술 관련 출판물 관리

EIC 특허 대리인, 감정사, 운반 서비스 검사원, 안전 검사, 폐기물 구매

EIS 경관, 탐정, 교통 검사, 안전 자문, 계약서 관리, 상인

EAS 법관, 변호사, 공증인

EAR 전람회 관리, 무대 관리, 방송인, 동물 조련사

ESC 이발사, 재판 및 정부 행정 관리직, 재정 관리, 프로젝트 관리, 직업병 관리, 물건 구매 담당, 영업 매니저, 사무 주임, 인사 책임자, 인력 배치 담당

ESR 가구 구매 담당, 서점 구매 담당, 시내버스 기사, 일용품 구매 담당, 간호부장, 자연과학·프로젝트 행정 책임자

ESI 박물관 관리자, 도서관 관리자, 유적지 관리자, 요식업 매니저, 지역 내 안전 서비스 관리, 기술 서비스 자문, 슈퍼마켓, 소매상점 관리 담당, 도매업자, 택시 배차 담당

ESA 박물관 관장, 신문·잡지 관리원, 악기 판매, 광고업자, 갤러리 직원, 가이드, (선박, 항공기) 사무장, 스튜어드 혹은 스튜어디스, 법관, 변호사

ASE 영화감독, 무술 감독, 광고 작가, 칼럼 작가, 기자, 배우, 영어 교사, 외국어 번역

ASI 음악 교사, 악기 전담 교사, 미술 교사, 관현악 지휘자, 합창단 지휘, 가수, 연주가, 철학자, 작가, 광고 매니저, 의상 모델

AER 신문 촬영 기사, TV 촬영 기사, 예술 지도, 녹음 기사, 희극 배우, 마술사, 인형 극장 배우, 경마 기수, 다이버.

AEI 음악 지휘, 무대 안무, 영화감독

AES 대중음악가, 발레리나, 영화감독, 방송인, 안무 교사, 희극 배우, 성우

AIS 화가, 극작가, 편집, 평론가, 디자이너, 가구 디자이너, 포장 디자이너, 세트 디자이너, 의상 디자이너, 신문 촬영 기사, 남자 배우, 문학 작가

AIE 조각가, 가죽옷 디자이너, 공예품 디자이너, 영화 편집 기사, 예술품 복제 전문가

AIR 건축가, 화가, 촬영 기사, 환경미화원, 조각가, 포장디자이너, 도자기 제작자, 자수 전문가, 만화가

SEC 사회 활동가, 퇴역 군인 관리사, 공상회 사무 대표, 교육 자문가, 주거 환경 관리자, 여관 매니저, 요식업 관리자

SER 체육 교사, 수영 강사

SEI 대학 학장, 학원 원장, 병원 행정 관리자, 역사학자, 가정경제학자, 직업학교 교사, 자료 수집 담당

SEA 오락 활동 관리, 해외 서비스 업무 담당, 사회 서비스 보조, 일반 자문 담당, 종교 교육 종사자

SCE 부장 보조, 복지 시설 직원, 생산 조율 담당, 환경위생 관리 담당, 극장, 식당 매니저, 매표소 직원

SRI 외과의사 보조, 병원 종사자

SRE 체육 교사, 직업병 치료 전문가, 체육 교련, 직업 운동선수, 건물 관리원, 아동 가정교사, 경찰, 좌석안내 요원, 접수계, 보모

SRC 간호사, 간호조무사, 병원 잡무, 이발사, 학교 아동 관리 담당

SIA 사회학자, 심리 자문, 학교 심리학자, 정치 과학자, 대학교 총장 및 단과대학 학장, 대학 교수(체육, 법률, 수학, 의학, 물리학, 사회학, 생명

화학 등), 연구생 담당 조교, 성인 교육 담당 교수

SIE 영양학자, 음식학 전문가, 세관 검사원, 안전 검사원, 세무 감찰원, 교장

SIC 투사 담당, 동물병원 조수, 개인병원 보조, 신체검사실 검사원, 집행유예범 감시 업무, 예능 지도, 자문 담당, 사회과학 담당 교사

SIR 물리치료사, 구급 요원, 직업병 치료 보조, 손·발 전문의

SAC 이발사, 네일아트 전문가, 포장 전문가, 미용사, 미용 전문가, 헤어 디자이너

SAE 청각장애 치료자, 화술 교정

SAZ 도서관 관리자, 초등학교 교사, 유치원 교사, 미취학 아동 교사, 중학교 교사, 사범대학 교사, 특수학교 교사, 양호실 간호사, 치과 보조, 비행 지도관

5-2 직업 능력 자가 테스트

(1) 자가 테스트 문항

본인의 실제 상황에 근거해 다음에 기술한 활동에 대한 능력을 평가해보시오.(자신의 상황에 일치한다고 생각되면 체크 표시하시오)

1조　　　　　　　뛰어나다/ 비교적 뛰어나다/ 보통/ 조금 부족하다/ 부족하다
　　　　　　　　　　1　　　　　2　　　　　3　　　　　4　　　　　5

(1) 새로운 학문을 빨리 쉽게 이해한다.

　　　　　　(　)　　(　)　　(　)　　(　)　　(　)

(2) 수학 문제를 빠르고 정확하게 풀이한다.

　　　　　　(　)　　(　)　　(　)　　(　)　　(　)

(3) 본인의 학업 성적

　　　　　　(　)　　(　)　　(　)　　(　)　　(　)

(4) 교과서의 단어, 단락, 편장에 대한 이해, 분석·종합 능력

　　　　　　(　)　　(　)　　(　)　　(　)　　(　)

(5) 학습한 내용에 대한 기억 정도

　　　　　　(　)　　(　)　　(　)　　(　)　　(　)

　　　　　　(　)　　(　)　　(　)　　(　)　　(　)

각 등급의 누적 횟수　　×1　　　×2　　　×3　　　×4　　　×5

　　　　　총계 = (　) + (　) + (　) + (　) + (　)

　　　　　　　 = (　)

총 횟수 (　) ÷ 5 = 자기 평가 등급 (　)

2조　　　　　　　　　　뛰어나다/ 비교적 뛰어나다/ 보통/ 조금 부족하다/ 부족하다
　　　　　　　　　　　1　　　　　　2　　　　　　3　　　　　　4　　　　　　5

(1) 자기 결점을 인정하는 능력

　　　　　　　　　　(　)　　(　)　　(　)　　(　)　　(　)

(2) 책 읽는 속도가 빠르고 중심 내용을 잘 파악하는 능력

　　　　　　　　　　(　)　　(　)　　(　)　　(　)　　(　)

(3) 어휘 구사력

　　　　　　　　　　(　)　　(　)　　(　)　　(　)　　(　)

(4) 남에게 어려운 개념을 이해시키는 능력

　　　　　　　　　　(　)　　(　)　　(　)　　(　)　　(　)

(5) 어학 성적

　　　　　　　　　　(　)　　(　)　　(　)　　(　)　　(　)

각 등급의 누적 횟수　　×1　　　×2　　　×3　　　×4　　　×5

　　　　총계 = (　) + (　) + (　) + (　) + (　)

　　　　　　= (　)

총 횟수 (　)÷5 = 자기 평가 등급 (　)

3조　　　　　　　　　　뛰어나다/ 비교적 뛰어나다/ 보통/ 조금 부족하다/ 부족하다
　　　　　　　　　　　1　　　　　　2　　　　　　3　　　　　　4　　　　　　5

(1) 길이, 너비, 높이 등에 관한 정확한 측정 능력

　　　　　　　　　　(　)　　(　)　　(　)　　(　)　　(　)

(2) 계산 능력

　　　　　　　　　　(　)　　(　)　　(　)　　(　)　　(　)

(3) 암산 능력

　　　　　　　　　　(　)　　(　)　　(　)　　(　)　　(　)

(4) 주산

( ) ( ) ( ) ( ) ( )

(5) 수학 성적

( ) ( ) ( ) ( ) ( )

각 등급의 누적 횟수　　×1　　　×2　　　×3　　　×4　　　×5

총계 = ( ) + ( ) + ( ) + ( ) + ( )

= ( )

총 횟수 ( )÷5 = 자기 평가 등급 ( )

4조　　　　　　　　　뛰어나다/ 비교적 뛰어나다/ 보통/ 조금 부족하다/ 부족하다

1　　　　　2　　　　　3　　　　　4　　　　　5

(1) 입체 기하학 방면의 문제 해결 능력

( ) ( ) ( ) ( ) ( )

(2) 3차원의 입체 도형

( ) ( ) ( ) ( ) ( )

(3) 기하학 도형의 입체감 파악 능력

( ) ( ) ( ) ( ) ( )

(4) 입체적 사물을 평면도로 파악하는 능력

( ) ( ) ( ) ( ) ( )

(5) 3차원과 3차원 물체에 대한 상상력

( ) ( ) ( ) ( ) ( )

각 등급의 누적 횟수　　×1　　　×2　　　×3　　　×4　　　×5

총계 = ( ) + ( ) + ( ) + ( ) + ( )

= ( )

총 횟수 ( )÷5 = 자기 평가 등급 ( )

5조   뛰어나다/ 비교적 뛰어나다/ 보통/ 조금 부족하다/ 부족하다
                       1   2   3   4   5

(1) 유사한 도형 간의 차이점을 발견하는 능력

           (   )   (   )   (   )   (   )   (   )

(2) 물체 형상의 차이를 구별하는 능력

           (   )   (   )   (   )   (   )   (   )

(3) 다른 사람이 지나치는 세세한 부분까지 주의하는 능력

           (   )   (   )   (   )   (   )   (   )

(4) 물체를 꼼꼼히 검사하는 능력

           (   )   (   )   (   )   (   )   (   )

(5) 도안의 정확 여부를 관찰하는 능력

           (   )   (   )   (   )   (   )   (   )

각 등급의 누적 횟수   ×1   ×2   ×3   ×4   ×5

        총계 = (   ) + (   ) + (   ) + (   ) + (   )

              = (   )

총 횟수 (   )÷5 = 자기 평가 등급 (   )

6조   뛰어나다/ 비교적 뛰어나다/ 보통/ 조금 부족하다/ 부족하다
                       1   2   3   4   5

(1) 데이터를 빠르고 정확하게 기입하는 능력(이름, 날짜, 전화번호 등)

           (   )   (   )   (   )   (   )   (   )

(2) 오, 탈자 검사

           (   )   (   )   (   )   (   )   (   )

(3) 계산 착오 검사

           (   )   (   )   (   )   (   )   (   )

(4) 도서관에서 빠른 시간 내에 색인 카드를 찾아내는 능력

( )　　　( )　　　( )　　　( )　　　( )

(5) 자기제어력(예를 들면 장시간에 걸친 노트 필기)

( )　　　( )　　　( )　　　( )　　　( )

각 등급의 누적 횟수　　×1　　　×2　　　×3　　　×4　　　×5

총계 = ( )＋( )＋( )＋( )＋( )

= ( )

총 횟수 ( )÷5 = 자기 평가 등급 ( )

7조　　　　　　　　뛰어나다/ 비교적 뛰어나다/ 보통/ 조금 부족하다/ 부족하다

1　　　　2　　　　3　　　　4　　　　5

(1) 전자오락과 게임 능력

( )　　　( )　　　( )　　　( )　　　( )

(2) 농구, 배구

( )　　　( )　　　( )　　　( )　　　( )

(3) 탁구, 배드민턴

( )　　　( )　　　( )　　　( )　　　( )

(4) 주산

( )　　　( )　　　( )　　　( )　　　( )

(5) 타이핑

( )　　　( )　　　( )　　　( )　　　( )

각 등급의 누적 횟수　　×1　　　×2　　　×3　　　×4　　　×5

총계 = ( )＋( )＋( )＋( )＋( )

= ( )

총 횟수 ( )÷5 = 자기 평가 등급 ( )

8조   뛰어나다/ 비교적 뛰어나다/ 보통/ 조금 부족하다/ 부족하다
                         1   2   3   4   5

(1) 핀셋 등의 작은 도구를 잘 다룬다.

         (   )   (   )   (   )   (   )   (   )

(2) 바늘귀 꿰기, 뜨개질 등의 손가락 동작

         (   )   (   )   (   )   (   )   (   )

(3) 손가락을 이용한 작은 공예품 제작

         (   )   (   )   (   )   (   )   (   )

(4) 계산기 사용 능력

         (   )   (   )   (   )   (   )   (   )

(5) 피아노 연주

         (   )   (   )   (   )   (   )   (   )

____

각 등급의 누적 횟수   ×1   ×2   ×3   ×4   ×5

         총계 = (   ) + (   ) + (   ) + (   ) + (   )

              = (   )

총 횟수 (   )÷5 = 자기 평가 등급 (   )

9조   뛰어나다/ 비교적 뛰어나다/ 보통/ 조금 부족하다/ 부족하다
                         1   2   3   4   5

(1) 손으로 물건을 분류하는 능력(사과를 대, 중, 소로 나누어 쌓는 일 등)

         (   )   (   )   (   )   (   )   (   )

(2) 손으로 물건을 민첩하게 밀거나 당기는 능력

         (   )   (   )   (   )   (   )   (   )

(3) 빠른 속도로 사과나 배 같은 과일껍질 벗기기

         (   )   (   )   (   )   (   )   (   )

(4) 망치 등 공구를 잘 다루는 능력

     (   )   (   )   (   )   (   )   (   )

(5) 그림, 조각 등 손을 이용한 예술 활동

     (   )   (   )   (   )   (   )   (   )

각 등급의 누적 횟수   ×1   ×2   ×3   ×4   ×5

      총계 = (   ) + (   ) + (   ) + (   ) + (   )

          = (   )

총 횟수 (   ) ÷ 5 = 자기 평가 등급 (   )

(2) 통계 방법

각 조에 대한 평가 등급을 아래 표에 기입하시오.

조	자기 평가 등급	직업 능력 명칭
1조	( )	일반 학습 능력(약칭 G)
2조	( )	언어 능력(약칭 V)
3조	( )	산술 능력(약칭 N)
4조	( )	공간 판단 능력(약칭 S)
5조	( )	형태 지각 능력(약칭 P)
6조	( )	업무 능력(약칭 Q)
7조	( )	눈과 손의 협조 능력(약칭 K)
8조	( )	손가락 민첩성(약칭 F)
9조	( )	손 사용 기교(약칭 M)

(3) 직업별 업무 능력의 구성

직업명	9가지 능력의 등급 구조
생물학자	1 1 1 2 2 3 3 2 3
건축가	1 1 1 1 2 3 3 3 3
측량사	2 2 2 2 2 3 3 3 3
측량 보조원	4 4 4 4 4 4 3 4 3
제도공	2 3 2 2 2 3 2 2 3
건축, 토목 기술 전문가	2 2 2 2 2 3 3 3 3
건축, 토목 기술자	2 3 3 3 3 3 3 3 3
물리과학 기술 전문가	2 2 2 2 3 3 3 3 3
물리과학 기술자	2 3 3 3 2 3 3 3 3
농업, 생물, 동물, 식물학 기술 전문가	2 2 2 4 2 3 3 2 3
농업, 생물, 동물, 식물학 기술자	2 3 3 4 2 3 3 3 3
수학자와 통계학자	1 1 1 3 3 2 4 4 4
통계 분석 및 프로그래머	2 2 2 2 3 3 4 4 4
경제학자	1 1 1 4 4 2 4 4 4
사회학자, 인류학자	1 1 3 2 2 3 4 4 4
심리학자	1 1 2 2 2 3 4 4 4
역사학자	1 1 3 4 4 3 4 4 4
철학자	1 1 4 3 3 3 4 4 4
정치학자	1 1 3 4 4 3 4 4 4
정치경제학자	2 2 2 3 3 3 3 3 3
사회사업가	2 2 3 4 4 3 4 4 4
사회사업 보조 요원	3 3 3 4 4 3 4 4 4

법관	1 1 3 4 3 3 4 4 4
변호사	1 1 3 4 4 3 4 4 4
공증인	2 2 3 4 4 3 4 4 4
문헌정보학 전문가	2 2 3 3 4 2 3 4 4
도서관, 박물관 직원 및 자료 관리 직원	3 3 3 2 2 4 3 2 3
직업 컨설턴트	2 2 3 4 4 3 4 4 4
대학 교수	1 1 3 3 2 3 4 4 4
중등 교사	2 2 3 4 3 3 4 4 4
초등 교사 및 유치원 교사	2 2 3 3 3 3 3 3 3
직업학교 교사(직업반)	2 2 2 3 3 3 3 3 3
직업학교 교사(일반 과목)	2 2 3 4 3 3 4 4 4
내과, 외과, 치과 의사	1 1 2 1 2 3 2 2 2
수의사	1 1 2 1 2 3 2 2 2
간호사 관리사	2 2 3 3 3 3 4 4 4
간호사	2 2 3 3 3 3 3 3 3
간호조무사	3 4 4 4 4 3 3 3 3
공업 약제사	1 1 1 3 2 3 3 3 3
병원 약제사	2 2 2 4 2 3 3 3 3
영양사	2 2 2 3 3 3 4 4 4
안경사	2 2 2 2 2 3 3 3 3
안경점 직원	3 3 3 3 3 4 3 2 3
방사선 기술자	3 3 3 3 3 3 3 3 3
약물실험실 기술 전문가	2 2 2 3 2 3 3 3 3
약물실험실 연구원	2 3 3 3 3 3 3 3 3
화가, 조각가와 같은 예술가	2 3 4 2 2 5 2 1 2
제품 디자이너	2 2 3 2 2 4 2 2 3

안무가	2 3 3 2 3 4 2 3 3
배우	2 2 4 3 4 4 4 4 4
아나운서	2 2 3 4 4 3 4 4 4
작가와 편집자	2 1 3 3 3 3 4 4 4
번역가	2 1 4 4 4 3 4 4 4
운동 트레이너	2 2 2 4 4 3 4 4 4
운동선수	3 3 4 2 3 4 2 2 2
비서	3 3 3 4 3 2 3 3 3
타이피스트	3 3 4 4 4 3 3 3 3
장부 기재 요원	3 3 3 4 4 2 3 3 4
출납원	3 3 3 4 4 2 3 3 4
통계원	3 3 2 4 3 2 3 3 4
전화 교환원	3 3 4 4 4 3 3 3 3
일반 사무직	3 4 3 4 4 3 3 4 4
상업 경영 관리	2 2 3 4 4 3 4 4 4
영업 사원	3 3 3 4 4 3 4 4 4
경찰	3 3 3 4 3 3 3 4 3
경비	4 4 5 4 4 4 4 4 4
요리사	4 4 4 4 3 4 3 3 3
서비스 종사자	3 3 4 4 4 4 3 4 3
이발사	3 3 4 4 2 4 3 3 3
관광 가이드	3 3 4 4 4 4 3 4 3
운전기사	3 3 4 3 3 5 3 3 3
농민	3 3 3 3 3 3 3 4 3
동물 사육사	3 4 4 4 4 4 4 4 4
어민	4 4 4 4 4 5 3 4 3

광부 및 채광업자	3 4 4 3 4 5 3 4 3
방직공	4 4 4 4 3 5 3 3 3
공작기계공	3 4 4 3 3 4 3 4 3
대장장이	3 4 4 4 3 4 3 4 3
라디오 수리공	3 3 3 3 2 4 3 3 3
목공 세공사	3 3 3 3 3 4 3 4 4
가구 제조업자	3 3 3 3 3 4 3 4 4
기타 목공	3 4 4 3 4 4 3 4 3
전기 기술자	3 3 3 3 3 4 3 3 3
재봉사	3 3 4 3 3 4 3 2 3

06

학교 심리 상담의 내용(3)
―사회 심리 상담

학교는 또 하나의 작은 사회이다. 학생들은 학교에서 학문과 지식을 배우고 이성을 발전시킬 뿐 아니라 교사, 급우, 학교 운영자와 교류해야 한다. 또한 이를 통해 성공과 실패, 좌절과 성장을 경험한다. 학교마다 면학 분위기와 단체 활동에서 오는 스트레스, 교사의 교육 방침과 태도 등이 다른데 이런 요소들은 학생의 감정, 학습, 인격 형성에 지대한 영향을 끼친다. 교육계는 지금껏 이 문제에 큰 관심을 기울이지 않았지만 우리는 학생들의 사회 심리적 문제와 나아가 신체적인 문제에까지 주의를 기울이고자 한다.

1991년 할로윈데이 저녁이었다. 중국 유학생 루강盧剛은 미국의 한 명문 대학에서 막 박사 학위를 취득한 참이었다. 그러나 그는 치열한 경쟁과 대인 관계에서 비롯한 스트레스를 이기지 못하고, 결국 정신이 붕괴된 상태에서 학생들에게 총기를 난사하고 스스로 목숨을 끊었다. 최근 몇 년 동안 매스컴을 통해 빈번하게 보도된 교사들의 폭력 행태 역시 더 이상 새로운 뉴스가 아닐 정도이다. 많은 의식 있는 교육자들이 점점 교사의 신체적, 정신적인 체벌 행위에 주의를 기울이고 있으며, 정신적 성장과 조화를 이룰 수 있는 학급 체제를 새로이 도입하는 일이 학생들의 정신적 건강과 성장에 중요하게 작용한다는 데 의견을 같이하고 있다.

　학교 심리 상담은 시스템, 환경적 관점에서 학생들의 개별 행위 심리 문제, 대인 관계 문제를 다루며, 이는 바로 교내 사회 심리 상담의 주요 내용이기도 한다. 한 미국 심리학자의 견해처럼 만약 어떤 아동이 감기에 걸리면 그 아이를 바로 병원으로 보내줄 수는 있지만 아이가 속으로 느낄 좌절감과 우울함은 아무도 신경 써줄 수 없다. 이처럼 생리적 문제에 대한 치료는 비교적 간단하지만 정신적 문제는 그렇지 않으므로 제때 발견하고 치료하지 못하면 장차 큰 번거로움을 초래하고 심지어는 개인의 일생을 망가뜨리기도 한다.

1. '학교병' 상담

　학생들이 겪는 사회 심리적 문제는 두 종류로 편향되어 있다. 첫 번째는 외부 공격에 대한 반응으로 교칙이나 규정을 어기는 등 품행상의 문제로 표출된다. 이 경우 학생은 충동적이 되기 쉬우며 무례하다. 예를 들면 극단적인 언어를 사용하고 거짓말이나 도둑질을 하며 주동적으로 남을 위협하기도 한다. 두 번째는 내향적으로 위축된 경우인데, 이 유형의 학생들은 교칙을 위반하거나 공공질서를 무너뜨리는 일은 하지 않지만 성격상 결함을 보여준다. 어떤 이들은 후자를 바로잡아주는 것이 더욱 어렵다고 본다.

훗날 미국 심리학자들은 공격적인 행위와 위축된 성격 외에 사회생활심리 측면에 감정 문제와 사교성 미숙이라는 제3의 문제가 있음을 밝혀냈다. 또한 세 종류의 사회 심리적 문제들은 상호 독립적이지만 일련의 공통성이 있음이 증명되었다. 예를 들면 이들은 모두 '마음을 분산시키는' 특정을 보여준다.

소련 교육학자 수호믈린스키B. A. Сухомлинский는 이를 '학교병'이라고 지칭했다. 그는 이러한 문제들이 모두 '부적절한 교육'으로 아이들이 상처 입은 데서 비롯된다고 보았으며 학교병의 증상을 여섯 가지로 귀납했다.

(1) 과도한 감정의 폭발

학교병의 가장 보편적인 증세이다. 아동은 불공평한 대우를 받게 되면 이러한 형태로 자신의 심적 고통을 표출한다. 이 경우 아이는 매우 감정적으로 돌변해서 자기 멋대로 행동한다. 타인에게 부자연스럽게 딱딱한 태도를 취하며 화를 내고 때로는 신경질적으로 깔깔 웃어대기도 한다. 충고를 귀담아 들으려 하지 않고 잠을 잘 이루지 못한다. 이들은 남들이 자신이 상처받았음을 알아주기를 바라면서도 한편으로는 자신의 감정을 적당히 분출할 방법을 찾지 못한다.

(2) 분노

좌절한 아이는 분노를 쏟아낸 후 학업에 대한 자신감을 잃어버리고 절망과 근심 속에서 고통 받는다. 우등생이 되고 싶은 마음은 간절하지만 교사가 이를 알아주지 않고 호되게 질책하고 꾸지람만 하기 때문에 애초에 느꼈던 고통은 점차 마비되어간다. 그런 질책과 벌에도 전혀 아랑곳하지 않는 듯한 행동의 이면에는 분노가 자리 잡고 있다. 아이는 점수나 교사의 꾸지람, 심지어는 학부모를 학교로 모셔오도록 해도 전혀 상관없다는 태도를 취한다. 이런 태도를 취해 마음속의 분노와 고통, 상처받은 자존심을 감추려는 것이다.

(3) 학대와 핍박으로 인한 피해망상증

학대나 핍박으로 마음에 상처를 입으면 아이는 세상이 불공평하다고 생각하게 된다. 그래서 교사가 늘 자신을 감시하면서 부모에게 낱낱이 알려주고 또 자신을 일부러 곤란에 빠뜨리려 한다고 의심한다. 심지어는 자신의 부모에게 여러 가지 혐의를 두기도 한다. 이러한 증세가 발전하면 의지가 점차 박약해지고 수업을 빼먹을 궁리를 하게 된다. 그 결과 급기야는 거짓말도 하게 되고, 교사나 학부모를 속이는 일에서 기쁨을 느끼면서 거짓말을 합리화한다.

(4) 정신적 공황

낮은 시험 성적은 학생을 곤혹스럽게 하며 정도의 차이는 있지만 심각한 정신적 타격을 준다. 그래서 성적표를 봤다 하면 공포를 느끼고 교사를 두려워하게 되며, 교사와 눈이라도 마주치면 나무토막처럼 굳어버리고 심지어는 심리적 압박감으로 정상적인 사고를 하지 못하게 된다. 학생들 중에는 설사 그것이 교사가 자신이 아닌 다른 학생에게 큰소리로 꾸중하는 소리를 듣기만 해도 지능 활동에 현저하게 지장을 받기도 한다.

(5) 반항심에 의한 돌출 행동

교사의 체벌이나 무관심 등 불공평한 대우를 받았다고 느끼면 아이는 마음의 고통을 감추려고 일부러 돌출 행동을 하기도 한다. 일부러 뺀질거린다든지 우스꽝스럽게 행동하는 것이다. 그에 대해 교사가 화를 내고 훈계할수록 정도는 더욱 심해진다. 일종의 소극적인 반항인 셈이다.

(6) 잔인함과 냉혹성

이 증세는 동정심이 결핍되어 약자와 동물을 괴롭히고 공공기물을 훼손하는 행위로 표출되며 대부분 소년들에게서 발견된다. 이 증세는 극단적이고 위험한 심리적 변태 반응이다.

위에서 살펴보았듯이 국가 교육 제도, 학교 환경, 학급 분위기, 그리고 교사의 교육 방침은 학생들의 심리적 성장에 직접적인 영향을 끼친다. 그러므로 학생들의 문제는 학생들의 행위로 표출되지만 그 근원은 교사에게 있다. 학생의 나이가 어릴수록 교사의 인격과 교육 환경이 그들의 심리 성장에 끼치는 영향력도 커지며, 이에 대한 상담과 지도가 더욱 필요하다.

심리 상담사는 이른바 '문제 학생'이 처한 환경을 깊이 이해하고 그의 문제를 바탕으로 당사자와 교사, 학습 환경에 대한 종합적인 해결 방안을 제시해야 한다. 그렇게 할 때 비로소 문제를 효과적으로 처리할 수 있다.

미국 심리학자 프레스콧Prescott은 교사가 학생의 실수를 지도할 때 잘못된 방법을 취할 경우 학생들이 겪게 될 수 있는 사회생활 심리 문제들에 대해 상세하게 토론했다. 그는 학생의 심리 문제를 초래할 수 있는 교사의 태도를 다음의 8종류로 귀납시켰다.

(1) 심리학 지식의 결여

이 유형의 교사는 학생들이 아직 청소년 발전 단계이며 여러 방면에서 아직 성숙하지 못한 상태라는 점을 심각하게 받아들이지 않거나 심지어는 이해하지 못한다. 또한 학생들의 심리적 특징은 저마다 다르기에 각자의 상황에 맞는 다양한 교육 방법을 활용해야 한다는 점을 깨달

지 못한다. 그래서 학생들을 천편일률적으로 대하는 실수를 범하게 된
다.

(2) 사실과 소문의 혼선

때때로 교사는 자신이 실제로 학생을 관찰하고 일의 진위를 판단하
는 대신 외부에서 전해지는 이야기만 전적으로 믿어버리는 잘못을 저
지른다.

(3) 성급한 결론

우연히 일어난 일에 대해 성급한 결론을 내려서는 안 된다. 그러나
많은 교사가 간혹 전체적인 상황과 관련된 사실을 조사하고 따져보지
않은 채 쉽게 결론부터 내린다.

(4) 지레짐작

교사가 학생이 이전에 저질렀던 실수를 보편화해서 추론하고, 어떤
상황에서 벌어진 일인지 진지하게 조사해보지도 않고 미루어 짐작하는
행위이다. 만약 다른 상황이었더라면 그 일은 일어나지 않았을지도 모
른다.

(5) 맹목적으로 긍정적인 가설

교사가 아직 검증되지 않은 가설이나 단편적인 해석을 대충 수긍하
고 받아들인다면 마음의 지혜를 가린 채 이해를 거부하는 것과 별반 차
이가 없을 것이다.

(6) 감정적인 대처

교사가 학생의 언행이나 행동에 노여움을 느껴 필요 이상으로 학생
을 호되게 대해 겁먹게 하는 결과를 초래한다.

(7) 주관적인 판단

교사가 학생의 행위를 판단할 때 객관적으로 조사하는 대신 자신의
주관대로 처리하는 행위를 말한다. 결국 교사는 학생의 신뢰를 잃는 것
은 물론 사제 간에 보이지 않는 벽을 쌓아 소통의 단절을 불러온다.

(8) 자기감정의 이입

때로는 교사도 기분이 저조할 때가 있다. 그러나 자신의 감정을 풀어
내려고 이유 없이 학생을 꾸짖는다면 학생의 마음에 무거운 짐을 지우
게 된다.

　학생들은 학교와 교실이라는 작은 사회에서 생활하며 성장한다. 그러므로 학생이 그들의 사회생활에서 겪는 심리적 문제들을 바로잡고 그들에게 적극적인 마음자세를 심어주려면 첫째, 화목하고 조화로운 교정과 교실 분위기를 조성해야 한다. 교실 분위기란 사제 간, 급우 간에 조성된 특정한 태도와 심리적 환경을 말한다. 예를 들면 환영 또는 거절, 열렬함 또는 냉담함, 관용적 또는 엄격함, 민주적 또는 권위적인 환경이 있을 수 있다. 이때 교사는 심리적 환경에서 매우 중요한 작용을 한다. 교실의 모든 활동을 자신이 원하는 대로 독단적으로 이끌어가는 교사는 냉엄한 태도로 학생들이 학습 규정에 순종하기를 요구한다. 이러한 교사 중심적 교실에서는 학생들 사이의 관계가 자연히 소원해지고 냉담해지고 위축되며, 성적이 우수한 극소수의 학생들이 횡포를 부리게 된다. 반대로 학생들에게 주동적으로 학급의 모든 활동에 참여하도록 격려하는 교사는 의견을 제시하고 학생들의 토론을 유도하고 함께 토론에 참여한다. 또한 공동의 규율, 학습 계획, 학습 방안을 학생들과 함께 마련한다. 이것이 바로 민주적인 교실의 모습이다. 이러한 분위기에서는 학생의 사회심리를 더욱 적극적으로 개선할 수 있다. 이를 위해서는 교사 자신의 심리 건강도 매우 중요하다. 교사는 학생과 아침저녁으로 같이 생활하므로 학생과 마주 대하는 매 순간 완성된 인격으로 그들을 감화하고 나아가 사회의 현재와 미래에까지 영향을 끼치는 존재여야 한다. 한 프랑스 심리학자는 우수한 교사가 반드시 갖추어야 할 심리적, 행위적 특징을 다음과 같이 정의했다.

① 아이를 좋아한다.

② 자기 제어 능력이 뛰어나고 학생들의 모범이 될 수 있어야 한다.

③ 교육, 정신 위생 방면의 지식을 갖추어야 한다.

④ 아동의 성장과 발전 과정을 분명히 이해하고 다양한 방법론을 통해
아동에게 필요한 점이 무엇인지 이해할 수 있어야 한다.

⑤ 심리 건강을 촉진하는 학급 분위기를 조성할 수 있어야 한다.

⑥ 학생들의 필요를 충족시킬 수 있어야 한다.

⑦ 문제 학생을 찾아 그들을 도울 수 있어야 한다.

중국 심리학자들은 모두 여섯 가지 방면에서 교사의 심리 건강 지표
를 제안했다. 이는 심리 건강의 보편 원칙과 교사라는 직업의 특수성을
참조하여 제정했으며, 지표는 중요한 순서대로 배열했다.

표 6-1 교사 심리 건강의 주요 지표

번호	지도 분류	심리 특징의 예
1	자기 정체성	자신의 정체성, 잠재적인 장단점 파악
2	교육 심리 환경	교육관, 심리적 환경이 안정적, 낙관적
3	교육 독창성	독립적, 성취동기 강함, 결단력, 온유함, 진취적, 위축
4	교육적 걱정	방해를 제거 및 적응하면서 느끼는 초조함
5	교육적 관심	심리적 관계, 심리적 거리, 심리적 분위기
6	적응 및 변화	임기응변, 환경 개조

학교에서 교사의 행위는 학생의 본보기가 된다. 따라서 우수한 학문적 자질 외에 우호적인 태도, 고상한 품성, 교육에 대한 열정과 흥미, 적절한 감정 표현, 합리적인 언행을 갖춰야 한다. 반대로 교사가 교사로서 부적절한 언행을 보이거나 교육에 흥미를 잃은 채 학생들에게 감정적인 태도를 보인다면 건전한 교실 분위기를 형성하기 어렵다. 교사의 심리 상태와 심리적 안정도, 그리고 학교 행정 관리자의 관리 풍격은 모두 개인적 소양과 관계가 깊다. 그러므로 화목하고 조화로운 교실 분위기를 조성하는 일은 학교 전체의 심리적 환경을 개선하기 위한 전제 조건이 되어야 한다.

2. 대인 관계 상담

사회에서 교제하는 사람들과의 관계는 학생이 건강하게 성장하는 데 매우 중요한 의의를 지닌다. 대인 관계는 개인의 사회화 과정이며 자아인식과 발전을 촉진하는 과정이다.

보통 초등학교 고학년부터 는 대인 관계에 관한 상담이 학교 심리 상담의 주요 내용이 된다.

학교에는 다양한 인간관계가 존재하며 이러한 관계들은 특히 학생의 심리에 중요한 영향을 끼친다. 학생에게 선생님과의 관계, 반 친구들과의 관계, 그리고 가족 간의 관계는 3대 중요 대인 관계이며, 이 관계들을 어떻게 처리하느냐에 따라 심리 건강 수준이 결정된다.

(1) 선생님과의 관계

사제 관계는 학교 대인 관계의 기본이며, 한 연구 결과 사제관계가 학생의 학습 동기, 흥미, 학습 태도, 학업 성적에 영향을 끼친다는 사실이 증명되었다. 702명의 학생을 대상으로 실시한 조사에서 490명의 학생(약 70%)이 특정 과목 선생님들을 좋아해서 그들이 가르치는 과목에 관심이 많아졌다고 대답했다. 학생들은 좋아하는 선생님에게 호감을 사기 위해 성실하게 과제를 수행했으며, 성적이 비교적 높았다. 그 밖에 212명의 학생(약 30%)은 특정 선생님을 좋아하지 않아서 그들이 가르치는 과목에 흥미를 잃었으며, 수업 시간에 집중력이 떨어지고 적극성이 결핍되었다. 그래서 과제를 건성으로 제출했으며 성적도 낮았다. 또 다른 연구에 따르면, 교사가 성급한 성품이면 사제 관계가 긴장되고, 수업 방식은 교사 중심으로 흘러 비민주적이 되고, 교실 분위기는 생동감이 떨어진다. 이러한 상황에서는 지능, 감정적 저하를 경험한 학생이 전체의 60~80%나 되었다.

사제 관계는 크게 다음의 네 가지 유형으로 나뉜다.

첫째는 독단형이다. 이 유형은 수업이 교사 위주로 운영되며, 교사는 독단적이고 오만하며 다가서기 어려운 존재이다. 교사가 학생의 모든 활동을 임의대로 결정하므로 학생의 희망, 요구, 감정이 제한되어 학생은 주동성과 적극성을 발휘할 수 없다. 당연히 사제 관계는 늘 긴장되고 대립적이 되어 학생은 교사를 어려워한다.

둘째는 경찰형이다. 이 유형의 사제 관계는 마치 교통경찰과 택시기사의 관계 같아서 교사는 학생에게 책임을 다한다. 그러나 학생의 장점에 관심을 기울이기보다는 주로 학생의 문제점을 잡아내어 트집을 잡으며 엄숙한 태도로 비판한다. 이 경우 사제 관계는 대체로 일반적이고, 학생은 교사를 어려워하며 거리를 둔다.

셋째는 방임형이다. 이 유형의 사제 관계에서 교사는 학생에게 마음대로 하도록 하는 방임적인 태도를 취하는 등 책임감이 결여되어 있고, 학생에게 관심을 기울이지 않는다. 그 결과 학생이 교사의 존재를 느끼지 못하기 때문에 기강이 해이해지고 면학 분위기가 흐려져 심각한 경우에는 아예 사제 관계가 존재하지 않는다고 해도 과언이 아닐 정도이다. 또한 학생이 교사에게 방약무인한 태도를 취하게 된다.

넷째는 민주형이다. 이 유형의 사제 관계에서 교사는 학생을 존중하고 늘 관심을 기울이며 문제가 생기면 학생과 상의한다. 교사와 학생 모두 학생이 학급을 이끌어가는 주인이며 학급 간부는 학급의 핵심 인물이라는 점을 분명히 인지한다. 학생들은 쾌적하고 자유로우며 건강한 분위기에서 생활하고, 사제 관계는 협력적이며, 학생은 교사를 가깝고 친근하게 대한다.

건강한 사제 관계는 교사의 주도하에 조성된다. 다시 말하면 사제 관계를 결정짓는 사람은 교사라는 뜻이다. 그러므로 상담 주제가 사제 관계일 때는 학생에게 교사를 존중하고 그의 교육 방식을 긍정적으로 받아들이도록 권고하면서 주동적으로 교사와 소통할 것을 건의하는 한편, 교사도 상담에 참여하도록 해야 한다. 그리고 교사에게 교육 방식과 교육 방법을 시험적으로 바꿔보도록 건의하고 그 과정을 도와야 한다.

(2) 반 친구와의 관계

이 역시 학교 대인 관계의 기본이다. 학생 그룹(예를 들면 학급, 팀), 개인적 인간관계는 학생의 심리에 중요한 영향을 끼친다. 청소년기 학생들은 우정을 갈망하며 매우 중요하게 생각하는 경향이 있기 때문이다. 또한 이들은 어딘가에 소속되기를 희망한다. 급우 관계는 학생 대인 관계의 주체이며 학생들은 이 시기에 대부분의 시간을 친구들과 함께 보낸다. 대부분 학생에게 친구, 급우와의 우정은 생활에 없어서는 안 되는 중요한 부분이다. 그리고 누군가를 따돌리는 것을 가장 가혹한 형벌이라고 생각한다.

학생들의 교제에 관한 상담은 사교 능력을 배양하는 지도가 포함된다. 예를 들면 언어와 비언어를 이용한 의사소통 능력과 교제 상황을 이해하는 능력, 그리고 이러한 능력을 상황에 맞게 조합해 사용하는 전략이다. 타인과 어울릴 줄 알아야 남과 협력하는 것도 가능해지므로 남과 어울리는 방법을 배워 자신의 대인 관계를 풍요롭게 할 수 있으며, 심리적 상호 관계를 통해 소속감과 사랑받고 싶어 하는 욕구를 충족시킬 수 있다.

대인 관계가 원활하지 않으면 많은 심리적 문제가 야기된다. 여기서는 열등감, 수줍음, 자기중심적 사고와 이성 문제로 말미암은 충돌을 주로 다루도록 하겠다.

첫째, 열등감이 있는 학생은 통상 자신이 남들만 못하다고 생각하며 혹시 남들이 자신을 상대해주지 않을까 봐 두려워한다. 또 남의 비웃음을 사거나 거절을 당할까 봐 걱정하여 감히 주동적으로 나서서 다른 학생과 어울릴 엄두를 내지 못한다. 열등의식이 강한 학생을 상담할 때 주의해야 할 사항은 비교를 통해 자아성장을 이해시키고 언어, 비언어적 의사소통 기술을 가르쳐 남들과 어울리는 데 필요한 자신감을 심어 주어 타인과의 성공적 교류를 체험하도록 해야 한다는 점이다. 이를 통해 이 세상에 결점이 없는 사람은 없으며 교제 활동은 다른 사람의 장점을 수용해 자신의 단점을 보완하는 최고의 기회라는 점을 일깨워주고, 자신과 남을 기꺼이 받아들여 교제 능력을 키워나가도록 한다.

둘째, 누구나 수줍음은 있다. 그러나 평균적인 범위를 벗어나 극도로 수줍음을 많이 타거나 혹은 수줍음이 열등감과 겹쳐진다면 대인 관계에 커다란 장애 요소가 된다. 수줍음이 극단적으로 표현된 사례가 바로 대인기피증이며, 이러한 증상은 정상적인 사회생활을 영위하는 데 극도의 두려움과 초조함을 불러일으킨다. 수줍음은 주로 여성에게서 많이 나타나는데, 주로 다음의 세 가지 유형이 있다. 먼저 기질형 수줍음이다. 이 유형은 선천적으로 내향적이고 기질이 침착해 마치 속삭이듯이 이야기하고 낯선 사람을 보면 얼굴을 붉힌다. 심지어는 길을 물어보는 일조차 부끄럽게 여긴다. 다음은 인식형 수줍음이다. 이 유형은 과도하게 자신을 의식하는 경향이 있으며 행여 말이나 행동을 잘못해 남들의 웃음거리가 될까 봐 걱정한다. 또 완벽주의자여서 100% 확신하지 못하면 절대 시도하지 않는다. 마지막은 좌절형 수줍음이다. 이 유형은 원래 명랑한 성격의 사람이 여러 번 실패를 겪고 나서 피동적이고 소심하게 변한 사례이다. 첫 번째 상황은 일반적으로 심리 치료(10장 참조)

를 통해 개선할 수 있다. 그러나 두 번째, 세 번째 유형은 내담자의 관념을 바꿔주는 것이 주요 임무가 된다. 자유로운 의견 교환과 교제 능력을 길러 '수줍음쟁이'라는 꼬리표를 떼어내고 그룹 교제를 주선할 수도 있다. 이때 원만한 교제를 위해 내담자에게 상상법을 응용해보라고 건의한다. 내담자는 그룹별 교제 훈련을 통해 점차 성공적인 교제의 즐거움을 체험하고 자신과 남을 잘 이해할 수 있게 된다.

셋째, 자기중심적 사고이다. 주로 초등학생들에게 자주 보이는 증세로, 일부 중·고등학생들에게서도 간혹 관찰된다. 자기중심적으로 사고하는 사람은 교제 과정에서 오로지 자신의 필요를 충족시키려 할 뿐 타인을 전혀 배려하지 않으며, 개인의 이익이 모든 일에 우선시된다. 결국 동료들에게 버림받고 혼자 생활하게 된다. 이 유형의 학생들에게 필요한 것은 타인의 입장이 되어 따져보고 문제를 해결하는 법을 배우는 것이다. 다시 말해, '자신이 원치 않는 일은 남에게도 시키지 말라'는 교제의 원칙을 존중하고 받아들이도록 해야 한다. 심리 상담에 자주 쓰이는 기술 중에 '의자 바꿔 앉기'라는 것이 있는데 자기중심적인 사람들이 입장을 바꿔 타인을 이해하는 데 매우 효과적인 방법이다.

넷째, 이성 문제에서 비롯한 충돌은 주로 중학생들에게서 자주 관찰된다. 초등학생들은 으레 남학생과 여학생이 소꿉친구로 친하게 지내는 편이다. 그러다 초등학교 고학년 이후 사춘기가 시작되면 학생들에게 성 의식이 싹트면서 남학생과 여학생 사이에 충돌이 생긴다. 이는 사실, 속으로는 이성의 이목과 호감을 얻고 싶어 하지만 표면적으로는 상대방을 고의적으로 멀리하고 괴롭히는 행동으로 표현된다. 대개 중학교에서는 남학생과 여학생이 공개적으로 자유롭게 사귀는 경우가 보기 드물며, 남녀 학생들은 속마음을 솔직히 드러내지 못한다. 이러한 현실에서 상담사는 교사나 학년 주임 교사의 협조를 얻어 남녀 학생들에게 정기적으로 교제의 기회를 마련해주고, 이를 통해 정상적으로 이성과 어울릴 수 있는 분위기를 조성해주어야 한다. 또한 이와 동시에 이성과 특히 마찰이 심한 학생에게는 사춘기에 접어든 남성과 여성의 생리적 변화와 심리적 특징을 분석해주어 이성을 잘 이해하고 대처할 수 있도록 한다. 사춘기 성 교육을 통해 학생들이 자신과 이성의 성별에 따른 특징들을 정확히 인식하도록 지도해 원만한 이성 교제가 가능하도록 이끌어야 한다. 학생들은 자신과 이성 친구들의 성장을 즐겁게 받아들이고 타인을 존중할 줄 알아야 한다. 이를 통해 상담사는 학생들이 이성 교제에서 겪을 수 있는 전형적인 문제들을 쉽게 발견할 수 있고, 학생이 이성 문제에 스스로 대처하는 법을 가르칠 수 있다.

사회 미디어의 다양화와 인터넷의 보급으로 현재 사춘기 중학생들의 이성 교제 문제에 대한 교육계의 관심이 절실하다. 상담사는 성장기에 있는 청소년들을 객관적으로 지도하고 그들의 성 심리와 성 도덕 발전을 촉진해 장차 어른이 되었을 때 조화로운 양성 관계를 영위할 수 있도록 해야 한다.

(3) 가족과의 관계

청소년들은 대부분의 시간을 가정에서 보낸다. 가정은 개인이 태어나 자라나고 성장하며 사회생활을 준비하는 인생의 요람이다. 가족 관계(특히, 부모와 자식 관계)는 학생의 심리적 발전에 매우 중요한 영향을 끼친다. 145명의 열등생을 대상으로 조사한 결과, 처벌 교육, 방임, 지나친 편애, 부모의 상반된 기대와 같은 몇 가지가 원인으로 드러났다.

표 6-2 열등생 145명의 가정환경

가정 요인 인원 및 백분율	부모의 상반된 기대치	처벌 교육	방임	지나치게 엄격한 교육	편애	자녀를 돌볼 여건이 안 됨	가정환경 불행	경제적 어려움	가정 불화	부모의 문란한 성생활
인원	38	49	36	10	21	11	7	13	9	3
백분율	26.2	33.1	24.8	6.8	14.4	7.6	4.8	8.9	6.2	2.1

부모와 자식 간의 '세대 차이'로 서로 원활히 소통하지 못한다면 가족 구성원 사이에 마찰이 생기고 학생의 심리적 성장과 발전에 좋지 않은 영향을 끼칠 수 있다. 그러면 학생은 더 이상 부모의 의견을 들으려 하지 않고 침묵으로 일관하며 부모의 화를 돋우거나 부모를 멀리하는 등의 태도를 취하려고 한다. 그래서 그 자신도 정신적으로 감정을 억눌러야 하고, 이는 학업에도 영향을 준다. 그러므로 학생이 주동적으로 부모와 원활히 소통하도록 돕고 이른바 새로운 가족 관계를 정립하는 일이 매우 중요하다.

가족 관계가 긴장되어 있으면 일반적으로 두 방향에서 행동을 시작해야 한다.

첫째, 학부모가 그들의 교육 방법을 개선하는 데 협력해 자녀에게 바람직한 본보기가 되고자 노력한다. 이를 통해 학부모는 자녀에 대한 지나친 기대를 버리고 현실과 맞지 않는 목표나 요구를 강요하지 않게 될 것이며 자녀에 대한 믿음을 잃고 방치하는 태도를 버리게 될 것이다. 또한 상담을 통해 학부모는 자녀에 대한 엄격한 요구에 사랑, 존중, 믿음의 가치를 접목하게 되고 자녀 교육에 앞서 자기 관리법을 배울 수 있다.

둘째, 학생 지도 측면에서 먼저 학생들에게 부모의 현재 상황과 고충을 충분히 이해시키고 부모를 존경하며 살갑게 대하도록 지도한다. 그리고 최대한 학업에 힘써 좋은 성적을 내는 것만이 자신을 낳아주고 길러주는 부모에게 보답하는 길임을 숙지시킨다.

심리 상담이 학생 위주로 진행될 수도 있다. 이 경우 학생의 주동적인 변화가 부모의 변화를 이끌어낼 수 있고, 부모와 자녀가 동시에 각자 상담을 받아 쌍방 간에 공통의 변화를 촉진할 수도 있다. 부모, 자녀 간의 의사소통 훈련은 세대 차이로 비롯한 단절을 개선하여 가정의 교육 기능이 더욱 잘 발휘되도록 할 것이다.

사례 6-1 대인공포증 상담

남성, 18세. 고3 학생. 교사와 함께 교내 심리 검사, 상담 센터를 찾아왔음. 이 학생은 수줍음이 가득한 표정으로 고개를 푹 숙인 채 상담사를 정면으로 바라보지 못했으며 가끔 고개를 돌려 다른 곳을 쳐다보았다. 말수가 적고 음성이 낮았으며 말할 때 매우 긴장하는 듯했다. 그는 상담사에게 1년 전부터 사람을 만나는 것이 두렵고 특히 모르는 사람과 만나는 것이 그렇다고 털어놓았다. 억지로 대면하려면 얼굴이 붉게 달아오르고 마음이 불안하고 어지러워져 말을 이어나갈 수조차 없다고 했다. 그래서 대부분의 시간을 혼자서 생활하고 있다고 했다. 알고 보니 그는 1년 전 부모의 전근으로 이 학교에 전학을 왔다. 그리고 전학 온 지 얼마 되지 않았을 때 새로운 반 친구들에게 좋은 인상을 주기 위해 학급에서 주최한 창작 시 발표회에 참가했다. 하지만 대회 날 너무 긴장한데다 실수할까 봐 지나치게 걱정한 나머지 그가 심하게 더듬거리며 시를 낭송하자 한바탕 폭소가 터졌다. 그 후로 그는 계속해서 반 친구들의 비웃는 듯한 시선을 느꼈고, 이 때문에 마음이 점점 편치 않아졌다. 그래서 결국에는 사람들과의 접촉 자체를 꺼리게 되었고 더욱이 낯선 사람을 무서워하게 되었다.

학생이 전형적인 대인공포증을 보인다고 판단한 상담사는 체계적 둔감법systematic desensitization과 인지 치료Cognitive therapy를 결합한 방법을 적용하기로 했다. 먼저 학생에게 그의 증상은 대인 관계에 대한 심리적 장애의 일종이며 장애를 일으킨 원인과 이를 극복할 수 있는 구체적인 방법만 찾아내면 완치될 수 있다고 설명해주었다. 이어 학생에게 다음 두 가지를 부탁했다. 첫째, 첫 주에는 적어도 매일 한 번씩 사람이 많이 모인 곳에 가보라. 그리고 그곳에서 고개를 숙이지 말고 사람들의 얼굴을 보며 30분간 머무르도록 했다. 횟수는 처음에는 1번, 이후에는 2~3번으로 늘리도록 했다. 처음에는 분명히 마음이 걷잡을 수 없이 어지럽고 긴장해서 온 몸에 땀이 줄줄 흐르겠지만 절대 위축되어서는 안 된다. 어금니를 앙다물고 자기 자신에게 다음과 같이 반복해서 암시하고 대인공포감을 극복하는 데 걸린 시간을 기록하도록 했다.

"나는 이 훈련을 해낼 수 있다. 나는 편안한 마음으로 이 훈련을 성공적으로 마칠 수 있다."

두 번째는 매일 적어도 15분 이상 문장이나 시 몇 편을 낭독하도록 했다. 처음에는 혼자서 낭독하고 점차 사람이 많이 모인 곳에 가서 낭독한다. 그리고 사람이 많은 곳에서 시를 낭독하는 동시에 자신이 평상심을 찾는 데 걸린 시간을 기록하도록 했다. 상담사의 요구에 따라 이 두 가지 임무를 시작한 학생은 처음에는 확실히 비정상적으로 많이 긴장한 듯 보였다. 그는 온 몸을 벌벌 떨고 땀을 비 오듯 흘렸다. 그러나 필사적으로 마음을 다잡고 이십여 분 동안 버텨낸 후로는 점차 익숙해진 모습을 보였다. 4주간의 상담, 치료 과정을 거치고 5주째에 접어들면서 그는 기본적으로 대인공포증을 떨쳐낼 수 있었다. 이제 여러 사람 앞에서 이야기하고 글을 낭독할 때도 더 이상 더듬거리지 않게 되었다. 그리고 상담 추적을 하고 검사한 결과 2개월이 지난 후에도 증세는 다시 재발하지 않았다.

6-1 대인 관계 능력 자가 테스트

아래 15개 문항에서 자신의 반응을 신속하게 판단할 수 있는가? 반응 정도는 '그렇다, 모르겠다, 아니다'의 3등급으로 나누어진다. 실제 상황에 따라 셋 중 하나에 체크 표시하시오.

	그렇다	잘 모르겠다	아니다
(1) 다른 학생들과 함께 어울리거나 공부하는 것을 좋아하지 않는다.	1	2	3
(2) 말하는 것을 별로 좋아하지 않아 가끔 손짓으로 의사 표시를 하기도 한다.	1	2	3
(3) 다른 사람과 시선이 마주치는 것을 좋아하지 않는다.	1	2	3
(4) 학우들은 나와 함께 어울리거나 공부하는 것을 좋아하지 않는다.	1	2	3
(5) 학우들은 내 앞에서 어떤 문제에 대해 토론하는 것을 좋아하지 않는다.	1	2	3
(6) 부모님은 내게 필요 이상으로 엄격하며 걸핏하면 나무란다.	1	2	3
(7) 방과 후에 집에 귀가하는 것보다 밖에서 노는 것이 더 좋다.	1	2	3
(8) 아버지, 어머니와 대화하는 것에 반감을 느낀다.	1	2	3
(9) 아버지, 어머니에게 말대답하고 말다툼하는 것이 습관이 되었다.	1	2	3
(10) 아버지, 어머니는 내게 아무것도 묻지 않으며 투명 인간 취급을 한다.	1	2	3

(11) 선생님은 유독 내게만 까다로우셔서 선
　　생님의 총애를 받기 어렵다.　　　　　1　　2　　3

(12) 선생님은 수업 시간 내내 내게 눈길 한
　　번 안주신다.　　　　　　　　　　　　1　　2　　3

(13) 길에서 선생님을 만나면 못 본 척하거나
　　마주치지 않을 궁리를 한다.　　　　　1　　2　　3

(14) 선생님은 가정 방문을 오시면 주로 부모
　　님께 내 험담을 한다.　　　　　　　　1　　2　　3

(15) 선생님은 내게 너무 불공평하다. 정말이
　　지 크게 한 판 싸웠으면 좋겠다.　　　1　　2　　3

이 평가는 초등학생, 중학생의 대인 관계 능력을 대략적으로 반영한다. 이 평가의 총점이 높을수록 교제 능력이 뛰어나고, 반대로 총점이 낮다면 교제 능력이 부족하다는 뜻이다. 만약 총점이 40점 이상이면 교제 능력이 뛰어나고 대인 관계가 좋은 것이고, 총점이 20점 이하이면 교제 능력이 부족하고 대인 관계가 좋지 않은 것이다.

이 평가는 모두 세 부분으로 구성된다. 그중에서 1~5번 문항은 여러분의 교우관계를, 6~10번 문항은 가족관계를, 그리고 7~11번 문항은 일반적인 대인 관계에 관한 문항이며, 12~15번은 양호한 대인 관계에 대한 문항이다.

07

학교 심리 상담의 내용(4)
—정신 건강 상담

중국 교육부는 2002년 8월에 공표한 《초·중고등학교 정신 건강 교육 지도 개요》에서 다음과 같이 지적했다.

"건강한 정신은 인간이 갖춰야 할 종합 소양을 구성하는 중요한 부분이다. 정신 건강 교육은 중고등학교 학생들의 정신적 소양을 향상시키기 위한 것이며, 이러한 내용을 골자로 소양 교육을 실시한다."

정신적 건강은 교육 과정을 통해 형성되고 학습되며, 유년기부터 성년, 노년까지 끊임없이 발전하고 변화한다. 개인은 사회에 나가기 전 대부분의 시간을 학교에서 생활하므로 학교 교육은 곧 한 개인의 일생에 영향을 미치는 중요한 요소가 된다.

정신 건강 문제는 오늘날 많은 사람이 관심을 기울이는 중요한 문제이며 더욱이 학교에서도 큰 관심을 기울이고 있다. 정신 건강이 우리에게 삶에 대한 열정과 낙관적인 태도, 명랑한 성격과 원만한 교제, 왕성한 정력을 가져다주고 바람직한 정신적 면모를 드러내도록 해준다는 사실은 이미 과학적으로도 입증되었다. 바로 이러한 점 때문에 오늘날 정신 건강이 큰 주목을 받고 있다. 한편, 신체적 질병도 정신 건강과 직접적인 관계가 있다. 조사에 따르면, 병원에서 치료받는 환자 가운데 정신 건강 문제로 신체적 질병이 악화된 사람이 50% 이상이라고 한다. 그래서 오늘날에는 의료계도 점차 정신—사회성 질병으로까지 치료 분야를 확장하고 있다.

청소년들은 정신적으로 미성숙한 단계에 있으며 정신적 스트레스에 취약하고 행위 모방 과정에서도 변별 능력이 떨어진다. 게다가 학업, 대인 관계, 단체에서 오는 스트레스 등 여러 방면에서 갈등을 겪는다. 그러므로 학생의 정신 건강은 학교 심리 상담에서 다루어야 할 중요한 부분이다.

1. 초·중고교생의 보편적인 정신 건강 문제

아동 정신 건강 지표는 일반적으로 다음 항목을 포함한다.

① 정상적인 지능 활동 여부 : 지적 욕구가 강하고 호기심이 많으며 관찰, 학습, 상상을 좋아하고 포부가 있다. 주의, 집중력이 비교적 안정적이며 자기 손을 움직여 작업하는 것을 좋아한다.

② 사람들과 어울리는 것을 좋아하고 학교, 가정생활에 잘 적응한다.

③ 적극적으로 생활하고 성격이 밝고 명랑하며 가지감정을 제어할 수 있다.

④ 비교적 정확하게 자신을 평가하고, 자기 자신을 있는 그대로 받아들인다. 자신감에 차 있고 독립심이 강하다.

⑤ 정상적인 행동 패턴 : 연령대의 특징과 일치하는 언행을 보이며 행동 방식도 사회 역할과 일치한다. 외부에 대한 반응과 자극의 강도가 서로 일치하고 전체적으로 볼 때 행동 패턴이 일치한다.

학교에서 바람직하게 생각하는 아동 정신 건강의 특징은 적극적인 학습 태도, 정상 지능, 정서적 안정, 건강한 개성 표출, 품행 단정, 우수한 적응력 등이 있다.

학생의 정신 건강 문제가 처음 대두된 것은 학교생활에 적응하기 어려워하는 학생들을 위해서였다. 교사와 학부모는 일부 학생 혹은 자녀들이 같은 연령대의 아이들보다 학교에 적응하는 것을 더 어려워한다는 것을 알았다. 그래서 1959년에 미국의 한 심리학자가 초등학교 3학년 학생들을 대상으로 한 차례 조사를 실시했는데, 그 학생들의 부모들은 자녀가 겪고 있는 정신적 어려움과 중상들을 표 7-1과 같이 보고했다.

표 7-1 학교생활 적응에 어려움을 느끼는 학생들이 겪는 증상들

학교 적응 불량 증상	부모가 보고한 증상(백분율)
신경질	33
백일몽	21
과잉 행동	14
언어 장애	9
다른 아동과 잘 어울리지 못함	
위축된 행동	7
공격적인 행동	9
파괴성	7
학교 환경과 무관한 적응 불량	
섭식 문제	33
분노 표출	19
비정상적인 공포	18
식은땀	14
거짓말	13
울면서 고함치는 행위	13
엄지손가락을 빠는 행위	9
소화불량	8
어른들과 어울리지 못함	
위축된 행동	1
공격적인 행동	6
성 문제	2
도둑질	2

표에서 알 수 있듯이 신경질, 백일몽 등의 증상이 차지하는 비율이 가장 높았다. 그러나 이 표는 설문을 통한 통계 수치에 불과하므로 체계적이지는 못하다. 다시 말하면, 학생의 정신 건강 문제에 어떤 문제

들이 포함되는지 일목요연하게 보여주지 못한다. 현재 정신적 건강 문제를 분류하는 데 대해 의견이 분분하지만 대략적으로 다음과 같은 내용이 포함된다고 할 수 있다.

① 미세 뇌기능 장애(약칭 MBD) : 예를 들면 저능아
② 신경 기능 장애 : 예를 들면 배설 기능 장애─실뇨, 배변 불능, 언어 장애─말을 더듬는 증세, 섭식 장애─식탐, 거식, 식사 거부, 습관적 구토, 수면 장애─몽유, 가위 눌림, 야경증, 불면, 잦은 두통 등
③ 품행 장애 : 예를 들면 걸핏하면 싸우고 욕을 하는 행위, 무단결석, 거짓말, 도둑질, 못된 장난
④ 감정 장애 : 예를 들면 수줍음, 충동적 행위, 열등감, 과잉 분노 등

1985년에 중국 심리학 연구자가 장쑤성江蘇省, 저장성浙江省에 있는 학교 60곳에서 초·중고등학교 학생 1,095명을 무작위로 추출하여 앞서 소개한 정신 건강 지표의 1~4항목에 대한 설문 조사를 실시했다. 여기에는 초등학교 1, 3, 5학년 학생과 중학교 1, 3학년 학생, 고등학교 2학년 학생들이 포함되었다. 그 결과, 조사에 참가한 학생 1,095명 가운데 16.53%에 해당하는 181명이 다양한 정신 건강상의 문제를 겪고 있음이 밝혀졌다. 또한 조사에 참여한 554명의 도시 학생 중에서 104명이 정신 건강상의 문제가 있었으며 그 비율은 전체의 18.77%였다. 541명의 농촌 학생 중에도 77명의 학생이 같은 문제를 겪고 있는 것으로 나타났는데 전체의 14.23%에 해당하는 비율이었다.(표 7-2 참조)

도시와 농촌을 막론하고 학생들이 겪는 정신 건강상의 문제 중에 가장 비율이 높은 항목은 신경 기능 장애였고(도시 : 47.22%, 농촌 : 50%), 다음이 각각 불량 습관(도시 : 26.39%, 농촌 : 22.60%), MBD(도시 : 13.89%, 농촌 : 19.60%), 품행 장애(도시 : 12.50%, 농촌 : 7.70%)의 순이었다.

표 7-2 초·중고교생 1,095명을 대상으로 한 정신 건강 문제 조사 결과

항목	MBD			신경 기능 장애			불량 습관			품행 장애			총계		
	도시	농촌	소계	도시	농촌	소계	도시	농촌	소계	도시	농촌	소계	도시	농촌	소계
검출 인원/ 검출률 (%)	20 3.61	20 3.70	40 3.69	68 12.27	51 9.40	119 10.87	38 6.86	23 4.30	61 5.58	18 3.25	8 1.48	26 2.37	104 18.77	77 14.22	181 16.53
구성비	13.89	19.60	16.26	47.22	50.00	48.37	26.39	22.60	24.80	12.50	7.80	10.57	1.00	1.00	1.00

연구 결과, 중국 초·중고등학교 학생들의 정신 건강 상태는 그다지 낙관적이지 않았다. 초등학생 중에 정신적인 면과 행동에 문제가 있는 아동의 비율은 전체의 10%, 중학생은 15%, 그리고 고등학생은 19%로 나타났으며 더욱이 매년 증가하는 추세였다. 이는 학생들의 정신 건강 문제가 이미 보편적인 사회 문제로 대두되었으며 이 문제에 대한 교육계의 관심이 시급함을 보여준다.

관련 연구에 따르면, 초·중고등학교 학생들은 다양한 정신건강 상의 문제를 겪고 있으며 이는 그들의 정서와 성격에 영향을 끼친다. 정상적인 학생과 비교해볼 때, 정신 건강상으로 문제를 겪는 학생은 열등감을 잘 느끼고 괴팍하며 제멋대로 행동한다. 또한 쉽게 초조해하거나 화를

내는 충동적인 성격적 특징을 보여준다. 정서적으로도 비관적이고 불안정하며 충동적이고 지나치게 걱정하는 경향이 있다.

표 7-3 중고생의 정신 건강상 문제점 현황표

정신 건강상의 문제		편협함	우울증	유약함	열등감	괴팍함	대립적	파괴적
정신 건강에 문제가 있는 학생	인원/명	135	116	145	129	63	62	86
	백분율/%	2.87	2.46	3.08	2.75	1.34	1.32	1.83
정신 건강에 심각한 문제가 있는 학생	인원/명	8	9	5	2	5	10	2
	백분율/%	0.17	0.19	0.11	0.04	0.11	0.21	0.04

학업 성적에서도 정상적인 학생의 학업 성적이 우수한 경우가 정신 건강상 문제를 겪고 있는 학생보다 현저히 많았다. 더 나아가 학업에 영향을 끼치는 요소로 품행 문제가 가장 컸고, 그 다음이 MBD, 불량 습관의 순서이며 신경 기능 장애의 영향이 가장 작았다.

초·중학교 학생 중에는 정신 건강상의 문제가 위 4가지 유형 범주에 속하지 않는 경우도 있었다. 주로 감정, 의지, 성격에서 어려움을 겪는 사례였는데 우리는 이 유형을 '정서 장애'라고 부른다.

정서 장애 유형은 앞의 네 가지 유형보다 다루기가 어려우며, 인간의 정신 수준에 미치는 영향이 훨씬 크다. 그러므로 정서 장애에 주의를 기울이지 않는다면 개인의 일생에 걸쳐 성격에 영향을 준다.

한 일본 심리학자가 조사, 분석, 귀납 과정을 거쳐 분류한 14가지 종류의 정서장애유형을 다음과 같이 소개한다.

① 우울함 : 극도로 의기소침해진 나머지 모든 일이 무의미하고 지리멸렬하다고 느끼고 아무 일도 하지 않는다. 하는 일 없이 집에 틀어박혀 절망과 염세주의에 빠져 지낸다. 혼자 아무 일 없이 서성거리거나 심지어는 자살을 기도하기도 한다.

② 무기력함 : 정신적, 신체적 변화에 지나치게 신경 쓰면서 불안·초조해한다. 이 유형은 기백이 없고 쉽게 좌절감에 사로잡힌다. 일에 전념하지 못하고 쉽게 피로를 느끼며 질병에 대해 극도로 예민한 반응을 보인다. 늘 고통을 호소하고 불면, 두통에 시달리며 아무런 취미도 없이 혼자 격리되어 살아간다. 이들은 소음, 피, 어두움을 견디지 못한다.

③ 과민성 : 모든 일을 자신과 결부지어 생각한다. 의심이 많고 추측을 일삼으며 질투심이 강하다. 모든 일이 자신과 관련이 있다는 망상에 빠져 있으며 죄책감을 잘 느낀다. 이야기를 꾸며내기를 좋아하고 학교, 직장을 떠날 수 없어 집에 돌아가지 못할 때도 있다.

④ 강박성 : 자신의 생각과 감정에서 헤어나지를 못하며 남 앞에 나서거나 남 앞에서 잘 이야기하지 못하고 두려움에 떨거나 얼굴이 붉어진다. 타인과 접촉하는 것을 두려워하며 강박적이고 기괴한 행동을 자주 한다.

⑤ 자기 불신 : 자기가 한 일이나 앞으로 해야 할 일에 자신감이 없어

이리저리 재보다가 결국 아무 일도 하지 못한다. 일을 시작하기도 전에 새로운 생각을 제시하기 때문에 끝까지 해내는 일이 없고 행동이 기괴하다.

⑥ 자폐성 : 이들에게 남과 속마음을 털어놓는 일이란 상상할 수도 없다. 타인과 어울리고 싶어 하지 않으며 고독하게 지낸다. 남에게 무관심하고 성격이 괴팍하며 말수가 적다. 협상 능력이 없다.

⑦ 집요함 : 한 가지 일에 열중하며 다른 일은 안중에도 없이 그 일에 몰두하고 필요 이상으로 집착한다. 지나친 집중력으로 때때로 시간을 잘 지키지 않거나 혹은 필요 이상의 시간을 낭비한다.

⑧ 의지박약 : 외부의 힘에 휘둘려 행동하므로 이 유형이 하는 일은 자주성과 일관성이 없다. 동료에게 일을 차일피일 미루는 등 주동적이지 않고 게으르다.

⑨ 즉행성卽行性 : 생각해보지도 않고 바로 행동에 옮기는 유형이다. 경솔하게 행동할 때가 많고, 또 행동이 대담하다. 가지고 싶은 것이 있으면 반드시 손에 넣어야만 직성이 풀리며 돈을 흥청망청 쓰거나 도둑질을 하기도 한다.

⑩ 불안정성 : 쉴 새 없이 일하면서 잠시도 쉬려고 하지 않는다. 침착하지 못하고 집중력이 부족하며 서성거리거나 두서없이 일하고 일을 시작해도 용두사미 격으로 끝까지 매듭짓지 못한다.

⑪ 변덕 : 감정이 불안정하고 돌발 행동이 잦다. 갑자기 사라지거나 물건을 부수고 냉혹한 말을 내뱉기도 한다. 자해, 낭비, 술주정을 하기도 한다.

⑫ 자기과시 : 자기만 옳다는 식으로 행동하고 남의 말은 좀처럼 귀담아 들으려 하지 않는다. 주관적이고 과장되게 말하며 자기 과시욕이 강하다. 남에게 영향력을 행사하려는 심리가 강하고 곧 죽어도 패배를 인정하지 않는다. 무조건 남의 탓을 하는 경향이 있고 남에게 무시당하거나 지시를 받으면 머리카락이 곤두선다. 반항심, 공격성이 강하고 드라마틱한 언행을 구사하며 허황된 말을 잘 한다.

⑬ 폭발성 : 격한 태도로 행동한다. 쉽게 흥분하고 폭력적이며 난동을 부리기도 한다.

⑭ 호방성 : 언행이 경박하며 종종 난동을 부린다. 자기 마음대로 못된 일을 벌이거나 장소를 가리지 않고 소란을 피운다. 상대방이 어떻게 생각하는지 관계없이 썰렁한 농담을 하기도 하고 멋대로 친하게 굴기도 한다.

2. 초·중고교생의 정신 건강 문제는 왜 생기는가?

정신 건강상의 문제를 초래하는 원인은 유전, 환경, 교육적 요인 등 다양한 측면에서 찾아볼 수 있다.

MBD, 신경 기능 장애 등은 선천적인 유전, 임신 기간의 태내 환경과 깊은 연관성이 있을 가능성이 크다. 그들의 어머니는 정상 학생의 어머니와 비교해 임신 기간에 건강이 좋지 않았거나 정서 불안, 영양 불량을 겪었거나 또는 분만 과정에 조산, 난산, 질식 상황을 겪었을 가능성이 현저하게 높다. 또한 후천적인 영양 조건 역시 학생의 정신적 성장과 관계가 깊다.

학생에게 정신적 혼란과 정신 건강상의 문제가 생기는 원인 혹은 유발 요소는 다음 세 가지를 들 수 있다.

첫째는 '박탈감'이다. 부모의 사랑이나 명문 학교에 진학할 기회, 우정과 존중, 안전감을 잃게 되면 그 심리적 박탈감이 정신적 균형을 무너뜨려 학생은 고통과 우울증, 열등감을 느끼기 쉽다.

둘째는 '변화'이다. 부모의 이혼으로 원만했던 가정이 풍비박산 나거나 혹은 학업 성적이 떨어지는 경우, 명문 학교에서 일반 학교로 전학 가거나 학생 간부였다가 일반 학생으로 전락하는 경우 학생은 변화된 생활이나 환경에 빠르게 적응하지 못하고 곤혹감을 느낀다.

셋째는 '기억'이다. 과거에 실수했던 기억을 떨쳐내지 못한 채 미래에 대해서도 초조함을 느끼고 있는 경우, 학생은 현실을 직시하지 못한다. 과거에 시험에 떨어졌던 경험이 있어 비슷한 상황에 잔뜩 긴장하거나 다음 시험에도 떨어질까 봐 미리 겁을 먹는다. 또한 실패한 경험을 진지하게 반성하고 받아들이지 못한다. 그 결과 안절부절못하게 된다.

이상의 세 가지 원인은 모두 정신적 적응 불량으로 귀결된다. 이는 학부모, 교사의 훈육과 지도 방법과도 관련이 있다. 아이가 어릴 때 어른들이 안 좋은 습관과 행동(예를 들면 손가락을 빨기, 거짓말 등)을 효과적으로 제지하고 적극적으로 지도해주었는지, 그리고 안 좋은 습관과 행동을 바로잡아주었는지에 따라 올바른 습관과 행동의 형성 여부가 결정된다. 아이가 자라 학교에 진학하고 나서 피동적이고 엄격한 환경에서 늘 꾸중을 들으며 자랄 수도 있고, 주동적이고 우호적인 환경에서 칭찬을 들으며 자랄 수도 있다. 이러한 환경이 학생의 정신적 특징을 좌우해 적대적이고 폭력적이며 냉혹하고 열등감을 느끼는 성격을 형성하기도 하고, 반대로 공정하고 열의와 자신감에 차있으며 침착한 성격을 형성하기도 한다. 때문에 어떤 의미에서 학생의 성격과 감정은 그의 부모, 스승의 복사본이라고 할 수 있다. 심리학자들은 일찍부터 부모의 양육 태도가 아동의 성격형성에 미치는 영향을 연구했는데 그 결과는 다음과 같다.(표 7-4 참조)

표 7-4 부모의 양육 태도가 아동의 성경형성에 미치는 영향

부모의 태도	아동의 성격
지배적 태도	소극적, 순종적, 의존적, 독립성 결여
총애	제멋대로 행동함, 교만, 이기주의, 독립심 부족, 정서 불안
과잉보호	사회성 결여, 의존적, 피동적, 유약함, 심사숙고, 침묵, 친절함
지나치게 엄격한 태도(자주 꾸짖고 질책)	완고함, 냉혹함, 잔인함, 독립적, 혹은 유약함, 맹목적, 불성실, 자신감 결여, 자존심
무관심	질투심, 정서 불안, 창조력 부족 심지어는 염세주의
민주적	독립적, 솔직하고 직선적, 협력적, 친절, 사교적, 융통성, 안정감, 즐거움, 참을성, 대담성, 창조 정신
부모의 의견 불일치	쉽게 분노, 경계심 강함, 혹은 모두에게 잘 보이려는 마음 강함, 기회주의적, 거짓말 잘함

그 밖에 근거 자료에서 보여주듯이 학업 스트레스와 그로 말미암은 긴장과 초조감은 학생의 정신 건강에 좋지 않다. 과도한 스트레스는 학생의 정신 건강을 손상시키며 심지어는 염세주의적 세계관을 갖게 한다. 조사결과에 따르면 매일 학교과제에 3시간이 소요되는 학생들 중에서 정신 건강상에 문제가 있는 학생의 비율이 정상학생보다 현저히 높았으며 학부모가 별도의 과제를 내주는 학생들 중에서 정신 건강상에 문제가 있는 학생의 비율이 정상학생보다 훨씬 높았다. 이는 학업스트레스는 적정수준을 유지하는 것이 중요함을 보여준다.

정신 건강이 학생들의 성장에 끼치는 영향은 매우 중요하다. 학생들의 정신 건강을 유지하고 극소수의 정신적 혼란 혹은 장애를 겪는 학생에게는 효과적인 심리 상담과 지도를 제공해서 그들이 빠른 시간 내에 장애를 벗어나 정신건강을 회복할 수 있도록 돕는 것은 학교 심리 상담 종사자들의 중요임무일 것이다.

3. 초·중고교생의 정신 건강 지도

위에서 살펴본 것처럼 초·중고등학교 학생의 정신 건강 문제는 유전, 환경, 교육의 상호 영향으로 파생된 결과이다. 그러므로 정신 건강 상담 과정에서는 각기 다른 원인에서 비롯한 심리 문제에 맞춘 해결책이 제시되어야 할 것이다. 학교 심리 상담에서는 일반적으로 심리적 사회 요인의 작용을 더욱 강조해야 한다. 상담 진행에 필요한 몇 가지 사항을 다음과 같이 제시한다.

(1) 인지 상담을 통해 학생의 인지 수준을 향상시킨다.

학생의 정신 건강은 그들의 인지적 수준과 밀접한 관련이 있으며, 학생의 정신 건강에 영향을 주는 소극적인 감정은 인지 활동의 굴절을 통해 생겨난 것이다. 임상 실험 결과, 심리적 장애를 겪는 학생은 같은 연령대에 비해 일반 인지 수준이 비교적 낮았으며 잘못된 판단을 내리기 쉽고 현실에서도 부적절한 반응을 보였다. 예를 들면 불필요한 의심과 공포심을 품고 늘 긴장과 불안에 시달린다.

학교 심리 상담은 주로 아래의 몇 방면에서 시작된다. 학생이 상하 비교, 좌우 비교, 자기 비교 등의 방법으로 자기 자신을 정확하게 인식하고 자신의 지능과 능력, 흥미, 기질, 장단점을 객관적으로 평가하도록 하며 타인을 정확히 인식하게 한다. 또한 첫인상, 고정관념 등을 극복하여 올바른 인간관계를 형성하는 기초를 마련할 수 있다. 아울러 학생들이 정상적인 오감의 감지 능력, 뛰어난 기억력, 기민한 사고 능력과 풍부한 상상력, 유창한 언어 구사력 등 온전한 인지 능력을 갖추게 하여 자신이 처한 환경을 정확하게 인식하고 주위 환경과 균형을 이루도록 이끈다.

(2) 정서 상담을 통해 학생에게 적극성을 길러준다.

초·중고등학교 학생들의 정서 장애는 주로 다음의 세 가지 유형이
있다.

첫 번째는 외부 원인으로 비롯한 정서 장애이다. 예를 들면 예상치
못한 불행이 가정에 엄습했다든지, 교사나 학부모에게 억울하게 꾸중
을 들었다든지, 급우들의 근거 없는 의심이나 조소를 받은 경우이다.
이러한 외부적 자극은 보통 학생이 아무런 심적 준비도 안 되어 있는
상태에서 발생하기에 더욱 갑작스럽고 맹렬한 반응을 이끌어낸다. 이
유형의 학생들은 특히 신중하고 조심스럽게 대해야 하며, 가능한 한 그
들에게 좌절감에 대처하는 정확한 방법과 효과적인 심리방어 방법을
알려준다.

두 번째는 내·외부의 종합적 원인으로 비롯한 정서 장애이다. 주로
심리적 준비를 잘못했거나 큰 기대를 걸었는데 상반되는 결과가 나왔
을 때 겪게 되는 심리적 장애를 말한다. 예를 들면 예상치 못하게 연합
고사에 낙방했거나 몇 년 동안 많은 노력을 쏟아 부어 얻은 성과가 사
회에서 인정을 받지 못했을 때, 자신이 가장 존경하고 신임해온 사람이
타락하는 모습을 보았을 때 등이다. 이런 상황에서 외부 요소는 심리적
장애를 초래할 만큼 충분하지 않다. 그러나 주체의 심리적 준비에 착오
가 있었기 때문에 외부 스트레스가 상대적으로 커져 심리 장애를 유발
하게 되는 것이다. 이 유형의 학생들에게는 사물과 사람에 대한 심리적
평가 기준을 조절해 현실을 직시할 수 있도록 지도해야 한다.

세 번째는 내부 원인으로 비롯한 정서 장애로, 자신의 행동으로 말미암아 소극적인 심리 상태를 경험하는 것을 말한다. 예를 들면 한 번도 남의 물건을 훔쳐본 적이 없는 학생이 처음으로 도둑질을 하고 나서 자괴감을 느끼고 후회하거나 늘 안절부절 못하는 등의 경험을 하게 되는 것처럼 말이다. 또, 좋은 일을 하고도 손해를 본 학생이 그 일을 두고두고 후회하며 평생 마음에 담고 살아가기도 한다. 위의 두 상황은 구별될 필요가 있다. 전자의 소극적인 심리 상태 경험은 적극적인 의미가 있다. 그러므로 상담자는 학생의 그러한 경험을 오히려 강화해 그가 신속하게 자신의 행위를 바로잡고 그로 말미암은 심리 장애를 극복하도록 해야 한다. 후자는 소극적인 의미로, 즉각 들춰내고 바로잡는다.

학생들의 정서적인 문제를 상담할 때는 학생들의 정서 인지 능력을 향상시키고, 학생들이 스스로 자신의 정서 변화를 정확히 느끼고 효과적인 방법으로 자신의 정서 상태를 조절하는 법을 배우도록 해야 한다. 이때 사용할 만한 기술로는 예를 들면 근육 이완법, 호흡 조절법, 상상 이완법이 있으며, 학생들이 정서 지능과 정서 자기 관리 능력을 향상시킬 수 있는 효과적인 방법이다. 그 밖에 우리는 학생들이 자신의 상태를 정확히 감지하고 타인과 정서적으로 교류하는 능력을 갖추도록 해야 한다.

양호한 정서 자기 관리 능력은 청소년의 인격 완성과 발전에 매우 중요한 구성 요소이며 학생들에게 사회적 정서를 길러주는 기초이다. 우리는 학생들이 소극적이고 굼뜨지 않고 열의로 가득한 생활을 하며 동시에 유쾌하고 낙관적으로 생활하도록 도와야 한다. 물론 필요하다면 합리적인 방법으로 소극적 정서를 극복하는 법도 가르쳐야 한다.

(3) 상담을 통해 학생에게 강인한 의지를 심어준다.

학생의 정신 건강상태는 그들의 의지와 밀접한 관련이 있다. 의지가 없다면 인간은 본능과 욕망의 노예가 될 것이며, 소극적인 상황의 지배를 받게 될 것이다. 그렇게 되면 좋지 않은 생활 습관 속에서 허우적대며 결코 헤어나지 못할 것이다. 의지가 약한 학생은 게으르고 고집스럽게 자기주장만 내세우고 과단성이 부족하며 귀가 얇아 곧잘 남의 말에 휩쓸린다. 또한 어떤 일을 하든지 주먹구구식으로 진행하고 용두사미식일 때가 많다. 그리고 일단 어려움과 좌절에 부딪히면 세상을 비관하고 남을 원망하며 심지어는 자살 충동도 느낀다.

의지에 관한 문제를 상담하던 중에 우리는 청소년들이 심리적 제약으로 인해 아직 명확한 인생 목표를 세우지 못했고, 현실 생활에서 방향 감각을 잃고 외부 유혹에 쉽게 넘어가는 등 의지력이 약하고 쉽게 좌절한다는 점을 발견했다. 이는 학생들이 자신감을 잃는 주요 원인이 된다.

그래서 우리는 상담 기간 동안 학생들이 명확한 인생 방향, 인생 목표와 이상을 찾도록 돕는 데 중점을 두었다. 구체적인 인생 목표를 확정했으면 과학적이고 합리적인 방법으로 장, 단기적인 계획을 세우고 매일의 시간표를 짜는 법을 배우도록 하여 학생 스스로 자기 인생을 만들어간다는 성취감을 느끼게 했다. 이로써 학생의 의지력을 강화시킬 수 있었다.

학생들의 의지력을 기른 구체적인 방법은 다음과 같다.

첫째, 학생들에게 의지의 목적성을 심어주었다. 즉 행동의 목적을 확정할 때 맹목적으로 남의 암시나 영향에 따라 경솔히 판단하지 않고, 남의 의견을 겸허하게 받아들이며 폭넓게 사고하도록 했다. 이를 통해 독단적이고 고집스럽게 행동하지 않고 정확한 결정을 내리도록 하기 위함이다.

둘째, 학생들에게 의지의 과단성을 가르쳤다. 이로써 사물의 시비를 판단하고 이해득실을 통찰할 수 있으므로 적절히 사용한다면 결정하고 실행하는 데 도움이 될 것이다. 또한 결정이 필요한 순간에 주저 없이 결정을 내리고 결정을 미루어야 할 순간에는 심사숙고하여 상황이 무르익었을 때 다시 그에 맞는 조취를 취할 수 있을 것이다.

셋째, 학생들에게 자신의 의지를 끝까지 견지하도록 가르쳤다. 유혹에 마음이 흔들리거나 어려움에 지레 겁을 집어먹어 뒤로 물러서지 말고, 성공했다고 자만하지 말고, 실패했다고 기죽지 말도록 했다. 한편 융통성 없이 자기 생각만 고집하거나 변덕스럽게 의견을 바꾸지 말라고 충고했다.

넷째, 학생들에게 스스로 의지를 제어하도록 가르쳤다. 자신이 설정한 목표를 이루기 위해 자기감정을 조절하고 언행을 조심하며 정신적 부담도 기꺼이 감수하라고 충고했다. 이성의 힘으로 감정이라는 야생마를 길들일 수 있다면, 원대한 목표 의식으로 욕망을 억제할 수 있다면, 그리고 자제력으로 산만한 주의력을 다잡을 수 있다면, 누구나 자기 의지의 주인이 될 수 있다.

(4) 대인 관계 상담을 통해 학생의 인간관계가 원만해지도록 한다.

조사 결과, 정신 건강상의 문제를 겪고 있는 학생들은 정상 학생과 비교해 대인 관계 능력이 부족했다. 정도에 따라 초조감, 공포, 고독을 느끼거나 심하면 의심, 적대감, 공격적인 태도를 취하기도 했다. 상하이 시上海市 자베이 지구閘北區에 있는 교육국敎育局 소속 류징하이劉京海가 중학생 900명을 대상으로 실시한 교우관계 실태조사에 따르면, 교우관계가 '좋다'고 응답한 학생의 비율은 4.2%, '비교적 좋다'고 응답한 학생의 비율은 20.6%, '비교적 부족하다'고 대답한 학생은 26.06%, 그리고 '부족하다'고 대답한 학생은 48.7%였다. 이 결과에서 중학생들의 교내 사교 활동이 만족스럽지 않은 수준임을 알 수 있다. 그래서 대인 관계의 정신 건강 문제는 학교 심리 상담에서 중요한 부분이다.

필자는 대인 관계의 주요 기능을 다음과 같이 정리했다.
① 정보 수집 기능 : 대인 관계를 통해 광범위한 사상과 정보를 직접적으로 빠르게 수집할 수 있다.
② 자신과 남을 파악하는 기능 : 인간은 타인을 거울로 삼아 자신을 인식하고, 남과 자신을 비교하는 가운데 타인을 평가하며, 그와의 관계 속에서 자신의 모습을 인식한다. 그러므로 남을 이해하는 능력은 대인 관계에서 점차 누적되고 풍부해진다.

③ 자아 표현 능력 : 교제를 통해 자아를 실현하고 가능성을 발휘할 수
있다.

④ 대인 간 협조 기능 : 협력을 배워 여러 방면의 능력과 지혜를 결집하
는 것은 현대 사회에서 성공하기 위해 반드시 필요한 기초 작업이
다.

⑤ 사회화 기능 : 청소년 학생들은 교제를 통해 평등과 경쟁을 배우고
사회에 홀로 서야 사회화된 인간이 된다.

⑥ 정신적, 신체적 보건 기능 : 교제는 소속감, 안정감을 충족시키고 정
신적, 신체적으로 발전하는 데 도움이 된다.

학교 상담에서 대인 관계상의 혼란은 초·중고등학교 학생들이 주로
겪는 문제이며, 고독과 대인 공황, 침범 행위가 가장 보편적인 현상이
었다. 우리는 당사자들에게 문제의 실질적인 정도에 따라 대인 관계 능
력과 기술을 연습시키고 그들이 교제 능력을 향상하고 바른 행위 습관
을 익혀 인간관계를 개선하도록 도왔다. 그리고 다음의 몇 가지 방면에
특히 중점을 두었다.

첫째, 학생들이 단체 활동에 적극적으로 참가하도록 격려했다. 주동
적으로 남과 어울리고 급우 간, 사제 간 교제에도 적극적인 태도를 취
하며 남과 접촉하는 것을 피하지 말라고 당부했다.

둘째, 학생들이 대인 관계에서 갈등을 처리하는 방법을 지도했다. 학
생들에게 대인 관계에서의 갈등과 마찰은 피할 수 없는 일이라는 것을
인식하게 하고, 남의 단점과 잘못을 받아들이는 법을 가르쳤다. 또한

완곡하고 겸손한 태도로 갈등을 해결하되 교만하게 굴거나 사소한 일까지 따지려 하지 말도록 했다. 마지막으로, 학생들에게 가능하면 폭넓은 대인 관계를 맺도록 권유했다. 서로의 마음을 알아주는 진정한 친구는 학생들의 정신 건강에 중요한 의미가 있다.

(5) 심리 상담을 통해 학생이 올바른 성 관념을 배워 양성 문제를 정확히 이해하고 올바른 성 역할과 성 도덕 규범을 갖추도록 한다.

초·중고등학교 학생들의 생리적 변화에서 가장 큰 특징은 성적 발육과 성숙이다. 초등학교 고학년부터 학생들에게는 2차 성정이 나타난다. 남학생은 음모가 자라고 유정이 생성되며 목젖이 불거지고 목소리가 낮고 우렁차게 변한다. 겨드랑이에 털과 수염도 자란다. 여학생은 유두가 커지고 유방이 불룩해지며 음모가 자라고 초경이 시작되는 등의 변화가 있다. 이러한 생리적 변화는 소년, 소녀들에게 사춘기의 시작을 의미하며, 점차 성 의식이 생겨난다. 이때 일부 학생들은 성 지식이 부족한 상황에서 각종 심리적 문제를 겪게 된다. 예를 들어 갑작스러운 출혈이나 유정 등의 현상을 처음 겪게 되면 학생들은 두려워하고 초조해하며 부끄러워 말도 잘 하지 못하고 어찌할 바를 몰라 한다. 또 성 충동을 느껴 수음 등으로 욕구를 만족시키고는 치욕감, 죄악감에 시달리거나 공포, 번뇌에 휩싸이기도 한다. 그리고 넋을 놓고 지내거나 백일몽을 꾸고 풋사랑에 빠지기도 한다. 이러한 문제들은 학생들의 정신 건강을 향상시키는 데 심각한 위험 요소로, 심리 건강 상담에서 반드시 해결해야 할 문제들이다.

학교 심리 상담에서 성 문제에 대한 심리 상담은 다음의 몇몇 방면에서 시작한다.

먼저 적절한 시기에 성 교육을 실시한다. 여학생은 초경이 시작되기 전, 남학생은 유정이 있기 전에 미리 성 교육을 해서 학생들이 마음의 준비를 충분히 하도록 한다. 학생들이 스스로 자신을 이해하고 기쁜 마음으로 자신의 성장을 반기도록 해야 한다.

둘째, 다양한 과외 활동으로 학생들의 정신생활을 풍요롭게 하고 이성과 교류할 기회를 마련한다. 이러한 활동에 참여하면서 남녀 학생들은 자신의 재능을 마음껏 뽐내고 성에 대한 주의력을 분산시킬 수 있을 것이다. 또한 여러 가지 유익한 활동은 학생들에게 호연지기와 고상한 도덕적 품성을 길러준다.

셋째, 건전한 이성 교류에 대해 지도하고 남을 존중하는 법을 가르친다. 단, 교육자로서 단순하게 우정과 사랑에 대해 설교를 늘어놓거나 학생들의 교제를 반대하려고만 하지 말라. 대신 학생들에게 '자기 자신을 보호하고', '생명을 그 자체로 소중히 여기라'고 가르쳐야 한다. 필자는 교사가 학생들의 이성 교제를 수용적인 태도로 대하고 학생들이 스스로 토론하도록 지도해야 한다고 생각한다. 학생들은 직접 이성 교제를 경험한 후에야 비로소 교사의 지도를 자연스럽게 받아들일 것이다.

풋사랑이라는 말에 대한 쟁론이 끊이지 않고 있다. 중학생의 이성 교제는 과연 풋사랑인가? 학생들의 성장을 도우려면 우리 교육자들은 그들을 어떻게 지도해야 할 것인가? 이 문제는 교육자의 관념 쇄신과도 관련되며, 해결 여부는 교육자와 상담사 콤비의 절묘한 업무 협조에 달렸다.

이 문제를 해결하기 위해 '사화㓇化' 대책을 내놓은 학자도 있는데 나름의 실행 가능성이 있다고 평가된다.

사화 대책의 첫째는 생리적, 심리적 원인을 감소시키는 것이다. 즉 성 의식이 싹트고 성적 욕망으로 고민하는 학생들에게 취미를 개발할 수 있는 다양한 경로를 마련해줘서 그들의 관심을 더 발전적이고 유익한 방향으로 돌리자는 취지이다.

둘째는 사회의 영향력을 최적화하는 것이다. 다시 말해, 교사와 학부모가 사회적 조건을 충분히 활용해서 사회의 긍정적이고 유익한 요소들을 교실에 도입하여 학생들이 긍정적이고 바람직한 방향으로 사회의 영향을 받도록 하자는 것이다.

셋째는 학생들이 스스로 자신을 변화시키도록 하는 것이다. 예를 들면 사고력과 도덕의식이 부족한 학생, 이미 풋사랑에 빠진 학생에게 올바른 도덕의식과 상황 대처 능력을 길러주는 것이다.

넷째는 자연스러운 남녀교제의 분위기를 형성해서 학생들이 남녀 교제를 지극히 정상적인 일로 여기는 분위기에서 활동적이고 자연스럽게 생활하도록 하는 것이다. 이런 분위기에서는 설령 풋사랑의 징조가 있을지라도 서로가 자기감정을 객관적으로 파악할 수 있을 것이다.

사례 7-1 강박증 상담

여성, 13세, 중학교 2학년. 2년 동안 알고 지낸 남학생(연령과 관계없이)과 연인이 되고 싶다는 생각이 들었으며 결혼까지 생각하고 있다. 비록 지금은 불가능하다는 것을 잘 알고 있지만 머릿속에는 온통 그 남학생 생각뿐이고 그 생각을 떨쳐낼 수 없다. 이런 말도 안 되는 생각 때문에 학업에 전념할 수 없어 결국 휴학했다. 그 밖에 상점에 가거나 상점 문을 나설 때면 판매원이 돈을 적게 거슬러줬을지도 모른다는 생각이 든다. 그럴 리가 없다고 생각하면서도 자신을 억제할 수 없어 상점에 가는 것조차 꺼리게 되었다. 이 학생은 성격이 얌전하고 책 읽기를 좋아하며 성적도 우수한 편이다. 또한 어느 남자 선생님(중년)이 자신에게 관심을 보여주자 시간이 흐르면서 혹시 선생님이 자기를 좋아하는 것이 아닐까 하는 생각에 종일 고민했다. 나중에는 다른 남성에게도 이런 생각이 들었다고 한다. 동시에 그녀는 남들이 자기비밀을 알아챌까봐 늘 전전긍긍했다. 이런 상태에서 이성에 대한 환상까지 겹치면서 다른 방면에까지 사사건건 의심하고 추측하는 버릇이 생겼다. 한 번은 상점에서 물건을 사는데, 계산대에서 다른 손님이 돈을 적게 냈는데도 판매원이 알아채지 못한 것을 보고는 혹시 판매원이 자기를 의심하지 않을까 하는 마음에 온종일 가슴 졸였으며 다시는 그 상점에 발을 들여놓을 수 없었다고 한다.

상담자는 먼저 이 학생에게 기본적인 신체검사와 신경계통 검사를 받게 했다. 학생은 체구가 비교적 크고 발육이 빨라서 성적으로 조숙한 편이었으며 겉으로는 보기에 17, 18세는 되어보였다. 검사 결과, 신경 계통에도 아무 이상 없었다. 진단 분석에 따르면 이 학생은 강박성 사고에 의한 강박증을 앓고 있었다. 그래서 상담자는 학생에게 강박증의 증상들에 대해 자세하게 설명해주고, 진지하게 협조만하면 이 심리적 장애를 극복하고 새로운 학교생활을 시작할 수 있을 것이라고 내담자를 격려했다.

이어서 상담자는 행위 요법의 일환인 고무줄을 이용한 혐오요법嫌惡療法을 사용하기로 했다. 이 요법은 먼저 왼쪽 손목에 고무줄을 두르고 있다가 남성을 보거나 상점에 들어갔을 때 앞에서 언급한 심리 반응(강박성 생각들)이 나타나면 힘껏 고무줄을 튕기는 것이다. 그 반응이 사라질 때까지 반복하다가 손목에 통증을 느끼면 정신을 집중해서 고무줄을 잡아당긴 횟수를 계산한다. 강박성 생각이 사라질 때까지 이 행동을 계속한다. 만약 쓸데없는 생각이 다시 들면 상술한 동작을 반복하며 매일 강박적인 생각이 든 횟수와 생각이 사라질 때까지 고무줄을 튕긴 횟수를 기록한다(이 방법은 그녀가 능동적으로 환상을 극복하고 주의력을 돌리기 위한 적극적인 방법이다). 그 결과, 처음 일주일 동안에는 하루 평균 3~6차례씩 강박적인 생각이 들었다. 3일 동안은 매일 고무줄을 30~50회 튕겨야 생각이 사라졌고, 그 후 3일은 3~5회 튕기면 사라졌다. 둘째 주에는 강박적인 생각이 매일 2번 발생했으며 고무줄을 2~5번 튕겨야 사라졌다. 그리고 3~8주 동안은 강박적인 생각이 매일 한 차례 들었으며, 고무줄을 5~10번 튕겨야 생각이 사라졌다. 아홉 번째 주의 3일이

지나고 나서는 강박적인 생각이 아예 들지 않았으며, 손목의 고무줄도 제거했다. 내담자는 가끔 이성이나 상점에 대한 생각이 떠올라도 스스로 그런 생각을 재빨리 억누를 수 있었다. 그 후 3개월 동안 추적, 점검을 실시했는데 강박 현상은 재발하지 않았다. 그 후 이 학생은 학교로 돌아가 학업에 매진했고 우수한 성적을 유지하고 있다.

7-1 정신 건강 정도를 파악하기 위한 자가 테스트

다음의 70문항은 정신 건강을 측정하기 위한 자가 테스트이다. 자신의 실제 상황을 객관적으로 분석하고 솔직하고 정확하게 답하시오. 자신의 상황과 일치하는 내용이면 괄호에 ○ 표시하고, 그렇지 않으면 × 표시하시오. 무관한 내용에는 /로 표시하고 애매한 문항에는 △ 표시를 하시오.
답변하는 데는 시간제한이 없으나 가능한 한 생각나는 대로 신속히 답하시오.

(1) 주변이 소란하면 금방 잠에 빠지지 못한다. (   )

(2) 갑자기 화가 치밀 때가 종종 있다. (   )

(3) 꿈에서 겪은 일이 일상생활에서 종종 똑같이 재연된다. (   )

(4) 낯선 사람과 금방 친해진다. (   )

(5) 늘 원기가 부족하다. (   )

(6) 늘 생활환경을 좀 바꿔보고 싶다고 생각한다. (   )

(7) 이전의 규칙을 깨거나 없애지 않는다. (   )

(8) 남을 기다려야 하는 것을 잠시도 참지 못한다. (   )

(9) 늘 머리가 욱죄는 느낌이 든다. (   )

(10) 책을 읽을 때 주위에서 작은 소리가 나도 집중하는 데 지장이 없다.
(   )

(11) 슬픈 생각이 잘 들지 않는다. ( )

(12) 앞으로의 일을 생각할 때마다 불안하다. ( )

(13) 밤새 혼자서 이런저런 생각에 근심한다. ( )

(14) 남에게 거짓말해본 적이 없다고 맹세할 수 있다. ( )

(15) 서두르다가 일을 망칠 때가 많다. ( )

(16) 다른 사람들이 나를 어떻게 생각할지 늘 걱정한다. ( )

(17) 내 행동이 늘 다른 사람의 영향을 받는다고 생각한다. ( )

(18) 내가 주도적으로 하는 일에 대해서는 늘 힘이 솟고 피곤을 느끼지
     못한다. ( )

(19) 지진이나 화재 등 자연재해가 발생할까 봐 걱정이다. ( )

(20) 남과 다른 생활을 영위하고 싶다. ( )

(21) 남을 원망해본 적이 없다고 자부한다. ( )

(22) 실패를 겪으면 오랫동안 풀죽어 지낸다. ( )

(23) 지나치게 흥분하면 정신이 혼미해진다. ( )

(24) 최근에 일이 좀 있었지만 그다지 신경 쓰지 않는다. ( )

(25) 작은 일에도 종종 흥분한다. ( )

(26) 대개 날씨가 좋은 날에도 기분은 별로다. ( )

(27) 일하다가 뭔가 생각나면 바로 외출한다. ( )

(28) 남이 내 이야기를 하지 않았으면 한다. ( )

(29) 남의 사소한 말을 마음에 잘 담아둔다. ( )

(30) 기분이 안 좋으면 몸의 특정 부위도 쑤시는 것 같다. ( )

(31) 이전에 생각했던 일을 갑자기 잊어버릴 때가 종종 있다. ( )

(32) 잠을 제대로 못자도 일하는 데는 전혀 지장이 없다. ( )

(33) 생활에 활력이 없고 의기소침하다. ( )

(34) 열심히 일하다가도 가끔 황당한 생각이 든다. ( )

(35) 다른 사람과 이미 약속한 것에 대해 늘 망설인다. ( )

(36) 나는 시간을 낭비하지 않는 사람이다. ( )

(37) 보는 것마다 눈에 거슬릴 때는 늘 머리가 지끈거린다. ( )

(38) 남이 듣지 못하는 소리도 종종 듣는다. ( )

(39) 별다른 이유 없이 늘 기분이 좋다. ( )

(40) 한 번 긴장했다 하면 땀이 비 오듯 흐른다. ( )

(41) 전보다 더 요즘을 싫어하게 되었다. 무슨 일이라도 생겼으면 하고
바란다. ( )

(42) 나는 진실만 이야기한다고 자부한다. ( )

(43) 작은 일을 소홀히 해서 발전 기회를 놓칠 때가 많다. ( )

(44) 긴장하면 얼굴 근육에 경련이 일어난다. ( )

(45) 때때로 주위 사람들이 나와 확연히 다르다고 느낀다. ( )

(46) 약속을 꼼꼼히 챙기지 않아 종종 잊어버린다. ( )

(47) 사색을 즐긴다. ( )

(48) 인의도덕을 이야기하는 사람을 보면 괜히 화가 치민다. ( )

(49) 부모에게 야단 맞아본 적이 없다고 자부한다. ( )

(50) 마음이 조급해지면 시간이 걱정되어 계속 시계를 보게 된다. ( )

(51) 자주 심장과 가슴이 먹먹하다. ( )

(52) 남과 함께 노는 것을 좋아하지 않는다. ( )

(53) 흥분해서 삼을 이루지 못할 때가 많고, 나중에 무엇을 할지 생각한
다. ( )

(54) 실패를 하면 다 내 탓이라고 생각한다. ( )

(55) 남들이 꺼리는 일을 하고 싶다. ( )

(56) 습관처럼 남들과 친하고 화목하게 지낸다. ( )

(57) 남이 보는 앞에서 일을 해야만 심장이 격렬하게 뛴다. ( )

(58) 분위기에 따라 기분 변화가 심하다. ( )

(59) 신변에 중대한 일이 닥쳐도 남 일처럼 생각한다. ( )

(60) 작은 즐거움에도 감동하는 편이다.　　　　　　　　　　(　　)

(61) 마음에 근심이 있을 때는 기분이 가라앉는다.　　　　　(　　)

(62) 사회가 부패했기 때문에 개인이 아무리 노력해도 행복해질 수 없다

　　고 생각한다.　　　　　　　　　　　　　　　　　　　(　　)

(63) 남과 다툰 적이 없다고 자부한다.　　　　　　　　　　(　　)

(64) 한 번 실패한 이후로는 새로운 일을 하는 것이 걱정된다.　(　　)

(65) 늘 목이 메는 것 같다.　　　　　　　　　　　　　　　(　　)

(66) 가끔 부모형제가 지나가는 행인처럼 낯설게 느껴진다.　(　　)

(67) 처음 만난 사람들과도 유쾌하게 이야기를 주고받는다.　(　　)

(68) 과거의 실패를 한시도 잊지 않는다.　　　　　　　　　(　　)

(69) 일이 내 맘대로 되지 않아 늘 분노한다.　　　　　　　(　　)

(70) 병에 걸려본 적이 없다고 자부한다.　　　　　　　　　(　　)

답변(O, X, /, △)을 평가표의 질문 번호에 적어 넣자.

점수는 O =2점, X=0점, /=1점, △=0점으로 계산한 후 가로 방향으로 합
산한 점수를 합계란에 기입하라.

　계산 방법은 다음과 같다. 아래 표의 제7항 과대망상증을 뺀 제1항부터 제6항까지의 증세 유형 표준 점수를 더해 3을 곱한 것이 지수이다. 예를 들어 어떤 사람이 신경불안증에서 2점, 히스테리에서 3점, 정신분열증에서 2점, 조울증에서 4점, 우울증에서 2점, 신경질에서 2점을 얻어 합계가 15점이라면, 다시 3을 곱해서 45가 된다. 그러므로 정신 건강 지수는 45로 '다소 낮다'고 평가된다. 일반적으로 정신 건강 지수가 18~23인 사람인 사람은 정신 건강에 아무런 문제가 없으며, 생활 속에

서 각종 긴장 상태를 어떻게 견뎌내는지가 관건이 된다. 33~47인 사람은 정신이 건강한 사람으로 특정 증세가 비교적 높을 경우만 주의하면 된다. 예를 들어 어떤 증세의 수치가 3보다 높으면 주의해야 한다. 48~61인 사람은 정신 건강이 보통 수준이며, 표준 점수가 4 이상인 증상 유형의 원인을 찾아내 즉시 치료해야 한다. 그리고 77~90인 사람은 이미 어떤 정신 질환을 앓고 있는 것이므로 반드시 전문가에게 심리 치료를 받아야 한다.

심리 건강 자가 테스트 표

질문 번호										합계	유형
1	8	15	22	29	36	43	50	57	64		신경불안증
2	9	16	23	30	37	44	51	58	65		히스테리
3	10	17	24	31	38	45	52	59	66		정신분열증
4	11	18	25	32	39	46	53	60	67		조울증
5	12	19	26	33	40	47	54	61	68		우울증
6	13	20	27	34	41	48	55	62	69		신경질
7	14	21	28	35	42	49	56	63	70		과대망상증

08

학교 심리 상담의 원칙

학교 심리 상담 원칙은 심리 상담 지도의 기본 원칙이다. 학교 심리 상담 업무의 총괄적인 원칙이며 학교 심리 상담 과정의 기본적인 준수 사항이기도 하다. 그러므로 학교 심리 상담에 지침서와 같은 역할을 한다.

1. 평등 원칙

평등 원칙이란 학교 심리 상담사가 내담자를 동등한 입장에서 대하면서 친절하고 자연스럽게 상담을 진행하는 것을 말한다. 학교 심리 상담사는 열의 있는 태도로 내담자를 대해야 한다. 특히 마음이 억압되어 있거나 내향적인 학생을 대할 때는 그들의 심적 긴장감을 풀어줄 수 있도록 최선을 다해야 한다. 그러면 내담자는 관망하는 태도를 버리고 상담자에게 신뢰를 느끼며 기꺼이 상담에 참여하려고 할 것이다.

상담 접수자는 일반적으로 '무슨 문제가 있으신 거죠?'라든가 '무슨 일로 오셨죠?'처럼 단도직입적인 말을 꺼내서는 안 된다. 민감한 내용을 피하면서 가볍게 응대하거나 심리 상담과 관련된 내용을 소개하는 등으로 시작해 적절하게 화제를 이끌어낸다. 그리고 상담사는 끈기 있게 내담자의 이야기를 경청하고 그가 하고 싶은 말을 전부 쏟아낼 수 있도록 격려한다. 이때 종종 고개를 끄덕여 긍정을 표시하거나 공감을 표시하는 등의 제스처로 심적 거리감을 좁힐 수 있다. 보통 상대방의 관점을 일방적으로 부정하거나 비판하는 행위, 상대방의 말을 가로막는 행위는 지양한다. 심리 상담사는 상담 과정에서는 자신이 교사나 연장자의 신분이 아니며 또한 상담자와 내담자 쌍방은 동등한 입장이므로 내담자에게 거절, 수락, 반박 혹은 비판의 권리가 있으며 선택의 자유가 있다는 점을 인정한다. 이는 진정한 주관적 의미에서의 평등이며 학교 심리 상담을 성공적으로 수행하기 위한 선결 조건이기도 하다.

2. 성장을 촉진하는 비지시성 원칙

심리 상담은 외적인 부분에 치우쳐 지도하거나 일방적으로 생각을 주입하는 관계가 아니라 상담자의 내적 성장을 일깨우고 촉진하는 관계여야 한다. 다시 말해, 상담은 쌍방의 진실한 관계를 기초로 해야 한다. 인간은 자신을 이해하고 더 성숙해지고자 하는 욕구가 있으며 적극적으로 자신을 변화시킬 거대한 잠재력이 있다. 상담의 목적은 바로 이러한 잠재력이 발휘되도록 지도하고 격려하며 개인의 성숙과 성장을 촉진하는 것이다. 이를 가리켜 성장을 촉진하는 비지시성非指示性 원칙이라고 한다.

이 원칙에 따라 상담사는 내담자의 인격을 존중하고 신임하며, 내담자가 문제를 분석할 수 있도록 돕는 참모 역할을 하고 내담자의 실질적인 필요에 더욱 적절한 해결 방법을 제시한다. 상담사는 내담자의 소극적인 심리를 완화해 심리적 균형을 회복시키고 그의 생각을 변화시킨다. 이를 통해 문제 분석 능력을 향상시키고 심리적 상처를 치료하며 환경에 적응하는 능력을 증강하는 등 중요한 계도적, 교육적 작용을 한다. 심리 상담에서 비지시성 원칙을 사용하는 것은 초기의 지시성 상담보다도 더욱 과학적인 방법이다.

3. 계발성 원칙

계발성啓發性 원칙이란 상담사가 내담자의 의식을 고무시켜 내심을 토로하고 그들이 표현하고자 하는 의미를 정확히 전달할 수 있도록 독려하는 것을 말한다. 상담 과정에서 내담자는 어쩌면 속마음을 모두 털어놓지 않을 수도 있다. 또 어떨 때는 상담자 자신도 어떤 부분이 내담자에게 도움이 될지 몰라 대화가 '주객이 전도'될 때도 있다. 또는 상담자(특히 나이가 어리고 표현 능력이 떨어지는 학생)의 생각은 아주 복잡한데 언어 능력이 그에 미치지 못하면 상담사는 분석과 판단에 어려움을 겪게 된다.

그러므로 상담사는 대화의 방향을 잘 파악할 줄 알아야 하며 화기애애한 분위기에서 내담자가 정신적 근심을 털어낼 수 있도록 이끌어야 한다. 대화 내용이 상담 목표와 맞을 때는 즉시 긍정과 격려를 아끼지 말아야 하며, 대화 내용이 논리적이지 못할 때는 냉정하게 경청하고 내담자의 표정과 언행을 잘 관찰한다. 특히 내담자가 자주 사용하는 단어들에 주의를 기울이고 단어에 숨겨진 내용을 찾아내야 한다. 상대방의 뜻을 알 수 없을 때는 반문하는 방식으로 상담자의 주된 갈등을 파악한다. 예를 들면 '지금 그 말의 의미는……'이라든지 '내가 이해한 것이 맞다면, 방금 그 말씀은……' '다시 한 번 말씀해주시겠어요?'와 같은 식이다. 꼭 이야기하고 싶은 것은 '계발성 원칙'을 남용하지 말라는 것이다. 상담사의 의지가 내담자보다 강하면 심지어 내담자는 거짓말을 하거나 쓸데없는 말 덧붙이기, 자기 합리화를 '계발'하는 우를 범할 수 있다.

4. 신뢰와 존중을 기반으로 한 세심한 상담 원칙

신뢰와 존중을 기반으로 한 세심한 상담 원칙이란, 학교 심리 상담사는 내담자의 인격을 존중하고 모든 내담자를 평등하게 대해야 하며 내담자가 하는 이야기와 그들의 진실성을 믿어야 한다는 것이다. 하지만 그런 동시에 성실한 조사와 세심한 질문을 통해 상담자의 심리적 특징과 문제의 원인을 정확히 규명할 수 있어야 한다.

학교 심리 상담은 일반적인 상담과 두드러지게 구분된다. 일반 심리 상담은 성인 대 성인으로 진행되지만 학교 심리 상담은 성인 대 청소년 혹은 아동의 방식으로 진행된다. 즉, 학생들이 주된 상담자이다. 그래서 상담사가 자기도 모르게 연장자, 상담자, 교육자의 자세를 취하여 심리 상담의 효과를 약화시키는 경우가 자주 발생한다. 그러므로 학교 심리 상담사는 내담자의 이야기를 진지하게 경청하고 주의력을 집중해야 하며, 배려하는 태도로 고개를 끄덕이거나 간단하게 내용을 중복하고, 혹은 적당한 순간에 대화에 끼어들거나 하는 식으로 즉각적으로 대답과 피드백을 줄 필요가 있다. 이렇게 진지한 경청과 세심한 질문을 통해 내담자가 겪는 문제의 실체를 파악하고 신속하게 해결할 수 있다.

내담자의 심리적 문제를 분명히 파악하려면 상담사는 아주 세심하게 질문해야 한다. 그러나 이 역시 마치 심문이라도 하듯이 끝까지 파고들어 내담자에게 거부감을 주어서는 안 되며 어디까지나 믿음과 존중이 기본이 되어야 한다. 더욱이 청소년들은 상담사가 설교하는 말투로 세세한 부분을 따지고 들면 상담 자체에 반감을 느낄 수 있으므로 결국 궁극적인 문제를 해결하지 못하게 된다.

5. 명확성과 완곡성의 원칙

명확성과 완곡성의 원칙이란 심리 상담사가 내담자에게 대답할 때 의미가 분명한 단어로 명확하게 의사 전달을 해야 하며 상담자가 이를 쉽게 알아들었는지 여부에도 주의해야 한다는 것이다.

학교 심리 상담사는 내담자의 심리적 문제를 분명히 파악한 후 일반적으로 자기 태도를 분명히 하고 구체적인 상담 목표를 제시해야 한다.
이때 '이 문제는 좀 복잡한 편이군요.' '이 문제는 아무도 제대로 대답
할 수 없을 거예요.'와 같은 모호한 말로 얼버무려서는 안 된다. 이런
말들은 결코 문제 해결에 도움이 되지 않을뿐더러 내담자의 심리적 부
담감을 가중시킨다. 그렇다고 상담 기교, 언어 표현, 상담 전략에 관계
없이 무조건 명확성을 추구하라는 뜻은 아니다. 오히려 내담자가 유쾌
하게 상담과 치료를 받을 수 있도록 의견을 완곡하게 제시하는 것이 매
우 중요하다. 예를 들면, 일반적으로 상담자 앞에서 우울 '증', 정신'병'
과 같은 병명을 말하지 않는다. 어떤 부분에 문제가 있어서 도움과 치
료가 필요하다고 설명해야지, 그렇지 않으면 불필요한 오해나 부정적
인 영향을 불러올 수 있다. 더욱이 감정을 쉽게 드러내지 않고 태도가
완고한 사람들에게는 우회적인 방법으로 문제를 제기하거나 암시를 주
어야 한다. 예를 들면 거리낌 없는 말투로 '~부분에서 이러한 문제가
발견되었습니다. 본인의 생각을 좀 말씀해주셨으면 하는데요.' 라는 식
으로 상대방의 주의를 환기시켜 그가 주동적으로 자신의 문제를 해결
하도록 한다.

6. 통합성 원칙

통합성 원칙이란 학교 심리 상담사가 체계적인 관점에서 상담 업무
를 진행하고 심리 활동의 유기적 연관성에 주의해야 한다는 것이다. 다

시 말해 개인 심리와 그가 속해 있는 가정, 학교, 사회 환경에 주목하는 한편 주요 갈등을 파악해 문제에 대해 신속하고 정확하게 판단하여 상담 효과를 배가시킨다.

통합성 원칙에 따라 학교 심리 상담사는 내담자의 모든 데이터를 수집해야 하며 문제에 근거해 그의 현 상황과 과거의 생활, 심지어는 유년기의 생활 이력까지 이해해야 하는지 여부를 결정한다. 상담사는 학교 환경이 상담자에게 끼치는 영향뿐만 아니라 그의 가정, 사회 환경도 면밀히 분석해야 한다. 결론적으로 문제 자체만 다루는 데 만족할 것이 아니라 총체적 이해가 수반되어야 한다는 뜻이다. 당연히 통합성 원칙은 일의 경중에 관계없이 모든 일에 힘을 쏟아야 한다거나 상담사가 상담실에서 걸어 나와 사회를 변화시켜야 한다는 의미는 아니다. 통합성 원칙에서 말하고자 하는 것은 주요 갈등과 그것의 궁극적인 실체를 파악하라는 것이다. 전면적인 이해를 통해 주된 심리적 갈등을 파악할 수 있으며, 이는 내담자에게 적확한 처방과 치료를 제공하는 근거가 된다.

7. 점진성 원칙

점진성 원칙이란 학교 심리 상담사가 성급하게 상담을 서둘러서는 안 되며 순서에 따라 점진적으로 진행해야 함을 의미한다. 인간의 심리적 품성은 점진적으로 형성·발전된다. 마찬가지로 안 좋은 심리적 품성을 극복하는 일 또한 점진적인 과정이 필요하다. 특히 초·중고등학교 학생은 심리적인 반복성이 강하므로 더욱 그렇다.

따라서 학교 심리 상담사는 성급함을 극복하고 세심함과 참을성을 갖추어야 한다. 내담자에게 한 번에 너무 많은 것을 요구하면 상담자는 이를 달성하지 못하고 자신감을 잃게 된다. 그러므로 내담자에게 먼저 일반적이고 간단한 일부터 수행하도록 해야 한다. 특히 흡연, 술, 도박 등에 중독된 사람들에게는 아무리 그들의 습관이 끼치는 해악을 설명해도 소용이 없으며(그들 자신도 그 점을 잘 알고 있기 때문이다) 당장 그 습관을 버리라고 요구하는 것도 현실성이 없다. 효과를 기대할 만한 방법은 오직 행동으로 옮길 수 있도록 지도하는 것이다. 나쁜 습관을 극복하도록 지도하는 방법에 필요한 경우 혐오 요법 등의 심리 치료법을 보조 수단으로 병행한다면 나쁜 습관을 점차 개선해나갈 수 있을 것이다.

8. 비밀 유지의 원칙

학교 심리 상담사는 내담자와 나눈 대화 내용에 대해 비밀을 유지할 의무가 있으며 대외적으로 내담자의 이름과 신분을 공개해서는 안 된다. 또한 내담자의 인격을 존중하기 위해 그에 관한 어떠한 형태의 조사도 거절해야 한다.

내담자의 비밀을 유지하는 것은 학교 심리 상담사의 기본적인 도덕 규범이다. 상담사는 어떠한 방식으로든 비밀을 발설하거나 공개해 내

담자에게 수치를 주거나 내담자의 이익에 위배되는 상황을 초래해서는
안 되며 더욱이 내담자의 개인적 비밀을 웃음거리로 삼아서는 절대로
안 된다. 만약 연구나 학술 교류를 목적으로 논문을 발표해야 할 때는
반드시 내담자의 신분을 나타내는 모든 정보를 삭제해야 한다. 학교 상
담사에게 비밀 유출은 실직과도 같다. 또한 학교 상담 부문에서 보면
심각한 위신의 추락을 의미한다.

9. 상담과 측정, 치료 통합 진행의 원칙

　학교 심리 상담사는 내담자의 심리적 문제를 표면적으로 이해하는
데 만족해서는 안 된다. 내담자가 문제를 가지게 된 원인과 그 문제가
장차 초래할 수 있는 위해危害를 설명하고 질적, 양적으로 접근하여 이
를 최대한 분석해야 한다. 이를 위해 각종 심리 측정 설비와 기계의 조
작, 사용법을 배우고 심리 치료 방법을 사용해 내담자가 적극적으로 심
리적 혼란과 장애를 극복하도록 돕는다.

　심리 측정은 심리 상담에 있어 중요한 도구이다. 상담업무경력이 짧
은 상담사는 내담자의 전체적인 상황을 파악하는 데 익숙하지 못하므
로 경험을 바탕으로 한 진단과 분석이 불가능하다. 그러므로 더더욱 심
리 측정 기계를 사용할 필요가 있다. 이를 통해 내담자의 심리적 문제
를 더 정확하고 신속하게 이해하고 분석할 수 있기 때문이다.

　심리 상담과 심리 치료는 약간의 차이는 있지만 본질적으로 같으며,

상담 과정 자체에 이미 어느 정도 치료의 의미가 있다. 아울러 심리 치료 역시 심리 상담 과정이 없으면 진행될 수 없다. 심리 상담을 진행하면서 내담자는 상담사에게 마음에 응어리진 심적 고통을 털어놓는다. 이렇게 심리적 장애의 뿌리를 파헤치는 그 자체가 이미 치료 과정인 것이다. 심리 치료의 몇몇 구체적인 방법들, 예를 들면 체계적 둔감법, 바이오피드백, 최면 요법, 행위 요법 등은 현저한 효과가 있음이 입증되었다.

심리 측정과 심리 치료의 구체적인 방법에 대해서는 9, 10장에서 상세히 소개하도록 하겠다.

10. 예방성 원칙

학교 심리 상담사는 내담자의 심리적 문제의 실체를 명확하게 파악하는 동시에 그가 가진 전체적인 심리적 특징에 주의를 기울여야 한다. 또한 다른 심리적 장애가 생기거나 심리적 문제가 더 심각해지지 않도록 예방할 필요가 있다. 예를 들면 심각한 위기(자살이나 타인을 공격하는 행위)에 대해 즉각적인 조치를 취해야 한다.

심리적 문제는 신체적 질병과 마찬가지로 예방이 중요하다. 심리적 품성은 형성되기는 쉽지만 고치기는 매우 어렵다. 따라서 학교 심리 상담사는 아픈 부위만 치료해서는 안 되며, 내담자의 특정한 심리적 문제를 독립적으로 해결하고, 또 예방 차원에서 상담자에게 발생할 수 있는 문제를 예측해야 한다. 또한 병력病歷추적을 통해 즉시 정보를 파악하고 종합적인 보호 대책을 마련해 학생의 심리적 문제가 더욱 악화될 가능성을 아예 없애버려야 한다.

09

심리 측정과
학교 심리 상담

사회가 발전함에 따라 현대인들은 자신의 정신 건강에 더욱 주의를 기울이게 되었다. 심리 상담과 심리 치료는 일상생활에서 겪는 각종 심리적 문제를 해결하는 중요 수단이며, 치료를 위해서는 우선 상담자의 심리적 문제를 분명히 알아야 하므로 심리 진단이 선행되어야 한다.

심리 진단心理診斷이란 심리학의 독특한 방법과 기술을 이용해 개인의 심리 상태와 심리적 문제의 성격, 심각도 등을 검사하고 측정하여 심리 상담 시 사용할 만한 참고 자료와 객관적 근거를 제공한다. 심리 진단에는 방문 상담법, 관찰법, 개인 프로파일법, 심리 측정법 등 여러 가지 방법이 있다. 이 중에 가장 신속하고 효과적인 것은 심리 측정법이다. 심리 측정법은 짧은 시간 안에 상담자에 대한 자료를 풍부하게 얻을 수 있는 방법이며, 기존에 채취된 표본 자료와 내담자의 자료를 대조해볼 수도 있다. 그래서 이 방법을 이용하면 체계적이고 객관적이며 비교도 가능한 자료를 얻을 수 있다는 장점이 있다.

심리 상담 중에 심리 측정을 실시하는 것은 상담사가 검사를 통해 내담자에 대한 인상과 직관적인 느낌을 확인하고 또 내담자의 특징을 관찰해 잠재된 경향성을 찾아내는 데 도움이 된다. 아울러 내담자에게 자신을 통찰할 기회를 주어 그 자신도 확실히 알지 못했던 문제들을 분명히 인식하게 하므로 자신의 내면을 탐구하고자 하는 욕구를 불러일으킨다.

심리 측정心理測定은 내담자의 심리적 문제를 분석하는 중요한 수단이다. 이 방법은 상담사의 초보적인 판단이 정확한지를 검증하고, 나아가 상담사가 내담자의 심리적 문제를 심도 있게 분석할 수 있게 한다. 이 장에서는 학교 심리 상담 과정에서 자주 사용되는 심리 측정과 측정 방법을 소개하고자 한다.

1. 지능 검사의 응용

지능 검사는 지력 측정, 능력 측정의 총칭으로, 주로 구체적인 지력 요소(기억력, 추리력 등), 일반 지력의 특징, 특수 능력 경향 등을 측정한다. 학교 심리 상담에서 사용하는 주요 검사 도구에는 다음과 같은 것이 있다.

(1) 기억력 측정을 위한 임상 심리 검사

이 검사는 중국과학원中國科學院 심리연구소心理研究所의 쉬수롄許淑蓮, 우전윈吳振雲, 쑨장화孫長華와 베이징 시北京市 신경외과연구원 옌시웨이閻希威 등이 고안해 제작한 것으로 20~89세의 연령대에 사용된다.

검사는 다음의 5개 항목에 걸쳐 실시된다.

① 연상 학습 : 쉽게 연상되는 것(논리 연관이 있는)과 연상이 어려운 것 각 6조가 사용된다. 연상이 쉬운 것에는 반대말(쉽다－어렵다), 동일 범주(태양－달)와 종속 범주(가축－소, 말) 각 2조가 포함된다. 연상이 어려운 것에는 구체적－구체적(수박－의복), 추상적－구체적(용기－전등), 추상적－추상적(광명－복종)인 것 각 2조가 포함되는데 불규칙한 순서로 제시된다. 검사는 3번 진행되며, 반대말을 얼마나 잘 기억하는지 검사한다.

② 지향 기억 : 녹음기로 단어 24개를 들려주고 나서 지시에 따라 그중에서 동일 범주에 속하는 단어 12개를 외우도록 한다. 외울 필요가 없는 나머지 12개 단어는 모두 기억해야 하는 단어와 의미가 비슷한 단어이다.

③ 형상 자유 기억 : 세트별로 각 2조이며 1조는 15장의 카드로 구성된다. 일상용품이 내용이며, 순서대로 보여준다.

④ 도형의 기억 재연 : 폐쇄 곡선, 폐쇄 직선, 곡선과 직선, 개방형 곡선과 개방형 직선의 다섯 가지 패턴으로 서로 연관성 없는 도형들을 종류별로 4장씩 1초 동안 보여주고, 잠시 후 다시 1초 동안 보여준다(정식 샘플링 검사에서는 3초씩). 그리고 나서 같은 유형의 카드 20장을 뒤섞는데, 목표 자극과 유사 자극을 더하면 총 40장이 된다. 무작위로 순서를 정해 보여주고, 그대로 재연하도록 지시한다.

⑤ 인물 특징 연상 기억 : 사람의 얼굴이 있는 카드 6장을 각각 6초 동안 보여주고 잠시 후 다시 3초 동안 보여준다. 그와 동시에 카드 속

인물의 성, 직업, 취미를 두 번 반복해서 말해준다. (예를 들면 성은 오 씨이고 배우이며 수영을 좋아한다는 식으로). 6장의 카드를 차례대로 보여준 후 순서를 바꿔 카드를 제시하고, 카드에 그려진 인물의 성, 직업, 취미를 말해보도록 한다. 이 검사는 단기 기억 장애와 학습 능력 검사에 사용될 때 신뢰도가 높다.

(2) 라벤의 표준 격자형 추리 행렬 과제

이 검사는 영국 심리학자 라벤J. C. Raven이 1938년 고안해낸 비문자형 지능 검사로, 많은 나라에서 개정판을 만들었다. 중국의 도시 개정판은 베이징사범대학北京師範大學의 장후지에張厚粲, 왕샤오핑王曉平이 1985년에 제정한 것이다.

이 실험은 60문항(도안)으로 구성되며 난이도에 따라 A, B, C, D, E조로 구분된다. 문항마다 특정한 주제 그림이 있지만 커다란 주제 그림에서 한 부분이 비어 있으며, 주제 그림 아래에는 6~8장의 작은 그림이 있다. 그리고 작은 그림 중 한 장은 주제 그림의 빈 공간에 채워 넣어 주제 그림을 완성할 수 있는 조각이다. 피시험자의 임무는 바로 주제 그림에 집어넣을 적당한 작은 그림 한 장을 골라내는 것으로, 이 작은 그림의 번호를 시험지의 해당 번호 아래 기입하면 된다.

직관적으로 볼 때, 다섯 조의 문제 가운데 A조는 지각 변별력, 도형 비교, 도형 상상력 등을 평가하기 위한 것이고, B조는 같은 범주, 비교, 도형 조합 등을, C조는 비교, 추리, 도형 조합을, D조는 동류의 관계,

도형 만들기를, 그리고 E조는 도형 만들기, 도형 바꿔 쓰기 등의 추상적인 추리 능력을 평가하기 위한 것이다. 그러나 실제 작업을 완성했을 때 각 조의 문제를 해결하려면 이 모든 능력이 통합적으로 사용되어야 하므로 따로 구분 지을 수 없다.

이 검사의 장점은 적용 범위가 넓어 5세 반 이상의 아동에서 각 연령대의 성인에 이르기까지 두루 사용할 수 있고 직업, 언어, 문화 배경을 막론하고 똑같이 사용할 수 있다는 점이다. 그리고 이 검사와 웩슬러의 아동 지능 검사 가운데 언어 지능, 조작 지능, 전체 지능의 상관값은 각각 0.54와 0.70, 그리고 0.71(P〈0.01)이다. 또한 한 연구에 따르면 라벤의 지능 검사와 수능 시험의 어학, 수학 총점 간의 상관계수는 각각 0.29(P〈0.02), 0.54, 0.45(양자는 P〈0.01)였다. 그러므로 이 검사는 초·중고등학교 학생의 지능 평가에 간단하고 편리하면서도 매우 효과적으로 사용할 수 있는 방법이다.

(3) 초·중고등학교 학생 단체 지능 검사

이 검사는 미국 문체르트A. W. Munzert가 1977년에 출간한 자아 지능 검사를 원본으로 하여 화둥사범대학華東師範大學 심리학과 진위金瑜, 리단李丹이 만든 개정본이며, 9~17세 학생들을 대상으로 사용한다.

이 검사는 60개 항목으로 구성되며 5지선다형이고 난이도에 따라 배열하지 않았다. 문항 유형은 모두 3종류로 다음과 같다.

① 다른 것 찾기 : 단어, 숫자, 도형 중에 나머지와 공통 특징이 다르거
  나 구성 규율에 맞지 않는 것을 고른다.

② 비슷한 것 찾기 : 도형 대비와 단어 대비를 포함한다.

③ 판단, 추리, 계산 문제 : 수정 후의 검사는 웩슬러 아동 지능 검사의
  전체 지능, 언어 지능, 조작 지능과의 상관 값이 각각 0.65, 0.62,
  0.56으로 신뢰도가 매우 높다.

이 검사의 장점은 검사 방식이 흥미롭고 시간을 대폭 절약할 수 있어
단체 검사나 지능이 낮은 아동에게 사용하기 적합하다는 점이다.

(4) 중국 비네(Biinet) – 사이먼(Simon) 검사

이 검사는 《중국 비네–사이먼 검사 설명서中國非內西蒙測研說明書》의
세 번째 개정판으로, 베이징대학北京大學 심리학과 우톈민이 개정판을
작업했다. 적용 대상은 2~18세의 청소년이다.

시험은 동그라미 비교하기, 물품 이름 말하기, 선의 길이 비교부터
사자성어 뜻풀이, 대비 관계 설명, 단어 뜻 구별 등 모두 51개 문항으로
난이도가 점점 높아진다. 연령별 검사가 가능하며 연속으로 다섯 문항
을 통과하지 못하면 검사를 종료한다. 마지막에 정답 총수를 근거로 검
사에 참가한 같은 연령대의 아동, 청소년 중에서의 상대적 지능 수준을
평가한다.

(5) 웩슬러 아동 지능 검사

　미국 임상심리학자 웩슬러D. Wechsler가 고안한 검사로 6~16세 아동에게 사용된다. 이 검사와 웩슬러 미취학 아동 지능 검사, 웩슬러 성인 지능 검사를 통틀어 웩슬러 지능 검사라고 부른다. 검사 편성 원리와 특징은 동일하며, 학교 심리 상담에서는 주로 웩슬러 아동 지능 검사를 사용하므로 여기서는 웩슬러 아동 지능 검사를 소개하려고 한다.

　이 검사는 언어 검사와 조작 검사 두 부분으로 나뉜다. 언어 검사에는 상식, 유사성, 산술, 어휘, 이해, 숫자 범위의 6종 검사가 있고, 조작 검사도 마찬가지로 그림 완성하기, 그림 배열, 나무 쌓기, 물체 조합하기, 코드 해석, 미로 찾기의 6종 검사가 있다. 숫자 범위와 미로 찾기 외에 나머지 10종 검사는 모두 풀어야 한다. 각 검사 내용은 다음과 같이 설명할 수 있다.

① 상식 : 30문항. 피시험자가 일상생활을 통해 알고 있는 지식과 경험이 대부분이다. 풍부한 상식이 피시험자의 지능을 보여줄 수 있는가에 대한 검사로, 지능이 높은 사람은 일반적으로 광범위한 분야에 취미가 있고 호기심이 강해 더 많은 지식을 수집하는 것으로 알려져 있다.

② 유사성 : 17조의 짝을 이룬 명사들로 구성된다. 아동에게는 두 단어가 어떤 점에서 유사한지 개괄하도록 한다(예를 들면 바퀴와 공, 배와 자동차). 이를 통해 피시험자의 지능 요소를 측정할 수 있다.

③ 산술 : 18문항. 피시험자에게 암산으로 문제를 해결하게 한다. 피시험자의 정신 능력을 측정하기 위한 목적이다.

④ 어휘 : 난이도에 따라 32개의 단어가 배열된다. 피시험자에게 단어를 읽어주거나 단어를 보여주고 해석하도록 한다. 예를 들어 '공주(Princess)는 무슨 뜻인가요?' '성명을 발표한다고 할 때 성명이란 무슨 뜻이죠?'의 식이다. 이 검사는 사고의 깊이와 분석 능력을 평가하기 위한 것이다.

⑤ 이해 : 난이도에 따라 배열된 17개 문항으로 구성된다. 피시험자에게 어떤 활동은 왜 필요하고 특정 상황에서 어떤 활동 방식이 가장 좋은가 등을 설명하도록 한다. 예를 들면 '편지를 부칠 때 왜 우표를 붙여야 하나요?' '만약 친구의 장난감을 잃어버렸다면 어떻게 할 것인가요?' 등이다. 피시험자의 실용 상식을 반영하고 경험을 이용하는 능력과 사유 과정을 평가하기 위한 것이다.

⑥ 숫자 범위 : 피시험자에게 불규칙적으로 증감된 숫자의 조합을 보여주고, 순서대로 혹은 역으로 암기하도록 한다. 이 검사는 지능에 결함이 있거나 대뇌 기능이 손상된 사람을 진단하는 데 매우 효과적이다. 일반적으로 지능에 문제가 있는 사람은 다섯 자리 이상을 외우지 못하고, 역으로는 세 자리 이상을 외우지 못한다.

⑦ 그림 완성하기 : 완성되지 않은 그림 26장을 보여주고 피시험자에게 그림에서 빠진 부분의 명칭을 대도록 한다.(예를 들면 사람 얼굴 그림에서 입이 없다). 주로 사물에 대한 피시험자의 변별력과 인식 능력, 주요 부분과 부차적인 부분을 구별하는 능력을 평가하기 위한 것이

다.

⑧ 그림 배열 : 그림 12조를 무작위로 늘어놓는다. 피시험자에게 그림을 순서대로 배열하도록 하고 순서에 맞게 구체적인 이야기를 만들도록 한다. 이 검사는 언어나 문자 없이 피시험자의 표현 능력과 전체 상황을 평가하는 능력을 알아보기 위한 것이다.

⑨ 나무 쌓기 : 나무토막 9개(나무토막은 붉은색 2면, 흰색 2면, 붉은색과 흰색이 절반씩 섞인 2면으로 구성된다)를 피시험자에게 건네주고 시험자가 건네준 모양대로(총11개) 새로 배열하도록 한다. 이 검사는 피시험자의 분석, 종합 능력을 평가하기 위한 것이다.

⑩ 물체 조합하기 : 4세트의 물체 혹은 인물의 그림판을 주고 피시험자에게 전체 그림을 완성하도록 한다. 이 검사는 피시험자의 지각 유형과 착오에 대한 반응 정도, 착오에 대한 대응 능력을 평가하기 위한 것이다.

⑪ 코드 해석 : A, B 형의 두 종류가 있다. A형은 '도형VS부호'(8세 이하의 아동에게 사용), B형은 '숫자VS부호'(8세와 8세 이상 아동에게 사용)이다. 검사 방법은 피시험자에게 주어진 모양대로 신속하고 정확하게 숫자(혹은 도형)에 대응하는 부호를 기입해 넣도록 하는 것이다. 이 검사는 피시험자의 순간 기억력, 시각-운동 능력과 눈썰미를 평가하기 위한 것이다.

⑫ 미로 찾기 : 아동에게 난이도가 다른 미로 9개에서 색연필로 정확하게 출구를 찾도록 지시한다. 이 검사는 피시험자의 신중함, 임기응변 능력, 그리고 계획성을 평가하기 위한 것이다.

이상의 항목대로 검사를 진행하고 답변의 정확성과 속도에 따라 점수를 기록한다. 항목별 점수는 환산해서 책정하며, 마지막에 언어 점수, 조작 점수, 전체 점수를 언어 지능, 조작 지능, 전체 지능으로 환산한다. 일반적으로 130점 이상은 천재, 120~129점은 우수, 110~119점은 똑똑함, 90~109점은 보통, 80~89점은 낮음, 70~79는 위기 상태, 69점 이하는 저능으로 본다.

이 검사는 전체 지능뿐만 아니라 언어 지능, 조작 지능 등 기능별 지능을 평가하고 아동 지능의 여러 측면을 진단할 수 있다는 점이 장점이다. 분야별 지능은 아동의 정신 상태가 정상인지 진단할 수 있는 근거가 된다.

(6) 토렌스 창조력 검사

미국 심리학자 토렌스E. P. Torrance가 고안한 토렌스 창조력 검사는 상하이사범대학上海師範大學의 교과연구소敎硏所 예런민葉仁敏이 중국어 개정판을 담당했다.

이 검사는 그림 검사, 단어 검사로 구성되며 피시험자에게 정해진 시간 안에 각 문항에 대한 상상력을 발휘하도록 지시한다. 단어 검사는 문자, 부호에 대한 사고력을 평가하며 그림 검사는 구체적이고 형상학적인 사고력을 평가한다. 전자는 과학 기술 방면의 창조적 재능을, 후자는 문학예술 방면의 창조적 재능을 반영한다. 이 검사의 6가지 검사 지표는 다음과 같다.

① 유창성 : 창조적 사고의 횟수와 사고에 걸리는 시간

② 유연성 : 창조적 사고의 종류

③ 독창성 : 창조적 사고의 참신함, 독특함

④ 정교성 : 창조적 사고의 풍부함과 섬세함

⑤ 표제추상성 : 그림에 대한 개괄적인 설명 정도

⑥ 사고의 깊이 정도 : 피시험자가 문제에 대해 부단히 생각하고 충분히 고민했는지 여부

이 검사의 적용 범위는 중학교 이상이며, 학생의 창조적 사고를 이해하는 데 신뢰성과 효율성이 매우 높다.

2. 인성 검사의 응용

인성 검사는 학교 심리 상담에서 자주 사용되며 주로 학생의 인성적 특징을 이해하고 그의 비지능적 요소를 파악하기 위해 사용된다. 또한 특정한 직업 성향을 분석하고 정신 장애를 진단하는 기능도 있다. 상용되는 인성 검사의 종류는 다음과 같다.

(1) 아동 개성 설문

아동 개성 설문(CPQ)은 미국 인디애나주립대학Indiana University의 포

터R. Porter 박사가 카텔R. B. Carttell의 개성 이론을 근거로 카텔과 함께 고안해낸 것으로 카텔의 '개성 요소 검사 시리즈'의 일부분이다. 이 검사의 중문판은 랴오닝성교육과학연구소遼寧省敎科所의 리샤오이李紹衣 등이 감수했으며, 이를 통해 학교는 학생들(8세 0월 0일에서 13세 11월 29일까지)의 개성 특징을 더 잘 이해할 수 있다.

이 검사 설문지는 모두 140문항으로 구성되며, 아동의 14가지 개성 요소를 측정 검사한다.(표 9-1 참조)

표 9-1 아동 개성의 14가지 요소와 특징

개성 요소	저득점자의 특징과 고득점자의 특징
A 사교	저득점자의 특징(이하 '저'로 약칭) : 냉담, 고독, 엄숙, 자기 일과 공부 좋아함, 자기 요구치가 상대적으로 높음, 호응도 낮고 소극적 고득점자의 특징(이하 '고'로 약칭) : 열의, 쉽게 사귀는, 단체 활동 즐김, 호응도 높고 적극적
B 지혜	저 : 추상적 사고 능력 부족, 구체적 사고에 가깝고 학습 능력 비교적 부족 고 : 상대적으로 총명, 사고력 민첩, 추상적 사고 능력 우수
C 안정	저 : 정서 불안, 쉽게 당황하고 좌절하며 자기제어가 잘 안 됨 고 : 정서적으로 안정, 현실 직시, 사회의식 성숙, 현실 문제에 신중히 대처
D 흥분	저 : 이성적, 침착, 정적, 규칙을 잘 따름 고 : 감정적, 남이 화를 돋우면 그것 때문에 번민함, 자극에 강렬하게 반응
E 끈기	저 : 온화함, 순종적, 남에게 맞춰줌 고 : 독립적, 자신감, 경쟁심, 고집, 공격적 성향
F 여유	저 : 엄숙하고 신중함, 침착하고 말이 없음, 행동이 조심스러움, 때때로 열등감에 빠짐 고 : 열정적, 낙관적, 자신감, 여유롭고 발랄, 때때로 안정감, 행복감 높음

개성 요소	저득점자의 특징과 고득점자의 특징
G 인내	저 : 임기응변식 처리, 책임감 부족함, 장기적 목표와 이상 부재 고 : 성실함, 현실과 타협하지 않음, 열심히 공부함, 직분을 다해 일함
H 과감	저 : 걱정 많고 자신감 결핍, 관망하는 태도를 취함, 위협에 굴복 고 : 모험을 즐김, 구애됨이 없음, 대담하게 교제함, 때로는 졸속하게 처리, 충동적
I 예민	저 : 현실적, 쓸데없는 말을 하지 않음, 독립적, 때때로 교만해짐 고 : 예민, 감정적, 남의 공감과 도움이 필요함, 의존성 강함
J 활력	저 : 열의, 활발함, 활력이 넘침. 자기 생각을 남에게 이야기함, 단체 활동에 참가하고 싶어 하며 실제적인 일을 하길 좋아함 고 : 신중, 치밀하게 생각함, 때로는 개인주의 경향, 남에게 엄격하게 요구함
N 처세	저 : 천진, 유치, 감정적, 어리광 고 : 빈틈 없고 능력 있음, 일을 적절하게 처리, 때로는 처세에만 매달림
O 근심	저 : 점잖고 침착, 자신감, 때때로 동정심 결여, 남의 반감을 사기 쉬움 고 : 근심 불안, 번민, 초조해지면 쉽게 화를 냄, 우울증
Q 자율	저 : 제멋대로임, 자기 방식대로만 일을 처리함, 충동적으로 행동하지만 고의성은 없음 고 : 자기제어 능력 강함, 남을 세심하게 관찰, 자기 의지대로 합리적으로 생각하고 행동함
Q1 긴장	저 : 침착 냉정, 타인의 영향 받지 않음, 정신적 균형, 때때로 진취성 부족 고 : 긴장·초조함, 극도의 불안, 끝마치지 못한 일에 대한 죄책감을 느끼며 생활함

카텔의 개성 설문은 연령별로 미취학 아동 개성 설문(PSPQ, 4~6세 미취학 아동 대상), 취학 연령 아동 개성 설문(ESPQ, 6~8세 아동 대상), 중학생 개성 설문(HSPQ, 중학생 대상), 16종 개성 요소 검사(PF16, 고등학생 이상 성인 대상)가 있다.

(2) 미네소타 다면적 인성 검사

미네소타 다면적 인성 검사는 미국 미네소타대학 임상심리학과 주임 교수인 해서웨이S. R. Hathaway와 심리 치료 전문가인 맥킨리J. C. Makinley 가 1940년에 고안했다. 중국과학원中國科學院 심리연구소의 쏭웨이전宋 維眞 등이 중문판을 감수했으며 16세 이상 읽기 능력이 있는 성인에게 적용된다.

이 검사는 550개 문항으로 구성되며 14가지 척도로 분류된다. 임상 척도가 10가지, 타당성 척도가 4가지이다.

① Hs(의심증 척도) : 신체 기능의 이상 여부를 지나치게 의심하는 환자 들에게서 특히 이 증세가 나타난다. 고득점자는 가벼운 병세를 과장 하고 비관하며 저득점자는 일반적으로 낙관적이고 활발하며 무리와 잘 어울린다. 총 33문항.

② D(우울증 척도) : 고득점자는 비관적이고 염세적이며 늘 기분이 저하 되어 있고 심지어는 자살 경향두 부인다. 저득점자는 쾌활하고 여유 로우며 책임감이 강하고 영리하다. 총 60문항.

③ Hy(히스테리 척도) : 고득점자는 자기감정을 잘 제어하지 못하고 자 기중심적이다. 유치하고 자기 연민에 잘 빠지며 자신을 충분히 파악 하는 능력이 결핍되어 있다. 저득점자는 남과 잘 어울리지만 결코 우호적이지 않다. 총 60문항.

④ Pd(이상 심리 척도) : 고득점자는 사회도덕과 규범에 벗어나 반사회

적 행동을 한다. 반면에 저득점자는 사회의 요구에 부응하며 협력하려 하지만 피동적이고 무능하며 신변의 안전을 도모하고 창조력이 부족하며 책임을 두려워한다. 총 50문항.

⑤ Mf(남녀 기질 척도) : 남성 고득점자는 예민하고 외모를 중시하며 피동적이고 여성화되어 있으며 이성의 관심을 끌지 못한다. 남성 저득점자는 공격적이고 행동이 졸속하며 모험을 좋아하고 부주의하다. 행동에 옮기는 것을 좋아하지만 취미 생활이 협소하다. 여성 고득점자는 남성화 경향을 보이며 남성 저득점자의 특징을 보인다. 여성 저득점자는 피동적이고 저자세이며 하소연을 잘하고 작은 일로 호들갑을 떨기도 한다. 총 60문항.

⑥ Pa(망상 척도) : 고득점자는 의심이 많고 예민하며 혼자 망상에 빠질 때가 많다. 저득점자는 예만하지만 의심이 많은지는 확실하지 않다. 이 척도와 Sc 척도에서 동시에 고득점이 나온 사람은 편집형 정신분열증 환자일 가능성이 있다. 총 40문항.

⑦ Pt(정신쇠약 척도) : 고득점자는 강렬한 공포를 체험하고자 하는 경향이 있고 불안초조, 강박관념이 있다. 저득점자는 비교적 현실적이고 곤란을 극복할 능력이 있으며 침착하고 유능하다. 총 48문항.

⑧ Sc(정신분열증 척도) : 고득점자는 사고 장애가 있는 경우가 많고 대인 관계에 어려움을 느낀다. 저득점자는 성숙하며 적응력이 우수하고 책임감이 뛰어나다. 총 78문항.

⑨ Ma(불안 척도) : 고득점자는 과도하게 활력에 넘치며 낙관적이고 구애됨이 없다. 감정이 격앙되어 있고 자신을 높이 평가한다. 저득점

자는 잠이 많고 무력하며 만성피로에 시달린다. 총46문항.

⑩ Si(내향 척도) : 고득점자는 처리해야 할 일이 생기면 위축되며 사람을 기피하고 자신감이 결여되었다. 저득점자는 무리와 어울리는 것을 좋아하며 외향적이고 활발하고 자신감이 넘친다. 실패하면 쉽게 남 탓으로 돌린다.

그 밖의 4개 척도는 검사를 진행할 때 피시험자가 조심스럽게 대답하거나 문제를 잘못 이해하고 거짓말하는 등의 반응을 측정한다.

① Q(의문 점수) : 답하지 못한 문항의 총수, 점수가 30점을 넘어가면 답안 신뢰성에 문제가 있다.

② L(거짓말 점수) : 15문항, 10점을 넘으면 거짓으로 자신을 꾸며내려는 혐의를 두고 답안지를 폐기한다.

③ F(타당성 점수) : 총 64문항, 이 항목은 정상인이라면 거의 대답할 수 없으며(10% 미만), 고득점자는 조심성이 없거나 문제의 뜻을 잘못 이해했거나 아니면 점수 계산을 잘못한 것이다. 혹은 생각이 기괴하거나 편집 증상이 있는 사람일 수 있다.

④ K(교정 점수) : 모두 30문항, 고득점자는 자기 방어 심리에서 좋은 성적을 내고자 결점을 가린다. 저득점자는 자신에게 엄격해 지나치게 솔직하고 자기비판을 한다.

검사가 끝난 후 점수를 T점수로 환산하고 마지막으로 단면도를 그린
다.

(3) 아이젱크 성격 검사

영국 심리학자 아이젱크H. J Eysenck가 1952년에 구상한 것으로, 당시
에는 '모리스 의학 설문지'라고 불렸으며 나중에 몇 차례 수정을 거쳐
지금의 정식 명칭으로 불리게 되었다. 후난의학원湖南醫學院의 공야오
시엔龔耀先 등이 중문판을 감수했다.

이 검사는 성인과 청소년용이 있으며, 성인용 설문은 16세 이상 연령
별로 사용하며 총 90문항이다. 청소년용 설문은 7~15세의 아동과 소년
에게 사용되며 총 81문항이고 유형별로 척도가 4개씩 있다.

① E(외향−내향성 척도) : 고득점자는 외향적이며 사교적이고 모험을
   좋아하며 충동적이다. 저득점자는 내향적이고 정적이며 말수가 적
   고 남에게 냉담하며 질서정연한 것을 좋아한다.
② N(신경 척도) : 고득점자는 초조하고 걱정이 많으며 늘 우울하다. 근
   심이 많아서 불면증에 걸리기 쉽다. 만약 이 증세와 외향적 성격이
   같이 나타나면 일반적으로 예민하고 이지적이지 못하며 쉽게 분노
   한다. 심지어는 공격성을 띠기도 한다.
③ P(정신 척도) : 고득점자는 고독하고 남에게 관심이 없으며 외부 환
   경에 쉽게 적응하지 못한다. 감정이 둔감하고 남과 친하게 지내는

것을 어려워한다.

④ L(거짓말 척도) : 피시험자의 자기 은폐나 거짓말을 평가한다.

아이젱크 성격 검사는 효과가 매우 높은 검사 방법이며, 임상 진단 측면에서 참고 가치가 있다.

그 밖에 로르샤흐 테스트Rorschach Test, 주제 통합 검사 등의 같은 투영법이 인성 검사에 자주 사용된다. 그러나 대부분 고정된 모델이 존재하지 않으므로 신뢰도와 타당성에 어느 정도 한계가 있기 마련이며, 학교 심리 상담에서 이러한 방법을 진단 도구로 쓰기에는 부적합하다.

3. 상담 과정에서 심리 측정 실시

학교 심리 상담사는 엄격한 심리 검사 훈련을 받아야 하며, 심리 검사 과정과 방법에 숙련되어 있어야 한다. 학교 심리 상담 과정에서 실시하는 심리 검사는 다음의 기본 요구에 부합해야 한다.

(1) 검사 자료를 정확히 선택한다.

심리 검사 도구는 매우 많다. 그러나 심리 검사마다 적용 범위가 다른 만큼 특정 범위를 벗어난 검사는 타당성과 신뢰성을 잃게 된다. 라벤의 표준 격자형 추리 행렬 과제를 예로 들면 적용 범위는 6세 이상 도시 주민이므로 농촌 학생을 검사하는 데는 적합하지 않다. 그러므로 구체적인 검사 목표에 따라 적합한 검사 도구를 선택해야 한다.

(2) 심리 검사를 남용하지 말라.

학교 심리 상담 과정에서 심리 검사 목표는 정확한 진단과 분석을 위해 상담자의 심리적 문제를 정확히 찾아내는 것이다. 만약 이미 상담자의 심리적 문제를 분명히 파악했다면 불필요한 심리 검사는 제외한다. 과학적인 검사를 실시한다고 해도 심리 검사를 남용하면 심리 상담 과정의 자연스러운 분위기를 망치는 것은 물론 순조로운 상담 업무를 방해하게 될 것이다.

(3) 검사 결과는 신뢰성이 있어야 한다.

검사 결과의 신뢰성을 확보하기 위해 상담사는 모든 사람에게 표준 상담 언어, 표준 답안과 통일된 점수 계산법을 동일하게 적용해야 한다. 다음으로 규정에 따라 검사를 진행하고 검사 과정에서 생길 수 있는 각종 오차를 제어한다. 마지막으로 피시험자들과 좋은 관계를 유지하여 검사가 진행되는 동안 학생들이 낯설어하고 수줍어하거나 딴 곳에 한눈을 팔거나 비협조적으로 행동하지 않도록 한다. 또한 학생들에게 먼저 검사 환경과 검사관을 소개하고 검사 목적을 설명해준다면 학생들의 마음을 안심시킬 수 있을 것이다.

(4) 검사 시기가 적절해야 한다.

일반적으로, 검사는 상담을 시작하기 전에 실시한다. 정식으로 심리 상담을 시작한 후에는 가능한 한 심리 검사를 배제하는 것이 좋다. 상담 과정 도중에 검사를 실시하면 상담 순서가 중단되거나 바뀌고 심리 검사 결과에 따라 상담사의 상담 태도가 바뀔 가능성이 있기 때문이다. 그리고 만약 내담자가 동의하지 않았는데도 심리 검사를 실시하면 상대방의 불신을 사 상담의 정상적인 진행과 효과에 영향을 미친다.

(5) 검사 결과에 대한 해석은 신중해야 한다.

상담사는 내담자에게 심리 검사에 대해 정확한 지식을 전달하여 검사 점수 자체가 심리적 상태를 검증할 수 있는 완전한 근거 자료가 아님을 알아야 한다. 다시 말하면, 단 몇 번의 검사 결과로 학생의 일생을 단정할 수 없다는 것이다. 다만 검사 결과를 참조하여 학생을 판단하고 종합적으로 분석하고 감정하도록 한다. 그리고 일반적으로 구체적인 검사 결과를 피시험자에게 직접 알려주는 것은 좋지 않다. 특히 지능 검사는 더욱 신중을 기해야 한다. 예를 들어 학생의 지능 검사 결과는 대략적으로 당사자의 지능 발전이 정상인지, 점수가 다소 낮은 편인지 높은 편인지, 그리고 주의해야 할 부분에 대해 알려주는 것이 좋다. 조건이 허락한다면 학생이나 교사에게 간단한 소개문을 배포하고 그들이 검사 결과를 정확히 분석하고 받아들일 수 있도록 한다. 표 9-2, 9-3,

9-4의 토렌스의 창조성 검사, 라벤의 표준 격자형 추리 행렬 과제와 카
텔의 16PF 검사 결과 보고서와 소개서를 참조하기 바란다.

표 9-2-A 토렌스 창조성 검사서

성명________________   검사 일자 :   년   월   일

검사 결과

어휘	유창성 점	유연성 점	독창성 점		
그림	유창성 점	독창성 점	표제추상성 점	정교성 점	사고의 깊이 정도 점

설명

1. 어휘 검사는 문자, 부호에 대한 사고에 속하며 과학, 기술과 밀접한
   관계가 있다. 그림 검사는 구체적이고 형상적인 사고에 속하며 문예
   오락, 예술과 밀접한 관계가 있다.
2. 유창성은 생각의 횟수를 반영하고, 유연성은 사고의 종류를, 독창성
   은 사고의 참신함과 독특함을, 정교성은 생각의 풍부함과 섬세함을,
   표제추상성은 그림에 대한 개괄적 설명 정도를, 그리고 사고의 깊이
   정도는 생각에 대해 충분히 고민하고 깊이 생각했는지를 반영한다.

표 9-2-B 학업, 직업에 대한 조언

1. 창조적 사고 능력이 부족한 사람은 학업, 업무를 구체적이고 상세하게 지도받는 데 익숙하다. 이들에게는 정도에 따라 세심한 교수법과 구체적인 도움을 주어야 하며, 문제를 해결할 방법을 가르치고 문제 해결 능력을 길러주어 창조적 사고 능력을 점차 향상시켜야 한다. 업무는 전문직, 기술직, 규칙적인 직종을 선택하도록 한다.

2. 창조적 사고 능력이 중간 수준인 사람은 적응력이 좋아 적극적으로 길러주기만 하면 창조적 잠재력을 발휘해 창조력을 향상시킬 수 있다. 반대로 이를 억누르려고 간섭하면 창조력을 잃게 될 것이다. 학업과 업무 중에 다양하고 특이한 방법으로 문제를 해결하는 연습을 많이 하고, 발명이나 상상, 획기적인 발상 등을 격려하면 창조적 사고 능력을 향상시킬 수 있을 것이다.

3. 창조적 사고 능력이 비교적 뛰어난 사람은 자신의 능력을 소중히 여길 줄 알아야 한다. 그리고 교사와 학부모는 그들의 참신한 생각에 긍정적인 태도를 보여주고, 동시에 그들이 학업과 업무, 생활의 실질적인 분야에서 자신의 능력을 발휘할 수 있도록 적극적으로 지도하고 격려한다. 이들은 고도의 상상력이 필요한 직업군을 선택하는 것도 고려해봄 직하다.

4. 검사 결과를 정확히 받아들이기 위해 몇 가지 주의사항이 있다.

(1) 창조적 사고 능력 수준은 주로 교육과 훈련에 따라 달라진다. 그러므로 이러한 능력이 부족한 사람은 창조적 사고 능력을 향상시키는 객관적 조건을 충족시키고 주관적 노력을 기울여 능력을 키울 수 있다. 반대로 창조적 사고 능력이 뛰어난 사람이라 할지라도 자신의 능력을 자주 사용하며 키워나가지 않으면 점차 퇴보할 것이다. 더욱이 소년기의 아동은 적응력이 뛰어나므로 검사 결과를 마지막 결론인 양 받아들이지 않도록 해야 한다.

(2) 창조적 사고 능력은 인간의 심리적 소양과 능력의 한 부분일 뿐이
다. 개인의 학업, 업무 성취에 영향을 끼치는 요소에는 창조성 외에
도 지능, 흥미, 동기, 의지, 성격, 체질, 사회적 요구 등 여러 가지가
있다. 그러므로 특정 분야의 능력으로 전체를 긍정적 또는 부정적
으로 바라보지 말아야 한다. 정확한 판단을 내리려면 전면적이고
종합적인 검사와 평가를 해야 한다.

(3) 이 검사는 비교적 정확하고 신뢰성이 높다. 그러나 심리 검사는 물
리 검사처럼 표준화되거나 고정화될 수 있는 성질의 것이 아니므로,
이 검사 결과와 건의사항은 참고용으로만 제공된다.

표 9-3-A 라벤의 표준 격자형 추리 행렬 과제 검사

소속______________   성명:______________   NO. ______________

검사 결과 :

백분율 등급	지능 등급
	급

검사일자 : ___ 년 ___ 월 ___일

설명

1. 백분율 등급은 당신과 같은 연령의 그룹에서 백분의 ______________의 사람이
당신보다 지능이 낮다는 뜻이다. 또한 백분의 ___________의 사람이 당신보
다 지능이 높다.

2. 지능 등급의 일반적인 결론은 다음과 같다. I급은 지능 수준이 매우 우수, II급
은 지능 수준이 우수, III급은 지능 수준이 중상 정도(영리함), IV급은 보통 수
준, V급은 지능 수준이 중하 정도(둔함), VI급은 지능 수준이 저능에 가깝고,
VII급은 지능 결함이다.

표 9-3-B 라벤의 표준 격자형 추리 행렬 과제 검사 소개

1. 라벤의 표준 격자형 추리 행렬 과제 검사는 영국 심리학자 라벤이 1938년에 고안한 것으로 이미 여러 나라에서 광범위하게 사용되고 있다. 다년간 사용되면서 효과적인 지능 검사 도구임이 밝혀졌으며, 수능 시험과도 상관관계가 있어서 라벤 검사와 수능의 어문, 수학, 수능 총점 간의 상관계수는 각각 0.29(P〈0.02), 0.54와 0.45(양자는 모두 P〈0.01)이다.

2. 지능은 상대적으로 안정적인 자질이지만 가소성도 매우 크다. 특히 큰 청소년기에 가소성이 가장 크다. 우리가 끊임없이 학습하고 훈련하면 지력을 향상시킬 수 있으며, 지능이 우수한 사람이 이를 활용하지 않으면 지능은 곧 낮아진다.

3. 지능이 낮은 사람이 학업이나 복잡한 업무에 종사하면 성공하기가 비교적 어려우며 남들보다 더 많은 노력이 필요하다. 이런 사람들은 전문성, 학술성, 지식관련 업무에 적합하지 않다. 그러나 지능이 성공의 충분조건은 아니다. 지능이 높은 사람도 성공 여부는 환경에 달려 있으며 그 밖에 진취성, 창작성, 인내심과 같은 요소와도 연관이 있다.

4. 라벤의 표준 격자형 추리 행렬 과제 검사는 비교적 정확하고 신뢰성이 높은 도구이다. 그러나 시간, 공간적인 영향을 완전히 배제할 수는 없으며 때로는 우연성도 검사에 영향을 준다. 심리 검사는 물리 측정처럼 표준화, 고정화된 검사가 아니므로 이 검사 결과는 피시험자가 자기 자신을 이해하는 데 참고하도록 제공된다.

표 9-4-A 카텔의 16종 개성 요소 검사

소속 : __________ 성명 : ______________ 성별 : ________

출생 연월일 : ____________ 년 ____________ 월 __________ 일

시험 시행일 : ____________ 년 ____________ 월 __________ 일

개성 요소	표준 점수	저득점자의 특징과 고득점자의 특징
A 사교		저득점자의 특징(이하 '저'로 약칭) : 과묵, 고독, 엄숙, 남과 어울리지 못함, 매사에 신중, 혼자 일하는 것을 좋아함. 물리학자, 전기 기술자 중에 저A 유형 다수 고득점자의 특징(이하 '고'로 약칭) : 외향적, 열의, 남과 잘 어울림, 적응력 뛰어남. 교사, 판매원 중에 고A 유형 다수
B 지혜		저 : 반응 느림, 지식 범위 좁음, 추상 사유 능력 취약. 타이피스트, 전화 교환원, 가정주부 등 관례적인 업무가 이 유형에 적합함 고 : 영리함, 추상적 사고 능력 뛰어남, 반응 민첩함. 교육 수준과 학력 높고 심신이 건강한 사람 중에 고B 유형 다수
C 안정		저 : 쉽게 감정적으로 변함, 환경의 영향 많이 받음, 때때로 태연자약하지 못하며 좌절을 겪으면 초초하고 불안해함, 심신의 피로를 느끼며 불면에 시달리기도 함 고 : 감정이 안정적이고 침착함, 매사에 활력이 넘침. 교사, 기계 기술자, 영업사원, 소방 구조원 등은 고C 유형이 적합함
E 강인함		저 : 겸손, 순종적, 융통성, 자신감 결여 고 : 고집스러움, 독립심 강하고 적극적, 주관이 뚜렷함, 지배욕 강함. 사회적 성공을 거둔 리더 중에 고E 유형 다수
F 흥분		저 : 엄숙, 신중, 냉정, 과묵, 조심성 있는 편이며 업무를 성실하고 책임감 있게 처리. 실험실 연구원 중에 저F 다수 고 : 여유롭고 활달함, 남의 일에도 열의를 보이며 감정이 풍부함. 행정 관리자 중에 이 유형 다수

개성 요소	표준 점수	저득점자의 특징과 고득점자의 특징
G 인내		저 : 업무 지속력 부족하고 일처리가 건성임, 책임감 결여. 매사에 내키는 대로 하려는 사람 중에 G저가 비교적 많음 고 : 책임감, 업무 처리 세심하고 주도면밀, 사회적 책임감도 강함. 영업 관리자와 경찰 중에 고G 비교적 많음. 사회단체 리더로 이 유형이 적격
H 과감		저 : 겁 많고 위축, 사교 능력 부족, 참여하지 않고 관망하는 태도 취함. 사무원 중에 저H 유형 다수 고 : 모험심 강하고 실행력 있음, 잘 기죽지 않으며 때로는 조심성 없이 일함. 구조대원, 비행사 중에 고H 다수, 단체 지도자는 이 품성을 지녀야 함
I 예민		저 : 이성적, 현실적, 객관적, 강한 의지, 독립적인 태도로 문제 해결. 엔지니어, 외과의사, 통계사 등 고 : 예민함, 감정적으로 일처리, 예술을 애호함, 상상력 풍부, 때때로 현실적이지 못한 판단을 함. 실내 인테리어 디자이너, 음악가, 예술가, 여성 중에 고I 유형 다수
L 회의적		저 : 믿음직함, 대인 관계 원만, 남과 다투지 않음, 업무에 순순히 협력함. 엔지니어, 기계공, 정신병 간호인 중에 저L 유형 다수 고 : 회의적, 고집, 늘 자기 관점에서 문제 파악. 행정 요원, 경찰 중에 고L 다수
M 환상		저 : 현실적, 관습에 따름, 침착, 생활이 무미건조하고 취미 없을 가능성. 저M은 현실적이고 상식적인 업무에 종사하는 것이 바람직함 고 : 환상, 걷잡을 수 없음, 작은 일에 구애되지 않음, 창조성 뛰어남, 가끔 충동적. 예술가, 작가와 연구 종사자 중에 고M 유형 다수

개성 요소	표준 점수	저득점자의 특징과 고득점자의 특징
N 처세		저 : 솔직, 천진, 남과 다투지 않음, 때때로 유치함. 목사, 신부, 간호사 등에 저N 다수 고 : 유능하고 능력 있음, 노련한 처세, 적절한 행동, 냉정한 분석, 이성적. 과학자, 엔지니어, 비행사 중에 고N 유형 다수
O 근심		저 : 평화로움, 침착, 자신감, 안전감, 자유자재. 직업 운동선수, 전기기사, 구조대원, 간호사 중에 저O 다수 고 : 근심, 우울, 번민, 남과 친해질 용기가 부족. 나이든 여성 접대부, 하급 직원 중에 고O 유형 다수
Q1 긴장		저 : 보수적, 전통적 관념과 행동 표준 준수, 새로운 것에 도전하기 원치 않음. 간호사, 목사, 신부 등에 저Q1 다수 고 : 자유로움, 자유로운 비평, 현실에 구애되지 않음, 탐구 정신 왕성. 행정 관료, 급진적인 정치가, 과학자에게 고Q1 자질이 요구됨
Q2 독립성		저 : 의존적, 단체에 협조적, 독자적 행동 지양, 주관이 부족, 남의 영향을 많이 받음. 저Q2 유형은 임기응변이 필요한 변동적인 직업이 적합지 않음 고 : 자립적, 독립적, 단도직입적, 독자적으로 업무 완수, 외부 영향 안 받음. 과학자, 행정 관료 중에 고Q2 유형 다수
Q3 자율		저 : 모순적, 자기를 억누르지 못함, 남 생각 안 함, 때때로 남을 배려하지 못함, 적응력에 문제가 있는 경우도 있음 고 : 자신과 남을 잘 파악, 엄격하고 자율적, 언행일치, 합리적으로 감정을 표출하고 행동함. 고Q3 유형은 리더의 자질이 있음
Q4 긴장		저 : 평화로움, 여유롭고 안정되어 있음, 자족하며 즐겁게 생활함, 마음의 균형을 유지하고 있음, 진취적인 기상이 부족함 고 : 인내심이 부족함, 마음이 불안하고 과도하게 흥분됨, 늘 피로를 느끼고 일에서 완전히 벗어나기 어려움

설명 : 표준 점수가 1~4에 속하면 저득점자, 7~10에 속하면 고득점자로 분류됨. 5~6에 속하면 중간 득점자로, 고득점자와 저득점자의 특징이 함께 나타난다고 보면 됨.

표 9-4-B 카텔의 16종 개성 요소 검사

카텔은 미국 심리학자로, 일찍이 미국 일리노이주립대학에서 개성 능력 검사를 주관했다. 다년간의 연구 경험을 바탕으로 질문지 방식을 채택한 인성 검사법 '16종 개성 요소 검사'를 고안했으며, 이는 '카텔 지표'라고 약칭하기도 한다. 이 검사는 현재 세계에서 가장 광범위하게 사용되는 심리 검사의 하나로, 언어별 개정본도 있다. 이 검사의 적용 대상은 중고생, 대학생과 성인이다.

카텔의 16종 개성 요소 검사를 통해 당신은 자기 개성의 특징을 더욱 잘 이해할 수 있으며 자신의 장점을 충분히 발휘하고 단점은 보완하면서 완전한 인격을 갈고닦을 수 있도록 도움을 줄 것이다. 기업이나 단체 역시 인재 선발과 인력 개발에 이 검사를 사용해 경제적, 사회적 수익을 향상시킬 수 있다. 학교에서도 카텔 검사를 이용해 학생들의 개성과 비지능적 요소의 특징을 파악하고 맞춤식 교육을 시행할 수 있다.

이 검사의 16종 개성 요소는 저마다 특징이 있으며, 어떤 요소의 득점이 높다는 것은 개인의 개성 특징을 반영한다. 그러나 반드시 알아야 할 점은 각 요소의 점수는 그 자체로 의미가 있는 것이 절대 아니며, 다른 요소들의 점수와 전체 요소를 결부지어 고려해야 한다는 것이다. 예를 들어 C요소가 낮은 사람은 정서가 안정적이지 않은 점이 그의 개성 전체에 끼치는 영향이 있을 것이다. 또한, 가령 A요소의 영향 정도에 따라 고독하거나 사람들과 어울리기를 좋아하고 E요소의 영향 정도에 따라 겸손하거나 경쟁심이 강할 수 있으며 F요소의 영향 정도에 따라 엄숙하거나 여유로운 성향이 결정되고 Q3요소의 영향 정도에 따라 모순적이거나 자율적인 성향이, 그리고 Q4요소의 영향 정도에 따라 침착하거나 혹은 쉽게 긴장하는 성향이 결정된다. 그러므로 한 사람의 개성을 평가하는 일은 모든 요소의 점수 분포를 감안하고 동시에 피시험자의 다른 요소들의 상황과 함께 전면적으로 고찰해야 한다. 카텔의 16종 개성 요소 검사는 신뢰도와 타당성이 매우 높다. 그러나 다른 심리 검사와 마찬

4. 학습 심리 진단

학습 진단은 학생의 학업 상태에 대한 이해를 바탕으로 학생이 학습 도중에 겪는 문제들을 심리학적으로 진단해 주관적, 객관적 요인에서 원인을 규명하고 문제를 바로잡을 수 있는 방법을 제시하는 것을 말한다. 종합적인 학습 심리 진단은 지능, 품성, 개성 등 여러 방면에서 학생의 학습 장애를 초래하는 원인을 찾을 수 있다.

소련에서는 1970년대부터 많은 심리학 진단 서적이 출간되었다. 그 중에 비교적 비중 있는 저서로는 《심리진단학의 일반적, 개별적 문제들》(1974), 《심리진단학의 응용 범위와 여러 범위에서의 다양한 진단 방법》(1974), 《학생 지능 발전의 진단 문제》(1975) 등이 있다. 국내에서도 '초등학생의 성적 불량에 대한 심리 진단 도표'를 정식으로 제안한 학자가 있었다.

(1) 학습 심리 진단 방법

학교 심리 상담에서 학습 심리 진단은 대략 다음과 같은 순서로 진행된다.

1) 학생의 행동을 이해하고 심리적 특징을 분석한다.

일반적으로 관찰법, 대화법, 작품 분석법, 심리 검사법 등의 방법으로 학생의 심리 특징을 전면적으로 분석하고 초보적인 진단을 내린다. 소련 심리학자는 초등학생의 학업과 행동 편향성을 학습 저하, 언어 표현 능력 부족, 낮은 수학 성적, 규율 무시, 학습 포기의 다섯 가지 기본 유형으로 나누었다. 유형마다 구체적인 행동이 다르게 나타난다. 예를 들어 언어 표현 능력이 부족하면 읽기 능력이 현저히 떨어지고 어휘가 부족하며, 과묵하고 자기 생각을 분명히 표현하지 못하며, 쓰기 능력도 떨어지고 어법에 맞지 않는 문장을 사용하는 상황이 있을 수 있다.

학생이 학습을 포기하는 데는 다음의 세 가지 상황이 있다.

첫째는 학습 동기가 낮아서 배우고자 하는 적극성이 떨어져 자기 능력발휘를 못하는 경우이다. 둘째는 교사가 학생에게 노력해서 성취할 수 있는 범위를 초월한 무리한 요구를 했을 경우이다. 셋째는 학생의 성적이 비교적 좋은 편이지만 학습상의 단점을 고치면 성적이 더욱 좋아질 수 있는 경우이다.

2) 학생의 학습 곤란 원인을 규명한다.

학생의 학습 곤란은 지능 발전 수준이 낮다든지, 신체적 건강에 문제가 있다든지, 또는 학습 동기 부족과 사제지간의 갈등, 가정환경 등 여러 방면에서 원인을 찾을 수 있다. 한 연구 결과에 따르면, 초등학생의 학습 곤란을 초래하는 원인을 분석해보니 주로 세 가지 원인에서 비롯되었다고 한다. 첫째는 심리적 요인이다. 예를 들면 인지 능력이 낮고 학습 방법을 잘 모르거나 지식을 체계적으로 쌓지 못한 경우, 감정과 의지에 결함이 있는 경우, 학습 동기가 생기지 않은 경우, 규율을 지키지 않는 경우였다. 둘째는 생리적인 원인이다. 예를 들면 체질과 신경이 허약하거나 시각, 청각, 발음 기관이 불완전하거나 각종 질병을 앓는 경우였다. 마지막은 외부 요인이다. 교사의 개별 지도와 격려가 부족하거나 학부모, 교사의 관심이 충분치 않은 경우이다.

3) 개선 대책과 방법을 제시한다.

주로 학생이 학업 과정에서 겪는 구체적인 어려움에 대해 집중적인 도움을 주는 것이다. 일반적으로 보면 학생의 심리적 스트레스를 덜어주고 학습에 대한 자신감을 불어넣어주며 적극적인 자세로 학업에 임하도록 지도한다. 왕류성王劉生 등은 학생 16명의 학습 심리 진단 자료에서 학습에 대한 적극성이 부족하고 좀처럼 머리를 쓰려고 하지 않는 학생들에게 학습의 중요성을 일깨우고 격려함으로써 학생의 학습 의욕을 고취하는 방법을 사용해 좋은 성과를 거두었다.

(2) 초등학생의 학업에 영향을 주는 요소에 대한 진단 검사 소개

이 표는 랴오닝성교육과학연구소의 리샤오이가 고안한 것으로 초등학교 3~6학년 학생들에게 적용할 수 있으며 지능 검사, 개성 검사, 5대

요인 진단 검사로 구성된다. 지능 검사와 개성 검사는 리샤오이의 원본 혹은 수정본의 아동 지능 단체 검사와 아동 개성 설문을 각각 사용한다. 지능 검사와 개성 검사에 대해서는 앞서 이미 소개했으므로 여기서는 초등학생의 학업에 영향을 주는 5대 요인 진단 설문에 치중해 소개하고자 한다. 초등학생의 학습에 영향을 주는 5대 요인은 지능과 개성 외에 신체적 건강, 학습 동력, 학습 방법, 사제·교우 관계와 가정환경이다. 이 설문지는 총 97문항이며 구성은 표 9-5와 같다.

표 9-5 초등학생의 학업에 영향을 주는 5대 요인 설문지의 구성

요소	문항 수	주요 내용
신체적 건강	20	생활 습관, 체력 단련, 체질과 만성 질병 여부 등.
학습 동력	23	자신의 이상(理想), 학습에 대한 인식 정도, 학습 태도, 학습에 대한 흥미, 학업 성적
학습 방법	20	학습 계획, 수업 전 준비, 수업 참여, 방과 후 복습, 특별 활동 등
사제, 교우관계	17	교사에 대한 인상, 교사가 학생을 대하는 태도, 교사의 지도 방법, 학생과 교사의 대인 관계, 교우관계 등.
가정환경	17	학습 환경, 가정환경, 가정교육, 학생에 대한 가장의 관심도와 지도 등.

검사가 끝난 후 학생의 원시 점수를 표준 점수로 환산하여 다시 등급을 매긴다. 마지막으로 학생이 5대 요인, 지능 검사, 개성 검사에서 얻은 점수에 근거해서 5대 요인 단면도와 개성 진단 단면도, 학업 성적과 지능 비교도를 제작하고, 전면적인 개인 상황을 분석하고 개선 계획을 제시한다. 다음은 초등학생의 개인 상황 분석 및 개선 계획표의 양식이다.(표 9-6 참조)

학교 :				년 월 일			번호:	
이름		성별		나이		학년	반	담임
학부모 성명 및 직업	부		직장명 및 직책			가족 구성원		
	모		직장명 및 직책					

5대 요인 원시 점수 기입 표

	항목	점수		항목	점수
신체적 건강	생활 규율		동력	외부 간섭 배제	
	신체 단련			수업 편중	
	운동을 즐김			모르는 문제에 대해 취하는 태도	
	일찍 자고 일찍 일어남			주동적인 질문	
	충분한 수면			즉시 과제 완성	
	위생 습관			수업 외 독서	
	아침 식사			특별 활동	
	간식			감정 제어	
	편식			학교를 좋아함	
	식욕			학습 기초	
	정상적인 수면			소계	
	숙면			학습 계획	
	피로감			수업 시작 전 준비	

	항목	점수		항목	점수
	머리가 맑음			진지한 수업 태도	
	어지럼증			이해에 중점을 둠	
	만성 질병			뜻을 기억함	
	병가			창조적 사고	
	시력			주동적으로 질문	
	청력			문제 요구 사항 자세히 이해	
	건강 걱정			주동적으로 대답	
	소계			주동적으로 보충	
	이상			의견 표시	
	학생으로서의 책임			공구서	
	학업의 의미			즉시 복습	
	성적에 대한 태도			독립적으로 과제 수행	
	어려움에 대한 태도			집중해서 과제 수행	
	고학의 의미		학습방법	반복 조사하며 과제 수행	
학습	학업에 대한 흥미			피드백을 중시함	
	학업에 대한 믿음			자율 학습 시간	
	학업 자각성			TV 시청 시간	
	몰두			하루 임무 완성	
	교실 규율			소계	
	주의력			담임교사를 좋아함	
	노는 데 열중			학과 담당 교사를 좋아함	

	항목	점수		항목	점수
	학습 환경			교사의 공정성	
	학습실			교사 존중	
	TV로 인한 방해			현실에 부합하는 요구	
	이웃 관계			개별 지도	
	가정 화목 여부			교사에게 지도 부탁	
	가정에서의 요구에 일치			교사의 도움	
	학교에서의 요구에 일치		사제, 교우관계	교사와 친하게 지냄	
	가장의 요구에 일치			언변이 자연스러움	
	가장이 요구하는 바의 타당성			가정 방문 환영	
가정환경	기장의 기대			사제관계	
	가장의 편애			좋아하는 급우	
	가장의 질책			급우의 도움	
	가장의 격려			급우의 방해	
	가장의 학업 습관			소계	
	가장의 학업 관심도				
	가장의 학업 지도				
	가장의 학업 검사				
	가정을 좋아함				
	소계				

표 9-6-B 지도 계획

개인 상황에 대한 종합 분석		
중점 개선 항목		

	월별	개선 항목*	개선 결과
개 선 계 획			

*중점 개선 항목에서 학업에 영향을 많이 끼치거나 쉽게 개선될 수 있는 항목 3~5개를 선택해서 첫 번째 달의 개선 항목으로 삼고, '매월 개선 계획'에서 학생이 스스로 학습 개선을 할 수 있도록 지도하고 월말에 개선에 대한 결과를 기재한다. 이미 개선된 항목은 다음 달에 강화 항목으로 삼고, 아직 개선되지 않은 항목은 계속해서 다음 달의 개선 항목으로 이월한다. 이런 식으로 월별 관리를 진행하면 학업 성적은 꾸준히 향상될 것이다.

10

심리 치료와
학교 심리 상담

넓은 의미에서 볼 때 사람 간의 친밀한 관계는 일종의 심리적 치료 작용을 한다. 이해와 동정, 정신적 지지야말로 일상생활에서 발양되어야 할 가치 있는 '영혼 치료제'이다. 좁은 의미에서 보면 심리 치료는 '정신 치료'라고도 한다. 이는 심리학의 원리와 기술을 응용해서 환자의 정신적 질병을 치료하고 이상 행동을 교정하는 것을 말한다. 심리 치료를 할 때 치료자는 환자와 대담하는 과정에서 언어, 표정, 태도, 기분, 행동을 관찰하여 환자의 소극적이고 감성적인 면을 개선시키고 환자에게 고통을 초래하는 각종 심리적 요인과 이상 행동을 제거한다. 의학에서도 이미 심리 치료가 보편적으로 사용되고 있으며, 학교 심리 상담에도 적용되어 발전이 기대되는 분야이다.

1. 학교 심리 상담에서 심리 치료는 어떤 역할을 하는가?

학교 심리 상담의 대상은 정상인이며 학생 전체와 교사, 그리고 학교 행정 운영자이다. 심리 치료의 대상은 주로 과거에 신체적 질병을 앓은 환자, 특히 신경쇠약, 히스테리, 신경 감각 이상, 우울증 등 이른바 '심리적 요인에서 비롯한 정신적 장애'를 겪고 있는 사람이 대부분이었다.

얼핏 보기에 양자의 치료 대상은 완전히 다른 것처럼 보이지만 구체적인 학교 상담 과정을 살펴보면 그 관계가 매우 밀접함을 알 수 있다. 이들은 서로 끈끈하게 얽혀 있으며 때로는 따로 떼어낼 수 없어 하나로 간주되기도 한다. 학교 심리 상담에 심리 치료의 방법을 사용한다면 내담자가 문제를 신속하게 해결하도록 도울 수 있다. 예를 들어 혐오 요법은 상담자가 흡연, 음주 등 불량 습관을 극복하는 데 도움을 주고, 기공 요법은 상담자가 불면증, 신경쇠약을 극복하도록 도와준다.

동시에 임상 심리 치료 과정에서는 필수적인 몇몇 심리 치료 요법 외에 언어, 문자 등의 매체를 이용해 질병에 대해 느끼는 환자의 두려움과 걱정, 치료에 대한 심리적 부담을 줄여준다. 또 환자가 질병과 그 회복 전반에 대해 정확하게 인지하도록 지도한다. 이는 본질적으로 일종의 현장 심리 상담인 셈이다. 이상으로 볼 때 심리 상담과 심리 치료는 교집합적인 요소가 있다. 심리상담은 심리 치료에 사용할 수 있는 효과적인 방법의 히니이며 심리 치료는 신리 상담익 중요한 부분이다. 그러므로 학교 심리 상담사는 심리 치료의 기본 원리를 숙지하고 심리 치료의 주요 기술을 능숙하게 익혀야 상담의 질을 향상시킬 수 있다.

중국 런민대학人民大學의 장샤오차오張小喬 교수 등은 '회색 지대' 개념을 제기했다. 이들의 연구에 따르면 인간의 정신세계에는 정상과 비정상 사이에 경계가 모호한 지대가 있는데, 이 지대는 연속적으로 변화하는 과정에 있다. 구체적으로 말해서 정상적인 정신 상태를 '백색'이라고 하고 비정상적인 정신 상태를 '검은색'이라고 한다면, 이 두 가지 색깔 사이에 거대한 완충 지대인 회색 지대가 존재한다는 말이다. 사람들의 정신 상태가 대부분 이 회색 지대에 머물러 있어서 심리적 불균형, 정서 장애 등의 인격 특성이 나타난다. 또한 회색 지대는 연회색과 진회색으로 구분된다. 연회색 지대는 정신적 갈등만 있을 뿐 인격 이상을 보이지 않고, 진회색에는 인격 이상과 정신병을 앓는 이들이 있다. 내담자의 상태가 어느 구역에 속하는지에 따라 상담사는 적절한 심리 상담과 치료 요법을 선택해야 한다.

학교 심리 상담사는 심리 치료를 실시하지 않는다. 약물 치료는 더더욱 그렇다. 이 때문에 학교 심리 상담사의 전문적인 지식배경과 직업적 위치에 제약이 있을 수 있다.

표 10-1 회색 지대(각종 비병리성 정신적 질병을 총체적으로 표시했음)

	흰색/순백	연회색	진회색	검정
대상	건강한 사람	각종 생활, 대인 관계 스트레스로 심리적 갈등과 장애가 생긴 사람	각종 인격 이상	정신병 환자
담당자	필요 없음	심리 상담사와 사회 봉사자	심리 치료 전문의 심리 치료사	정신과 의사
치료 모델	필요 없음	상담 심리학 모델	임상 심리학 모델	의학 모델

2. 학교 심리 상담에 사용되는 심리 치료 방법

심리 치료는 분야와 학파가 매우 다양하고 치료 방법만도 수천수백 가지이다. 불완전한 통계에 따르면, 전 세계적으로 광범위하게 유행하며 사용되는 방법만 300여 종에 달한다. 심리 치료법의 분류는 기준에 따라 다르다. 심리 치료 대상의 숫자에 따라 개인 치료와 단체 치료로 나누거나 또는 심리 치료 대상의 의식 범위에 따라 각성 치료, 반각성 치료, 최면 치료로 구분하기도 한다. 여기서는 학교 심리 치료 과정에서 비교적 많이 사용되는 심리 요법을 소개한다.

(1) 인식각성법

슈강병원정신과首鋼醫院精神科 소속 심리치료클리닉의 종유빈鍾友彬이 심리동력학心理動力學 이론을 기초로 중국인의 현실에 맞게 고안한 치료 요법으로, 중국 심리 분석법이라고도 부른다.

이 요법은 강박증, 공포증과 노출증, 관음증과 같은 성 변태, 성 도착자 등 비교적 치유가 어려운 심리적 질병에 적용된다. 학교 심리 상담에서는 강박증, 공포증이 주를 이룬다.

이 방법은 일반적으로 직접적인 면담 방식이다. 환자 혹은 내담자의 동의하에 그들의 가족과 친구들이 같이 참여할 수 있다. 면담 시간은 한 번에 60~90분으로 정한다. 치료 단계는 상황에 따라 유동적이며, 치료 요법을 시행하는 시간은 며칠에서 몇 개월 단위로 정해진다. 환자가 쓰는 행위에 거부감을 느끼지 않는다면 면담을 마친 후 의사나 상담사의 설명을 듣고 자신이 이해한 증상을 기록하고 질문하도록 한다.

처음 면담에서는 내담자 혹은 가족에게 병력과 증상에 관해 구체적으로 알려주되 가능하면 한 시간 안에 설명을 마친다. 동시에 정신 검사를 실시해서 진단 내용을 확인한다. 증세가 인식각성법認識覺醒法에 적당하다고 판단되면 환자에게 그의 병세가 나아질 수 있으며 이를 위해 상담사 혹은 의사에게 주동적으로 협조해야 한다는 점을 인지시킨다.

이후 면담에서 내담자의 일상과 기억나는 경험들, 자주 꾸는 꿈에 대해 가끔 물어보되 지나친 분석은 삼간다.

또한 내담자가 자신의 병을 분석하는 데 동참하도록 이끈다. 환자에게 이 증세는 매우 유치하며 환자가 지금 겪고 있는 감정과 행동은 성인의 사고방식에 어울리지 않는 어린 시절의 방식으로, 성인으로서 겪는 문제를 해결하려는 방책일 뿐이라고 말해준다.

내담자가 위의 설명과 분석을 대체적으로 받아들였다고 판단되면 유년 시기와 같은 과거에 뿌리를 둔 문제들에 대해 심층적으로 설명해준다. 강박증, 공포증은 어린 시절의 정신적 상처가 성년이 되어 좌절을 겪었을 때 다시 나타났을 가능성이 있다. 그래서 성인들이 무서워할 가치가 없는 것에 대해서도 마치 아이 같은 반응을 보이게 되는 것이다. 성 도착 환자는 어린 시절에 좋아했던 놀이들을 기억해내도록 하고, 지금 그의 증세는 바로 유년 시절의 방식으로 성욕이나 심리적 갈등을 대처하려 하기 때문에 생기는 것이라는 점을 설명한다.

일반적으로 인식 각성 요법의 효과는 내담자의 진정한 각성 여부에 따라 치료의 승패가 좌우되므로 상담사의 권위와 신뢰가 매우 중요하다.

(2) 완화 요법

난징정신병예방치료원南京精神病防治院의 루룽광魯龍光 주임의가 당대 과학적 연구 성과를 집대성하여 만든 심리 치료 요법이다. 의사와 환자(혹은 상담사와 내담자)의 양호한 관계를 바탕으로 면담 형식을 취하며, 내담자의 구체적인 상황에 따라 환자 스스로 병세를 자각하고 심리적 문제를 해결할 수 있다는 자신감을 갖도록 격려하고 치료 요법에 대해 수용적인 태도를 갖추는 것으로 심리적·병리적·생리적으로 증세의 호전을 기대할 수 있다. 환자가 자신의 정신적 반응에 주동적으로 대처하는 능력을 키워주면 치료는 물론 질병 예방과 심리적, 생리적 건강을 촉진하는 것이 목적이다.

완화 요법은 일반적으로 다음의 세 단계에 걸쳐 진행된다.

① 소통 단계 : 의사와의 원만한 의견 교환을 통해 환자는 병을 고칠 수 있다는 의지와 자신감을 얻을 수 있다. 이때, 심리적 문제의 원인에 대해 진지하고 구체적으로 대화를 나누어야 하며 환자 스스로의 자기 인식, 자아 분석 과정이 뒤따라야 한다. 그리고 치료자는 환자의 감정 변화와 의식의 심화에 주의를 기울여야 한다.

② 교정 단계 : 혐오 조건 반사 등 구체적인 방법으로 병태적病態的 심리를 제거한다. 환자 스스로 자신을 제어할 수 있을 때까지 지속적으로 환자와 의견을 나누어야 한다.

③ 지도 단계 : 정상적인 조건 반사가 가능해지면 외부 자극에 다시 반응해서 병이 재발하지 않도록 예방에 주의하고, 이를 위해 내담자가 속해 있는 학교, 사회에 협조를 구한다.

(3) 정신 이완법

정신이완법精神弛緩法은 '이완 훈련'이라고도 한다. 고대의 자기 수양법에서 유래된 방법으로 중국의 기공, 인도의 요가, 일본의 참선, 그리고 서양에서 인기 있는 이완 훈련relaxation training을 도입하여 고안되었다.

정신 이완법의 핵심은 고요함과 부드러움이다. 다시 말해, 고요한 정적 상태에서 의식을 통제하고 근육과 정신을 이완시킴으로써 정신과 생각을 안정시키고 호흡을 가다듬는다. 이를 통해 생리 기능과 심리 상태를 조절할 수 있다. 임상 실험과 심리학 연구 결과, 정신 이완법은 다양한 신체적, 정신적 질병(예를 들면, 고혈압, 협심증, 당뇨병, 편두통, 긴장성 두통)과 신경 관련 증세(불안 초조 증세, 강박증, 공포증 등)에 효과가 증명되었으며 기억력을 강화해 학습 능력을 향상시키고 민첩성과 지능을 향상시킬 뿐만 아니라 인격의 발달과 정서 안정에도 효과가 있는 것으로 밝혀졌다. 정신 이완법은 심리 상담 과정에서 사용되는 중요한 심리 치료 요법으로, 상용되는 심리 요법에는 아래와 같은 것이 있다.

① 침묵법 : 중국 기공 중의 정공靜功과 자세를 이용해 전신을 이완하는 방법이다. 묵념, 호흡 세기, 정신 집중 등으로 정신 상태를 조절하여 고요한 무념의 경지에 이른다. 동시에 호흡을 조절하여 신진대사와 혈액순환을 촉진한다.

② 이완 반응 : 서양에서 보급된 침묵연공법沈黙練功法을 개조해 만든 이완 요법의 하나로, 누구나 간단하게 따라할 수 있다는 것이 특징이다. 다음의 순서대로 실시한다.

첫째, 조용한 곳을 찾는다.

둘째, 근육을 이완시킨다.

셋째, 편한 자세를 취한다.

넷째, 반복해서 염을 외운다(간단한 문장이나 단음절어).

③ 점진적 이완 : 미국 생리학자 제이콥슨L. Jacobson이 고안한 훈련법으로, 신체 부분에서 전신으로 긴장된 근육을 이완시키는 훈련법이디. 요령은 먼저 손에서 시작해서 팔, 어깨, 머리, 목, 가슴, 배, 엉덩이, 다리를 거쳐 두 다리의 순서로 몸을 풀어주는 것이다. 그리고 점차적으로 각 부위의 근육들을 긴장시키고 다시 이완하는 연습을 하고, 전신 이완을 마지막 순서로 하여 끝마친다. 전체 과정은 일반적으로 지시어와 함께 진행된다.

정신이완법은 시험으로 긴장한 학생 단체 혹은 개인에게 사용할 수 있으며, 스트레스를 해소하고 감정을 조절하거나 심리 상담이나 치료를 받아들일 수 있는 상태로 만들어주는 데 탁월한 작용을 한다.

(4) 바이오피드백 요법

조작성 조건 반사 원리를 응용해 자신의 신체 기능(예를 들면 심장박동, 혈압 등 내장 활동과 대뇌 활동)을 제어, 조절하는 치료 요법이다. 주로 고혈압, 긴장성 편두통, 공포증, 불안증 등에 사용되며 주의가 산만한 학생에게도 매우 효과적인 치료 요법이다.

바이오피드백은 일반적으로 다음의 세 단계로 진행된다.

첫째, 환자에게서 근육 장력筋肉張力, 피부 온도, 혈압, 심장박동, 뇌파 리듬 등 치료와 관련된 반응을 끌어낸다.

둘째, 전자기기에 이러한 반응 데이터를 집어넣어 소리, 빛, 기기의 바늘 혹은 제어 장치에 표시되는 부호, 숫자, 도형 등의 신호 형태로 변화시킨 후 지속적으로 피시험자 본인에게 피드백한다. 이를 통해 피시험자는 자기 몸 안의 생리적인 과정에서 어떤 변화가 있는지 즉각적으로 관찰할 수 있다.

셋째, 피시험자는 피드백되는 신호를 근거로 의식적으로 반응을 제어하고 훈련한다. 이를 통해 스스로 제어하지 못했던 생리적 반응을 완전히 제어할 수 있게 된다.

(5) 최면 요법

이 요법은 최면을 통해 환자의 의식 범위를 극도로 제한하는 조건하에 암시적인 언어로 상담자의 심리적 문제를 제거하는 방법이다. 국내외 임상 경험에서 증명된 최면 심리 치료의 사용 범위는 다음과 같다.

첫째, 통증 치료에 사용된다. 이 요법은 모든 유형의 신경성 통증, 혈관성 두통, 열에 의한 통증, 외과 수술 혹은 수술 후 통증을 개선하는 데 뛰어난 효과가 있다. 또한 신경성 우울증, 조급증 등의 정서 장애를 개선하는 데도 탁월한 효과가 입증되었다. 거식증 환자도 최면 상태에서 음식을 먹거나 암시적 지시로써 정상 식욕을 회복할 수 있고, 수면 부족이나 업무 또는 학업으로 비롯한 과도한 긴장 상태, 운동 후 피로감도 짧은 최면으로 회복될 수 있다. 기억력 감퇴 환자는 최면 상태에서 암기에 집중적인 능력을 보이며 기억력을 개선할 수 있다. 아울러 요실금, 말더듬이, 비만, 신경성 구토 등에도 치료 효과가 있다.

둘째, 천식, 고혈압, 두드러기, 관절염과 같은 신체적 질병에도 사용된다.

셋째, 우울성 신경증, 초조성 신경증, 강박증, 공포증과 히스테리 같은 신경성 질병에 사용된다.

넷째, 아동들의 불량 행동을 개선하는 데 사용된다. 예를 들어 쑤저우 시에 사는 11살짜리 초등학생은 수업 시간에 잠시도 가만히 있지 못하고 딴전을 피워 학급 전체의 분위기에 나쁜 영향을 주었다. 학업 성적은 좋았다 나빴다 하는 기복이 있었고, 때로는 연필 끝을 입으로 물어뜯는 등의 불량 습관을 보였다. 그러나 최면 치료를 실행한 후 이 학생은 수업에 전념하며 다른 짓을 하지 않았고 학업 성적이 눈에 띄게 향상되었다. 또한 연필 끝을 물어뜯는 불량 행동도 없어졌다.

최면 요법의 기본 순서는 다음과 같다.

① 최면을 시술하기 전에 먼저 내담자에게 치료 목적과 순서를 알려준다. 성의 있고 열의 있는 태도로 내담자의 마음을 편안하게 해준다.

② 마웨이샹馬維祥 등이 개정한 스탠퍼드 최면 임상 척도 검사Stanford Scale of Hypnotic Susceptibility를 이용해 최면 대상자의 최면 감수성을 측정한다. 이 검사는 10문항으로 구성되며, 점수 기준은 높다(1점), 중간(0.5점), 낮다(0점)의 세 종류가 있다. 총점은 10점이며 8~10점은 최면 감수성이 높은 사람, 4~7점은 최면 감수성이 보통, 0~3점은 최면 감수성이 낮은 사람이다. 최면 감수성이 높을수록 최면에 쉽게 빠진다.

③ 언어를 통해 최면을 유도하는 방법을 사용하며, 조용하고 편안한 분위기의 최면실에서 시술한다. 피시술자가 빨리 최면 상태에 접어들도록 물체 응시법, 약물 암시법, 긴장 이완법, 또는 신체 접촉을 통한 이완법(머리를 쓰다듬는 등의)을 사용한다.

최면 상태는 강도와 깊이로 표현된다. 최면 상태가 깊지 않은 상태이면 환자는 일반적으로 몸에 피로감을 느낀다. 근육은 이완되고 호흡은 깊고 규칙적이며 눈에 힘이 없다. 깨어난 후에도 최면 상태일 때 겪은 일들을 기억한다. 최면 상태가 중간 정도일 때 환자는 졸음을 느끼고 사지는 뻣뻣하게 굳어 있으며 깨어난 후에는 최면 상태일 때 있었던 일들을 일부 기억한다. 최면 상태가 깊은 상태이면 환자는 시술자의 말에 반응하는 것 외에 기본적인 지각 능력을 모두 상실한 상태가 되어 심지어 바늘로 찔러도 고통을 느끼지 못해 외과 수술을 진행할 수도 있다.

일반적으로 학교 심리 치료에서는 강도가 약한 최면 상태를 선호한다. 그 방법을 통해 상담자에게 과거의 일을 기억하게 하고 상처받은 경험을 털어놓게 할 수 있고, 또한 과거의 병력이나 생활, 업무에서 느끼는 좌절감에 대해 물어보는 등 병의 진단과 치료를 위한 자료를 수집할 수 있다. 또한 어떤 동작(읽기나 말하기 등)을 암시해 실행하도록 하여 심리적 장애를 치료할 수도 있다. 예를 들어 무언중Mutism 환자에게는 상담자가 그의 병이 이미 치료되었다는 암시를 준다.

④ 최면 상태를 중단하려면 일반적으로 상담자에게 다음과 같이 암시힌다.

"이제 되었습니다. 치료는 모두 끝났어요. 깨어난 후에 당신은 몸과 마음이 훨씬 가벼워지고 사고력이 더욱 명철해지는 체험을 하게 될 것입니다."

이렇게 해서 피시술자가 최면에서 깨어난 후, 무력감과 어지러움을 느끼지 않도록 한다.

(6) 행위 요법

　행위 요법은 행위 교정行爲矯正이라고도 한다. 행위 학습 이론에 근거하며, 파블로프Ivan Pavlov의 조건 반사 이론과 스키너Burrhus Frederic Skinner의 작동성 조건 반사 이론에서 파생된 심리 치료 기술이다. 행위 요법은 여러 형식의 학습을 통해 환자의 자기 제어 능력을 향상시키고 환자가 자기감정, 행동과 내부적 생리 활동을 제어하게 하여 자기 행위 제어 요법이라고도 불린다.

　행위 요법은 이미 절대다수의 임상 심리 치료 환자와 심리 상담사들에게서 효과를 인정받은 요법이며, 심리 치료에서 명실상부한 주도적 위치를 차지하고 있다. 이 요법은 사용 범위도 매우 넓어서 치료 대상이 심리적 문제를 겪거나 이상 행동을 보이는 환자에게 국한되지 않고, 정상인의 행동을 훈련하는 데도 사용된다. 앞서 언급한 바이오피드백 요법과 정신 이완 요법도 행위 요법의 하위 범주에 속한다. 여기서는 그 밖의 행위 요법들에 대해 소개하고자 한다.

1) 단계적 둔감 요법

　울프J. Wolpe가 대항성 조건 반사 이론(즉 두 가지 상반된 행위 혹은 정서가 서로 억누르며 공존하지 않으려고 한다는 이론)에 따라 고안한 요법으로, 순서에 따라 점진적으로 이상 행동을 제거하는 방법이다. 주로 긴장, 초조와 관련된 불안증, 강박증, 공포증을 치료하는 데 사용되며 순서는 다음과 같다.

먼저 환자가 어떠한 자극 상황에서 불안과 초조함을 느끼는지 파악하고 내담자에게 근육 이완 훈련을 시킨다.

둘째, 불안과 초조, 공포에 대한 반응을 약한 순서에서 강한 순서 순으로 '등급'을 매긴다. 예를 들어 군중공포증群衆恐怖症 환자가 느끼는 불안 등급은 다음과 같다.

가장 강한 공포 (극도의 초조감)	⑩ 빽빽하게 사람들이 들어찬 곳을 비집고 들어간다. ⑨ 사람들이 바로 앞에 다가왔으며 자신도 그 속에 들어간다. ⑧ 사람들이 자신과 불과 20미터 떨어진 곳에 있다. ⑦ 사람들이 자신과 불과 50미터 떨어진 곳에 있다. ⑥ 큰 무리의 사람들이 100미터 앞에서 자신을 향해 걸어온다. ⑤ 창문 너머로 멀리에 한 무리의 사람들이 있는 것을 발견했다. ④ 문 밖에서 사람들의 소란스러운 소리가 들린다. ③ TV 화면으로 사람늘이 보인다.
가장 약한 공포 (경미한 초조감)	② 신문에 사람들의 사진이 실려 있다. ① '사람들'이라는 단어를 듣거나 보는 경우

다음으로 내담자가 몸 근육을 이완시킨 상태에서 가장 낮은 등급부터 초조감을 느끼는 상황까지 상상하도록 한다. 만약 이때 근육이 계속 이완된 상태라면 초조감을 느끼지 않는다는 뜻이므로 그 다음 등급의

상황을 상상하도록 지시한다. 이런 식으로 환자가 공포를 느끼는 상황을 상상하면서도 근육 이완 상태를 유지할 때까지 계속 진행한다. 만약 특정 등급에 속한 상황을 상상할 때 근육이 갑자기 긴장된다면 이 등급의 상황을 계속 상상하도록 하고 근육 이완 훈련을 진행한다. 그리고 이 상황을 극복하면 비로소 더 높은 등급으로 옮겨간다. 상상법 외에 내담자에게 직접 그런 상황을 체험해보도록 하는 것도 좋은 방법이다.

2) 홍수 요법(flooding therapy)

이 방법은 단계적 둔감 요법과 반대로 환자를 바로 자신이 공포를 느끼는 상황에 처하게 하는 요법이다. 일반적으로 내담자는 심리 상담사가 곁에 있는 조건하에 자신에게 공포를 유발하는 상황에 놓여진다. 그 상황에서 내담자는 극도의 공포를 느끼지만 상담사가 현장에 함께 있으므로 안전감을 느낀다. 상담사는 현장에서 환자가 공포감을 극복할 수 있도록 돕는다.

3) 혐오 요법

이 요법은 처벌 행위를 통해 혐오 반응을 일으켜 원래의 불량 행동 습관을 버리도록 하는 요법이다. 주로 흡연, 음주 등 불량 행동을 고치는 데 효과적이다. 예를 들어 술을 마시지 않도록 하기 위해 술을 간절히 마시고 싶을 때 전기 자극 같은 유쾌하지 않은 체벌 자극을 주어 음주에 혐오감을 느끼게 하는 것이다. 환자가 혐오 요법에서 느끼는 고통을 덜어주기 위해 '혐오 상상 치료법'을 사용하기도 한다. 즉, 환자에게 불량 행동에 대해 처벌받을 때의 고통을 상상하거나 볼 수 있게 하는 것이다.

고무줄 요법은 비교적 간편한 심리 치료 요법이다. 항상 왼쪽 손목에 고무줄을 두르고 다니다가 불량 행동을 하고 싶다는 생각이 떠오를 때마다 힘껏 고무줄을 튕긴다. 이때 고무줄은 아픔을 느낄 수 있도록 가능한 한 세게 튕겨야 한다. 그리고 고무줄을 튕긴 횟수를 기록한다. 이 과정은 불량 행동을 하고 싶다는 생각이 들지 않을 때까지 계속하며, 매일 상세하게 기록한다. 사흘 넘게 같은 생각이 떠오르지 않는다면 고무줄을 빼도 된다.

4) 상품권 요법

이 요법은 새로운 행동에 대해 물질적, 정신적으로 보상하는 방법이다. 상품권은 내부에서만 유통되는 화폐로, 내담자가 합당한 행위를 했을 때 상담자가 격려의 의미로 상품권을 준다. 그러면 내담자는 그 상품권으로 자신이 좋아하는 물건과 바꿀 수 있다. 그 밖에 깃발이나 작은 배지 같은 것들로 상담자를 격려할 수 있으며 이로써 치료 효과를 향상시킬 수 있다.

(7) 오락 요법

이 요법은 오락 활동(영화 감상, 노래 부르기, 음악 듣기, 공연 관람, TV 시청, 바둑, 카드놀이, 산책)을 통해서 건강한 정신을 기르고 정신 건강을 증진하는 심리 치료 방법의 하나이다. 현재 30여 종의 관련 요법이 시행되고 있다.

오락 요법 중에서는 음악 요법이 가장 많이 사용된다. 일본 동경예술대학Tokyo National university of Fine Art and Music에는 '음악치료연구회'가 별도로 설립되어 심금을 울리는 아름다운 고전음악을 통해 마음의 병을 치유하고 있다. 또한 음악별로 정서에 끼치는 치료 작용이 연구되기도 했다.(표 10-2 참조)

오락 요법은 다음 몇 가지 사항에 주의해서 실시한다.

첫째, 자발적 참여를 원칙으로 한다. 만약 내담자가 오락 활동에 흥미를 느끼지 못하거나 싫어한다면 활동 자체에 반감을 가지게 되므로 오락 요법은 실효성을 잃게 된다.

둘째, 사람마다 다르게 적용되어야 한다. 내담자의 연령, 성별, 개성과 흥미 분야에 따라 심리적 특징에 맞는 오락 요법을 선택해야 효과를 얻을 수 있다.

셋째, 자연스럽게 진행되어야 한다. 오락은 유쾌하고 자연스러운 활동이며 그러한 분위기 속에서 치료 효과를 기대할 수 있다. 그러므로 강압적이고 설교하는 식의 작위적인 방법을 사용해서는 안 되며 오락을 즐기는 가운데 자연스럽게 치료 효과를 거두도록 한다.

감정	작곡가	곡명
피곤	비발디 드뷔시 헨델	〈사계〉 중의 봄 〈바다〉 〈수상음악회〉
불안	바흐 생상 스트라빈스키	〈환상곡과 푸가〉(G단조) 교향시 〈죽음의 무도회〉 〈불새〉 제1악장
염세	헨델 베토벤 차이코프스키	〈메시아〉 〈제5번 교향곡 운명〉(C단조) 〈제5번 교향곡 비창〉 1악장(D단조)
우울	모차르트 거슈윈	〈제14번 교향곡〉(B단조) 〈랩소디인블루〉 제2부
조급, 갈망	헨델 로시니 보로딘	〈왕국의 불꽃놀이〉 〈윌리엄 텔〉 서곡 중 〈폭풍우〉 〈플로베츠인의 춤〉
희망 명랑 경쾌함	바흐 요한 스트라우스 주니어 비제	〈이탈리아협주곡〉(F장조) 〈푸른 도나우 강〉 왈츠 오페라 〈카르멘〉
희망적, 경쾌한	바흐 그리그 멘델스존	〈브란덴부르크 협주곡 제3곡〉(F장조) 〈페르귄트〉 중 〈조곡〉 〈제3교향곡 스코틀랜드〉(C단조)
자신감	베토벤 바그너 오네게르	〈피아노 협주곡 제5번 황제〉(E 플랫 장조) 〈탄호이저 서곡〉 관현악 〈퍼시픽231〉
최면	모차르트 멘델스존 드뷔시	〈자장가〉 〈한여름 밤의 꿈〉 피아노 협주곡 〈꿈〉
식욕 증진	무소르크스키 모차르트	〈전람회의 그림〉 〈유희곡〉

3. 심리 치료에 보조적으로 사용되는 약품들

적당한 약물 치료는 치료 효과를 배가시킨다. 그러나 학교 심리 상담에서 상담사는 처방권이 없기 때문에 약물 치료를 실시할 수 없다. 또한 의학적인 지식이 있거나 처방권이 있는 상담사라도 약물 보조 치료를 신중하게 사용해야 한다. 특히 내담자에게 용법과 용량을 분명히 설명해줘야 한다. 상용 약물은 다음과 같다.

① 항정신성 : 흥분, 환각, 망상과 이상 행동을 치료하는 데 사용된다. 클로르프로마진chlorpromazine, 퍼페나진perphenazine, 할로페리돌정 haloperidol Tablets, 히드로클로라이드Hydrochloride 등이 있다.

② 항우울성 : 기분 개선, 우울, 비관, 자책, 자살 충동 등을 치료하는 데 사용된다. 독세핀Doxepin, 이미프라민Imipramine, 아미트립틸린 Amitriptyline 등이 있다. 또한, 클로림프리아민Chlorimipramine은 공포, 강박증을 치료하는 데 효과가 있다.

③ 조급증 치료 : 초조함을 없애고 근육 이완, 감정 진정과 이완에 사용된다. 유시락스Hydroxyzine, 트렛시틴Tracitin, 클로르메자논 Chlormezanone 등은 불면증, 두통 등에 효과가 있다.

④ 정신 안정 효과 : 과도하게 흥분된 정신 상태를 진정시키고 과다 활

동, 과다 동작과 쉽게 분노를 표출하는 증상 치료에 사용한다. 리튬 카보네이트Lithium carbonate가 대표적인 약물로 조증과 우울증 예방에 효과적이다.

⑤ 흥분제 : 메칠페니데이트Methyl-Phenidate는 아동의 과잉 행동, 집중력 부족, 성적 저하, 지나친 장난 등을 치료하는 데 사용된다. 암페타민Benzedrine, 메클로페토세이트Meclofenoxate는 과다수면증에 쓰인다.

학교 심리 상담사는 전문적인 치료법에 대한 트레이닝 과정을 이수해야 하며 교사와 감독자의 도움 하에 신중하게 약물 치료를 진행한다. 더욱이 직접적으로 당사자의 잠재의식에 영향을 주는 최면 등의 방법은 돌발 상황을 예방하기 위해 사용에 신중을 기해야 할 것이다. 심리 치료 방법(특히 최면)은 양날의 검과도 같으므로 심리 상담사의 숙련된 기술과 노련한 판단에 따라 효과 여부가 결정된다. 이 역시 학교 심리 상담 업무 수칙에 명시되어 있어야 할 항목이다.

부록 : 학교 심리 상담에서 사용되는 진단기기 소개

1. 바이오피드백 치료기기

바이오피드백은 전자기기를 이용해서 인간의 생리 과정 및 심리 과정과 연관된 체내 생물학적 정보를 검사하고 측정하는 데 사용된다. 이러한 정보를 시각적, 청각적인 방법으로 개인에게 이해시키고 그들이 의식적으로 자신의 생리 활동과 심리 활동을 제어할 수 있도록 훈련한다. 바이오피드백을 사용하는 목적은 체내 기능을 조절하고 긴장감을 해소하며 질병을 예방 및 치료하는 데 있다.

연구 결과에 따르면 학교에서 바이오피드백으로 이완 훈련을 받은 학생은 학습 능력이 향상되었으며 단기 및 장기 기억력이 개선되었을 뿐 아니라 감각 및 조작 운동 능력이 강화되었다. 또한 반응 시간이 빨라지고 지능 향상, 감정의 안정화와 시험에 대한 불안 감소와 같은 결과가 나타났다. 이처럼 바이오피드백을 통한 장기적인 훈련은 개인의 특징적인 성향을 변화시킬 수 있으며 다양한 문제를 지닌 학생들에게서 현저한 효과를 거두었다.

바이오피드백 기기는 측정하고자 하는 생리 현상에 따라 달라지며 상용되는 기기로 근전도(Myoelectric) 측정기기, 피부 온도 측정기기, 전기 피부 반응 측정기기, 뇌파 측정기 등이 있다.

근전도(筋電圖) 측정이란 피부 표면의 미세한 근전도 전압의 변화를 측정하여 한 개 혹은 여러 개의 근전도 신호를 도출해내는 방법이다. 이 기종은 현재 가장 보편적으로 사용되고 있으며 근육의 이완 훈련과 신경 근육의 재훈련을 통해 효과적으로 긴장을 해소하고 각종 신경증과 우울증을 치료할 수 있다.

피부 온도 측정기기는 피부 온도를 측정하여 한 개 혹은 여러 개의 바이오피드백에 필요한 정보를 얻는다. 이 기기는 사용자가 자기 체온을 조절할 수 있게 해서 편두통, 긴장성 두통, 신경증과 같은 질병을 치료할 수 있게 돕는다.

전기 피부 반응 측정기기는 두 개의 전위에 전기를 통하게 해서 여러 개의 바이오피드백 정보를 보여주는 기기이다. 이 기기는 자율 신경의 활동을 돕고 질병을 방치하며 감정을 안정적으로 조절하는 작용을 한다.

뇌파 측정기는 주파수 범위의 두피 표면을 선택하여 교류 신호의 진폭과 빈도를 측정할 수 있는 기기이며 동시에 여러 개의 바이오피드백 정보를 얻을 수 있다. 자가 뇌파 훈련을 통해서 사용자는 심리 치료와 심리 훈련의 목적에 도달할 수 있다.

중국 국내에서 주로 사용되는 바이오피드백 기기에는 다음의 몇 가지 종류가 있다.

(1) 베이징(北京)보다(博達)기술연구소 : JD-I, JD-II (근전도 측정기), 피부 온도 측정기(PW).

(2) 베이징대학전자계측기기사 : 전자 피부 온도계, 근전도식 소리 바이오피드백 측정기.

(3) 상하이(上海)운링(雲嶺)계측기기 : EP901 듀얼(Dual) 전기 피부 반응 측정기.

(4) 중국건강교육연구소(中國健康敎育硏究所) : 동공 바이오피드백 측정기.

(5) 신세기생의학(生醫學)치료연구개발센터 : NC-BF01 지능형 바이오피드백 측정기(동시에 근전도, 피부 온도, 피부 저항 측정 가능).

2. 학습 전이-메모리스팬(Memoryspan) 자동 측정기기

이 측정기는 학습 전이와 순행 간섭(proactive inhibition) 혹은 역행 간섭(retroactive inhibition) 실험, 학습 발전 과정의 연구에 사용되며 숫자 기억력을 자동 측정할 수도 있다. 동시에 피시험자의 시각, 기억, 반응 속도에 대한 종합적인 능력을 측정할 수 있다. 이 기기는 가장 일반적으로 사용되는 심리학 측정기기이다.

(1) 학습 전이 측정 : 5개의 부호(기하학 도형)로 구성된 2종류의 코드가 자동으로 나타난다. 코드(기하학 도형별로 대응하는 숫자가 있음)별로 150세트가 있고, 한 세트(5개의 기하학 도형)가 동시에 화면에 나타난다. 기하학 도형의 배열과 조합은 불규칙적이며 논리 회로가 저장 장치에 미리 설정해둔 순서에 따른다.

이 기기는 자동으로 피시험자의 응답이 맞는지의 여부를 판단할 수 있다. 예를 들어 응답이 틀렸을 때는 지시등에 불이 들어오고 피시험자는 다시 응답해야 한다. 그리고 피시험자의 응답이 정확한 경우에만 다음 기하학 도형의 조합으로 넘어간다.

도형 조합 10개를 모두 채우면 경보음이 울리고 시험자는 버저를 정지시켜 시간을 기록한 후에 다시 시험을 진행한다. 한 종류의 코드 150세트가 모두 끝나면 시험자는 두 번째 코드를 선택하고 다시 시험을 진행시킨다.

(2) 메모리스팬 측정 : 기기는 자동으로 숫자 조합 두 세트를 보여주는데 이 숫자는 3자리에서 16자리로 구성되어 있다. 자릿수가 같은 숫자 4개가 한 세트가 되며 숫자는 3자릿수부터 16자릿수까지 차례로 나타난다. 숫자가 표시되는 시간은 0.7초이다.

모든 숫자는 코드화되어 차례대로 기기의 저장 장치에 입력되며 피시험자가 응답을 마치면 시험자가 종료 버튼을 누른다. 그러면 기기는 자동으로 다음 숫자를 불러내서 표시한다.

성적은 자동 계산되는데 채점 규칙은 F=2+0.25x(2는 기본 분수이고 x는 피시험자가 정확하게 응답한 숫자 조합의 세트 수).

세트 14개를 테스트하고 나면 기기는 자동으로 경보를 울리며 시험자는 버저를 끄고 모니터에 성적을 기록한다.

학습 전이-메모리스팬 자동 측정기는 베이징대학 심리학과와 베이징대학 전자계측기기사가 공동으로 연구 개발한 심리학 측정기로 모델 번호는 BDXL-II 이다.

3. 반응 시간 측정기

반응 시간이란 자극을 받고 반응하는 데 걸린 시간을 말한다. 반응 시간은 단순 반응 시간과 선택 반응 시간으로 구분되며 반응 시간 측정기기 역시 단순 반응 시간 측정기기와 선택 반응 시간 측정기기가 있다.

현대 심리학 연구에서 반응 시간은 인간의 지각, 주의력, 학습과 기억력, 사유 능력, 동기와 개인차 등의 심리 활동을 분석할 수 있는 신뢰성 있는 지표로 간주된다. 국내 심리학 종사자들은 일찍이 반응 시간을 지표로 초등학생들이 한자의 형태적 특징을 변별하는 능력에 대한 실험을 실시했다. 또한 반응 시간은 지각과 자극 사이의 차이 정도를 측정할 수 있는 지표이기도 하다. 차이가 큰 사람은 반응 시간이 짧고 차이가 큰 사람은 반응 시간이 길다. 반응 시간은 학습한 내용이 공고하게 기억되어 있는지의 여부를 측정하는 실험에 사용된다.

반응 시간의 측정은 다양한 분야에 응용된다. 개인 운전사나 항공사 기장, 운동선수와 은행 회계 담당자를 선발하거나 훈련시킬 때 반응 시간은 측정 항목으로 쓰인다. 반응 시간은 또한 여러 종류의 조건 하에 생산 계획 결정, 상품 디자인 그리고 상품 품질 검사의 신뢰 지표로 쓰인다. 무엇보다도 체육심리학에서 응용 사례가 많다.

현재 국내에서 사용되는 반응 시간 측정기는 다음과 같다.

(1) 상하이(上海) 화둥(華東)사범대학 과학교육기기사 : EP203(선택 반응 시간 측정기), EP202(동작 반응 시간 측정기)

(2) 베이징대학전자계측기기사 : 시각 반응 시간 실험 설비, 동작 반응 시간 실험 설비

(3) 베이징대학계측기기사 : BFS-81-I(시각 선택 반응 시간 측정기), BSG-85-I(빛·소리 반응 시간 측정기)

(4) 상하이(上海)운링(雲嶺)계측기기 : EP851B(타격 계수 반응 측정기)

(5) 상하이(上海)펑시엔(奉賢)린하이(林海)전자계측기기사 : PTD(빛·소리 다기능 반응기)

(6) 베이징(北京)시금속공업사 : RS-B(반응, 동작, 응답 측정기)

4. 시공간 지각 능력 연구기기

공간과 시간은 물질이 존재하는 기본 형태로 객관적인 사물에 대한 모든 지각(知覺)은 시공간 속에서 이루어진다. 때문에 공간 지각과 시간 지각은 매우 중요한 지각 유형이다. 공간 지각은 사람이 사물의 형상, 크기, 방위, 깊이와 같은 공간 특성을 지각하는 능력을 말한다. 시각 지각은 객관현상의 연속성과 순서에 대한 지각 능력을 말한다. 우리는 기기를 사용해서 각각의 지각 능력을 측정하고 연구할 수 있다.

시공간 지각 측정기기는 체육, 의학 심리, 아동의 과잉 행동 장애 진단에 폭넓게 사용된다. 예를 들면 상하이(上海)제이군의대학(第二軍醫大學)과 창정(長征)병원, 해양수하공정과학연구원(海洋水下工程科學研究院) 부속 의학생리실에서는 1984년 10월부터 개선된 미세뇌기능장애(minimal brain dysfunction ; MBD) 평가표에 따라 병례(病例)를 선별했다. 그리고 EP702 시공지각측정기로 실험을 진행한 결과 도형 지각 반응 속도, 기억 시간, 오답률, 시간 예측 등의 항목에서 MBD 아동과 정상 아동 간에 현격한 차이가 있었다. 실험 결과에 따라 이 기기는 아동의 과잉 행동 장애를 진단하는 보조 실험 기기로 쓰이게 되었다.

현재 중국에서 사용되는 시공간 지각 연구 장치는 다음과 같다.

(1) 상하이(上海)운링(雲嶺)계측기기 : EPF01B(공간 지각 연구 제어기기), EPF02B(시간 지각 연구 제어기기), EPF012(시공간 지각 측정기)

(2) 베이징대학계측기기사 : 상용 계측기(BCX-80-II), 길이 및 면적 계측기(BMJ-81-I), 거리 계측기(BCD-81-II), 깊이 지각 측정기(BSI-81- II)

(3) 베이징사범대학전자계측기기사 : 소리 측징기기

5. 속도 표시기

감각과 지각, 주의력, 기억과 학습 방면의 연구에는 시각적인 자극물을 피시험자에게 보여주고 그들의 반응을 기록하기에 적합한 기기들이 사용된다. 정확한 실험을 위해서는 자극을 가하는 시간, 강도와 순서를 제어할 수 있는 표시기가 필요하다. 심리학자 분트(W. Wundt)는 일찍이 성능 좋은 표시기의 조건에 대해 이렇게 말했다. 눈동자의 움직임을 피할 만큼 시간이 짧아야 하며, 자극물이 나타나기 전에 피시험자는 자극 표시기의 위치를 정확히 파악해야 하며 자극물이 잘 보이도록 조명을 조절해야 한다. 또한 모든 자극은 동시에 보여야 한다. 오늘날의 표시기는 컴퓨터에 의해 완전히 제어되고 있으며 기기의 원리는 위에서 언급한 속도기와 같다.

학교 심리 상담에서 속도 표시기는 주로 학생의 기억력과 주의력을 측정하는 데 사용된다.

(1) 화둥(華東)사범대학과학교육기기사 : EP301-II 속도 표시기
(2) 상하이(上海)펑시엔(奉賢)린하이(林海)전자계측기기사 : ES-A 속도 시연기
(3) 텐진(天津)사범대학교부설기기사 : SD-I 광전기형 속도 표시기

6. 미로 찾기

미로 찾기는 어두운 상태에서 지팡이로 짚어가며 미궁을 빠져나오는 방법이다. 중간에 막힌 길과 수많은 미로가 설치되어 있으며 지팡이가 막힌 길에 닿게 되면 한 번 실패한 것으로 본다. 학습 발달 과정은 미로를 한 번 완주하는 데 걸리는 시간 혹은 실수를 범한 횟수로 표시되며 일반적으로 세 번 반복하면 막힌 길에 들어가지 않게 된다.

미로 찾기는 주로 지각—동작 학습을 측정하는 데 사용되며 교육, 체육, 직업 훈련과 심리 치료와 같은 부분에서 심리 측정 도구로 쓰인다.

중국 국내에서는 상하이(上海)펑시엔(奉賢)린하이(林海)전자계측기기사가 제작한 PTA-I, II, III 미로를 주로 사용한다.

7. 주의력 측정기

주의력은 어떤 대상에 집중하는 심리 활동이다. 주의력은 주로 주의력의 범위, 주의력의 안정성, 주의력의 전이 및 분배 능력을 보게 되며 이러한 항목을 측정하는 기기가 있긴 하지만 측정 결과가 반드시 일치하지는 않는다. 주의력을 측정할 때는 간섭이나 장애(소음을 켜놓는 등의)를 설정하고 피시험자의 대응 능력을 관찰한다.

학교 심리 상담에서 주의력 측정기는 학생들의 주의력을 측정하고 심리 훈련을 진행하는 데 사용된다.

중국 국내에서 사용되는 주의력 측정기를 소개하면 다음과 같다.

(1) 베이징대학계측기기사 : BZZ-86-I 주의력 추적기

(2) 베이징대학전자계측기기사 : BDXL-I 주의력 분배 실험 설비

(3) 톈진사범대학교부설기기사 : SD-5 주의력 측정기

(4) 화둥사범대학과학교육기기사 : 주의력 집중 능력 측정기

중편

학생들과의
서신 상담

11

올바른 자기 인식을 위한 조언

1. 저도 저를 모르겠어요

주 교수님께

저는 고등학교에 진학한 후로 '나는 도대체 어떤 사람인가?'라고 스스로에게 묻곤 합니다. 때로는 저 자신을 알다가도 모르겠습니다. 자기 자신을 제대로 아는 일은 결코 쉬운 일이 아닌 것 같습니다. 지팡이를 짚고 한 치 앞을 알 수 없는 어두운 길을 걷는 것처럼 말이죠. 어떻게 하면 제 자신을 더 잘 이해할 수 있는지 알려주셨으면 합니다. 꼭 부탁드립니다.

어둠 속에서 길을 찾아 헤매는 양양(楊陽) 드림

양양에게

안녕하세요!

유명한 레바논(Lebanon) 작가 칼릴 지브란(Kahlil Gibran)이 이런 말을 했습니다,

"나는 나 자신을 알고 나의 신비한 영혼을 통찰해야 한다. 그럼으로써 내가 느끼는 모든 두려움과 불안을 떨쳐버리고 물질의 나로부터 정신의 나를 찾아내고 피와 살로 이루어진 구체적인 존재의 나에게서 나의 추상적인 본질을 찾아낼 수 있을 것이다. 그리고 이것이야말로 생명이 나에게 부여해준 가장 신성한 사명이다!"

인류가 진화해온 역사 속에는 부단히 자기를 탐색하는 여정도 포함되어 있습니다. 역사상 위대한 성현과 철학자들은 자아의 비밀을 탐색하는 데

노력을 아끼지 않았으며 시인들은 다음과 같은 시를 지어 생의 비밀에 의문을 던지기도 했습니다.

"강가에 누가 있어 처음으로 저 달을 보았나(江畔何人初見月), 강 위에 뜬 저 달은 어느 해 처음으로 사람을 비추었나(江月何年初照人)."

그리스 파르나소스 산(Mount Parnassus)의 남쪽 자락에는 그리스 시대의 유명한 델포이(Delphoe) 신탁소가 있습니다. 이 신탁소 입구에 큰 비석이 세워져 있는데, 눈에 띄는 큰 글자로 '너 자신을 알라'라고 쓰여 있지요. 고대 그리스 철학자인 소크라테스(Socrates)가 사람들을 가르치면서 자주 인용한 이 격언은 훗날 소크라테스가 한 말처럼 전해지고 있습니다. 아무튼 재미있는 것은 이 격언이 다른 곳도 아닌 신탁 입구에 새겨져 있다는 사실입니다. 만약 사람들이 자기 자신을 제대로 이해하고 믿으며 운명의 주인으로 살아간다면 굳이 신에게 제사를 지낼 필요가 없지 않을까요?

사회생활이 시작된 이래 인간은 누적된 지혜로 자신을 해부하려는 노력을 계속해왔습니다. 하지만 진정한 자신을 이해하는 것은 쉬운 일이 아니었죠. 중국 속담에 '남을 아는 것은 지혜로운 일이요, 자기 자신을 아는 일은 현명한 일이다(知人者智, 自知者明)'라는 말도 있지요? 이처럼 자기 자신을 알기란 어려운 법입니다. 프랑스 현실주의 작가인 플로베르(Gustave Flaubert)는 이런 말을 했습니다.

"끊임없이 나를 번민하게 하는 일이 있다면 그건 바로 나의 기준을 나 자신도 알지 못한다는 것이다. … 그러나 이것을 알기를 바라는 것이 너무 큰 야심은 아닐 터이다. 천재만이 자기 능력을 정확히 이해할 수 있는 법이니까.”

이 말은 작가가 자기 자신을 알기를 얼마나 열망하는지 반영할 뿐 아니라 자기 운명을 다스릴 수 없다는 깊은 탄식이 드러나 있습니다. 사실, 누구나 자기 자신을 알고 싶어 합니다. 오죽하면 ‘지피지기면 백전백승(知彼知己百戰不殆)’이란 말도 있겠습니까? 개인적인 관점에서 자신을 알아야만 자신의 장단점을 제대로 파악할 수 있을 것입니다. 남을 기준 삼아 자기를 이해하고, 반대로 자신을 이해하는 것처럼 남을 이해해야 합니다. ‘장심비심(將心比心)’이란 말이 있지요? 이 말은 곧 남과 입장이 바뀌었다고 생각해야 상대방의 행동과 감정을 더욱 잘 이해할 수 있다는 뜻입니다. 그러나 자기 자신조차 이해하지 못한다면 당연히 장심비심의 능력이 모자라서 남을 이해하거나 즐겁게 해줄 수 없을 것입니다. 당연히 원만한 사회생활과 인간관계에 지장을 초래하게 될 것이 분명하고요.

그렇다면 자신을 아는 일이 정말 그렇게 어렵기만 한 일일까요? 심리학적 관점에서 볼 때 자기를 아는 일은 자아의식의 문제이며 주체적인 자기의식을 통해 자신과 자신의 주변 관계를 인식하는 일입니다. 예를 들면 자기감정, 자기평가, 자기감독, 자기제어, 자존심, 자신감에 대한 인식이지요. 생후 1년 된 아기에게 자의식이 있을 리 없습니다. 그 아기는 거울 속에 비친 사람이 누구인지 알지 못하며 엄마의 젖을 빨듯 손가락을 빠는 일에 흥미를 느끼고 발장난을 하면서 장난감 가지고 놀며 즐거워합니다. 그러다 점차 성장하면서 자기 자신을 객체에서 주체로 인식하기 시작하고 자의식이 생겨납니다.

자신을 아는 일은 인간 의식의 본질적인 특징입니다. 인간은 자의식이 있기 때문에 자각적으로 자신이 무슨 생각을 하고 있는지 의식하고 자신의 생각, 감정, 염원과 능력을 의식하며 자신이 무엇을 할 수 있는지와 그 결과는 어떠할지를 의식하고 또 그로부터 자각적으로 자신의 행동을 조절합니다. 우리는 거울을 통해 자기 모습을 분명히 볼 수 있으며 측량기기를 사용해서 신장, 체중, 혈압을 측정합니다. 그러나 복잡 다양한 정신을 이해하는 일은 그보다 훨씬 어려운 일입니다.

한 심리학자가 이렇게 말했습니다.

"청년기에 가장 가치 있는 정신적 성과는 내재된 자신을 발견하는 일이다. 청년에게 이러한 발견은 코페르니쿠스(Nicolaus Copernicus)의 지동설만큼이나 혁명적인 의미가 있다."

다만, 청년기의 이러한 자아 발견은 다소 조잡할 수 있으므로 자신의 장단점을 객관적으로 파악하지 못하는 경우가 더러 있으며 이 때문에 심리적인 장애를 겪게 되기도 합니다. 예를 들어 열등의식이 강한 사람은 자기 능력을 충분히 깨닫지 못해 매사에 겁을 먹다기 좋은 기회들을 놓치고 맙니다. 또 어떤 사람들은 자신감이 지나쳐 자기 능력을 과신하고 현실과 동떨어진 목표를 추구하다가 실패하고 의기소침해지기도 합니다. 이 모두가 청년들이 현실에 맞는 이상과 포부를 가지고 사회생활에 잘 적응하는 데 심리적인 장애 요인으로 작용합니다.

개인의 심리적 발전 과정과 인간관계의 부단한 확장 측면에서 볼 때, 이러한 장애를 극복하고 자기 자신을 정확히 이해하기 위해서는 가장 먼저 해야 할 일은 남을 관찰하는 것입니다. 사람은 특정한 사회관계 속에서 자신과 남을 비교하면서 남의 행동을 통해 자신의 위치와 상황을 파악해야 합니다. 학교에서 생활하는 학생들은 자기 점수에 관심을 기울이고, 자신의 반 석차에 신경 써야 합니다. 그리고 남의 장점과 단점을 보면 자신도 그와 같은 장단점이 있지는 않은지 확인해야 합니다. 공자(孔子)의 말씀 중에 다음과 같은 말이 있습니다.

"어진 사람을 보면 어진 사람이 되고자 하고, 어질지 못한 사람을 보면 자신을 돌아보라(見賢思齊, 見不賢而內自省)."

늘 자신을 역사상 성현, 영웅, 학자 혹은 외지의 동업자, 주변의 친구들과 비교하는 습관을 들인다면 자신을 아는 데 도움이 될 것입니다. 또한 자기 능력을 향상시키고 분발하는 계기가 될 것입니다.

당연히 남을 관찰하는 일로만은 충분치 않습니다. 남이 자신을 대하는 태도도 주의 깊게 살펴봐야 합니다. 남의 태도는 우리 자신의 정신적 면모를 반영하는 거울입니다. 남들이 나를 긍정적으로 평가하고 존경하고 사랑하고 나와 교제하기를 원하는지 아니면 나를 부정하고 멀리하고 싫어하는지를 알아차리기란 쉽지 않습니다. 일반적으로 남이 나를 존중하고 나와 사귀기를 원한다는 것은 나에게 남들이 좋아할 만한 품성이 있기 때문입니다. 반대로 남이 나를 싫어하고 멀리한다면 그건 나에게 남들이 꺼리는 단점이 있다는 말이 되겠지요. 많은 사람이 나에게 같은 태도를 취한다면 왜 그런지 따져볼 필요가 있습니다. 거울이 나의 진정한 모습을 완전히 보여줄 수 없는 것처럼 당연히 사람들의 태도 역시 편애, 편견, 이해 부족 등의 이유로 왜곡되고 과장되었을 가능성이 있습니다. 그러니 남들의 태도는 우리가 자신을 이해하는 데 참고의 가치 정도만 있을 뿐이지요. 자신을 이해하는 또 다른 효과적인 방법 중 하나는 직접 행동에 옮기면서 발견해가는 것입니다. 자기를 총체적이고 정확히 이해하기 위해, 그리고 자신의 재능과 소질을 발견하고 자신의 장단점을 통찰하기 위해서 다양한 활동을 경험해보아야 합니다. 심금을 울리는 천상의 목소리는 노래를 부르다가 발견되는 법이고, 화가의 자질 또한 되는대로 끼적거린 도화지에서 발견되는 법입니다. 사람마다 자기만의 특징과 재능이 있습니다. 어떤 사람은 그림을 잘 그리고, 어떤 사람은 악기를 잘 다루며, 또 어떤 사람은 조직력이 뛰어나고, 창조적인 재능을 타고난 사람도 있습니다. 그리고 이러한 재능들을 갖추었다는 사실을 깨닫지 못한 채 세상을 떠나는 사람도 있습니다. 그래서 우리는 모든 활동에 적극적으로 참여해야 합니다. 그리고 그 안에서 자신을 발견하고 특기를 발휘하며 단점을 찾아내야 합니다. 자신의 장단점을 확실히 파악하고 행동한다면 우리 모두가 운명의 주인이 될 수 있을 것입니다. 다시 한 번 강조합니다. 적극적으로 행동하면서 성공과 실패의 경륜을 쌓아야만 자기의 위치를 정확히 파악할 수 있습니다. 그리고 예상했던 목표와 실제 결과를 비교해봐야 비로소 자신의 예상이 정확했는지 여부를 점검할 수 있으며 판단력과 예측 능력을 향상시키고 자기 판단에 대한 자신감을 가질 수 있습니다. 그러므로 자기를 안다는 것은 후천적인 노력이 수반되어야 가능한 것이지 하늘에서 거저 내려주는 능력이 아닙니다. 자, 이제 실천으로 옮기세요. 세상 속에서 당신 자신을 찾게 되기를 바랍니다.

　건투를 빕니다.

주영신(朱永新)

2. 다른 사람을 더 잘 이해하고 싶습니다

주 교수님께

저는 대학 졸업반 학생입니다. 곧 대학문을 나서면 사회라는 드넓은 바다를 헤엄쳐야겠지요. 하지만 저는 인간관계에 정말 자신이 없습니다. 스스로 생각하기에도 남을 정확하게 판단하고 이해하는 능력이 떨어진다고 생각합니다. 때로는 제가 좋아하는 사람을 완전무결한 존재라고 생각하고 때로는 다른 사람을 성급하게 판단했다가 나중에야 제가 잘못 판단했다는 것을 깨닫습니다.

저는 국제 무역을 전공하고 있기 때문에 사람들을 빠르고 정확하게 판단하는 일은 저의 직업과도 관련이 있습니다. 어떻게 하면 좋을까요? 교수님의 도움과 가르침을 기다립니다.

제자 왕원(王文) 드림

왕원에게

1980년에 미국 심리학자 켈리(H. H. kelly)가 다음과 같은 재미난 실험을 했습니다. 그는 심리학을 수강하는 두 반을 선택해서 학생들에게 특별 초빙한 외래 강사의 특징에 대해 설명했습니다. 그중 한 반 학생들에게는 '열의'라는 단어가 연상되도록 소개했고, 다른 반 학생들에게는 '냉담'이라는 단어가 연상되도록 소개했지요. 그 후 그 외래 강사를 모셔와 두 반에서 각각 20여 분간 토론을 진행하도록 했습니다. 그 결과, 강사가 '열의'에

차 있다고 생각하는 학생들은 강사와 자연스럽고 편안하게 토론했으며 '냉담'하다고 생각하는 학생들은 외래 강사가 가까이하기 어려운 까다로운 사람이라는 인상을 받았다고 합니다.

사회심리학자들은 이런 현상을 '후광 효과(Halo Effect)'라고 부릅니다. 즉, 어떤 사물을 평가할 때 적극적이고 긍정적인 후광 효과에 따라 좋은 평가를 내리고, 부정적이고 소극적인 면에 영향을 받아 나쁘다고 평가하는 것을 말합니다. 후광 효과의 존재는 우리가 복잡한 현대 사회를 살아가면서 남을 정확하게 파악하고 이해하는 일이 얼마나 어려운 일인지를 보여주는 예라고 하겠습니다. 수많은 심리적 요소가 우리의 판단력에 조용히, 그러나 매우 강력하게 영향력을 행사합니다. 중국 고대의 유명한 교육가 공자는 일찍이 다음과 같이 말했습니다.

"남들이 나를 모르는 것을 걱정하지 말고 내가 남들을 모르는 것을 걱정하라(不患人之不知己, 患不知人也)."

분명히 남을 제대로 알지 못하면 우리 생활에 어두운 막이 드리워지는 것과 같이 정상적인 대인 관계를 형성하지 못하고, 고독하고 질투, 번민에 괴로워하는 소극적인 성품의 사람이 되어버립니다. 사회 경험이 적은 청년들은 이 문제에 더욱 어려움을 겪습니다. 하지만 그들이야말로 이 능력이 절실하게 필요합니다. 남을 이해하려면 교제를 강화하는 것이 가장 중요합니다. 사람들과의 우정과 상호 이해는 모두 이런 교제를 통해서 생성됩니다. 자기가 특별한 존재라고 생각하고 고독을 즐기거나 침묵으로 일관하며 소수의 사람들하고만 교제한다면 남들도 나를 이해하지 못하고 나 또한 남들을 이해할 수 없을 것입니다. 남을 제대로 이해하려면 남들과 적극적으로 어울리고 원만히 지낼 줄 알아야 합니다. 또한 남에게 마음의 문을 열고 타인의 감정에 공감하면서 서로에게 영혼을 보여줄 수 있어야 합니다.

또한, 남을 이해하기 위해서는 먼저 편견을 버려야 합니다. 직업, 집안, 경력은 그 사람을 이해하는 참고 사항일 뿐이지 그 사람을 판단하는 근거가 되어서는 안 됩니다. 인간은 매우 복잡한 사회적 존재이므로 같은 행동일지라도 그 원인은 완전히 다를 수 있으며 그의 과거와 미래 또한 전혀 달라질 수 있습니다. 그러니 남을 이해하려면 먼저 자기 느낌을 믿고 그의 행동을 관찰하세요. 구체적으로 말해서 편견을 버리고 그 사람의 첫인상에 주의를 기울이란 것입니다. 일반적으로 첫인상은 쉽게 잊히지 않습니다. 후광 효과란 바로 첫인상에 의한 결과이며, 사회학자들은 이를 초두 효과(primary effect)라고도 합니다. 그러므로 첫인상을 지나치게 믿지 말고 냉정히 분석하고 지속적으로 관찰해야 합니다. 편견을 없애려면 고정관념을 버려야 합니다. 고정관념은 유추화(類推化) 작용을 하는데, 이는 자신이 예상한 유형별로 사람을 분류하고 딱지를 붙이는 행위입니다. 예를 들어 '영국인'하면 신사를 떠올리고, '유대인'하면 돈을 좋아한다고 생각하며, 뚱뚱한 사람은 낙천적이고 마른 사람은 대부분 우울증 환자가 많을 것이라고 생각하고, 세련되게 차려입은 사람은 경박하며 소박하게 차려입은 사람은 성실하다고 생각하는 것처럼 말이죠. 실제로 사람은 천차만별이라 그들의 특징을 절대화할 수 없습니다. 개개인이 모두 자기만의 개성을 지닌 유일한 존재입니다. 그리고 감정적 요소의 작용에도 주의해야 합니다. 사람은 자기도 모르게 외부 사물에 자기감정을 투사하는 경향이 있습니다. 가령 기쁠 때는 자연이 자신에게 웃어주는 것 같고, 슬플 때는 달빛마저 처량하게 느껴집니다. 마찬가지로 기분이 유쾌할 때는 남의 언행이 친절하게 느껴지다가도 기분이 좋지 않을 때는 사사건건 못마땅하게 느낍니다. 그러므로 남에게 자기감정을 덮어씌우지 않도록 주의하고 자기감정 때문에 남의 감정을 왜곡하지 않도록 주의를 기울여야 합니다.

평소 타인과 만나서 어울릴 때는 사려 깊은 관찰자가 되어 남의 언행과 행동을 잘 살펴보십시오. 또한 그가 나를 어떻게 대하는지 또 다른 사람들은 어떻게 대하는지도 관찰해야 할 것입니다. 이때 관찰한 내용을 분석하고 진위를 따져 원인을 규명해야 합니다. 당연히 이 모든 일은 좋은 의도에서 진행해야지 냉혹한 감시자가 되어서는 안 됩니다.

또한, 기품과 성격 등 심리학적 지식을 배운다면 일상적인 심리적 특징을 파악하는 방법을 이해하게 될 것이므로 종합적이고 정확한 이해에 도움이 될 것입니다.

건투를 빕니다!

주영신

3. 남의 말을 경솔하게 믿는 편입니다

주 교수님께

　제 편지를 읽어주서서 감사합니다. 저는 중국 학생들이 대부분 '맹신하도록 격려 받는' 환경에서 성장하고 있다는 사실을 발견했습니다. 어려서부터 선생님 말씀이라면 무조건 따르도록 교육받았으며 점차 각종 시험에서도 '모범 답안'에 의지하도록 교육받았습니다. 모범 답안을 적어야만 점수를 얻을 수 있었기에 그것이 맞는지 틀린지 크게 상관하지 않았습니다. 어른이 되면 사회는 우리에게 지도자와 권위를 맹종하도록 요구하지요. 어쨌든 간에 결국은 그들이 하는 것이 모두 맞는 일이구요! 점차 민족 전체가 맹신병을 앓게 되는 건 아닌지 걱정입니다. 이런 풍토가 가져올 위기를 생각하면 모골이 송연해질 지경입니다. 자기주장이 있는 사람, 자기주장이 있는 민족이 되어야 하지 않을까요? 교수님의 가르침을 기다립니다.

사샤오전(沙小珍)

사샤오전에게

　당신처럼 생각하는 사람을 알게 되어 정말 기쁘군요.

　17세기 프랑스 우화작가인 라퐁텐(Jean de La Fontaine)의 우화집에 이런 이야기가 실려 있습니다. 한 늙은 대장장이가 그의 아들과 나귀를 팔러 갔습니다. 그들은 나귀를 살지고 튼튼하게 보이기 위해 나귀의 네 다리를 장대에 묶어 시장까지 짊어지고 갔지요. 그런데 길가에서 그들을 비웃는 웃음소리와 소곤거림이 끊임없이 들려왔습니다.

"세상에, 저게 무슨 짓이람! 그래도 셋 중에 제일 멍청한 게 나귀는 아닌 거 같아요."

이 말을 듣고 정신이 번쩍 든 대장장이는 얼른 밧줄을 풀고 아들을 나귀 등에 올라타게 하고는 자신이 나귀를 끌었습니다. 그런데 길에서 마주친 한 상인은 나귀에 올라탄 아들더러 노인을 걷게 하고 자기가 편하게 간다며 불효자식이라고 비난을 퍼부었습니다. 대장장이가 생각해보니 그 또한 일리가 있는 말이라 이번에는 아들 대신 자기가 나귀에 올라탔습니다. 그러자 이번에는 아낙 세 명이 노기등등해서 이렇게 외쳤습니다.

"아들을 저리 힘들게 하다니 부끄럽지도 않으세요?"

늙은 대장장이는 어찌할 바를 모를 지경에 빠졌습니다. 마지막으로 그는 묘안을 짜냈습니다. 아들도 같이 나귀에 태운 것이지요. 그러나 삼십 걸음도 못 가 이번에는 이렇게 비난하는 소리가 들렸죠.

"미친 사람들이로군. 불쌍한 나귀 같으니, 제 명에 못 죽겠구나."

노인은 이 말을 듣고 하는 수 없이 나귀에서 내려 나귀와 함께 걸었습니다.

이 우화는 자기 주관 없이 남을 맹신하면서 늘 남의 뒤꽁무니에서 맴도는 사람들을 풍자하고 있습니다. 우리 중에도 자기가 깨닫든 깨닫지 못하든 간에 나귀를 팔러가는 대장장이 같은 행동을 답습하는 사람들이 많지 않을까 걱정입니다. 어떤 젊은이들은 자기 주관이 부족해서 남의 생각을 성지(聖旨)처럼 받들기도 합니다. 그 결과 오해를 사거나 맹목적으로 행동해서 일을 엉망으로 만들어놓지요. 그렇지 않으면 이랬다저랬다 하는 태도를 보이거나 남의 말이라면 무조건 곧이곧대로 들어 좌충우돌하기도 합니다. 러판(勒凡)의 다음과 같은 말처럼 말입니다.

"당신의 행동이 언제나 주위의 여론으로 결정된다면 아무 일도 제대로 해낼 수 없을 것이다."

맹목적으로 남의 말을 따르게 되는 데는 주로 세 가지 원인이 있습니다.

먼저 자기가 어떤 일이나 영역에 대해 제대로 잘 알지 못하는 경우 남의 말대로 하기 쉽고 권위에 따르기 쉽습니다. 심지어는 권위자가 비판을 받아도 그를 맹목적으로 지지하게 됩니다. 이를 심리학에서는 '권위효과'라고 합니다.

두 번째로는 독립심, 자신감이 강하지 못한 경우입니다. 어떤 사람들은 특정한 일에 대해 매우 잘 파악하고 있습니다. 단독으로 그 일을 처리해야 할 필요가 있을 때, 그들은 조금도 망설이지 않고 자기 생각대로 추진합니다. 그러나 많은 사람들과 함께 있을 때는 우유부단하게 행동하거나 결정을 내리지 못합니다. 만약 무리의 사람들이 대부분 자신과 다른 의견을 가지고 있다면 그는 아주 쉽게 자기 의견을 포기하고 대세에 따릅니다. 이를 심리학에서는 '군중 심리'라고 합니다.

세 번째로는 의지가 박약한 경우입니다. 어떤 사람들은 매사에 결정을 내리지 못하고 남의 의견을 비판 없이 수용하는 경향이 있습니다. 통계에 따르면 이러한 맹신은 남자보다 여자가 더 두드러지며 노년층보다 청년층에서 더 두드러집니다. 또한 지위가 낮은 사람(정치, 경제, 학술, 사회, 가정 지위 등)이 높은 사람에 비해 더욱 맹신적입니다. 발명가 베서머(Bessemer)는 일찍이 이렇게 말했다지요.

"나는 오랫동안 관습에 의해 형성된 고정관념 때문에 생각을 구속받고 편견에 빠져본 일이 없다. 또한 나는 현존하는 모든 것이 옳다는 믿음도 가져본 적 없다."

회의를 품을 줄 아는 태도는 창조적인 발명에 꼭 필요할 뿐 아니라 일상생활을 영위하는 데도 없어서는 안 됩니다. 더욱이 우리 주위에는 시비를 왜곡하고 소문을 퍼트리기를 좋아하는 사람들이 있으며 평소 전해들은 정보 중에는 사실이 아닌 내용이 많이 섞여 있습니다. 이것들을 모두 믿어버린다면 어리석은 소동만 일으키게 될 뿐이니 무슨 일이든 늘 되짚어보고 의심하는 정신을 길러야 하며 모든 일을 당연하게 받아들여서는 안 될 것입니다. 지혜만 있다면 황당한 일들을 잘 처리할 수 있고, 진지하게 생각해보면 근거가 부족하다는 사실을 발견하게 될 것입니다.

맹신하는 태도는 쉽게 암시받을 수 있다는 뜻이지요. 독자적인 사유 능력이 부족하다면 남의 의견은 기계적으로 우리 뇌에 저장될 것입니다. 또한 남의 생각으로 우리의 주장을 대체하게 될 것입니다. 그러므로 우리는 겸허한 마음으로 타인의 의견을 경청하는 버릇을 가지고 폭넓은 사고를 하는 한편, 독자적으로 생각하는 습관을 길러야 합니다. 남의 말을 맹신하는 버릇이 있는 사람들은 과감하고 결단력 있는 성격을 길러 매사에 성급하게 남의 의견을 따르지 말고 먼저 스스로 생각해서 판단해야 합니다. 그리고 남의 의견에 성급히 반응하지 말고 먼저 분석하고 평가해야 합니다.

자기 생각을 강화하고 남을 맹신하는 습관을 극복하기 위해서 지식을 확충하는 일이 필요합니다. 앞서 말했듯이 남의 의견을 맹신하는 것은 보통 관련 지식이 부족하기 때문입니다. 이런 뉴스가 보도된 적이 있습니다. 어느 산촌에 하늘에서 내려온 신선이라고 자칭하는 사람이 있었는데 많은 사람이 그에게 재물을 바치고 심지어는 신선을 즐겁게 해주려고 딸을 바치기도 했습니다. 그들에게 약간이라도 상식이 있었다면 이런 안타까운 일이 벌어지지 않았을 것입니다. 또한 더욱이 중국한어병음이 찍힌 물건을 수입품인 양 판매하고 소뼈가 호랑이뼈로 둔갑하며 황동을 금인 양 판매하는 행위도 있습니다. 약간의 외국어 지식, 역사 지식이나 동물학, 물리학적인 상식이 조금만 있다면 사기꾼들의 장난질에 속아 넘어가지 않겠지요.

건투를 빕니다.

주영신

4. 말주변이 없어서 걱정이에요

주 교수님

오늘 교수님의 기획 특집 대담을 듣고 광범위한 학식과 유창한 말솜씨에 감탄했습니다. 저는 무대 아래쪽에서 교수님께서 강의하시는 모습을 보았는데 그때 받은 감동을 말로 표현할 수 없을 정도입니다.

교수님은 잘 이해가 안 되시겠지만 저는 남 앞에서 이야기하는 것이 제일 무섭습니다. 말주변도 없고요. 그래서 사전에 선생님과 학우들 앞에서 제 생각을 잘 발표하기위해 충분한 사전준비를 하지만 제 순서가 되면 한 글자도 생각이 나지 않습니다. 그래서 너무 괴롭습니다. 때로는 이런 자신이 증오스럽습니다. 저는 너무 소심해요. 어떻게 하면 용기를 내서 사람들 앞에서 차분하게 이야기를 할 수 있는지 알고 싶습니다!

교수님의 도움이 필요합니다.

말이 서툰 유룽(尤榮) 드림

유룽에게

나를 믿고 고민을 털어놔주어서 정말 고맙습니다.

'가장 무서워하는 일'이 무엇인가에 대해 미국에서 설문 조사를 실시했습니다. 주민 3,000명을 대상으로 실시된 이 조사에서 깜짝 놀랄 만한 결과가 발표되었습니다. 사람들이 가장 무서워하는 일은 바로 사람들 앞에서 이야기하는 것이었고 그 다음이 높은 곳에 올라가는 일, 세 번째와 네 번째, 다섯 번째가 각각 벌레, 경제적 어려움과 깊은 물이었습니다. 그리고 여섯 번째와 일곱 번째는 질병에 걸리는 것과 죽음, 여덟 번째는 비행이었고 아홉 번째는 고독, 열 번째는 개였으며 열한 번째는 차를 운전하거나 차를 타는 일, 열두 번째는 어둠과 엘리베이터였습니다.

일상생활에서 말을 잘 못해서 고통 받는 사람의 수는 적지 않으며 누구나 이런 경우를 체험해봤을 겁니다. 낯선 사람과 말을 하려고 하면 더듬게 되거나 회의석상에서 발표를 하려고만 하면 긴장 때문에 사전에 준비했던 말조차 깡그리 잊어버리고 어쩔 줄 몰라 하는 경우가 있지요. 이런 일들은 사교활동에 참가하거나 조직 관리 재능을 키우는 데 불리할 뿐 아니라 일상생활에도 각종 불편을 가져옵니다. 사람들 앞에서 차분하고 거침없이 이야기하는 사람들을 보면 부럽고 한숨만 나올 것입니다. 실은 학습을 통해 말하는 능력을 향상시킬 수 있습니다. 사람들 앞에서 말하기를 두려워하게 되는 것은 다음의 몇 가지 이유 때문입니다.

첫째, 할 말은 없는데 말을 꼭해야 하는 경우, 대부분이 상황에 몰린 나머지 긴장하게 되고 그 결과 시기적절한 응대가 떠오르지 않게 됩니다. 이런 현상이 남 앞에서 말할 때의 두려움을 가중시켜 악순환이 계속되는 것이죠.

둘째로는 자존심이 지나치게 강한 경우입니다. 자기의 말이 남들보다 못할까봐 두려워한 나머지 남에게 말할 기회를 미루게 되고 이런 상황이 지속되면 결국 말수가 줄어들고 말을 더듬게 됩니다.

셋째, 지식이 부족하고 말솜씨가 없어서 말을 하면 앞뒤 내용이 뒤바뀌고 내용을 빼먹어서 듣는 사람을 실망시키고 결국은 자신감과 용기를 잃게 됩니다. 명료한 언어로 자기 생각을 분명히 표현하려면 먼저 언어 표현 능력을 키워야 하고 무엇보다도 자신의 사고 능력을 향상시켜야 합니다. 이밖에 말하기를 잘 하기 위해서 도움이 될 만한 사항들은 다음과 같습니다.

충분한 준비도 없고 말하려는 내용에 대해 아무런 지식조차 없다면 남들에게 그 내용을 유창하게 말해주지 못할 것입니다. 그 유명한 링컨의 게티즈버그 연설은 2분 15초에 불과하지만 그는 사전연습을 20번은 넘게 했다고 합니다. 그러므로 말하기 전에 충분히 연습하거나 대강을 써서 몇 번 묵

독해보거나 혹은 리허설을 몇 번 해 볼 필요가 있습니다. 말하고자 하는 내용에 익숙해질수록 더욱 잘 말할 수 있게 될 것입니다. 동시에 지식을 쌓고 풍부한 정보를 섭렵해야 풍부한 이야깃거리를 가질 수 있다는 것도 잊지 마세요.

그 외에도 대화의 기술을 배워야 합니다. 심리학적인 관점에서 입말은 대화 언어(잡담, 좌담, 변론과 질의 등)와 단독 언어로 구분됩니다. 일반적으로 후자의 필요성이 더 높은데 후자는 전자가 기초가 됩니다. 그러므로 다른 사람과 생각을 교류하려면 먼저 대화 언어의 기술을 배워야만 합니다. 또한 남과 대화할 때는 상대방의 말을 경청하고 중간에 끼어들거나 남의 말을 자르는 등의 행동을 하지 말아야 합니다. 대화를 나눌 때는 상대방의 태도와 표정을 주의 깊게 살펴야 하며 상대방의 말을 분석하고 장점은 취하되 단점은 버리도록 합니다. 동시에 이야기할 때는 진실한 태도로 분명하게 의사전달을 하려고 노력하며 상대방의 반응에 주의를 기울여야 합니다. 상대방이 이야기를 지겨워하거나 다른 곳에 주의를 기울이고 있다면 대화를 중단해야 합니다. 마크 트웨인이 이런 이야기를 한 적이 있습니다. 한번은 그가 어느 목사님이 부흥집회를 연다는 이야기를 듣고 헌금 1달러를 준비해 갔습니다. 그런데 설교가 한 시간 동안 계속되자 그는 50센트만 헌금하기로 마음을 고쳐먹었다고 합니다. 그리고 설교 2시간째가 되자 낭비된 시간을 보상받기 위해 헌금함에서 1달러를 도로 꺼냈습니다. 만약 목사가 제때 그의 반응을 알아챘다면 이런 해프닝 자체가 전해지지 않았겠지요.

그리고 말하는 연습을 하는 것도 중요합니다. 언변이 뛰어난 사람은 타고나는 게 아닙니다. 가정, 학교, 직장에서 부단한 노력을 통해 자기 능력을 발전시킨 결과지요. 언변이 뛰어나지 못한 사람도 요직을 몇 년 거치고 나면 대화의 기술을 터득하게 됩니다. 선생님들이 몇 년간 교편을 잡고 나면 말을 청산유수처럼 하게 되는 것도 말할 기회가 많은 업무 환경에 기인합니다. 고대 그리스의 유명한 연설가인 데모시네스(Demosthenes)는 원래 말더듬이였습니다. 어느 날, 그는 어떻게 해서든지 자기 병을 고치기로 마음먹었습니다. 작은 돌을 입에 물고 말하는 연습을 했으며 산을 오르면서 시를 낭송했지요. 이러한 노력의 결과로 그는 마침내 청중을 감동시키는 위대한 연설가가 될 수 있었습니다. 그러므로 먼저 남 앞에서 느끼는 두려움을 극복하고 낯선 사람 혹은 사람이 많은 곳에서 말하는 기회가 있을 때마다 용감히 자기 의견을 피력해야 할 것입니다. 처음부터 성공할 수는 없습니다. 어쩌면 남들의 웃음거리가 될지도 모르지요. 하지만 개의치 말고 진지하게 자기가 실패한 원인을 분석해서 계속 고쳐나가세요. 그밖에 티브이의 아나운서나 기자가 대중매체에서 사용하는 화술을 익혀서 가능한 한 세련된 표준어로 사람들과 교제할 수 있도록 노력하십시오. 말주변이 부족한 사람들에게도 매우 효과적인 방법이 될 것입니다.

건투를 빕니다!

주영신

5. 상상력이 풍부한 사람이 되고 싶습니다

주 교수님께

교수님의 글 '상상과 창조' 정말 잘 읽었습니다. '상상력이 지식보다 더 중요하다'고 한 아인슈타인(Albert Einstein)의 말도 제게는 더 없이 감동적으로 다가옵니다. 상상력이 없다면 알고 있는 지식을 가공하고 재창조하는 일이 불가능할 테니까요. 그리고 상상력이 없다면 생활과 예술 자체도 의미를 잃을 것입니다.

그러나 저는 늘 상상력이 빈곤하기 때문에 제 전공발전에 장애가 된다고 생각하고 있습니다. 어떻게 하면 상상력이 풍부한 사람이 될 수 있는지 알려주세요.

제자 우구이화(吳桂花)

우구이화에게

아인슈타인은 찰리 채플린(Charles Spencer Chaplin)의 영화를 아주 좋아했다고 합니다. 채플린에게 이런 편지를 보낼 정도였으니까요.

"귀하의 영화 〈황금시대(Golden Age)〉가 전 세계에 알려지는 그 날 귀하는 위대한 인물이 되실 겁니다."

채플린은 아인슈타인이 무슨 말을 하고자 하는지 잘 알고 있었지요. 그래서 그는 이런 답장을 보냈습니다.

"저는 귀하를 더욱 칭찬 드리고 싶습니다. 상대성 이론을 모르는 사람은 아무도 없으니 귀하께서 이미 위대한 인물의 모범을 보이셨지요.”

　채플린과 아인슈타인은 모두 상상력의 대가들이었습니다. 특히 채플린은 직관력과 구체적인 상상력이 뛰어나서 개성 넘치는 극중 인물들을 만들어냈습니다; 이에 반해 아인슈타인은 추상적인 상상력이 뛰어났습니다. 그의 상대성 운동 이론은 공간과 시간의 변증 관계를 밝혀냈으며 인간의 물질, 운동에 대한 지식을 심화시켰지요. 그렇지만 상대성 이론이 처음 세상에 선보였을 때만 해도 사람들의 무지와 이해 부족으로 오랫동안 주목을 받지 못했습니다. 전하는 말에 따르면 상대성 이론이 발표되었을 때 이를 이해하는 사람은 ‘두 사람 반’밖에 없었다고 합니다. 그의 스승과 아인슈타인 본인, 그리고 그의 비서였습니다. 비서는 상대론의 의미를 전반적으로 이해하고 있었지만 깊은 뜻까지는 알지 못했으므로 반이라고 표현했던 겁니다. 인류의 상상력 빈곤이 불러온 비극이라고 할 수 있지요.

　일상생활에서 예술가와 과학자만 상상력이 필요한 것은 아닙니다. 우리 일반인들에게도 상상력은 꼭 필요합니다.

　“상상력은 지식보다 더 중요하다. 지식은 제한적이지만 상상력은 세상 전부를 개괄하고 세상의 진보와 발전을 가져다주며 지식진화의 원천이 된다.”

　이 말은 아인슈타인이 평생의 연구경험에서 얻은 결론입니다. 상상력이 부족하다면 우리는 공간의 한계를 넘을 수 없기 때문에 천 년의 생활을 머릿속에 수집할 수도 수만 리 밖의 광경을 눈에 담을 수도 없을 것입니다. 또한 다른 사람과 정신적인 교감을 나누거나 장차 일어날 일을 예측할 수도 없을 것입니다. 오직 순간적인 감각의 노예로 살아가게 될 것이며 심지어 일상생활뿐 아니라 문학작품, 예술전시회에 공감할 수 있는 감정을 잃어버린 채 재미없고 따분한 삶을 살아야 할 것입니다.

청년기는 미래에 대한 동경과 상상력이 가득한 시기입니다. 그러나 본인의 생활 범위가 지나치게 협소하고 지식이 부족하면 정도의 차이는 있지만 역시 상상력이 부족할 수밖에 없습니다. 게다가 젊은이들은 무의식으로 상상력과 재상상(再想象)의 지배를 받는데, 이때 직관성, 단편성, 모방성이 상상력의 주요 내용이 됩니다. 따라서 청년기에 풍부한 상상력을 갖추는 일은 반드시 수행되어야 할 임무입니다. 풍부한 상상력을 가지기 위해 가장 먼저 해야 할 일은 각종 표상(表象)을 풍부하게 만드는 일입니다. 표상의 양과 질에 따라 개인의 상상력 수준이 결정됩니다. 표상이란 눈앞에 있는 사물을 보지 않고도 머릿속에 그 사물을 떠올리는 능력입니다. 표상이 빈곤할수록 상상할 수 있는 범위는 협소하고 조잡할 수밖에 없습니다. 반대로 표상이 풍부하면 할수록 상상할 수 있는 범위가 넓어지고 내용이 깊이 있게 변합니다. 청나라 사람 뇌발달(雷發達, 1619~1693)이 신기에 가까운 솜씨로 독특한 아름다움을 자랑하는 고궁 태화전(太和殿)을 건축할 수 있었던 것도 그가 평소에 정교하게 축조된 궁전, 사찰, 망루와 정자 등을 많이 보고 건물들의 표상을 머릿속에 담아둘 수 있었기 때문입니다. 채플린이 오늘날까지 우리의 심금을 울리고 요절복통하게 만드는 수많은 캐릭터를 창조해 낼 수 있었던 것 역시 그가 평상시에 사물을 세심히 관찰하고 생활에서 얻은 전형적인 표상들을 머릿속에 담아둘 수 있었기에 가능했습니다. 그러므로 누구나 부단히 자기 표상을 양적으로 풍부하게 만들어야 하며 이미 가지고 있는 표상을 질적으로 개선시키는 작업을 계속해야 할 것입니다. 그러기 위해서 우리는 다양한 생활을 경험하고 더 넓은 자연, 사회를 접하면서 사물을 관찰하는 방법을 배워야 하며 형상의 특징을 기억하고자 노력해야 합니다. 동시에 사물간의 연상, 비교를 통해 유추하고 이해하는 능력을 길러야 할 것입니다. 또한 문학 작품과 과학 출판물을 폭넓게 읽어야 합니다. 개인의 느낌을 통해 얻을 수 있는 표상은 극히 제한적입니다. 훌륭한 출판물은 사물의 형상을 생동감 있게 표현하며, 우리는 이를 통해 아프리카의 초원, 북극의 기이하고 장엄한 경관, 미세한 원자의 구조와 은하계의 행성들을 간접적으로 체험할 수 있습니다.

다음으로 적극적으로 창조 활동에 참여하기 바랍니다. 창조 활동과 창조력은 불가분의 관계이며 창조 활동에는 창조력이 꼭 필요합니다. 문예 창작, 과학 교실, 기구 제작과 이야기 만들기 등은 상상력을 배양하기에 좋은 활동들입니다. 괴테(Johann Wolfgang von Goethe)가 어릴 때 그의 할머니는 밤마다 그에게 이야기를 들려주고는 결말 부분에서 늘 다음과 같이 말했다고 합니다.

"나머지 부분은 내일 다시 이야기해보자꾸나."

이처럼 어린 괴테는 늘 상상의 날개를 펴서 이야기의 결말을 지어내는 일을 즐겼으니 어릴 때부터 상상력을 발휘하는 습관을 가질 수 있었던 것입니다.

다음으로 각종 상상력을 총동원하세요. 즉, 재생산된 상상력과 창조적인 상상력을 결합시키라는 말입니다. 재생산된 상상력이란 그림, 문자, 언어의 내용에 근거해서 머릿속에서 꾸며진 형상입니다. 예를 들면 피라미드를 보지 못했지만 이미 피라미드의 표상을 가지고 있기 때문에 그 모습을 상상해낼 수 있는 것처럼 말이죠. 창조적인 상상력은 머릿속에서 이전에 없었던 것의 형상을 만들어내는 것을 말합니다. 예를 들면 신화와 전설에 대한 상상 같은 것들 말입니다. 의식적으로 이 두 가지를 결합시킬 수 있다면 상상력이 비약적으로 증가함은 물론 더욱 사실에 가까운 현실적인 상상이 가능해 집니다.

이러한 기초가 마련되었다면 그 다음으로 올바른 환상을 길러야 합니다. 환상은 으레 우리가 현실의 염원을 바탕으로 미래에 대해 대담하게 상상력을 발휘하는 것을 말하며 이는 창조력의 특수한 형태라고 하겠습니다. 환상은 과학적 발명과 발견의 전주곡이기도 하며 인간이 앎의 욕구를 추구하는 동력이기도 합니다. 올바른 환상을 품은 사람은 학업에 최선을 다하는 모습을 보여줍니다. 아인슈타인은 16세 때에 이런 기괴한 환상을 품었습니다. 만약 자신이 광선을 올라타고 다른 광선을 추격한다면 어떤 일이 생길까? 이는 훗날 그가 상대성이론을 발명하게 된 모태가 되었습니다. 환상은 보물과 같이 귀중한 품성으로 자신의 환상을 지키고 보호해야 합니다. 그러나 '현실과 괴리된' 현실도피적인 공상이라면 아예 떨쳐버리고 미련조차 갖지 말아야 할 것입니다. 환상과 올바른 염원, 고상한 이상과 현실의식이 결합해야만 자신의 상상력을 꽃피우고 현실에서 풍성한 수확을 얻을 수 있을 것입니다.

건투를 빕니다.

주영신

6. 창조력을 기를 수 있는 방법을 알려주세요

존경하는 주 교수님께

이전에는 과학자, 발명가들이나 창조력이 있다고 생각하고 창조력을 그들의 업적과 성공에 결부시켜 생각하곤 했습니다. 최근에 창조력에 관한 글을 잃고 나서 창조력은 모든 사람들이 가지고 있는 자질이란 생각을 하게 되었어요.

저는 자신의 창조력을 발굴하고 싶습니다. 하지만 저 스스로가 변화보다는 안정적인 환경을 좋아한다는 것도 잘 알고 있어요. 제가 창조력을 기를 수 있는 방법이 있으면 알려주셨으면 합니다.

주징(周靜)

주징에게

항해가 콜럼버스(Christopher Columbus)는 아메리카 대륙을 발견하여 역사적 발전의 신기원을 열었으며 인류역사에서 매우 중요한 기념비적 업적을 달성했지요. 그러나 모든 사람이 그의 업적을 훌륭하다고 생각한 것은 아니었습니다. 콜럼버스의 창조적인 재능과 모험정신은 일부 귀족들의 눈에 들만큼 값진 것이 아니었던 거지요. 한번은 연회에서 누군가가 이렇게 그를 비꼬았습니다.

"신대륙을 발견한 것은 우연에 지나지 않아."

이 말을 들은 콜럼버스는 크게 분노했습니다. 그는 이 말이 자신의 업적에 대한 멸시일 뿐 아니라 인간의 창조 정신에 대한 중대한 도전이라고 생각했던 것입니다. 그러나 그는 바로 반박하지 않고 잠시 생각에 잠긴 척하더니 태평스럽게 모두에게 물었습니다.

"누구, 계란을 똑바로 책상 위에 세울 수 있는 사람 있습니까?"

귀족들은 서로 얼굴만 쳐다볼 뿐 누구 하나 대답하지 못했습니다. 이때 콜럼버스는 계란의 한쪽 끝을 가볍게 깨서 책상 위에 가뿐히 올려놓았다고 합니다. 한 편의 코미디 같은 순간이 지나자 여기저기서 떠들썩하게 한 소리씩하며 그를 비웃었습니다.

"그게 뭐가 대단한 일이라고!? 누구나 할 수 있는 일이 아닌가?"

그러자 콜럼부스는 한 발 물러서는 듯한 태도로 이렇게 응수했습니다.

"누구나 할 수 있는 대수롭지 않은 일이지, 그런데 자네들은 왜 이런 방법조차 생각해내지 못한 건가?"

그렇습니다. 어떤 사람들은 톡톡 튀는 상상력을 발휘해서 남이 생각지도 못한 영역에 뛰어들어 획기적인 능력을 발휘하는데 어째서 어떤 사람들은 조용히 기존의 관습에 따르며 남의 지혜를 빌려 쓰기만 하는 것일까요? 이는 실제적으로 창조력을 갖추고 있는지의 여부에 관한 문제인 것입니다.

창조력이 없다면 성공의 기쁨을 누리지도 못할 것이며 미지의 세계를 탐험하는 것이 놀랍거나 신기하다고 생각하지도 못할 것입니다. 많은 장소에서 창조력이 결핍된 사람들은 경험의 노예로 살아갑니다. 그들은 새로운 환경을 맞닥뜨리면 새로운 문제에 대해 속수무책일 수밖에 없습니다. 또한 위급한 상황에서 마음만 급할 뿐 문제를 해결할 방법을 모릅니다. 때문에 창조력의 결핍은 사회의 불행이며 개인의 불행입니다. 창조력이 결핍된 사람에게 있어 선결조건은 정확한 창조의식과 강렬한 창조의 열망을 가지는 일입니다. 인간의 활동에는 늘 명확한 목적성과 자각이 따르며, 인간은 각종 동기와 욕망에 따라 행동합니다. 창조하고 싶지도 않고 창조력도 없으며 창조활동에 대해 나 몰라라 하는 태도를 취하는 사람은 현실에 안주하는 사람이며 오두미(五斗米)에 연연하며 살아가는 사람에 지나지 않습니다. 이런 사람들은 창조의 왕국에 발을 들여놓기가 불가능하며 발명과 창조에서 오는 희열과 행복을 맛볼 수도 없습니다.

명확한 창조 의식과 강렬한 창조의 열망을 가지려면 어떻게 해야 할까요? 창조적 사고력을 키우고 창조적인 활동을 통해 기본 방법과 기술을 터득하십시오. 또한 직관을 믿고 자유분방한 사고에 몰입하세요. 새로운 발상이 떠오르면 사람들이 만들어놓은 생각의 틀에 가두려고 하지 말고 계속 자기 생각에 몰두하십시오. 독일 시인이자 철학자인 쉴러(Charles Sheeler)는 이렇게 말했습니다.

"방금 떠오른 생각을 이성으로 억누르는 일은 무익한 일이 분명하다. 이성은 정신적인 창조를 가로막을 것이 분명하기 때문이다. 떠오른 생각을 그대로 방치하면 결국 아무런 의미가 없어질지도 모르지만 그 생각을 쫓는 과정에서 중요한 결과를 얻을지도 모른다. 그리고 어쩌면 그 생각은 비슷하지만 엉뚱한 다른 생각들과 합쳐져서 아주 유익한 실마리를 제공해줄지도 모른다."

이 얼마나 예리한 지적입니까! 그러므로 우리는 이성으로 생각을 옭아맬 필요가 전혀 없습니다. 오히려 생각 자체를 간섭 없이 자유롭게 풀어놓을 필요가 있습니다.

창조력을 기르기 위해서는 습관적인 사고를 버리고 융통성 있게 사고하는 힘을 길러야 합니다. 심리학 연구에 따르면, 민족 혹은 직업에 따라 개인은 습관적인 사고방식을 고수하는 경향이 있습니다. 적극적인 의미에서 이러한 방식들은 사회생활에서 매우 중요한 작용을 하며 이를 통해 사람들은 안정감, 안전감과 균형감을 느낄 수 있습니다. 그러나 소극적인 의미에서 습관적인 사고방식은 종종 인간의 사고를 경직시키고 구태의연하게 만들며 발명, 창작을 가로막습니다. 이에 대해 미국의 심리학자 걸퍼드(Guilford)는 사고의 참신성, 독특성을 강조한 '융통적 사고방식'을 제안했습니다. 그의 유명한 심리 실험에서 그는 학생들에게 벽돌의 용도를 설명해보도록 했습니다. 학생이 건축, 도로 건설, 창고 축조, 교실 축조, 공장 굴뚝 축조 등을 생각했다면 그 학생은 벽돌의 용도를 '건축 자재'로만 한정 짓고 있다는 것을 뜻입니다. 그러나 '개 훈련시키기, 책장 만들기, 못 박기, 염료 빻기' 등을 생각해냈다면 그 학생은 창조적 사고 능력이 매우 뛰어난 학생입니다. 이런 능력은 매우 중요합니다. 제1차 세계대전 당시 비행기 한 대가 기지로 돌아오는 중에 기체의 수력 시스템에 작은 구멍이 나는 일이 발생했습니다. 비행기에는 달리 수원(水源)을 탑재하지 않았기 때문에 언제 대형 참사가 터질지도 모르는 일촉즉발의 위기 상황이었습니다. 이때, 비행기에 타고 있던 누군가가 기지를 발휘하여 소변으로 수원을 대체

하자고 제의했고 그 결과 그들은 위기를 모면할 수 있었습니다. 이것이 바로 창조력의 힘입니다.

미국의 한 심리학자는 이 문제를 다른 각도에서 해석한 '검사일람표'를 제시했습니다. 사람들이 습관적 사고로 문제를 해결할 수 없을 경우 아래 네 가지를 고민해 볼 수 있습니다.

(1) 이 방법 외에 사용할 수 있는 다른 방법이 있는가?

(2) 현 상황을 변화시키려면 어떻게 해야 하는가? 현 상황을 많이 변화시킬 수 있는가?

(3) 또한 한 가지 혹은 몇 가지를 뺄 수 있는가? 걸쳐두거나 잡아당겨보거나 분리시키면 어떻게 될 것인가?

(4) 각도를 바꾸어 생각할 수 있는가? 거꾸로 뒤집으면 어떻게 될까? 합치면 어떻게 될까? 순서를 바꾸면 어떨까?

이 모두가 참고할 가치가 있는 효과적인 방법들입니다.

심리학자들은 또한 창조력이 뛰어난 사람은 다음과 같은 특징들이 있음을 발견했습니다. 예를 들면 그들은 자신이 예민하다고 생각하며 열린 마음으로 사고하고 내면세계를 확장시켜 외부세계를 받아들이고자 열망합니다. 또한 그들은 호기심이 강하고 모험을 좋아하며 주어진 규정대로 일하거나 생활하는 것을 싫어합니다. 그들은 자신감에 차 있으며 자기 기대치가 높고 타협을 싫어합니다. 그들은 단순명쾌한 일을 그다지 좋아하지 않으며 복잡하고 불확실한 일을 연구하는 것을 좋아합니다. 이러한 창조적인 특징은 단순히 태어날 때부터 신에게 부여받은 것이 아니라 가정, 학교, 사회에서 점차 형성되었다는 점에 주목해야 할 것입니다. 그러므로 하고자 하는 의지만 있다면 군 역시 자신이 가지고 있는 잠재적인 창조력을 계발하고 발휘해 나갈 수 있습니다.

건투를 빕니다.

주영신

12

적극적인 사람이
되고 싶은
이들에게

1. 수줍음 타는 버릇을 고치고 싶어요

주 교수님,

전 남학생인데, 여학생보다도 더 수줍음을 탄다는 게 문제입니다. 공공 장소에 가질 못하고 낯선 사람 앞에서는 말도 제대로 못하니 정말 괴롭습니다. 반 친구들은 저를 '내숭녀'라고 부릅니다. 그래서 더 미칠 지경입니다. 며칠 전 수업 시간에 선생님께서 질문을 하셨는데 급우들이 고의로 제 별명을 크게 불러서 공개적으로 망신을 주었습니다. 급우들이 제 별명을 크게 외치자 과연 선생님께서 저에게 대답을 하도록 시키셨고요. 저는 자리에서 일어나서 더듬거리며 모기소리만큼 가는 목소리로 대답을 했는데 얼굴이 온통 벌겋게 달아올랐습니다. 교실은 온통 웃음바다가 되었고 선생님께서는 제가 대범하지 못하다고 하시면서 장차 사회에 나가서 어떻게 적응하겠냐며……. 제 생각에도 이대로는 문제가 있다고 생각합니다. 어떻게 하면 좋을까요?

주 교수님, 절박하게 선생님의 도움을 기다리고 있습니다. 저를 이 지옥처럼 끔찍한 수줍음에서 구해주세요.

린(林)

린에게

지금 심정을 십분 이해합니다.

수줍음은 대인 관계에 장애를 초래하는 요인 중 하나입니다. 언제 어디에서든 절대 수줍음을 타지 않는 사람은 오히려 문제가 있는 사람이란 생각이 드는군요. 여기서 이야기하고자 하는 수줍음이란 교제 관계에서 과도하게 자기 언행을 억누르기 때문에 자기 생각과 감정을 충분히 표현하지 못하며 이로 인해 대인 관계의 정상적인 발전을 가로막는 것입니다. 다음과 같은 고대 여인의 모습은 당시로서는 사랑스러웠는지 모르나 요즘 사람들에게는 어림도 없습니다.

"천 번 만 번을 부르니 비로소 나오는데(千呼萬喚始出來), 비파를 든 채로 얼굴은 반쯤 가리웠네(猶抱琵琶半遮面)."

수줍음에는 세 가지 유형이 있습니다.

첫째는 기질적 수줍음, 즉 성격이 비교적 내향적으로 기질이 침착하고 낮고 가는 목소리로 이야기하는 유형입니다. 이 유형은 낯선 사람을 보면 얼굴을 붉히고 두려워하기도 합니다. 심지어는 길을 묻는 데도 많은 생각과 결심이 필요하며 이것저것 따져보는 것이 많습니다. 이런 종류의 수줍음을 보이는 사람은 수가 적으며 그 사람의 선천적인 기질과도 연관이 있습니다. 그러나 후천적인 적응력과 훈련으로 충분히 극복할 수 있답니다.

두 번째는 의식적인 수줍음입니다. 이 유형이 수줍음을 느끼는 주요 원인은 너무 자신을 의식하고 행동하기 때문인데 이들은 행여 자기 언행이 남들에게 비웃음을 사지는 않을까를 걱정합니다. 그래서 이들은 절대적인 확신이 있어야만 일을 진행하며 모험을 감수하려 하지 않습니다. 늘 환경과 다른 사람의 언행에 영향을 받기 때문에 생동감이 결여되어 있습니다. 시간이 지날 수록 이 유형은 남들과 만나는 것을 꺼리게 되고 공공장소에서 이야기하는 것을 수줍어하게 됩니다.

세 번째는 좌절성 수줍음입니다. 이 유형은 이전에는 수줍음을 타지 않는 명랑하고 대인 관계가 원활한 사람이었는데 몇 가지 객관적인 원인에 의해 좌절을 겪고 겁 많고 소심한 성격으로 변한 경우입니다. 수줍음은 남과 정상적인 교제관계를 형성하는 데 장애가 될 뿐 아니라 초조하고 슬픈 감정과 고독감, 유약한 성품과 냉혹성 등을 초래하기도 합니다.

수줍음은 주로 후천적으로 생기는 경우가 많아서 주로 가정, 학교, 회사에서 점차적으로 형성됩니다. 또한 극복할 수도 있습니다. 통계에 따르면 수줍음을 타는 성인의 사분의 일이 어린 시절에는 결코 수줍음을 타지 않았다고 합니다. 또한 상당수의 수줍음을 타는 아동이 성인이 되고 나서 더 이상 수줍음을 타지 않게 변했습니다.

수줍음을 극복하는 방법은 다음과 같습니다.

첫째, 정신적인 부담을 내려놓아야 합니다. 여기서 알아야 할 것은 인간은 매사에 정확할 수는 없다는 점입니다. 말을 잘못했으면 고치면 되고 일이 성공하지 않았으면 다음번엔 이를 거울삼아 성공하면 됩니다. 지혜와 명철은 사회 경험을 통해 쌓을 수 있습니다.

둘째, 용기를 내서 먼저 말을 건네고 행동으로 옮기십시오. 당신이 첫 발을 내딛고 나면 이 장애는 정말 아무것도 아니었다는 걸 알게 될 것입니다. 적극적인 교제에서 성공하면 더욱 자신감이 커질 것입니다.

셋째, 자신감을 가지고 자신의 힘을 발휘하세요. 늘 자기 자신을 부정하지 말고 자신의 단점과 남의 장점을 비교하지 말며 자신의 수줍음을 합리화하지 말아야 합니다. 정말 필요한 것은 정작 그 반대로 자기를 긍정하고 자신의 언행이 남에게 어느 정도 도움이 된다고 믿는 자세입니다.

넷째, 신속하고 효과적으로 교제 관계 중에 느끼는 수줍음을 극복하고 생활을 관찰하고 교제관계를 유지하는 기술을 배워야 합니다. 생활 자체가 최고의 수업입니다. 당신이 열심히 관찰하고 배운다면 어떠한 사람을 상대하고 어떠한 사람과 만나든 간에 자연스럽고 유쾌한 교제를 지속할 수 있을 것입니다. 이 문제에 대해서는 이미 나와 있는 연구 결과와 연장자들의 경험을 참고하도록 하세요.

건투를 빕니다.

주영신

2. 감정적으로 행동합니다

주 교수님

저는 여대생입니다. 저를 괴롭히는 일 때문에 정상적인 학교생활을 영위할 수 없는 지경이 되어 용기를 내서 편지를 보내게 되었습니다. 교수님의 도움만 기다리면서요!

저는 매우 예민한 편이라 학과 친구들과 지내는 데 골치 아픈 문제가 많습니다. 가령 제가 기분이 좋을 때는 주위 사람들과 한 패거리가 되어 웃고 떠들지만 기분이 나빠졌다 하면 냉담해져서 누구와도 이야기하고 싶은 마음이 없어져버려요. 그리고 주변에 눈에 띄는 것마다 싫어하게 됩니다. 그래서 학과 친구들은 저를 '히스테릭'이라고 불러요. 심지어는 친한 친구조차도 저의 변덕스럽고 냉담한 성격을 견디지 못하고 저를 떠났습니다. 저는 너무 괴롭고 힘이 듭니다. 교수님, 제게도 좋은 처방을 내려주실 수 있을까요? 교수님의 답신만 기다리고 있겠습니다.

쥐안즈(娟子)

쥐안즈에게

먼저 들려주고 싶은 이야기가 있습니다. 관우(關羽)가 형주(荊州)에서 실의하고 맥성(麥城)으로 퇴각해서 위기에 처해 있을 때였어요. 당시 낭중(閬中) 현에 머무르던 장비(張飛)는 관우가 동오(東吳)에 의해 죽음을 당했다는 소식을 전해 듣고 밤낮으로 곡하며 울었습니다. 그리고는 관우의 복수를 맹세하며 군대에 명령했습니다.

"병장기와 갑옷을 모두 백색으로 꾸미되 사흘 안에 준비하도록 하라. 삼군은 효(孝)가 적힌 깃발을 걸고 동오를 정벌한다!"

그러자 막후 장수인 범강(範疆)과 장달(張達)이 아뢰었습니다.

"병장기와 갑옷을 갖추려면 사흘로는 부족합니다."

그러자 장비는 대노해서 소리쳤습니다.

“기한을 어기면 너희 두 놈의 목을 쳐서 효수하겠다!”

두 장군은 군영으로 돌아와서 상의하고는 다음과 같은 결론을 내렸습니다.

“정해진 날짜 안에 채비를 갖추지 못하면 우리 둘 다 죽임을 당할 것이 분명하니 차라리 그 전에 우리가 먼저 선수를 치는 것이 낫겠다.”

그래서 두 사람은 초경(初更)을 틈타 단도를 감추고 장비의 처소로 숨어들어 장비를 살해했습니다.

이 일화는 감정적으로 행동하는 사례를 보여주는 가장 단적인 이야기입니다. 일상생활에서 특히 청소년들은 충동적인 감정으로 일을 처리하는 사람이 적지 않습니다. 그러나 감정적으로 행동해서 초래되는 결과는 으레 정신적인 상처에 그치지 않고 인적, 물적 손해까지 가져올 수 있습니다. 한 청년이 가족들과 차를 타고 가다가 교통사고로 가족을 잃는 불행을 당했습니다. 그는 순간적인 감정을 이기지 못하고 운전기사에게 비난을 퍼붓기 시작했습니다. 운전기사는 사고로 남을 죽게 했으니 사형을 당해야 마땅하며 가족들이 목숨을 건질 수 있는 도움을 조금도 주지 않았다고 맹렬히 비난했습니다. 누구나 아는 가장 간단한 이치지만 감정이 격분한 나머지 그조차 잊어버리고 심지어는 최소한의 상식도 제쳐둔 채로 평생 후회할 행동을 저지른 셈입니다.

감정적인 행동이 비교적 자주 보이는 예는 남에게 편견을 가지는 경우입니다. 냉정한 사고와 참을성 있는 관찰, 실사구시의 사고 방법이 결여되면 말과 행동이 편파적이 되어 극단적으로 변하거나 억지를 쓰고 강권을 행사하고 절교를 선언하기도 합니다. 하지만 결국은 나와 상대방 모두를 상처입힐 뿐입니다.

충동적이고 감정적이기 쉬운 사람은 감정형(感情型)에 가깝다고 할 수 있습니다. 감정이 폭발하는 순간 이성과 의지력이 자취를 감추게 되는 것이지요. 그러므로 감정적으로 행동하는 버릇을 극복하려면 제일 먼저 대인관계를 잘 관리하고 유쾌한 분위기에서 생활하도록 힘써야 합니다. 청년들은 자신을 존중하고 사랑하며 더욱 강인한 사람이 되도록 노력해야 하며 감정을 조절하는 능력을 향상시켜야 합니다. 살면서 배우고 배우면서 어른이 됩니다. 작은 이해득실에 연연하지 말고 원망하는 마음 때문에 남을 증오해서는 안 됩니다.

두 번째로 전인적인 인격입니다. 감정이 결핍되었다는 말도 칭찬할 만한 것이 아니지만 감정이 정상 이상으로 강렬하고 심지어는 제어하지 못한다는 것은 말 그대로 과유불급(過猶不及)입니다. 그러므로 감정형인간은 처세방법에 더욱 신경 쓰고 사물의 도리를 명확히 따지며 자신의 의지를 연마하고 진퇴의 기로에서 슬기롭게 대처하는 전략에 능통해야 합니다.

세 번째는 결과의 교훈을 마음에 새기고 주관적인 염원과 객관적인 가능성이 결합할 수 있도록 노력하는 것입니다. 감정적으로 일을 처리하는 것은 객관적인 사실에 근거하지 않고 자기 염원에 따라 행동하는 것이므로 실패하는 것이 어쩌면 당연합니다. 하지만 실패로 곤두박질쳤다고 해서 너무 걱정하지 말고 다시 일어나서 진지하게 자신뿐 아니라 상대방에게서 얻은 교훈까지도 마음에 새기십시오. 우리가 감정을 이입해서 행한 일로 인한 손실을 전혀 생각지 않고 계속해서 같은 일을 반복한다면 침통한 결과가 잇달아 날아들 것입니다.

네 번째는 남의 충고를 잘 받아들이라는 겁니다. 사람은 감정적으로 행동하고 오기를 부리기 때문에 친구를 잃어버리고 손해를 보게 됩니다. 지나고 나서 생각해보면 그럴만한 하등의 가치가 없는 일을 가지고 말입니다. 잘못했다는 말을 하고 싶지만 자존심을 구길까봐 망설이는 경우도 있습니다. 실은 그렇게 심각하게 생각할 필요도 없습니다. 맺힌 원한에 연연하지 않거나 과격한 태도를 버리는 것은 자존심을 구기는 일이 아닙니다. 잘못을 알고도 고치지 못한 채 계속 그러면서 사는 게 진정 자존심 구기는 일이지요. 잘못을 고치고 남의 충고를 받아들이는 사람을 싫어하는 사람이 누가 있겠어요?

건투를 빕니다.

주영신

3. 늘 두려움에 시달립니다

주 교수님께

사스(SARS) 때문에 많은 사람이 공포에 질려 있습니다. 어떤 사람은 두통에 약간의 미열만 있어도 병원으로 달려가고 심지어는 사스 이야기만 나와도 안색이 변해서 불안에 떠는 사람도 있습니다.

공포는 어쩌면 전염되는 것일까요? 공포의 감정은 선천적인 것일까요 아니면 후천적인 것일까요. 저는 정말 모르겠습니다. 저 자신은 많은 것에 공포를 느끼며 살아갑니다. 어둠이라든가 큰 소리라든가 시험이라든가 엄격한 선생님에게도 공포를 느낍니다. 이런 제가 정상인 걸까요? 공포에 맞서려면 어떻게 하면 좋을까요? 선생님의 편지만 기다립니다!

겁 많은 소년 천타오(陣濤)

천타오에게

귀군과 공포에 대해 이야기를 한번 나눠보고 싶군요.

《진서, 악광전(晉書, 樂廣傳)》에 보면 이런 글이 실려 있습니다. 악광(樂廣)에게 친구가 한 사람 있었는데 헤어지고 여러 날이 지나도 도통 찾아오질 않았습니다. 그 이유를 물어보니 상대방이 이렇게 대답했다고 합니다.

"지난번에 그의 집에 놀러가서 술을 대접받고 막 들이키려는 찰나 술잔 속에 뱀 한 마리가 꿈틀거리는 것을 보고는 기분이 나빠져서 집에 돌아와 병이 났다네."

악광이 그 말을 전해 듣고는 그를 다시 초대해서 이전에 앉았던 자리에 앉히고 술을 따랐습니다. 그리고는 다음과 같이 물었습니다.

"술잔 속에 아직도 뱀이 있지?"

친구가 그렇다고 대답하자 악광은 벽 쪽을 가리키는 것이 아니겠습니까? 벽에는 활이 걸려 있는데 활에 뱀 그림이 그려져 있었습니다. 뱀 그림이 술에 비치니 영락없이 뱀 한 마리가 잔속에서 꿈틀대는 것만 같았습니다. 친구는 홀연 크게 깨달은 바가 있어 병이 씻은 듯이 나았다고 하는데 이 이야기가 바로 그 유명한 '배중사영(杯中蛇影)'이란 고사성어의 유래입니다. 이 이야기에는 아주 중요한 이치가 담겨 있습니다. 바로 공포심은 대부분 진상이 불분명할 때 생기는 것이며 일단 진상이 밝혀지고 나면 공포심은 사라진다는 것이지요.

공포는 위험에서 도피하고자 하는 심리입니다. 두려운 상황을 처리할 능력이나 힘이 없다는 사실은 공포를 일으키는 중요한 요인입니다. 만약 암이나 지진을 직면한 사람은 위협을 이기지 못하고 공포심을 느낍니다. 만약 달아날 길이 이미 막혀있다고 생각되면 공포심은 더욱 가중되지요. 공포는 여러 가지 감정 중에서 전염성이 가장 큽니다. 그래서 다른 사람이 처해 있는 공포상황을 지켜보거나 전해 듣는 사람은 실제로 자기 자신이 그런 공포 상황에 처해 있지 않은데도 안절부절못하며 공포에 전염됩니다. 공포에 질려 내지르는 외마디 비명은 듣는 이를 오싹하게 만듭니다.

이러한 공포는 인간의 정신적 신체적 건강에 심각한 해악을 끼칩니다. 1950년대 초, 헤이룽(黑龍) 강 강물이 범람했을 때 강 양쪽 연안에 사는 주민들의 혈압 수치를 조사한 적이 있습니다. 조사 결과, 수해를 당한 쪽에 거주하는 주민들은 불안과 공포로 혈압이 대부분 크게 상승했으며 비교적 지대가 높아 재해를 입지 않은 쪽에 거주하는 주민들은 혈압이 정상치로 조사되었습니다.

또 한 학자가 이런 실험을 했다고 합니다. 쌍둥이로 태어난 양 두 마리를 같은 환경에서 생활하게 했습니다. 다른 점이 있다면 한 마리는 옆에 늑대 한 마리를 가두고 볼 수 있게 했으며 다른 한 마리는 늑대를 볼 수 없게 했습니다. 그 결과 한 마리는 생명의 위협을 받고 본능적으로 공포를 느껴서 먹이를 거부하고 나날이 야위더니 결국은 죽고 말았습니다. 그러나 다른 한 마리는 늑대의 위협을 느낄 수 없었기 때문에 아무런 공포도 느끼지 못하고 평안하게 생활했습니다.

공포는 때때로 인간의 판단력을 흐리기도 합니다. 예를 들어 한밤중에 길을 걷던 사람이 이전에 들었던 기괴한 전설을 떠올리면 먼저 마음속에 공포심이 생깁니다. 이때 뒤쪽에서 일렁거리는 그림자를 발견하는 순간 자기에게 재앙이 닥쳤다고 생각하고 비명을 지르기 시작합니다. 실은 달이 자기에게 비쳐서 만들어낸 그림자일 뿐인데도 말입니다.

현실 생활에서 여성은 남성보다 더 많은 공포심을 느낍니다. 여성들이 공포를 느끼는 대상은 크게 두 가지가 있는데 첫째는 귀신이나 신과 같은 허구의 존재이고 둘째로는 어둠, 벼락, 쥐, 곤충과 같은 구체적인 것들입니다. 전자는 종종 무지 혹은 타인의 소극적인 암시에서 생겨나고 후자는 대부분 어린 시절의 경험 혹은 최초의 자극이 너무 강렬해서 나중에도 작은 자극에 강렬하게 반응하게 되는 요인 등으로 생겨납니다. 이런 것을 '심리적 일반화'라고 부릅니다. 예를 들어서 검은 개한테 물린 경험이 있는 사람은 검은 개 때문에 모든 개를 무서워하게 되고 계속해서 네 다리동물을 모두 무서워하게 되는 것처럼 말이죠. 이를테면 '자라보고 놀란 가슴, 솥뚜껑 보고 놀란다' 같은 심리라고나 할까요. 공포심을 극복하기 위해서는 지식 범위를 넓히고 의지력을 강화하는 외에 명심해야 할 두 가지가 있습니다. 하나는 사물의 실체를 정확히 파악하라는 것입니다. '배중설영'의 이야기처럼 말이죠. 이에 대해 과학적 시험으로 입증된 바가 있습니다. 한 과학자가 다음과 같은 실험을 실시했습니다. 그는 등받이 의자를 제작했는데 이 의자는 버튼을 누르면 등받이가 바로 뒤로 젖혀지도록 고안되었습니다. 그는 실험에 지원한 피실험자에게 의자에 앉아 혈압을 측정하도록 했습니다. 그 후 의사가 갑자기 버튼을 누르자 의자가 뒤로 젖혀졌습니다. 피실험자는 기겁을 했고, 혈압은 급격히 상승했으며 심장박동수도 증가했습니다. 다른 피실험자는 사전에 의자가 뒤로 젖혀질 수 있다는 이야기를 듣고 의자에 앉았습니다. 잠시 후 의사가 버튼을 누르고 의자가 뒤로 젖혀지자 피실험자의 혈압이 올라가고 심장박동수가 증가했습니다. 그러나 그것은 순전히 기계 운동에 의한 정상적인 변화였으며 변화 폭도 전자와 비교했을 때 훨씬 적었습니다. 이상에서 알 수 있듯이 공포물의 실체를 파악하는 것은 매우 중요합니다. 공포물의 실체를 낱낱이 밝혀내는 순간 우리가 느끼는 공포 역시 눈 녹듯이 사라지게 될 것입니다.

둘째로는 단계적 둔감법을 적용해 보라는 것입니다. 단계적 둔감법은 공포심을 없애는 데 매우 효과적인 방법입니다. 예를 들어 우리가 공포심을 느낄 가치가 없는 어떤 사물을 두려워한다면 더 자주 그것과 접촉해야 합니다. 그것이 점차 익숙해질수록 일반적인 사물로 받아들이게 되어 공포심은 자연히 사라지게 될 것입니다. 《내경內經》의 다음과 같은 말과 같은 이치입니다.

"잘 놀라는 사람은 평상시처럼 사물을 대하게 하라. 자주 대하다보면 평소에 보아도 놀라지 않게 된다.(驚者平之, 平者常也, 平常見之必無驚)"

앞에서 살펴 본 것처럼 성인들이 느끼는 공포는 어린 시절의 경험과 관련이 있습니다. 부모가 귀신, 독사, 들고양이, 호랑이등으로 위협해서 아이의 행동을 제지한 경우 비록 한시적인 효과는 있겠지만 그들의 어린 영혼에 공포의 씨앗을 뿌린 셈이 됩니다. 때문에 공포심을 극복하고 없애려면 어린 시절부터 주의를 기울여야 합니다. 어린이들의 생활습관을 수시로 지도하되 무서운 이야기를 해서 자극하지 말아야 하며 일상생활에서 경험하는 사물과 현상을 진지하게 탐구하도록 격려해야 할 것입니다.

건투를 빕니다!

주영신

4. 질투심 때문에 괴롭습니다

주 교수님께

질투심은 대학생들이 흔히 느끼는 감정입니다. 남들의 우수한 성적, 출중한 재능을 질투하고 자신이 가지지 못한 명품 의류와 좋은 가정환경을 질투합니다. 질투 때문에 벌어지는 비극도 적지 않고요. 교수님께 여쭤보고 싶습니다. 질투를 자기 발전의 동력으로 전환시키려면 어떻게 하면 좋을까요?

왕화홍(王花紅)

왕화홍에게

귀군의 포괄적인 질문에 감사드립니다.

《오셀로(Othello)》는 셰익스피어(William Shakespeare)의 대표적인 작품 중 하나입니다. 작품은 베니스의 장군인 오셀로와 베니스 원로의 딸인 데스데모나(Desdemona) 사이의 갈등을 통해 인문주의자들의 이상인 '인간관계에서의 신의'를 표현하려고 했으며, 또한 무정하고 잔혹하며 불신이 난무하는 현실에서 철저히 무너져 가는 인간의 비극을 묘사했습니다. 오셀로는 데스데모나를 사모했으나 원로는 이들의 결혼을 반대합니다. 그러나 그가 목숨을 걸고 터키인들이 공격을 막아내는 공을 세우자 사위로 맞이하지요. 한편 오셀로 휘하의 기수인 이아고(Iago)는 오셀로가 자신이 아닌 그의 동료 캐시오(Cassio)를 부장군으로 임명하자 이에 원한을 품게 됩니다. 전투지에서 이아고는 데스데모나와 캐시오가 정을 통하고 있다는 거짓말을 오셀로에게 전해주었고, 오셀로는 이를 진짜로 받아들여 끓어오르는 질투와 분노를 견디지 못하고 아내의 목을 졸라 살해합니다. 사건의 진상이 밝혀지고 그는 후회한 나머지 스스로 목숨을 끊어버립니다. 오늘날까지도 사람들은 '오셀로'하면 질투를 떠올립니다. 오셀로는 질투의 화신을 대표하는 인물이 되었습니다. 오셀로는 셰익스피어의 작품 속에서 성공적으로 형상화된 인물이지만 또한 질투가 인간들에게 얼마나 보편적이고 치명적인 감정인가를 보여주는 예이기도 합니다.

질투로 인한 비극의 예는 헤아릴 수 없이 많습니다. 어떤 사람들은 남이 조금 뛰어난 면으로 칭찬받는 모습만 보아도 마음속이 편치 않습니다. 남이 사회적으로 성공하는 것을 보면 질투로 눈이 벌개져서 갖은 방법으로 그의 단점을 파헤쳐 그를 단상에서 끌어내리는 데 혈안이 됩니다.

심리학자들의 분석에 따르면 질투는 인간의 본능이며 심지어는 동물들도 질투를 한다고 합니다. 엄마 원숭이가 자기 자녀들을 편애하거나 음식을 공평하게 나누어주지 않으면 총애 받는 원숭이와 총애 받지 못하는 원숭이 사이에 싸움이 벌어집니다. 당연히 인간의 질투는 동물과 달라서 더욱 사회적이고 복잡 다양하게 표현됩니다. 하지만 같은 점은 자신이 사회에서 존중을 받지 못하는 경우에 부정적인 방법으로 이를 표출하려 하며 자신이 받아 마땅하다고 생각하는 존중과 현실 간의 간격을 좁혀보려고 하는 것입니다. 질투심을 드러내는 활동은 같은 목적에서 시작되지만 표현되는 정도는 다릅니다. 질투는 일반적으로 세 단계와 혹은 그와 상응하는 단계를 거쳐 형성되는데, 동경—걱정—적의가 그것입니다. 동료나 급우, 고향 친구가 어느 방면에서 자신보다 뛰어난 성과를 거두었다면 사람들은 보편적으로 그들을 부러워합니다. 그러나 어떤 사람들은 마음이 편협해서 부러워하면서도 시기하는 복잡한 감정을 느끼게 됩니다. 그래서 이전처럼 친절하게 대하지 않거나 두 사람 사이에 보이지 않는 막이 있는 듯 행동합니다. 이런 상황은 자기 자신도 미처 의식하지 못하는 가운데 나타납니다. 상대방이 새로운 성과를 이루고 사회의 인정을 받을 때 동경의 마음은 이제 걱정으로 발전합니다. 즉, 상대방의 성과와 영예가 자신에게 해를 끼치지 않을까 혹은 남이 자기보다 뛰어나지 않기를 바라는 마음에 심리적인 공포감이 생겨나 상대방을 냉담하게 대하거나 상대방의 성과를 저평가하고 상대방의 약점을 소문내는 등의 행동을 하게 되는 것입니다. 감정이 이렇게 발전하다보면 자기 노력이나 우호적인 태도로 감정을 극복할 수 없게 되며 마침내 적의마저 느끼게 됩니다. 질투의 감정에 사로잡힌 사람은 이성을 잃고 한쪽 말만 들으며 전체를 보기보다 부분적인 사실에 집착합니다. 심지어는 수단과 방법을 가리지 않고 상대방에게 덫을 놓기도 합니다. 그리고 상대방이 어려움에 빠진 것을 보면 오히려 기뻐하면서 자기 자존심과 허영심을 채우려고 하지요. 때문에 앞서 설명한 질투심어린 행동에 대해 이해하고 인간이 가진 이 건강치 못한 심리적 약점을 적극적으로 벗어나려고 힘써야 할 것입니다.

그러기 위해서 먼저 자기 생활에 충실해아 합니다. 베이컨(Bacon)은 질투가 사방에 넘실거리는 욕망이며 한가한 인간의 전유물이라고 말했습니다. 자기 사업에 몰두하는 사람은 남을 질투할 틈이 없습니다. 남의 성과를 받아들이는 세 가지 태도는 다음과 같습니다. 첫 번째는 소극적인 질투로 남의 성과를 인정하지 않고 남을 공격하면서 자신을 높이는 태도이고, 두 번째는 남을 신경 쓰지 않고 자기 편한 대로 사실을 받아들이는 아큐(루쉰(魯迅)의 단편 소설 《아큐정전(阿Q正傳)》의 주인공)의 정신승리법이며 세 번째는 남의 성과를 부러워하는 한편 '네가 잘하면 나는 더 잘할 수 있다'는 태도로 공부와 일에 악착같이 매달려서 자기 노력으로 차이를 줄여나가는 태도입니다. 이런 식으로 소극적인 질투를 진취적인 발전 동력으로 사용하는 겁니다. 세 번째 태도는 가장 바람직한 태도이기도 합니다.

다음으로 비교하는 방법을 배워야 합니다. 일반적으로 질투심은 원래 수준이 같고 서로 관련이 있는 사람들 사이에서 생겨납니다. 두 사람이 평소에는 더 없이 절친하게 지내다가 둘 중 한사람이 큰 진전을 보이거나 칭찬을 받게 되면 나머지 한 사람은 비교를 하게 됩니다. 원래 자기만 못했던 사람이 갑자기 두드러진 약진을 보이고 자신을 앞질렀다고 생각하고 그가 자신을 무시할 것이라고 생각하는 거죠. 그래서 질투심에 불이 붙는 것입니다. 때문에 정확한 비교방법을 배우면 남의 장점과 자기 단점을 비교하지 않고 남의 장점을 배우고 자기 단점을 극복하게 되므로 마음의 평정을 찾을 수 있습니다.

마지막으로 개인주의를 버려야 합니다. 질투심은 극단적인 개인주의의 발로입니다. 이런 마음을 가진 사람은 늘 자기중심적으로 행동하며 매사에 자기만 생각하고 남 밑에 있지 않으려고 합니다. 또한 남의 성과를 사회에 대한 공헌으로 생각하지 않고 자신에 대한 위협으로 받아들입니다. '마음에 사심이 없는 사람은 인생이 넓고 창대하다(心底無私天地寬)'는 마음으로 개인주의를 극복한다면 남이 기뻐하면 같이 기뻐하고 남이 근심하면 나도 그를 위해 근심하게 될 것입니다.

건투를 빕니다.

주영신

5. 친구가 저를 질투해요

주 교수님께

　최근에 저와 룸메이트의 관계에 미묘한 변화가 생겼습니다. 룸메이트가 저의 일거수일투족을 예의주시하고 있다는 게 느껴지고 제 시험 성적이나 웅변대회에서의 성과에 대해서도 날카로운 비판 일색입니다. 전 뭔가 잘못되었다는 생각에 마음이 괴롭습니다만 제가 룸메이트에게 무엇을 잘못했기에 그다지도 저를 질투하는지 정말 모르겠습니다. 저는 어떻게 해야 할까요?

장나(蔣娜)

장나에게

　친구 간의 질투는 정신적 소모가 클 뿐 아니라 우정의 적이기도 합니다. 하지만 현실 생활에서는 또 다른 상황이 벌어지기도 하죠. 내가 학업 성적이 우수하고 사회의 인정을 받으며 회사의 요직에 오르고 심지어는 머리가 좋고 외모마저 훌륭할 때 나를 질투하는 사람들이 생겨나게 됩니다. 자기를 시기하는 사람이 존재한다는 것만으로도 마음이 조급해지고 고민스럽겠지요. 또한 이 상황을 벗어나서 다시 남들과 잘 지내고 싶은 마음이 간절할 것입니다.

　남이 나의 일과 학업, 생활을 질투하기 시작하면 여러 가지 번거로운 상황이 생겨납니다. 여기서 역사적인 교훈을 하나 들려드리도록 하겠습니다.

전국(全國)시대에 조(趙)나라 혜문왕(惠文王)은 초(楚)나라의 화씨벽(和氏璧)을 손에 넣었는데 화씨벽은 가치를 매길 수 없는 귀중한 보물이었습니다. 이때 화씨벽을 호시탐탐 노리던 진(秦)나라 소왕(昭王)은 50개의 성과 화씨벽을 바꾸자는 말로 혜문왕을 구슬렸습니다. 조나라 왕은 이것이 속임수임을 알면서도 감히 강성한 진나라 왕에게 미움을 살 수 없었습니다. 이러지도 저러지도 못하는 상황에서 조나라 환관의 문객인 인상여(藺相如)가 진나라에 사신으로 가겠다고 자원했습니다. 그 결과 뛰어난 기지를 발휘하여 화씨벽을 무사히 가지고 돌아오는 큰 공을 세우고 재상으로 봉해졌습니다. 그런데 그의 지위가 명장 염파보다도 높아지자 염파(廉頗)는 불만에 가득차서 인상여를 미워하게 되었습니다. 그는 자신이 조나라의 명장으로 전쟁에서 혁혁한 무공을 세웠으니 한낱 입품을 팔아 공을 세운 인상여와 비할 바가 아니라고 생각했습니다. 게다가 인상여는 출신이 미천한데 자기보다 높은 공직에 오르니 수치심까지 느끼게 되었습니다. 그래서 그는 이렇게 선포했습니다.

"인상여를 만나면 반드시 설욕하겠다."

그 말을 전해들은 인상여는 염파와 얼굴도 마주하려하지 않았습니다. 심지어는 병을 핑계로 조정회의도 참가하지 않았으며, 행여 길에서 마주치기라도 하면 염파를 피해 옆길로 돌아가기 일쑤였습니다. 인상여의 부하들은 더는 참지 못하고 이렇게 말했습니다.

"승상께서 이리도 못나게 구시니 저희들까지 명예롭지 못하게 느껴집니다. 저희는 모두 사직하렵니다."

그러자 인상여는 부하들에게 이렇게 말했다고 합니다.

"지금 진나라가 저리도 강성하지만 감히 우리 조나라를 침략하지 못하는 이유는 바로 나와 염파 두 사람이 있기 때문이다. 그런데 우리가 두 마리의 호랑이처럼 다툰다면 둘 중 한사람은 반드시 상처를 입을 것인데 그렇게 되면 국가의 안녕이 위태로워지지 않겠는가? 나에게는 나라의 위급함이 사사로운 복수보다 더 중요하네."

염파는 인상여의 말을 전해 듣고는 부끄러워하며 크게 뉘우쳤습니다. 그리고 스스로 형벌을 받겠다고 자처했습니다. 그 후로 두 사람은 둘도 없는 친구가 되었습니다.

이상의 이야기는 남의 질투를 원만하게 처리한 미담입니다. 오죽하면 염파와 인상여의 이야기가 중국 문학사에서 두고두고 회자되는 이야깃거리가 되었겠습니까? 인상여처럼 되고 싶다면 먼저 마음속의 사심을 버리고 도량이 넓은 사람이 되세요. 그리고 자기희생정신도 강해야겠지요. 이는 처음 마음먹었던 생각을 버리고 행동을 변화시키라는 의미가 아닙니다. 오히려 그 반대입니다. 유명한 의학자인 하비(William Harvey)가 했던 말처럼 말입니다.

"결핍과 습관은 인간의 제2천성이다. 또한 과거를 통해 확립한 뿌리깊이 박혀있는 생각으로 이를 강화한다. 또한 인간은 지나간 것을 받들고 따르는 괴벽이 있는데 이러한 것들 모두가 사회 전체에 심각한 영향을 끼친다. 그러나 지나간 일은 돌이킬 수 없는 법, 나 스스로는 진리에 대한 열정과 인류가 지닌 본연의 솔직함을 믿고 있다."

구체적인 방법에 대해서는 다음을 참고하십시오.

첫째로는 상대방에게 자신도 불행하다고 털어놓으세요. 그 사람은 당신의 행복을 바라보면서 자신의 불행을 느끼게 되었을지도 모릅니다. 이러한 차이가 바로 질투를 불러일으키는 첫 번째 요인이 됩니다. 그렇다면 당신도 그 사람에게 자신의 불우했던 과거와 현재의 괴로운 상황에 대해 이야기해주고 서로 감정의 거리를 좁히고 상대방의 주의력을 분산시키도록 하십시오. 그 사람은 당신의 겸허한 태도에 깊은 감명을 받고 마음의 평안을 되찾게 될 것입니다.

둘째로 상대방의 장점을 칭찬하십시오. 상대방은 당신의 행운에 집중한 나머지 자신의 장점을 놓치기 마련입니다. 그래서 열등감에 시달리고 자기연민에 빠지게 되는 것입니다. 이러한 '나는 안 돼'라는 심리는 질투심을 생성하는 두 번째 요인이 됩니다. 때문에 당신은 가능하면 상대방이 가지고 있는 장점에 주의를 기울이고 칭찬해줘서 그 사람이 심리적인 균형감을 느낄 수 있게 해줘야 합니다. 반드시 진실한 태도로 사실에 토대해서 칭찬해야지 자칫 잘못하면 상대방은 당신이 빈정거린다고 생각할 수도 있습니다. 상대방이 당신을 통해 자신의 장점을 깨달을 수 있다면 기분이 좋아져서 이렇게 생각할 것입니다.

"사람마다 재능이 다른데 저 사람을 질투해서 뭐하겠어?"

세 번째로 진실한 마음으로 상대방을 도와야 합니다. 가능하면 상대방이 일찍이 당신에게 도움을 주었던 일에 감사하거나 그에게 새로 도움을 요청하세요. 동시에 상대방도 도움이 필요하지 않은지 신경을 쓰도록 하십시오. 이런 행동은 상대방에게 당신의 발전은 자기에 대한 위협이 아니며 보다 나은 인생을 완성하기 위한 노력에서 나온 것이고 이는 자기 자신에게도 유익하다고 느끼게 할 것입니다.

네 번째로 상대방과 즐거움을 나누세요. 당신이 얻은 성공은 다른 사람의 도움이 있었기에 가능했던 것입니다. 성공과 명예를 얻었다고 상대방을 푸대접하고 자신에게만 공을 돌려서는 안 됩니다. 상대방을 포함한 모든 사람들을 초대해서 자신의 성공을 축하하고 상대방도 함께 성공의 기쁨을 나눌 수 있게 한다면 긴장된 인간관계를 해소하는 데 도움이 될 것입니다.

건투를 빕니다.

주영신

6. 불안하고 초조해서 미치겠습니다

주 교수님,

수능 시험이 2달 남짓 앞으로 다가왔습니다. 반 친구들이 기괴한 행동들을 하는가 하면 시험을 앞두고 두통, 위통에 시달리거나 빈번하게 화장실을 가기도 합니다. 심지어는 긴장한 나머지 사시나무처럼 벌벌 떠는 아이도 있어요. 선생님께서는 시험 때문에 긴장해서 그러니 마음을 편하게 갖고 평정심을 찾아야 한다고 하시는데 이런 초조감이 그냥 생리적인 것인지 아니면 정신적인 것인지 모르겠습니다. 그래서 교수님께 도움을 청하게 되었습니다.

샤화(夏華)

샤화에게

들려주고 싶은 이야기가 있습니다.

초등학교 6학년 교실에서 한창 시험이 진행되고 있었습니다. 그런데 향아의 자리는 계속 비어 있었습니다. 향아는 평소 결석 한 번 하지 않던 학생이었기 때문에 선생님은 이상하게 생각했지요, 반 친구들 역시 걱정되기 시작했습니다. 그날 시험은 중학교 진학 시험이었기 때문입니다. 향아는 성적도 그리 나쁘지 않았거든요. 그러다가 뜻밖에도 향아가 자살했다는 비보가 날아들었습니다. 이 소식을 듣고 반 친구들은 모두 벼락에 맞은 듯 순간 정신이 아득해지는 것 같았습니다. 어제만 해도 함께 공부하던 향아가 죽다니! 하지만 향아의 자살은 분명한 사실이었습니다. 그녀는 과도한 시험스트레스를 견딜 수 없었던 겁니다. 그래서 생활에 아무런 감흥도 못 느끼게 되었으며 죽어서라도 시험성적 때문에 마음 졸이며 살아야 하는 이 세상과 이별하고 싶었던 것입니다. 그 후 종종 향아와 함께 숙제를 하던 학생이 그녀를 애도하는 글을 지었는데 짧지만 의미심장한 마지막 글이 심금을 울렸습니다.

"향아야. 어쩜 그리도 어리석니!"

우리의 현실을 보여주는 것 같아 더욱 마음이 아프고 걱정스럽습니다.

초조감은 일종의 감정 상태이며 자기도 모르게 행동과 정신 상태에 영향을 줍니다. 또한 이러한 행동과 정신 상태에는 신체적 장애가 수반되기도 하는데 예를 들면 행동이 굼떠진다든지 동작이 민첩하지 못하거나 컨디션이 좋지 않은 등의 증상을 보입니다. 그러나 사실 초조감은 대부분 주관적으로 어떤 일에 두려움을 느끼거나 위협을 느껴 공포의 상태에 빠져 헤어나지 못하기 때문에 발생합니다. 물론 초조감이 다 나쁜 것만은 아닙니다. 나날이 빠르게 발전하고 경쟁자들이 부단히 강력해지는 현대 사회에서 모든 사람이 초조감을 느끼며 살아갑니다. '앞일을 미리 생각해두지 않으면 반드시 걱정거리가 생긴다(人無遠慮, 必有近憂)'는 속담처럼 적당한 초조감은 오히려 유익합니다. 예를 들어 교육심리학자의 연구에 따르면 시험에 참가할 때 적당한 초조감은 자아능력을 발휘하는 데 도움이 됩니다. 시험에 대해 나 몰라라 하는 태도를 취하고 성공에 대해서도 전혀 상관없다는 태도를 취하느냐 아니면 성과에 지나치게 연연하는 태도를 취하느냐에 따라 성적과 성공 여부가 달라지는데, 여기서는 초조감이 전혀 없는 상태와 극도의 초조감이라는 극단적인 양태를 보여줍니다. 이 두 가지 태도는 모두 자기 능력을 발휘하는 데 불리한 작용을 하며, 우리가 이야기하고자 하는 초조감은 주로 과도한 초조감에 대한 것입니다.

초조감은 아동들에게 더욱 두드러지게 나타납니다. 아이들은 사소한 일로 과도하게 초조감을 느끼며 불안해합니다. 그래서 악몽에 시달리거나 잠꼬대를 하고 식욕 부진이나 자율 신경 교란 등이 나타나는데 심각한 초조감은 사람의 흥미와 희망을 뺏어가고 심지어는 개인의 정신 상태를 무너뜨

럽니다.

　다음의 실험에서 증명하듯이 초조감의 생리적 영향력은 매우 큽니다. 생쥐에게 전기 충격을 가하면 쥐는 통증을 느끼고 이를 피하려고 노력합니다. 실험자는 생쥐를 세 개의 실험군으로 나누어 한 조에는 전기 충격을 가하기 전에 '찍'하는 비명 소리를 듣게 하고, 또 한 조에는 갑자기 전기 충격을 가하도록 했으며 마지막 조에는 비명 소리만 듣게 하고 전기 충격을 가하지 않았습니다. 그 결과 전기 충격을 가하지 않은 생쥐들은 아무런 증상이 없었지만 전기 충격을 가한 쥐들은 위궤양과 위장 질환에 걸렸다고 합니다. 여기서 특히 흥미로운 사실은 10초 전에 전기 충격이 가해질 것을 미리 예상하고 있던 쥐들은 극도의 초조감이 계속되는 상태에 있었기 때문에 심각한 위궤양을 앓았다는 점입니다.

　청년기는 학업으로 분주할 시기이며 미래는 불확실합니다. 그래서 수많은 청년들이 과도한 초조 상태에서 생활합니다. 이는 정신적, 신체적 건강에 해롭습니다. 이 증상을 효과적으로 개선하기 위해서는 먼저 자신감을 강화해야 합니다. 자신감이 부족한 사람은 어려움이나 긴장된 분위기를 느끼면 으레 초조감을 드러냅니다. 이 문제는 아주 쉽게 설명됩니다. 어려움을 극복하고 전도양양한 미래를 맞이하겠다는 자신감이 부족하면 문제를 해결할 수 없을 뿐 아니라 암담한 미래에 대한 걱정으로 초조감에 빠지게 됩니다. 미래에 대한 충만한 믿음을 가진다면 어떠한 어려움을 겪는다 해도 분명히 난관을 극복할 수 있다고 믿기 때문에 결코 초조해하지 않을 것입니다.

또한 다른 연구 결과, 어린 시절에 따스한 보살핌을 받지 못하고 자라나면 어른이 되어서 자기 것을 잃을까봐 노심초사하는 성격을 가지게 된다고 합니다. 이와 반대로 부모가 과잉보호로 키운 경우에는 독립적인 생활 능력이 결핍될 가능성이 있는데 이런 경우에도 불안 심리가 잠재되어 있을 수 있습니다. 이 두 가지 상황에 부합하는 청년들에게 가장 중요한 일은 의지를 연마하고 주동적으로 행동하는 용기와 생활력을 기르고, 실패를 견디어 내는 인내심을 향상시키는 일입니다.

초조감을 유발하는 또 다른 원인은 지나친 자존심입니다. 자존심이 강한 사람들은 일이 조금만 순조롭지 못하면 자기 체면이 크게 구겨진다고 생각하고 안달을 냅니다. 이들은 매사에 심각하게 생각하고 남들의 비웃음을 살까봐 두려워하며 살얼음판을 걷듯이 살아갑니다. '성공과 승패는 병가지상사(兵家之常事)'라는 생활태도 역시 이와 같은 도리입니다. 어떤 사람들은 작은 득실 때문에 일희일비(一喜一悲)하고 미래에 닥친 어려움을 미리 걱정합니다. 그러므로 불안감을 극복하고 올바른 태도로 자존심 문제를 대면하는 것도 매우 중요합니다. 다음과 같은 명언을 늘 마음에 새기시기 바랍니다.

"매사에 최선을 다하고 항상 최악의 상황을 대비하라. 그렇게 하면 더 이상 초조감 때문에 고통 받지 않을 것이다."

그럼 건투를 빕니다!

주영신

7. 기분을 다스리는 방법을 알려주세요

주 교수님

저는 남학생으로 반에서 반장을 맡고 있습니다. 제 직무를 다하고 반 친구들에게도 관심과 도움을 아끼지 않는답니다. 이치대로라면 인간관계가 원만해야 하는데 사실 그렇지 않습니다. 이 모든 것이 제 고약한 성격 때문이라는 것도 잘 알고 있습니다.

주 교수님, 제 고민은 걱정거리가 있으면 쉽게 역정이 난다는 겁니다. 지난주에 학급 모임 때문에 오락부장과 다퉜습니다. 그때가 마침 그런 기분 상태였는데 문제는 한 번 열이 받으면 사람을 가리지 않는다는 것이죠. 그래서 오락부장에게 온갖 역정을 퍼부었습니다. 지금 그 일 때문에 저에게 원한을 품은 사람은 없지만, 저의 이런 울컥하는 성격이 혹시 사회생활에도 안 좋은 영향을 끼칠까 봐 걱정입니다. 제가 어떻게 하면 좋을까요? 좋은 방법이 있으면 꼭 가르쳐주십시오. 그럼 답신 기다리겠습니다.

왕윈펑(王雲峰)

왕윈펑에게

'어떻게 하면 자기 기분을 다스릴 수 있는가?'에 대해 이야기를 나눠보고자 합니다. 이 문제는 개인의 성장에 아주 중요한 문제라고 생각됩니다.

악비의 《만강홍(滿江紅)》에 보면 다음과 같은 유명한 대목이 있습니다.

"곤두선 머리카락이 갓을 찌를 때, 솨솨 소나기 멎은 난간에 섰노라(怒髮沖冠, 憑欄處, 瀟瀟雨歇)."

'노발충관(怒髮沖冠)'은 《사기(史記)》에 나오는 전국시대 명재상 인상여에게서 유래된 말인데 그는 화씨벽을 되찾아오기 위해 조나라 왕에게 그야말로 '분노한 나머지 머리털이 빳빳하게 곤두서서 갓을 찌를' 정도로 질책을 가했다고 합니다. 여기서 말하는 노발충관이 바로 학생이 이야기하는 감정과 일맥상통할 것 같군요.

심리학에서 볼 때 인간의 감정은 정적 상태, 반응 상태와 폭발 상태로 구분됩니다.

정적 상태란 다른 경험과 활동에 의해 영향을 받는 비교적 장시간의 감정 상태입니다. 당나라 시구 중 다음과 같은 구절은 즐거운 마음을 생동감 있게 표현해 놓았습니다.

"봄바람에 득의만면하여 말을 달리니(春風得意馬蹄疾), 하루 만에 장안에 핀 꽃을 모두 보았네(一日看盡長安花)."

이처럼 명랑하고 생기발랄한 마음이 들면 일하는 것도 더없이 즐겁고 어떠한 고난도 극복할 것 같은 마음이 들 것입니다. 이런 사람들은 남의 부탁을 반드시 들어주며 매우 유쾌합니다. 사람이 기쁜 일이 있으면 마음이 절로 상쾌해진다는 것도 바로 이런 이치입니다. 만약 기분이 우울하면 일도 재미가 없을 뿐 아니라 남들에게도 쉽게 화를 내거나 예의 없이 대하기 쉬우며 고난을 극복하기 어려워집니다.

반응 상태란 전혀 예상치 못한 일이 벌어져 그로 비롯한 긴장 상태를 말합니다. 위기에 빠져 뭔가 행동해야 할 경우에는 자기 판단에 따라 신속한 결정을 내려야 합니다. 바로 그 순간에 돌발 사태에 대해 행동을 취하는 것을 반응 상태라고 합니다.

폭발 상태는 폭풍우처럼 강렬하고 긴장된 감정이 순식간에 지나가는 상태를 말합니다. 격노는 바로 폭발 상태의 한 종류입니다. 폭발 상태에서 심장박동, 혈압, 근육 긴장도에 현격한 차이가 발생하며 머리털이 뻣뻣하게 곤두서기도 합니다. 이 상태는 인간의 자기조절 기능과 관계가 있습니다. 분노해서 폭발 상태에 있는 사람은 외부적으로는 표현되는 것이 아무것도 없지만 심각한 정신적, 신체적 건강의 손상을 받습니다. 또한 자주 감정을 폭발시키는 사람은 극도의 정신적 긴장으로 기력을 소진하여 질병을 얻거나 사망에 이르기도 합니다. 미국에 이런 속담이 있습니다.

"화낼 줄 모르는 사람은 바보다, 그러나 화를 낼 가치를 못 느끼는 사람은 현자이다."

벽력같은 노기를 가라앉히는 일은 건강에 도움이 될 뿐 아니라 냉정하게 문제를 사고하고 처리하는 데도 도움이 됩니다. 《삼국연의(三國演義)》에 이런 이야기가 나옵니다. 제갈량(諸葛亮)이 오장원(五丈原)에 진군하면서 사마의(司馬懿)를 진노시켜 전장으로 유인하기 위해 부인들이 입는 옷을 보냈습니다. 사마의가 여인네처럼 겁 많고 소심하다고 조롱하는 의미에서였습니다. 위나라 장군들은 모두 분노해서 분분히 출전을 요구했지만 사마의는 화를 억누르고 조금도 움직이지 않았습니다. 그는 전세가 유리해질 때까지 참고 기다렸다가 촉나라 군사를 물리쳤습니다.

　노기를 참는 것은 자기 의지에 달렸습니다. 그러나 적당한 환경에서는 자기감정을 제어하는 데 도움이 됩니다. 미국의 어느 학회지에 다음과 같은 기사가 실렸습니다. 눈에 들어온 여러 가지 색상은 인간의 내분비 계통에 영향을 끼칩니다. 예를 들면 분홍색은 시신경 계통을 통해 인간의 하구에 영향을 주고 신장의 분비액을 감소시키고 근육 수축력을 약화시키며, 심장박동수를 감소시킵니다. 화를 내는 경우에는 정반대로 심장 근육이 강하게 수축되고 심장박동이 증가했습니다. 심리학자들은 노기충천한 사람을 분홍색 방에 데려다 놓았을 때 그들의 분노가 신속하게 사그라진다는 것을 발견했습니다. 유머는 노기를 완화시키는 데 효과적입니다. 유머감각이 있는 사람은 긴장할 수도 있는 상황을 완화시키고 일을 원만하게 수습합니다. 재미난 말 몇 마디로 긴박한 분위기를 녹여버리기도 합니다. 해외의 어느 선장이 갑판원 구인광고에 남긴 글을 소개하려고 합니다. 유머감각이 있을 것. 경험을 통해 그는 유머 감각 있는 사람들은 거친 풍랑과의 싸움에서도 당황하지 않고 평상심을 유지할 수 있다는 것을 발견했다고 합니다.

　즐거운 마음으로 생활하기 바랍니다.

주영신

8. 근심, 걱정을 줄일 수 있을까요?

주 교수님께

'요즘 좀 심란해, 심란해'로 이어지는 유행가를 반 친구들이 즐겨 부르고 있습니다. 저는 평범한 여대생으로 소박한 대학 생활을 접고 복잡한 사회로 나갈 준비를 하자니 나날이 걱정만 늘어갑니다. 특히 여대생들은 학업과 생활, 대인 관계의 어려움을 제대로 처리하지 못해서 고민하는 경우가 많은데요. 이런 상황을 어떻게 대처해야 할까요?

류카이(劉凱)

류카이에게

고민해본 사람만이 고민의 고통을 알 수 있을 겁니다. 크게는 학업, 직장, 사업, 연애와 결혼에서 작게는 일처리, 매일의 생활에 이르기까지 우리는 어려움에 봉착합니다. 그리고 이런 어려움들을 처리할 수 없을 때 고민이 생겨나게 되지요. 반대로, 업무에서 성과를 거두고 경제적으로 소득이 증가하고 연애가 순조롭게 진행되어도 역시 고민이 생깁니다. 좋은 성적을 거두면 남들의 반응에 신경 써야 하고 소득이 많아지면 분배의 문제가 생기며 연애가 순조로워도 새로운 문제가 생기기 때문이지요. 심지어는 아무런 기대 없이 살려고 작정을 해도 원인모를 고민이 찾아들곤 합니다. 인간은 감정적이고 이성적인 존재라서 외부에 대한 생각을 가지고 반응하며 살아가기 때문입니다. 주관적인 필요와 객관적인 현실, 자기 염원과 타인의 요구가 조화를 이루지 못할 때 번뇌하게 됩니다. 어쩌면 이러한 갈등이 끊임없이 찾아오기 때문에 인간이 번뇌를 해결하고 발전하고자 하는 것인지도 모르겠습니다. 그러나 아무 이유 없이 수심에 젖거나 자기 번뇌를 스스로 자초한다면 온종일 불안한 마음으로 생활하며 생활의 활기를 빼앗기게 될 것입니다.

당나라 대시인인 이백(李白)은 《양보음(梁甫吟)》에서 다음과 같이 조국에 보답할 방법이 없음을 토로했습니다.

"백일이 내 정성을 비춰주지 않는구나. 기나라 사람은 하늘이 무너질까 근심하네.(白日不照吾精誠, 杞國之士憂天傾)"

그중에 쓰인 '기우(杞憂)'는 《열자.천서(列子.天瑞)》 편에서 유래한 말로, 원래는 이렇게 기재되어 있습니다. 기(杞)나라에 어떤 사람이 살았는데 하늘이 무너져서 자기 목숨을 보존할 수 없을까봐 걱정이 되어 날마다 근심하며 식음을 전폐하는 지경에 이르렀다. 그 후로 '기우(杞憂)'는 불필요한 일이나 사소한 일로 근거 없이 걱정하고 근심하는 사람을 일컫는 말이 되었습니다. 물론 어느 정도 과장된 이야기이긴 하지만 스스로 자기 고민거리를 찾는 사람들에게는 딱 맞는 말이라고 할 수 있습니다.

분석해보면 이런 사람들은 모두 세 유형으로 나뉩니다.

첫째, 이유 없이 번민하는 사람입니다. 예를 들면 길에서 넘어지거나 음식을 먹다가 체할까 봐 걱정하고 몸에 아무 이상이 없는데도 혹시 건강에 이상이 생기지 않을까 염려하는 사람들입니다. 기우가 대표적인 예라고 하겠습니다.

둘째로는 작은 일을 크게 확대 해석하는 사람입니다. 이들은 감기에 걸렸다고 호들갑을 떨고 길에서 장을 보지 못하거나 외출했다가 차를 타지 못할까 봐 근심합니다. 또한 작은 실수라도 저지를까 봐 불안해하고 그로 말미암아 체면이 깎일까 봐 걱정합니다.

세 번째는 남 대신 걱정하는 사람입니다. 가령 친구가 밖에 있으면 추울까 봐 걱정하고 자녀가 아직 어린데도 그들의 진학 문제로 조급해하는 사람들입니다. 이들은 자신의 업무가 누가 보더라도 순조로운데도 늘 불행이 닥칠까 봐 근심합니다.

어떤 종류의 번민도 자신과 타인에게 아무런 이득이 없습니다. 심리학자들의 분석에 따르면 늘 번민하는 사람은 만성피로에 시달리기 쉽습니다. 육체노동에 의한 체력 소모나 중책을 짊어진 데 대한 부담이 없는데도 정신적으로 극도로 피로한 상태에 빠지는 것입니다. 또한 아무리 휴식을 취해도 나아지는 기미가 없습니다. 늘 번뇌에 시달리는 사람은 주의력이 결핍되어 있기 때문에 직장 업무와 학업에 지장을 받는 경우가 많습니다. 또한 여가나 취미 생활, 모험 정신이 결여되어 있으며 사업으로 성공하기 힘듭니다. 과도한 번민은 우울증으로 진전되기도 합니다. 다시 말해서, '번뇌형 인간'은 남의 일에 참견하는 것을 좋아하고 자기 의견을 남에게 강요합니다. 또한 단체 생활에서 남에게 방해가 되기 때문에 사람들은 이들과 교류하기를 원치 않습니다. 이렇게 악순환이 계속되다보면 이들은 인생자체에 흥미를 잃어버리게 됩니다.

정신적 번뇌에서 벗어나기 위하여 가장 중요한 일은 정확한 인생관을 가지는 일입니다. 아침부터저녁까지 이해득실을 따지고 우울해하며 공상, 분노와 슬픔이 머릿속에서 뒤엉켜 있는 상태라면 개인주의에서 원인을 찾아야 할 것입니다. 때문에 개인의 이해와 득실에 집착하지 말고 자신의 체면과 관계된 일도 대범하게 처리해 넘겨야만 번뇌가 저절로 사라질 것입니다.

번뇌를 벗어나는 또 다른 방법은 정확한 사고 방법을 갖추는 일입니다. 즉, 번뇌는 자신에게 하등의 도움이 안 되는 행위이며 고통을 배가시킬 뿐이라는 사실을 자각해야 합니다. 번뇌와 적극적인 사고는 생각의 방향자체가 다릅니다. 번뇌는 소극적인 근심과 조급함에 불과하며 더욱이 자신이 아무 능력이 없거나 걱정할 가치조차 없는 상황에서는 더욱 그렇습니다.

번뇌에서 벗어나는 다음 방법은 사회와 인생의 변화에 대한 변증 관계를 파악하고 매사에 순리대로 따르려는 마음을 갖는 것입니다. 모든 일이 자기 주관적인 염원대로 이루어지는 것은 불가능합니다. 인생은 개인이 발전하는 과정이며 그 과정에는 수많은 변수가 도사리고 있음을 기억하세요. 일의 변수는 대부분의 경우 좋고 나쁨을 판단하기가 어렵기 때문에 혼자 끙끙거려봤자 아무런 도움도 되지 않습니다. 어려움에 직면했을 때 쉼 없이 노력하고 손놓고 기다리지만 않는다면 해결 방법은 반드시 있습니다. 속담에도 '하늘이 무너져도 솟아날 구멍은 있다'고 했듯이 지금 처해있는 어려움은 영원히 지속되지 않는다는 것을 명심하고 작은 고난을 확대해서 받아들이지 않도록 하십시오. 그렇게 하면 대부분의 문제를 인내심 있게 해결할 수 있을 것이며 번뇌가 자연히 사라지게 될 것입니다.

청년들의 번민은 가끔 '슈퍼맨'이 되고 싶은 충동에서 생겨납니다. 매사에 남보다 앞서야지 남에게 뒤쳐지고 싶지 않다고 생각합니다. 젊은이들이 향상심(向上心)을 가지는 것은 환영할만한 일이며 향상심은 사회와 개인의 발전을 촉진하는 소중한 원동력입니다. 그러나 자신에 대한 기대치가 너무 높아 현실에 맞지 않게 무엇이든지 남보다 잘 하려고 하고 무엇이든지 완벽하게 해내려고 생각한다면 반드시 불필요한 번뇌를 불러오게 됩니다. 100% 순금은 존재하지 않으며 사람은 누구나 결점이 있습니다. 그리스 신화에 등장하는 아킬레우스(Achilleus)는 백전백승의 용사였지만 그 역시 치명적인 약점이 있었습니다. 다름 아닌 그의 발뒤꿈치였습니다. 그의 어머니가 아들을 불사신으로 만들기 위해 스틱스(Styx) 강물에 담갔을 때 떠내려가지 않도록 발목을 움켜잡았기 때문에 발뒤꿈치에는 물이 닿지 않았기 때문입니다. 적들은 아킬레스의 약점을 이용해 그를 물리칩니다. 신화 속 영웅도 이러한데 일반인인 우리가 과연 완전무결한 존재가 될 수 있을까요? 늘 무력함을 느끼는 사람은 강해질 수 없기에 번민에 빠집니다. 그러므로 자신을 이성적으로 평가하고 반드시 해야 하는 일을 조건적으로 실행해야 합니다. 그리고 자기 능력으로 해결가능한 일은 최대한의 노력으로 원만히 처리하되 자기 능력으로 해낼 수 없는 일은 억지로 하려고 하지 마십시오. 그렇게 하면 '슈퍼맨'이 되고 싶은 충동에서 오는 번민이 사라질 것입니다. 작은 일부터 차근차근 시작해서 구체적인 성과를 거두어도 스스로 기뻐하며 만족할 것입니다. 프랑스 작가 알렉상드르 뒤마(Alexandre Dumas)는 이렇게 말했습니다.

"인생은 작은 번뇌들을 끝없이 꿰어놓은 염주꾸러미와 같다. 달관한 사람만이 웃으며 염주 알을 셀 수 있는 것이다."

여러분이 하루빨리 자신감과 자립심을 키워서 염주꾸러미를 보며 미소 지을 수 있었으면 좋겠습니다.

건투를 빕니다!

주영신

9. 냉담함에 대하여

주 교수님,

제 친구 하나가 최근에 크게 좌절하고 사람이 180도 바뀌어버렸습니다. 냉담하게 변해서는 매일 혼자 있으려고만 하고 웃거나 이야기하지도 않습니다. 그리고 마치 주위 환경이 자신과는 아무런 관게도 없는 듯이 행동합니다. 우리 모두는 슬프기도 하고 한편으로는 그 친구가 자폐증이라도 걸리지 않을까 걱정이 됩니다. 그 친구를 도와줄 방법이 있으면 알려주세요.

양광(楊光)

양광에게

　상하이에서 실제로 있었던 일화를 소개하고자 합니다. 한 여성이 실연의 아픔 때문에 자살하려고 강에 뛰어들었습니다. 주위에 200여 명의 사람이 있었는데 수수방관하는 사람도 있고, 사람 살리라고 소리치는 사람도 있었지만 누구하나 나서려고 하지 않았습니다. 바로 그때 한 임산부가 강물에 뛰어들어 여성을 뭍으로 건져 올렸습니다. 자기희생과 인도주의를 몸으로 실천했던 것입니다. 이를 지켜보던 사람들은 비겁한 자기 자신을 부끄럽게 생각했으며 보도를 들은 사람들은 모두 감동했습니다.

　그 후, 많은 사람들의 뇌리에 이런 의문이 떠올랐습니다. 사람의 목숨이 경각에 달린 위태로운 순간에 왜 그렇게 많은 방관자들은 그저 나 몰라라 하고 있었던 것일까? 때문에 사람들은 또 자연스럽게 왜 사람들은 남이 겪는 고통에 무관심한 것인지를 떠올리게 되었습니다. 사회적인 요인의 관점에서 정서적인 요인으로 인해 타인의 불행에 아무런 감정을 느끼지 못하는 사람들이 있다는 사실을 부정할 수 없습니다. 어떤 이들은 고결한 정신과 충만한 열의로 가치 있는 일을 하고자 하지만 남들의 조소와 공격을 받으면 의기소침해집니다. 역사적 관점에서 중국인들이 타인의 불행에 냉담한 데는 뿌리 깊은 원인이 있습니다. 루쉰이 날카로운 문필로 남김없이 파헤친 적이 있지요. 중국은 봉건 통치 기간이 길었기 때문에 봉건 의식이 매우 깊은 나라입니다. 그래서 종속적인 관계에 익숙하고 남에게 의존하고 기대하고 아무 것도 하지 않으려는 심리가 팽배하게 되었습니다. 자기와 아무 관계없는 일은 남의 일로 치부하는 습관이 바로 이런 사고방식을 잘 나타내주고 있습니다. 오랫동안 지속된 소농 경제와 자급자족의 생산 방식은

'나만 잘 먹고 살면 된다'는 악습을 초래했습니다. 문화혁명 이후 이러한 전통사상은 크게 사라졌다고 하지만 머리 깊숙이에 뿌리박힌 전통 관념의 잔재가 아직도 완전히 사라지지 않았습니다. 이런 냉담함은 사회 문화수준 향상과 개인의 각성 등을 통해서 변화되어야 할 것입니다.

그렇지만 다른 종류의 냉담함도 있습니다. 그다지 심각한 정도는 아니지만 앞에서 보았던 냉담함과 전혀 다른 종류의 냉담함으로 주로 성격이 내향적이고 감정의 강도가 약해서 외부로 명확히 표현되지 않기 때문에 남들에게 냉담하다고 오해받는 경우입니다. 실제로 이들은 정이 깊으며 한번 남을 도와주면 끝까지 도와줍니다. 또 어떤 사람들은 온종일 긴장된 업무와 과중한 살림에 시달리다보니 피곤에 찌들어 있어 자연히 흥분된 모습을 거의 볼 수 없으며 냉담하다는 오해를 삽니다. 이들은 긴장된 분위기에서 벗어나기만 하면 곧 쾌활하고 열정적인 모습으로 돌아옵니다. 또 어떤 사람들은 과거 남에게 진심으로 대했는데 배신을 당하거나 사기를 당해 마음에 상처를 입고 쉽게 경계심을 풀지 않고 자기 생각을 좀처럼 드러내지 않습니다. 혹은 계속된 실패로 세상에 대한 관심을 잃어버리고 자신감을 잃은 경우도 있습니다. 이런 사람들은 자신이 세상을 완전히 통찰했다고 생각하고 새로운 일이나 목적에 열의를 보이지 않음은 물론 자신은 세상을 바꿀 수 없다는 생각에 아무 생각 없이 살다 생을 마감합니다.

또 다른 원인으로 어릴 때부터 질시와 학대를 받은 경우가 있습니다. 이런 사람들은 성인이 된 후에 남을 적대시하고 냉담한 모습을 자주 보입니다. 이상에서 알 수 있듯이 마음이 냉담한 사람을 단순하게 탓할 수만은 없는 것입니다. 냉담함은 하루아침에 생겨난 것이 아닙니다. 때문에 이를 고치려면 조급한 마음을 먼저 버려야 합니다. 자기가 냉담하다고 생각하는 사람에게 가장 중요한 것은 사고방식을 고치고 정확한 인간관, 사회관, 인생관을 갖는 일입니다.

첫째, 자신이 사회를 떠나서 살아갈 수 없다는 것을 명심하세요. 인간은 사회적 동물이며 사람과 사람간의 관계는 상호적입니다. 남을 존중해야 남에게 존중받을 수 있으며 남을 믿어야 남의 믿음을 살 수 있습니다. 마찬가지로 상대방의 우정을 얻으려면 그를 냉대해서는 안 됩니다. 고고한 태도나 자기 연민의 태도는 자신을 함정에 빠뜨릴 뿐 현 상황에 도움이 되지 않습니다. 먼저 상대방에게 지속적인 관심을 쏟을 때만이 상대방이 내민 도움의 손을 잡을 수 있을 것입니다.

둘째, 진, 선, 미는 생활의 주조임을 명심하세요. 물론 살아가다 보면 거짓과 더럽고 추악한 면도 있다는 것을 부정할 수는 없지만 사람 사이에 어둡고 암담한 그림자가 드리워져 있다고 생각하면 마음이 무거워질 것입니다. 그러나 부분으로 전체를 판단하면 안 되겠지요. 인생은 본래 유쾌하고 아름다우며 사람들은 대부분 선량합니다. 과거의 좌절과 실의 때문에 혹은 과거의 상처 때문에 세상을 부정적으로만 보지 마시기 바랍니다. 러시아 시인 푸슈킨의 시 구절처럼 말입니다.

"삶이 그대를 속일지라도 슬퍼하거나 노하지 말라. 슬픈 날엔 참고 견디라. 즐거운 날이 오고야 말리니."

셋째, 자기 자신이야말로 현실 세계의 창조자임을 명심하세요. 감정이 냉담한 사람은 자신을 삶의 주인으로 생각하지 않으며 현실 생활은 바로 자신과 같은 작은 세포들로 이루어져 있다는 것을 깨닫지 못합니다. 한 방울씩 떨어지는 물이 모이면 강과 바다에 넘쳐나게 되는 것처럼 한 개인의 능력은 한계가 있지만 군중의 활동은 사회의 면모를 뒤바꾸어놓을 정도로 엄청난 힘을 가집니다. 그러니 자신을 그저 한 세상 살다가는 손님이라고 생각하지 말고 주동적으로 생활의 도전을 받아들이고 열정적으로 인생을 맞이하세요. 우리가 힘을 합쳐 노력하면 더 나은 사회, 더욱 조화로운 사회가 탄생한다는 사실을 결코 의심하지 마십시오!

넷째, 사람과 사람 간에 감정의 교류가 필요하다는 것을 명심하세요. 소련교육자 수호믈린스키는 《인간의 사고에 관하여》라는 저서에서 이렇게 말했습니다.

"어려서부터 우정, 순결한 영혼, 진실한 감정, 그리고 진리가 없다고 굳게 믿어온 사람은 생활에서 진정한 기쁨을 누릴 시간이 없다. 그는 영혼의 아름다움과 대중의 행복을 위해 싸우는 진정한 전사가 될 것이다."

만약에 인간과 인간 사이의 감정 교류가 없다면 우리는 감정을 마음 깊은 곳에 감춘 채로 살아가야 할 것입니다. 얼마나 서글픈 모습이란 말입니까! 그러므로 성격이 과도하게 내향적이고 쉽게 감정을 드러내지 않는 사람은 좀 더 자기감정을 표현하도록 노력하고 충동적으로 행동할 필요가 있습니다.

다섯째, 행동에 옮기는 사람이 되십시오. 심리학 연구결과, 어려움을 당한 사람 주변에 나 한사람밖에 없을 때는 일반적으로 망설임 없이 상대방을 도와주지만 몇 사람이 있는 경우에는 서로 책임을 미루는 현상이 생깁니다. 즉 서로 상황을 관망하면서 누구도 나서려고 하지 않는 것이지요. 사람이 많으면 많을수록 이런 현상은 더욱 심각해집니다. 그러나 사람마다 책임감과 성격이 다르므로 늘 누군가는 이런 상황을 해결하고 도움의 손길을 뻗기 마련입니다. 그러므로 관망하는 심리를 버려야 할 뿐 아니라 버려야 합니다. 이런 이치를 분명히 알았으니 비슷한 상황이 닥치면 가장 먼저 앞장 서는 사람이 되십시오.

건투를 빕니다.

주영신

10. 잘 웃는 버릇 때문에 고민입니다

주 교수님

저는 유달리 웃음이 많은 여학생입니다. 그렇다고 제가 아무런 걱정근심이 없다는 건 아니고요, 그저 낙관적인 태도로 마음속의 걱정을 덜어내고 유쾌하게 지내고 싶을 뿐이에요. 그런데 저희 엄마와 반 친구들은 저에게 '속없이 실실 웃기만 한다.'고 하니 속상합니다. 유쾌한 마음을 가지는 것이 허구한 날 우거지상을 하고 있는 것보다 낫지 않나요? 전 정말 이해가 안갑니다.

유쾌한 마음이 일상생활에 어떤 작용을 하는지에 관한 지식을 좀 배워서 저희 엄마와 친구들에게 따끔하게 한 수 가르쳐주고 싶어요. 제 버릇이 정말 그렇게 안 좋은 건가요?

늘 즐거운 쉐얼(雪兒)

쉐얼에게

만나서 반가워요. 경쾌한 웃음소리가 내 귓가까지 들리는 듯하군요. 나 역시 쉐얼과 유쾌한 마음이 어떤 작용을 하는지에 대해 이야기를 나누고 싶습니다.

사자성어 중에 소용가국(笑容可掬)이란 말이 있습니다. 이는 청(清)대 소설가인 포송령(蒲松齡)의 《요재지이(聊齋志異)》에서 유래된 표현으로 얼굴에 미소가 가득함을 형용한 말입니다.

'미소'는 인간만이 지을 수 있는 표정이며 우리는 미소를 통해 감정의 색채를 더하고 기쁨을 표현할 수 있습니다. 만면의 미소를 머금은 얼굴과 경쾌한 웃음소리가 없다면 우리 인생은 더 없이 황량하고 무미건조해질 것입니다.

정신건강의 관점에서도 웃음은 몸과 마음의 건강에 도움을 주며 폐활량을 증가시키고 혈액순환을 촉진시킵니다. 웃음을 지으면 안면 근육과 복부 근육이 함께 움직이고, 거리낌 없이 박장대소할 때는 그에 따라 사지의 근육이 움직이므로 체내 호르몬 분비를 촉진시킬 뿐 아니라 신진대사를 원활하게 합니다. 그러므로 웃음은 걱정, 근심, 피로를 물리치는 강력한 무기이자 쾌활함과 즐거움의 좋은 친구라고 하겠습니다.

웃음은 병까지도 치유합니다. 영국에 흉근 기능을 잃은 13살짜리 남자아이가 있었습니다. 그 아이는 특수 제작한 금속 조끼를 입고 가슴을 압박해야만 간신히 숨을 들이마시고 내쉴 수 있는 딱한 처지였습니다. 훗날 그의 흉근 기능을 회복시켜준 것은 다름 아닌 웃음이었습니다. 의사는 아이를 극장으로 데리고 가서 익살스런 광대의 공연을 보여주었는데, 아이가 크게 웃을 때마다 금속 조끼에 달린 호흡기가 12분 동안 동작을 멈췄습니다. 그리고 다음번에 다시 병원에서 진찰을 받았을 때, 아이는 이미 혼자서 40분 동안 스스로 호흡할 수 있었다고 합니다. 그야말로 웃음의 놀라운 위력을 보여주는 예라고 하겠습니다.

그러나 우리가 살고 있는 세상은 넓고 복잡하며 별의별 일이 다 있습니다. 사우디아라비아의 어느 부족은 상대방의 웃음을 비우호적인 태도로 간주해 웃음을 지어보이는 것을 큰 모욕으로 여기는 매우 독특한 풍속이 있습니다. 그래서 연장자를 만났을 때는 엄숙한 표정을 지어야만 상대방에 대한 존경과 순종을 표할 수 있으며, 웃음은 곧 연장자에 대한 도전이며 극도의 모욕이라고 여깁니다. 그래서 웃음을 지어보인 사람은 모욕을 당한 연장자에 의해 족장 앞으로 불려나가 불경죄를 추궁당합니다. 더욱 기묘한 일은 열애 중인 젊은 연인들로, 만약 어느 한 쪽이 상대방의 면전에서 웃음을 지어보이는 날에는 아름다운 로맨스가 물거품처럼 깨져 버린다고 합니다.

스리랑카에도 좀처럼 웃지 않는 부족이 있다고 합니다. 외부 사람들이 그들의 웃음소리를 들어보려고 배꼽 잡는 코미디 프로를 여러 편 보여주었는데도 결과는 모두 헛수고였습니다. 그렇다면 그들은 왜 웃지 않을까요? 웃음을 관장하는 신경 혹은 웃는 기능 자체가 없거나 아니면 다른 특별한 이유가 있는 것일까요? 그 이유는 지금까지도 수수께끼로 남아 있습니다.

이제 유쾌한 마음으로 웃을 수 있는 일이 얼마나 근사한 일인지 알았으리라 생각합니다.

항상 웃음을 잃지 마세요.

주영신

11. 이성 교제에 대하여

주 교수님, 안녕하세요.

저는 지금 여고에 다니고 있습니다. 중학생 때 좋아하는 이성 친구가 생겼지만 막연한 두려움 때문에 결국 교제하지 않았습니다. 그 당시 제가 올바른 판단을 내린 건가요? 저는 지금까지도 이 일 때문에 고민하고 있으며, 모쪼록 교수님께 바른 해답을 듣고 싶습니다. 제가 느꼈던 감정은 사랑 같기도 하고, 때로는 사랑이 아닌 것도 같아요. 이런 모호한 감정은 도대체 어떻게 받아들여야 할까요?

자오첸(趙倩)

자오첸에게

편지 잘 받아보았어요. 이성에 대한 감정 문제는 중고생들이 보편적으로 겪는 고민이랍니다. 자오첸은 중학교 때 이성 교제에 대해 흥분되지만 한편으로 두려운 마음이 들어 결국 교제하지 않은 경험이 있다고 했지요. 자오첸이 느꼈던 감정은 그 또래 중학생들이면 누구나 느낄 수 있는 자연스러운 감정입니다. 또한 그 이성 친구와 더 이상 만나지 않기로 했다니 정말 다행스러운 일이 아닐 수 없군요. 자오첸은 이성적이고 현명한 학생이라고 생각됩니다. 그러나 사실상 그런 결단을 내릴 수 있었던 것은 환경의 제약을 받아서였지, 자오첸이 자기감정의 실체를 정확하게 인식했기 때문은 아니었습니다.

사랑은 인간의 삶에 필요한 지극히 정상적인 감정입니다. 중고생들은 사춘기에 접어들면서 점차 이성에게 관심이 생기고, 이성과 교제하고 싶고 이성의 호감을 얻고자 하는 마음이 강해집니다. 그래서 서로 좋아하는 감정을 가지고 그리워하다가 사랑에 빠지게 되지요. 사춘기에 접어든 중고생들은 생리적, 정신적으로 아직 발전 단계에 있으며, 정신적, 인격적인 면은 발육 상태와 비교해 미성숙한 상황이라고 할 수 있습니다. 이 시기는 인문지식을 습득하고 과학적인 인생관과 세계관을 배양하는 중요한 때로, 중고생들은 대부분 아직 이성에 대한 감정 문제를 잘 처리하지 못합니다. 그런데도 사랑을 느끼게 되는 것입니다. 너무 일찍 이성에 눈뜨게 되면 이성에게만 주의를 기울인 나머지 감정대로 행동하거나 허황된 생각에 빠지기 쉽습니다. 이렇게 되면 학습에 지장을 초래하는 것은 물론 심신의 건강을 망칠 수도 있습니다. 그러므로 원대한 포부와 냉철한 이성을 지닌 중고생이라면 자신의 감정을 잘 추스르고 학습에 모든 정신을 쏟아야지 한때의 충동으로 시간을 낭비하고 훗날 후회할 일을 자초해서는 안 됩니다.

그렇다면 지금 풋사랑 때문에 고민하는 중고생들은 어떻게 감정을 다스려야 할까요? 수호믈린스키B. A. Сухомлинский는 딸에게 보내는 편지에 이렇게 썼습니다.

"인간의 사랑은 아름답고 진실한 것이란다. 하지만 때로는 명철하고 신중해질 필요가 있고, 자신에게 엄격해져야 한단다. 그렇게 행동할 수 있는 사람만이 행복을 누릴 수 있다는 점을 잊지 말아라."

즉 문제의 해결 여부는 자기 자신에게 달린 셈입니다.

먼저 이성과 교제하는 데 일정한 거리를 유지해야 합니다. 학생 신분에 맞게 서로 존중하며 순수한 우정을 나누세요. 그러나 이성의 동급생과 심리적인 거리감을 두고 교제하라는 말은 사춘기 시기의 이성 교제에서 소홀히 하기 쉬운 심리적 요인 때문이지 상대방을 가식적으로 대하라는 것이 결코 아닙니다. 이성이 동급생과는 보통 친구처럼 지내도록 하세요. 공개적인 장소에서 자주 만나고, 사적인 만남은 되도록 갖지 않는 것이 좋습니다. 그리고 이성 친구 중에서 단짝을 찾거나 필요 이상으로 친밀한 관계를 만들지 마세요. 순간적인 충동으로 상대방에 대한 걷잡을 수 없는 감정에 사로잡힐 수 있습니다. 학생의 본분은 공부입니다. 모든 정신을 바쁘고 긴박한 학교 공부에 집중하고 건전한 취미 활동을 누리면서 높은 실천적 목표를 세우고 전면적으로 발전시켜나가야 합니다. 무의미한 풋사랑 때문에 귀중한 청춘을 허송세월해서는 안 될 것입니다.

다음으로 냉철한 사고력을 갖춰야 합니다. 낭만이라는 환상을 버리고 지금이라도 어설픈 사랑을 매듭짓도록 하세요. 각별하게 호감을 표시하는 이성에게는 망설임 없이 냉담한 태도를 보여주는 것도 감정 문제를 예방하는 방법이 될 수 있습니다.

마지막으로 공부에 모든 정신을 집중하고 건강에 유익한 단체 활동에 참가하면서 여가 시간을 알차게 보내십시오. 고상한 취미 생활을 통해 지적, 육체적 욕구를 충족시킬 수 있을 뿐 아니라 생리적 충동과 이성에 대한 호기심을 줄일 수 있을 것입니다.

결론적으로 말해서 마음만 어지럽히는 사랑에 대한 상념은 과감히 정리해야 합니다. 친구의 충고라고 생각하고 진지하게 받아들여주었으면 합니다.

주영신

13

강인한 의지를
기르는 방법

1. 끈기가 부족한 학생입니다

주 교수님, 안녕하세요.

나이가 어려서일까요, 아니면 성격이 문제일까요? 요즘 저를 포함한 대부분의 대학생이 말만 거창하고 정작 한 가지 일을 끈기 있게 해내지 못하는 것 같습니다. 선배들도 늘 '꾸준히 노력하는 사람이 성공한다'면서 끈기를 기르라고 하는데, 도무지 고쳐지질 않습니다. 도와주세요.

리훙(李紅)

리훙에게

《상서(尚書)》에 다음과 같은 말이 있습니다.

"아홉 길 높이의 산을 쌓는 데 한 삼태기 흙이 모자라 다 쌓지 못한다(爲山九仞, 功虧一簣)."

뒷심이 조금 부족해서 결국 일을 완성하지 못한 것에 대한 애석함을 표현한 옛말로, 어떤 일이든지 일단 시작했으면 끝까지 끈기 있게 추진해야 함을 암시합니다. 오늘날에도 일상생활에서 널리 회자(膾炙)되고 있지요. 생각해보세요. 우리가 중도에 포기해버리는 일들이 얼마나 많습니까? '시작이 없는 일은 없지만 마무리가 되는 일은 드물다(靡不有初, 鮮克有終)'라는 옛 격언은 특히 젊은이들이 새겨들어야 할 것입니다. 젊은이들은 으레 충동적으로 계획을 세우고 단번에 이루려 의욕을 부리지만, 작심삼일(作心三日)로 끝나기 일쑤이기 때문입니다. 이는 그들의 경험 부족과 일에 임하는 마음가짐과도 관계가 있습니다. 일을 단순하게만 생각하고 현실에 맞는 준비를 갖추지 않는다면, 장차 맞닥뜨리게 될지도 모르는 어려움을 예측할 수 없습니다. 그래서 아름다운 꿈은 잔혹한 현실 앞에서 부서지게 마련입니다. 그러므로 아직 사회적인 내공을 충분히 연마하지 못한 젊은이들은 끈기와 인내력을 기르는 일이 매우 중요한 임무라고 하겠습니다.

그렇다고 끈기와 뚝심으로 반드시 거창한 일을 해내야 한다고 생각할 필요는 없습니다. 사소한 일들을 처리하면서도 마찬가지로 끈기와 인내력을 기를 수 있습니다. 예를 들면 정해놓은 시간에 기상하기, 매일 독서하기, 꾸준히 일기쓰기 혹은 아침 운동 거르지 않기와 같은 일상적인 일들을 실천에 옮겨보세요. 날씨가 좋지 않다거나 컨디션이 별로라든가 혹은 업무가 너무 바쁘다는 핑계거리를 찾지 말고 지속할 수 있다면 이를 통해 자신의 인내력을 연마할 수 있습니다.

경극(京劇)의 대가 위안스하이(袁世海) 선생은 거실 벽에 '하루도 연습을 거르지 않는다(天天練)'라는 글귀를 걸어두고 칠십 평생 실천에 옮겼다고 합니다.

의지와 인내심이 강하고 약한 정도는 고난의 크기와 비례합니다. 일상에서 마주칠 수 있는 온갖 고난을 잘 대처하려면, 정확한 고난관(苦難觀)을 정립할 필요가 있습니다. 낙관적이고 끈기 있는 사람은 고난을 일상적인 일로 생각합니다. 그들은 '고난은 용수철과 같아서 내가 적극적으로 대처하면 그 강도가 약해져서 쉽사리 극복할 수 있다'는 진리를 알고 있습니다. 반면에 비관적이고 끈기가 부족한 사람은 고난을 실제보다 과장해서 생각하며 고난 앞에 곧 무릎을 꿇습니다. 즉 낙관적인 사람만이 자기 내면의 문제점과 외부의 장애 요소를 분명히 파악할 수 있으며, 비관적인 사람이라면 견뎌내지 못할 고통과 시련도 견뎌낼 수 있습니다. 또한 역경(逆境)에 처할지라도 항상 노력분투하면서 끝없이 앞을 향해 나아갑니다.

그럼 리훙군의 건투를 빕니다.

주영신

2. 효과적인 심리 암시법을 알려주세요

주 교수님

상의드릴 일이 있습니다.

최근에 알게 된 일인데요, 저는 남의 말이나 감정에 민감하고 쉽게 영향을 받습니다. 그래서 저 자신이 주관이 없는 사람같이 느껴집니다. 그런데 어제 반 친구 한 명이 시험 전에 '심리 암시법'을 사용해서 긴장을 해소한다고 하더군요. 저도 예전에 시험에서 한 번 시도해봤는데 정말 효과가 있었습니다. 그래서 이 방면에 깊은 관심이 생겼습니다. 주 교수님, 제게 심리 암시법을 좀 알려주세요. 심리 암시법을 적극적으로 사용해서 자신감 넘치고 낙관적인 사람이 되고 싶습니다. 이것은 저에게는 정말 중요한 일입니다. 꼭 좀 도와주세요.

제자 구샤(顧霞)

구샤에게

'암시'란 상대방에게 대항 의지가 없는 상태에서 함축적이고 간접적인 방법으로 타인의 심리나 행동에 영향을 끼치는 것을 말합니다. 즉, 상대방이 특정한 방식으로 행동하거나 혹은 특정한 생각을 받아들이도록 하는 것이지요. 확실한 근거 없이 받아들인 주관적인 가설이지만, 이미 그 존재에 대해 긍정하고 있기 때문에 받아들인 내용에 마음이 쏠리게 되는 것입니다.

언어, 제스처, 표정 혹은 암호 등이 암시를 거는 데 사용되며, 자신과 타인이 암시의 대상이 될 수 있습니다. 암시를 걸어 타인의 심리와 행동에 영향을 끼칠 수 있을 뿐 아니라 생리적 변화를 일으킬 수도 있습니다. 실험실에서 한 사람에게 반복적으로 많은 양의 설탕물을 마시게 하는 실험을 실시했습니다. 실험 결과 피시험자의 혈당이 증가해서 요당(尿糖)이 출현했으며 동시에 요량이 증가했습니다. 그런데 최면 상태에 있는 피시험자에게 말로 '설탕물을 너무 많이 마셨다'는 암시만 걸었는데도, 똑같이 혈당과 요량이 증가하는 현상이 나타났습니다. 이는 언어 암시로 피시험자의 뇌에 자극을 주어 대뇌가 인체 내 대사 활동에 관여하도록 만들었기 때문입니다.

물론 모든 사람이 암시에 똑같이 반응하는 것은 아닙니다. 일반적으로 주관이 약하고 의존적이거나 자신감과 지식이 부족한 사람들이 쉽게 암시에 걸리는 경향이 있으며, 일반인들은 권위 있는 사람의 암시에 더 잘 걸립니다. 실제로 암시는 일상에서 광범위하게 운용되고 있으며 그 정도의 경

중(輕重)에 차이가 있을 뿐입니다. 적극적인 암시는 의료계의 '최면 요법'
과 교육계의 '암시 교육법(suggestopedia)'처럼 치료 및 교육적 효과를 높
이는 데 사용됩니다. 소극적인 암시는 상대방이 자신의 견해와 본연의 경
계심을 늦추고 남의 말을 곧이곧대로 수긍하도록 하는 데 사용됩니다. 소
극적인 암시는 상대방에게 근거 없는 공포심과 우울증을 느끼게 하며 열등
감과 의심증을 조장하는 원인이 되기도 합니다. 미혹하는 말로 사회를 교
란시키는 원천인 셈입니다. 파시스트의 수장이었던 요제프 괴벨스(Joseph
Goebbels)는 다음과 같은 말을 남겼는데, 바로 이런 인간의 심리적 약점
을 이용한 것이었습니다.

"거짓말이 천 번 반복되면 진실이 된다."

어떤 사람들은 타인의 소극적인 암시에 쉽게 영향을 받습니다. 다른 사
람이 무의식중에 눈살을 찌푸리거나 사장이 조금만 냉담한 태도를 보여도
그들은 이를 모종의 암시로 받아들이고 원인을 찾느라 고심합니다. 또한
자기가 우정이나 총애를 잃게 될까 봐 노심초사하며 하루를 보냅니다. 이
런 소극적인 암시를 극복하려면 상대방과 반대로 행동해야 합니다. 바로
적극적인 자기 암시를 써서 자신의 성공과 승리를 굳게 믿는 것입니다. 늘
자신의 약점에만 신경 쓰며 나는 이것도 안 되고 저것도 안 된다고 생각하
며 자신을 부정할 것이 아니라 자신의 장점이 무엇인지를 잘 찾아보세요.
그리고 어떻게 하면 자신의 장점을 충분히 발휘할 수 있는지를 따져보고
정확하게 자신을 평가할 줄 알아야 합니다. 시합이나 긴급한 업무와 같이
도전적인 일을 수행할 때는 마음속으로 이렇게 되뇌어보세요.

"난 이 일을 해낼 수 있다! 나는 강인한 정신력의 소유자니까 절대 남에게 뒤질 수 없지!"

분명히 경기와 일에 임할 때 자신감이 배가됨을 느낄 수 있을 것입니다. 유명한 경극 무대 안무가 장잉제(張英傑)의 원래 예명은 '샤오샤오자오톈(小小叫天)'입니다. 당시 예능계를 주름잡던 탄신페이(譚鑫培)의 예명이 '샤오자오톈(小叫天)'이었는데 자신은 아직 실력이 그에 미치지 못한다는 생각에서 샤오샤오자오톈이란 이름을 지었다고 합니다. 그런데 뜻밖에도 겸손한 마음에서 지은 이름이 주위 사람들에게 조롱거리가 되었습니다.

"당신 같은 사람이 그런 이름값이나 할 성싶소?"

이런 말을 듣고 그는 오기가 발동했습니다. 그래서 자신만만하게 예명을 가이자오톈(蓋叫天)이라 지었습니다. 이는 샤오자오톈을 뛰어넘는 위대한 예술가가 되겠다는 야심찬 포부를 드러낸 이름이었지요. 그 후 그는 각고의 노력과 고된 연습 끝에 대성하여 남파(南派) 무생(舞生)의 유파(流派)인 개파(蓋派)를 창시했습니다.

적극적인 자기 암시를 하려면 되도록 '부정어'를 사용하는 것은 피해야 합니다. 예를 들면 긴장된 장소에서 자신에게 다음과 같이 암시를 건다면 오히려 더욱 긴장될 수 있습니다.

"나는 긴장하지 않았어!"

그럴 때는 기분을 가라앉힐 수 있는 여유로운 일이나 성공을 거두었던 과거의 경험을 떠올려 보는 것도 좋습니다.

소극적인 자기 암시 역시 지식과 경험 부족과 연관이 있습니다. 실제로 미국에서 있었던 일입니다. 전기에 익숙하지 않은 전기 기사가 고압 전기 설비 위에서 일하는 업무를 배정받았습니다. 만반의 안전 대책이 세워져 있는데도 그는 늘 고압 전기 쇼크에 대한 공포감이 있었습니다. 그러던 어느 날, 그는 전선 한 가닥을 잘못 만져 현장에서 즉사했습니다. 그러나 검사 결과, 설비는 스위치가 열려 있는 상태였습니다. 결국 전기 기사는 전기에 감전되었다는 소극적인 자기 암시 때문에 목숨을 잃은 것입니다. 만약 전기 기사가 전기에 대한 충분한 지식만 있었어도 비극은 발생하지 않았을 것입니다. 그러므로 풍부한 지식과 경험을 꾸준히 쌓아 자신을 업그레이드하고 평소 사고하는 습관을 기른다면 귀군이 고민을 해결하는 데도 도움이 될 것입니다. 건투를 빕니다.

주영신

3. 나태함을 떨쳐내고 싶습니다

주 교수님

저는 제 꿈을 이루기 위해 늘 해야 할 일을 정해놓고 생활합니다. 하지만 실제로 마무리 짓는 일은 매우 적어요. 매일 저녁 실천에 옮기지 못한 계획들 때문에 고민하면서도 정작 게으름을 피우며 아무것도 하지 않는답니다. 저는 정말 구제불능에다 게으름뱅이인가 봐요. 저는 어떡하면 좋을까요?

한메이(韓妹)

한메이에게

편지 잘 받았습니다. 인간은 왜 게을러지는 걸까요? 어느 서양 심리학자는 인간이 게으른 것은 매우 자연스러운 일이라고 보았습니다. 인간은 선천적으로 나태해서 가능하면 일하지 않고 즐거움만 누리려고 하고, 특별한 포부도 가지지 않으며, 책임져야 하는 일을 피하려고 하지요. 생계를 유지하려면 돈이 필요하기 때문에 어쩔 수 없이 일할 뿐입니다. 진취적인 사람이나 조금이라도 이상과 포부를 품고 있는 사람들은 이 관점에 절대 동의하지 않을지도 모릅니다. 이런 관점은 인간의 존엄에 상처를 주고 나아가 더 나은 삶을 살고자 노력하는 사람들에게 모욕적인 발언이 될 수 있으니까요.

교육자의 관점에서 볼 때 인간은 결코 태어날 때부터 게으른 것이 아닙니다. 오히려 후천적으로 사회 환경의 영향을 받아 게으름이 형성되고 굳어진 것으로 이해합니다. 그 원인은 크게 외부 요인과 내부 요인으로 나뉩니다.

외부 요인은 인간의 나태함이 사회 환경의 영향을 받아 형성되는 것을 말합니다. 청소년 중에 어릴 때부터 부모의 과잉보호와 애정을 받으며 밥도 먹여줘야 먹고 옷도 입혀줘야 입으며 매사에 부모에게 의지하며 자랐기 때문에 게을러진 이들이 있습니다. 또한 진학과 취업이 순조롭지 않으면 아무런 장래 계획 없이 무의미하게 생활하면서 정신적인 방황을 하는 이들도 있으며, 졸업하고 정년이 보장되는 직장에 취직하고 나면 자기 개발은 뒤로 제쳐둔 채로 살아가는 이들도 있습니다.

반면에 내부 요인은 지적, 감정적, 의지적인 요소들의 영향을 받아 나태함이 형성된 경우를 말합니다. 제일 먼저 이상의 결핍을 원인으로 들 수 있습니다. 이상과 신념은 인간의 인식과 감정이 잘 어우러질 때 생겨나게 되며 어두운 밤길을 밝혀주는 촛불처럼 우리에게 살아갈 힘을 줍니다. 이상을 잃는다는 것은 생활의 구심점을 잃은 것이나 마찬가지로 일상은 붕괴되고 우리는 나락으로 떨어질 것입니다. 대충 논문을 쓰고 졸업하면 된다고 생각하는 학생들이 바로 이런 이상이 결핍된 전형적인 예를 보여줍니다. 두 번째로 강인한 의지력이 결여된 경우입니다. 고난이나 좌절에 맞서 끝까지 싸우려는 의지가 결여된 사람은 곧 시련에 백기를 듭니다. 그의 이상은 순식간에 자취를 감추며 그는 용기 없고 게으른 사람으로 살아갑니다. 이런 사람들은 혹독한 시련을 이겨낸 자만이 만끽할 수 있는 승리의 쾌감을 영원히 알 수 없을 것입니다.

이상의 두 가지 원인으로 형성된 나태함을 극복하려면 우선 사고의 변화가 필요합니다. 급변하는 현대 사회에 적응하지 못하는 사람은 역사의 낙오자로 남게 되기 때문입니다.

둘째로 기대와 희망을 품고 목표를 이루고자 적극적으로 분투해야 합니다. 기대와 희망이 있기에 우리는 절망하지 않고 살아갈 수 있습니다. 남의 뒤에 있기 싫어하는 사람이 있는가 하면, 남 앞에 나서는 것을 원하지 않는 사람도 있습니다. 현상을 타개하고 승리를 쟁취하려는 사람이 있는가 하면, 현실에 안주하는 사람도 있습니다. 인간은 자기보다 나은 사람을 볼 때보다 자기만 못한 사람을 보며 만족을 느끼는 법입니다. 그렇습니다. 언제

어디에나 자기만 못한 사람이 있게 마련이며 사람은 누구나 한 가지씩은 남보다 나은 면이 있게 마련입니다. 자신의 장점을 남의 단점과 비교한다면, 자연히 자기만 못한 사람을 찾을 수 있을 겁니다. 하지만 이것은 정말로 어리석은 비교 방법입니다. 자기보다 앞서 있지만 노력하면 따라잡을 수 있는 인생 모델을 찾았을 때 인생의 즐거움이 배가되며 가치 있는 인생을 살 수 있을 것입니다. 일은 하지 않고 밥만 축내며 인생을 끝낸다면, 동물과 다른 것이 무엇이겠습니까? 계획성 있게 자신의 이상과 목표를 향해 조금씩 전진해나가는 것이 바로 인간과 동물의 차이점입니다.

이 세상에 아무런 이상도 없이 살아가는 사람은 아마 없을 것입니다. 많은 사람들이 장애물과 맞닥뜨리면 맞서 싸워보려고 생각하는 대신 이상을 포기하고 쉬운 길을 택합니다. 사실, 이상을 실현하려면 자신의 모든 의지력을 동원해 장애를 극복해야만 합니다. 진리를 추구하는 과정에서 일련의 장애를 극복해냈을 때야 비로소 승리자의 희열을 느낄 수 있습니다. 동시에 의지력 역시 강해집니다. 그런 의미에서 네덜란드 물리학자이자 노벨상 수상자인 반데르발스(van der Waals)의 사례는 우리에게 많은 것을 시사해줍니다. 반데르발스는 미천한 집안에서 태어나 가난하게 살았지만 어려서부터 공부를 좋아하여 틈이 날 때마다 공부에 전념했습니다. 마침 그의 이웃집은 유럽의 유명한 사상가의 고택이었는데, 반데르발스는 일상에서 시련에 직면하거나 학습이 순탄하지 않을 때마다 책상을 내리치며 이렇게 자문했다고 합니다.

"나의 이웃도 분명히 나와 같은 어려움을 겪었을 것이다. 그런데도 그는 걸출한 인물이 되었건만 나는 도대체 뭐냔 말인가?"

그는 이런 식으로 위인을 본보기 삼아 나태해진 자신을 독려했으며, 결국 뛰어난 수학자가 되어 1910년 노벨 물리학상의 영예를 얻었습니다.

군도 자신의 생활 태도를 바꾸고 싶지요? 잊지 마세요. 게으름을 극복할 수 있는 가장 좋은 방법은 지금 당장 실천에 옮기는 것입니다.

건투를 빕니다.

주영신

4. 용기 있는 사람이 되고 싶습니다

주 교수님, 안녕하세요.

저는 졸업을 앞둔 대학 4학년 학생으로 취업을 준비하고 있습니다. 언제부터인지 졸업이 가까웠다는 것을 생각하면 마음이 무거워집니다. 곧 사회생활을 시작해야 하는데 도통 자신도 없고, 무엇보다 용기가 나지 않네요. 장차 마주치게 될 미지의 일들이 두렵기만 합니다. 이런 위축된 마음가짐이 앞으로 사회생활을 해나가는 데 부정적인 영향을 미칠까 봐 더욱 걱정입니다. 제가 용기를 얻을 수 있도록 좀 도와주세요!

주윈(朱雲)

주원에게

인생의 새로운 도전을 앞두고 있다니 정말 축하드립니다. 그리스 철학자 데모크리토스(Demokritos)는 '용기 있는 자는 운명의 시련에서 상대적으로 자유롭다'라는 명언을 남겼습니다. 컵에 물을 따라 마시거나 물웅덩이를 둘러가는 행위는 우리가 일상에서 아무런 망설임 없이 행할 수 있는 것들입니다. 그러나 두 차례 시험의 고배를 마시고 나서 삼수에 도전해야 하는지 고민하는 경우, 그리고 실패의 위험을 무릅쓰고 혁신적인 연구에 착수해야 하는 경우를 생각해봅시다. 이런 경우 어떤 사람들은 두려움에 위축되거나 용기를 잃을 것입니다. 이 때문에 좋은 기회들을 놓치고 성공에 대한 희망을 버리게 되어 학습과 공부, 생활 전반에 매우 부정적인 영향을 미칩니다.

용기가 부족한 사람은 실패를 두려워합니다. 하지만 실생활에서 '실패는 성공의 어머니'입니다. 즉, 실패 없이는 성공도 이루지 못합니다. 교제에 실패해보지 않고 진정한 우정을 꽃피우기는 어려우며 출판사에서 원고를 거절당하는 수모를 겪어보지 않고 쉽게 훌륭한 작가가 될 수 없는 법입니다. 사람은 누구나 실패를 통해 경험을 쌓으면서 재능과 지혜를 키워나가게 됩니다. 다시 말해서 실패를 많이 겪는다고 해서 손해 볼 일은 아무것도 없다는 말입니다. 어떤 사람은 남에게 길을 물을 때도 쌀쌀맞게 거절당할까 봐 걱정합니다. 그러나 그 사람이 길을 모르거나 대답해주는 것을 원하지 않는다 하더라도, 원하는 답을 얻지 못하는 것이 고작이지 결코 우리가 손해를 보는 것은 없습니다.

용기가 부족한 사람의 가장 큰 심리적 장애는 열등감에서 비롯됩니다. 이런 사람들은 언제나 ‘나는 안 돼’, ‘잘하지 못할까 봐 걱정이야’라는 말을 입에 달고 삽니다. 그 결과 자기 것이어야 할 좋은 기회들을 눈뜨고 놓치는 실수를 반복합니다. 모든 일에 다재다능한 신동은 결코 타고나는 것이 아닙니다. 후천적으로 재능을 발전시킨 결과인 것입니다. 선천적으로 두 팔이 없는 소녀를 주인공으로 한 일본 영화 한 편이 있었습니다. 실화를 바탕으로 한 이 영화에서 여주인공이 ‘시도해보는 거야!’라고 외치며 역경을 헤쳐 가는 모습은 관객들의 마음에 뭉클한 감동을 안겨주었습니다. 우리도 용감히 고난에 맞서야 하지 않을까요?

용기가 부족한 사람은 보수적인 사람들에게 조롱의 대상이 되기 일쑤입니다. 일을 멋지게 해내고 싶은 욕심이 있지만 혹자는 이렇게 말할 것입니다.

“일을 잘해내서 뭐하려고? 남들 하는 만큼만 하면 되는 거지.”

또한 시험에 처음 떨어졌을 때 남 말하기 좋아하는 사람들은 이때다 하고 다음과 같이 비아냥거릴 것입니다.

“자네 수준에 대학 졸업장이 가당키나 한 말인가?”

이런 말들 때문에 용기를 잃어버리는 사람이 적지 않습니다. 이런 상황에서는 ‘그러거나 말거나’라는 태도로 눈앞의 목표를 주시하고 사람들의 부정적인 말을 흘려보내는 것이 좋습니다. 목표를 향해 한 걸음 내딛는 순간 그들이 얼마나 불쌍한 존재들인가를 깨닫게 될 것입니다. 어떤 일이든지 '시도해보자'라는 태도를 가져야 합니다. 용기를 키워야만 역경을 극복하고 겁 많고 소심한 자신을 떨쳐버릴 수 있습니다.

용기는 행동에서 나옵니다. 용감하게 새로운 일에 도전하는 군의 모습을 기대해봅니다. 건투를 빕니다.

주영신

5. 매사에 우유부단합니다

주 교수님

사람이 늘 자기가 하고 싶은 일만 골라서 하기란 불가능한 일이겠지요. 그렇게 할 수만 있다면 '어쩔 수 없이 해야 되는 일이야', '짜증나 죽겠어' 와 같은 원성 자체가 존재하지 않을 거예요. 우리는 일 때문이 아니라 선택과 결단이 어려운 모순 때문에 힘들고 지쳐갑니다. 저는 우유부단하고 소심한 학생이라 더욱 그렇습니다. 제가 의사 결정 능력을 향상시킬 수 있는 방법이 있다면 교수님께서 좀 알려주세요. 부탁드립니다!

구핑(顧萍)

구펑에게

선택과 결단을 내리는 일은 결코 쉬운 일이 아닙니다. 살다보면 수많은 어려움에 부딪치게 되는데, 그중 하나가 취하고 버릴 것을 현명하게 선택하는 일입니다. 경솔한 사람은 아무 생각 없이 쉽게 선택하고, 신중한 사람은 여러 번 심사숙고 끝에 결정을 내리며, 우유부단한 사람은 우물쭈물하며 머뭇거립니다. 심지어는 윈스턴 처칠(Winston Churchill)처럼 민첩한 사고력과 폭넓은 지식, 우수한 기억력을 갖춘 사람도 급변하는 군사 형세에 따라 신속하게 10가지 전략을 내놓을 수는 있었지만 각개 전략의 우열을 비교하고 최적의 순간에 판단을 내리는 능력은 부족했습니다.

그 결과 결정을 내리지 못하고 주저하다가 타이밍을 놓치기 일쑤였다고 합니다. 일상을 살아가는 우리 역시 매 순간 선택의 기로에 서게 됩니다. 저녁에 재미난 TV 프로그램을 방영하는데 내일 제출해야 할 리포터를 작성해야 하는 경우, 동시에 구애하는 두 남자에게 모두 호감을 느끼는 경우, 그리고 다용도 녹음기와 가사노동을 덜어줄 세탁기가 모두 필요하지만 그중 하나밖에 살 여력이 없는 경우, 문과와 이과 성적이 모두 우수하지만 그중 하나만 선택해야 하는 경우가 모두 여기에 속합니다. 이러한 선택을 망설인다고 해서 전투에서 승리할 기회를 그르칠 정도로 지대한 손해를 입는 것은 아니지만, 우리 생활과 미래에 부정적인 영향을 끼치는 것은 틀림없는 사실입니다. 우유부단한 사람들은 으레 끝까지 주저하다가 마지막에 가서는 운에 맡겨 뒤늦게 후회합니다. 다음은 자기 자신이 어떤 유형에 속하는지 (과단성 있는 사람인지 아니면 우유부단한 사람인지) 알아보는 간단한 테스트입니다. 아래 물음에 답해보세요.

(1) 기존의 업무를 수행하면서 새로운 규율과 새로운 사풍에 잘 적응할 수
있습니까?

(2) 새로운 집단의 구성원들과 빨리 어울리는 편입니까?

(3) 설사 그 의견이 상사나 다른 사람들의 의견과 모순되는 것이라 할지라
도 여러 사람 앞에서 자신의 의견을 피력할 수 있습니까?

(4) 회사에서 당신을 연봉이 더 높은 다른 직책으로 승진시키려고 합니다.
망설임 없이 배임지로 향하겠습니까?

(5) 자신의 잘못을 인정하고 적당히 둘러댈 말을 찾는 일이 자주 있습니까?

(6) 이유가 있어서 부탁받은 일을 어쩔 수 없이 거절해야 할 때 진짜 이유
를 감추고 완곡하고 설득력 있는 말로 대충 얼버무리는 편입니까?

(7) 진지한 변론이 오가고 나서 자신의 원래 관점이 바뀔 수 있다고 생각합
니까?

(8) 타인이 쓴 글을 읽다가(업무상 필요로 혹은 타인의 요청으로) 글의 맥
라은 맞지만 글의 스타일이 왠지 맘에 안 든다면, 글을 수정하고 작가
에게 당신의 의견을 받아들이라고 주장하시겠습니까?

(9) 상점 쇼윈도에서 맘에 드는 물건을 발견했습니다. 그 물건이 지금 반드
시 필요한 물건이 아니라도 즉시 구매하겠습니까?

(10) 언변이 좋은 사람에게 설득당해서 자신이 내린 결정을 종종 번복합니
까?

(11) 먼저 자기 휴가 계획을 짜는 편입니까, 아니면 회사의 명령에 따르는

편입니까?

(12) 자신이 계획한 일은 완성하는 편입니까?

다음 표를 참조해서 점수를 매겨보세요.

점수 대답 \ 문제	1	2	3	4	5	6	7	8	9	10	11	12
네	3	4	3	2	0	2	3	2	0	0	1	3
아니오	0	0	0	0	4	0	0	0	2	3	0	0

점수가 0~7점 사이인 사람은 우유부단한 사람입니다. 혼자서 결정을 내리기 어려워하며 자신의 재능을 충분히 표현하고 발휘할 수 없습니다. 점수가 8~14점 사이인 사람은 비교적 신중한 사람입니다. 그러나 중요한 일을 결정해야 할 때 쉽게 결정을 내리지 못합니다. 점수가 15~22점 사이인 사람은 매우 결단력 있는 사람입니다. 신속하고 비교적 정확하게 문제를 해결할 능력이 있습니다. 점수가 22점 이상인 사람은 자기중심적인 사람으로 멋대로 결정을 내립니다. 절대 건강한 심리 상태가 아닙니다.

테스트 결과 여러분이 우유부단형이라면 다음의 몇 가지에 특히 주의해야 합니다.

첫째, 자신에 대해 충분히 파악하고 심사숙고해서 일을 처리해야 합니다. 나폴레옹(Napoleon Bonaparte)은 일찍이 이렇게 말했습니다.

"남들이 갑작스러운 일을 당해 미처 대비하지 못할 때조차 나는 내가 취해야 할 행동과 해야 할 말을 정확히 알 수 있다. 그것은 어둠속에서 어떤 천재가 갑자기 귀띔해주는 것도 아니고 오직 사고를 통해 나 스스로 얻는 계시이다."

마찬가지로 여러분이 리포터를 늦게 제출했을 때 초래되는 결과를 예측하거나 자신의 연애관, 배우자에 대한 기준과 상대방의 장단점을 전면적으로 평가할 수 있다면, 또한 자신이 당면한 가장 절박한 임무에 대해 정확하게 인식하고 있다면, 자신의 흥미, 기호와 지식 등의 주관적, 객관적인 조건에 대해 충분히 이해하고 있다면 서두에서 언급했던 일들을 선택할 때 아무런 어려움을 느끼지 않을 것입니다. 그러므로 지식의 폭과 정보량을 넓히고 전면적으로 문제를 분석 해결하는 것이 우유부단함을 극복하는 첫 번째 전제 조건입니다.

둘째, 여러분은 열등감을 버리고 자신감을 가져야 합니다. 때로 문제를 해결할 수 있는 경험과 결정을 내릴 시간이 충분함에도 너무 많은 것을 생각하고 걱정하느라 결정을 주저하는 경우가 있습니다. 따라서 반드시 자신을 긍정하는 법을 배워야 합니다. 남의 의견을 존중하고 생각을 집대성한 후에 과감하게 결정을 내리세요.

우유부단한 사람은 으레 좋은 기회를 놓치며 남의 생각대로 움직이는 노예로 살아갑니다. 무모하고 경솔한 결정 역시 마찬가지의 결과를 낳습니다. 때로는 해결하기 어려운 국면을 벗어나기 위해서 선택의 결과를 운이나 미신에 맡기는 사람들도 있습니다. 때문에 타이밍에 맞게 결정을 내리고 민첩하게 행동하는 동시에 맹목적이고 경솔한 행동거지를 경계해야 합니다.

군의 건투를 빕니다.

주영신

6. 나쁜 습관을 고치고 싶어요

주 교수님

담임선생님과 부모님은 늘 저에게 습관은 고정된 행동 방식이며 정형화된 조건 반사이며 좋은 공부 습관과 생활 습관은 평생 유익하다고 하셨습니다. 사실 저에게는 나쁜 습관이 많은데, 늘 고쳐보려고 마음은 먹지만 정작 성공한 적은 없습니다. 교수님, 어떻게 하면 제 나쁜 습관들을 고칠 수 있을까요?

자오웨이(趙偉)

자오웨이에게

습관적으로 도박이나 술주정을 하거나 입만 열었다 하면 거칠고 상스러운 말을 내뱉는 사람들은 주위에서 자주 볼 수 있습니다. 이 사람들 역시 나쁜 습관을 고치고 싶은 마음은 간절하지만 헤어날 방법을 모르는 것입니다. 상하이(上海)에서 실제로 있었던 일입니다. 한 고등학생이 거리에서 문화 시민 캠페인을 벌이다가 길을 건너려는 행인 한 사람을 붙잡고 이야기를 시작했습니다. 그런데 말에 어찌나 육두문자가 많이 섞여 있었던지 그 행인은 급기야 한마디 했다고 합니다.

"학생, 먼저 막말하는 버릇부터 고친 다음에 문화 시민 캠페인에 전념하는 게 어때요?"

그 학생은 수치심에 얼굴이 붉게 달아올라서 이렇게 말했습니다.

"저도 그러고 싶다마다요. 하지만 욕이 입에 배어서 입만 벙긋했다하면 이렇답니다."

나쁜 버릇은 질 나쁜 친구를 사귀는 것처럼 우리의 마음을 병들게 합니다. 나쁜 버릇이 있는 사람은 타인에게 혐오감을 주고 멸시당할 뿐만 아니라 인격적으로 결함 있는 사람으로 취급받습니다. 그리스 철학자 에피쿠로스(Epicurus)는 나쁜 습관을 없애는 일을 오랫동안 엄청난 손해만 끼치던 동료를 몰아내는 일에 비유했습니다.

늘 '습관적으로 그렇다'는 말로 자신의 행위를 합리화하면서 심지어는 '습관은 제2의 천성'이란 말까지 방패막이로 이용하는 사람들이 있습니다.

정말 말도 안 되는 소리입니다. 오스트로프스키(H. Островский)는 일찍이 이렇게 말했습니다.

"인간은 습관을 지배해야지 습관의 노예가 되어서는 안 된다. 나쁜 버릇인 줄 알면서도 버리지 못하는 사람은 쓸모없는 사람에 불과하다."

나쁜 습관은 잠재의식의 영향을 받습니다. 예를 들어 골초들은 극장에 들어가서도 담뱃불을 비벼 끄지 못하며, 습관적으로 욕을 하는 사람은 여자친구와 처음 만나는 자리에서도 평소대로 행동합니다. 나쁜 버릇을 고치고 싶다면 이것만은 꼭 기억해두세요. 자신에게 나쁜 버릇이 있다는 것을 깨달았다면 주변 지인들에게 도움을 요청하는 것도 좋은 방법입니다. 사람들은 대부분 아침에 일찍 일어나는 일을 고통스럽게 생각합니다. 하지만 잠버릇을 고칠 방법을 모릅니다. 프랑스의 공상적 경제사상가였던 생 시몽(saint-simon) 역시 이런 잠버릇 때문에 고민이었습니다. 그러나 그는 아침 일찍 일어나기로 마음먹고 집사에게 자신을 깨울 때 다음과 같이 말하도록 시켰습니다.

"일어나십시오. 위대한 사업이 주인님을 기다리고 있습니다!"

그 결과, 위대한 사업에 대한 열정과 자극으로 그는 늦잠 자는 버릇을 고칠 수 있었다고 합니다.

나쁜 버릇을 고치려고 결심했다면 자신의 맹세를 굳게 지켜야합니다. 미국 작가 마크 트웨인(Mark Twain)의 재치 있는 이야기를 들려 드릴까 합니다. 그의 말에 따르면 금연은 이 세상에서 가장 쉬운 일이며 그 역시 수백 번이나 금연을 시도해본 적이 있다고 합니다. 많은 사람이 흡연의 해악을 잘 알고 있고 금연을 맹세하지만, 정말로 담배를 끊는 사람의 수는 손에 꼽을 정도로 적습니다. 그 주된 이유는 의지력이 약하고 쉽게 자신을 용서하기 때문입니다. '딱 이번 한 번만이야'라는 말은 계속되는 그들의 상투적인 변명일 뿐입니다. 어떤 사람은 이렇게 말하기도 합니다.

"자신의 결점을 한 번 용서하기 시작하면 천 번 만 번도 용서할 수 있다."

나쁜 버릇을 고치겠다고 결심했으면 자제력을 발휘해서 '딱 한 번만'의 유혹을 뿌리치십시오. 그렇지 않으면 이전의 고생스러운 노력이 수포로 돌아가는 것은 물론 나쁜 버릇이 평생 우리를 따라다닐 것입니다.

나쁜 버릇이 끼치는 해악을 충분히 인식하고 있다면, 자신의 버릇에 대해 혐오감을 가지는 것이 버릇을 고치기 위한 필수조건입니다. 그리고 나쁜 버릇의 해악을 조목조목 나열해보세요. 예를 들어 담배를 끊고 싶다면 이렇게 적어봅시다.

(1) 흡연은 기침을 유발한다.

(2) 흡연은 미각과 후각 기능에 해를 끼친다.

(3) 담배를 사는 데 드는 비용이 엄청나다. 2년 치를 모으면 족히 TV 한 대를 장만할 수 있을 정도이다.

(4) 흡연은 암과 폐기종, 심장병을 유발할 수 있다.

결론적으로 나쁜 버릇과 불유쾌한 신체적 체험을 결부지어 생각해야 합니다. 나쁜 버릇이 재발할 기미가 보인다면 자신에게 벌을 가해도 무방합니다. 스스로 자신을 질책하는 방법의 하나로 원래 시청하기로 했던 TV 프로그램을 포기하는 등 자신의 버릇에 대한 혐오감이 조건 반사식으로 작용하도록 하는 것입니다. 사회심리학자의 연구 결과에 따르면 사람은 자기 자신의 해석에 따라 행위 패턴을 결정한다고 합니다. 우리가 나쁜 버릇을 계속 행하는 것 역시 잘못된 해석 탓입니다. 나쁜 버릇을 고치지 못해서 고민하고 있다면 이렇게 자문해보세요.

"이렇게 행동하는 것이 내게 어떤 이점이 있을까?"

그리고 자신이 생각해낸 '이 점'에 하나하나 반박하다보면, 나쁜 버릇은 설 자리를 잃게 될 것입니다. 이러한 방법을 귀인 이론(attribution theory)이라고 합니다.

습관 하나가 생기는 데 약 21일 정도의 시간이 걸린다고 합니다. 그러므로 나쁜 버릇을 고치고 새로운 습관을 기르려면 역시 21일가량 지속해야만 새로운 조건 반사를 형성할 수 있습니다. 나쁜 버릇을 고치려면 끈기가 필요합니다.

그 밖에 나쁜 버릇과 정 반대되는 습관을 기르도록 적극적인 노력을 해보는 것도 좋은 방법입니다. 나중에 생성된 좋은 습관은 원래 가지고 있던 나쁜 버릇과 공존하면서 이를 가로막고 제거하는 데 도움이 됩니다. 예를 들어 '문화 캠페인'은 거리에 함부로 침을 뱉거나 상스러운 언어를 쓰는 행위를 제어하는 작용을 하며 그런 행위에 대한 혐오감을 조성합니다. 러시아 교육가 우신스키(Ushinski)는 이렇게 말했습니다.

"좋은 습관은 인간의 신경계통에 도덕적 자질을 잉태하게 하는데 그 자질은 부단히 자라나서 평생 개인의 삶을 이롭게 한다."

평생 군의 삶을 풍요롭게 해주는 좋은 생활습관을 기르시기 바랍니다. 나쁜 버릇을 고치고 싶다고 했지요? 이미 마음의 준비가 되었다면 실천으로 옮길 수 있겠지요?

주영신

7. 유혹을 이기려면 어떻게 해야 하나요?

주 교수님

풍부하고 다채로운 현실 생활에는 갖가지 유혹이 도사리고 있습니다. 그래서 많은 대학생이 유혹을 이기지 못하고 수렁에 빠져버립니다. 물질문명과 퇴폐적인 문화의 불가항력적인 유혹 앞에서 우리는 자신을 망각하게 됩니다. 호기심을 잘 조절하고 유혹에 빠지지 않으려면 어떻게 해야 하는가 하는 문제는 이미 저희 대학가의 화두가 되었습니다. 이 문제에 대한 교수님의 고견을 듣고 싶습니다.

궈숭(郭松)

귀숭에게

　판도라(pandora)에 대해 들어본 적이 있나요? 판도라는 고대 그리스 신화에 등장하는 첫 번째 여성입니다. 불의 신 헤파이스토스(Hephaistos)가 신들의 아버지 제우스(Zeus)의 명령으로 진흙을 빚어 판도라를 만들었습니다. 고대 그리스 신화의 내용을 보면, 프로메테우스(Prometheus)가 하늘의 불을 훔쳐 인간에게 전해주자 신계가 발칵 뒤집혔습니다. 격노한 제우스는 보복할 방법을 궁리했습니다. 그리고 곧 아름답고 교활한 판도라를 프로메테우스의 동생 에피메테우스(Epimetheus)에게 보내 아내로 삼게 하고 그녀에게 상자 한 개를 딸려 보냈습니다. 제우스는 판도라에게 절대로 그 상자를 열어보면 안 된다고 경고했지요. 하지만 판도라는 결국 유혹을 누르지 못하고 몰래 그 상자를 열어보았습니다. 그 결과, 상자 안에 갇혀 있던 질병, 광폭함, 죄악과 질투가 쏟아져 나왔고 상자 바닥에 오로지 희망만이 남았습니다. 이때부터 인간 세상에는 각종 불행이 충만하게 되었으며 판도라는 불행의 대명사로 그리고 판도라의 상자는 인간에게 불행을 가져다주는 유혹으로 알려지게 되었습니다.

　이야기를 살펴보면, 판도라가 유혹을 이기지 못한 것은 강렬한 호기심 때문이었습니다. 인간은 누구나 이런 본능이 있어서 보지 말라고 하면 할수록 더욱 보고 싶어 합니다. 이런 호기심은 결코 나쁜 것만은 아닙니다. 에디슨의 창조적인 발명과 콜럼버스의 모험 역시 이러한 호기심에서 출발한 것이니까요. 그러므로 어떤 일들은 무조건 못하게 하는 것만이 최선은 아닙니다. 예를 들어 과거에는 청바지 착용을 금지하던 시절이 있었는데, 호기심 강한 사람은 그걸 꼭 입어야 직성이 풀렸습니다. 이와 달리 때로는 호기심이 우환을 불러올 때도 있습니다. 주로 맹목적이고 지식이 없을 경우인데, 유혹을 이겨내지 못하는 두 번째 요인은 바로 무지(無知)입니다. 만약 판도라에게 상자 안에 괴물이 들어 있다고 미리 알려주었더라면 아마도 그녀는 호기심을 느끼지 않았을 것입니다. 청소년들이 때때로 흡연, 도박과 같은 유혹들을 뿌리치지 못하는 것은 재미난 일면만 알고 그로 말미암아 발생하는 해악에 대해서는 제대로 알지 못하기 때문입니다. 도박을 예로 들어볼까요? 깊이 생각해보지 않아도 도박에서 지면 자연히 정신적인 충격을 받으며, 심할 경우 정신적으로 붕괴될 수도 있다는 것을 알 수 있습니다. 또한 도박에만 정신이 팔려 본분을 망각하는 지경에 빠지면 가정에 우환을 가져오는 것은 물론 사회에 누를 끼치게 됩니다. 설령 도박에서 이겼다 하더라도, 마찬가지로 게으르고 요행만 바라거나 아낄 줄 모르고 돈을 멋대로 탕진하는 나쁜 습관이 들게 되니 가족 관계를 악화시키고 사회적인 모순을 심화시키기는 마찬가지입니다. 그러므로 도박이 잘못된 행위임을 깨닫고 뉘우치기 전에는 도박의 승패와 관계없이 좋지 않은 결과로 끝나는 것이 현실입니다. 이런 관점에서 보면 우리의 오감을 자극하는 유혹이 본연의 빛을 잃은 듯이 느껴집니다.

유혹에 넘어가는 또 다른 중요한 원인이 있습니다. 바로 많은 사람이 해악에 대해 잘 모르고 있거나 자제력이 부족하다는 것입니다. 흡연의 폐해를 잘 알고 있는데도 친구가 권해주는 담배를 사양하지 못하다가 습관적으로 흡연을 하게 된 경우도 있고, 길에서 주운 물건을 응당 주인에게 돌려주어야 함에도 물질에 대한 욕망을 이기지 못하고 자기가 취하는 경우도 있으며, 내막을 잘 알지도 못하면서 떠들썩한 일에 그냥 끼어드는 경우도 있습니다. 이런 상황들은 주로 유혹을 이기지 못하고 판단력을 잃는 경우로 자신의 분별력을 높여서 일을 바르게 판단해야 합니다. 특히 자신이 유혹을 느끼는 일에 주위 사람들이 반대한다면, 조심성 있게 살펴보고 타인의 의견을 더 많이 들으면서 냉정하게 판단하고 결정을 내려야 할 것입니다.

자신의 의지로 유혹을 극복하는 데는 소극적인 방법과 적극적인 방법이 있을 수 있습니다. 소극적 방법이란 좋지 않은 사람이나 장소와 접촉하는 것을 피해 유혹 자체를 차단하는 방법이며, 적극적인 방법이란 확고한 인생 목표를 정하고 고상한 취미를 영유하여 강한 의지력을 길러 유혹에 저항하는 방법입니다. 확고한 이상과 신념 앞에서는 어떠한 유혹도 통하지 않는 법입니다. 이로써 여러분은 정신을 풍요롭게 하여 유혹에 대항할 수 있는 힘을 기를 수 있을 것입니다!

군의 건투를 빕니다.

주영신

8. 좌절에 대처하는 방법이 있을까요?

주 교수님

좌절을 겪어본 사람만이 인격적으로 성숙해진다고들 합니다. 하지만 특별한 좌절 없이도 인격적인 성숙과 성공을 이룰 수 있다면 훨씬 좋은 일이 아닌가요? 정말 좌절을 도전으로 여기고 의지력을 연마하는 계기로 생각해야 하나요? (제 질문이 좀 유치하고 우스워도 이해해주세요, 반 친구들도 많이 궁금해 하는 문제입니다.)

장양(張揚)

장양에게

안녕하세요!

군과 좌절에 관하여 이야기를 나누게 되어 기쁩니다.

좌절 없이 사는 사람이 있을까요? 이 질문의 답은 아래의 물음에 대한 답과 마찬가지로 간단합니다. 넘어지지 않고 걸음마를 배우는 아기가 있을까요? 넘어지지 않으면 첫걸음을 내딛을 수 없고 더욱이 제자리 뛰기도 할 수 없을 겁니다. 마찬가지로 좌절을 겪지 않고서는 인격적으로 성숙할 수 없으며 더욱이 큰 성공을 기대하기 어렵습니다. 위인들의 전기를 읽어보면 그들의 인생 역정 또한 수많은 시련과 고난으로 점철되어 있음을 발견하게 될 것입니다. 인생의 여정에서 우리가 추구하는 목표는 으레 현신과 대립되기 마련입니다. 목표지향적인 삶을 산다 해도 늘 장애나 제약에 직면하게 되는데 이것이 바로 좌절입니다. 때로는 사소한 좌절을 겪을 수도 있고 때로는 중대한 좌절을 겪을 수도 있지요. 사소한 좌절이라면 학업이나 업무가 순조롭지 못하거나 건강상의 문제나 동료와의 마찰, 연애가 순탄치 못할 경우에 겪는 좌절을 예로 들 수 있겠고, 중대한 좌절이라면 천재지변에 의한 재난, 대입 고사에서 낙방하거나 연인과 이별했다든지 사고로 장애가 생긴 경우가 있겠습니다. 이런 중대한 좌절은 개인의 생활에 영향을 끼칩니다. 좌절은 객관적으로 존재하는 것이며, 좌절감은 우리가 주관적으로 느끼는 감정입니다. 사람마다 포부와 인식 체계에 차이가 있으므로 똑같이 절망스러운 환경에 처해 있다 하더라도 체감하는 좌절감이 다를 수 있습니다. 좌절감을 느끼는 사람도 있고 좌절감을 느끼지 않는 사람도 있을 것이며, 만약 좌절감을 느낀다 해도 좌절감에는 개인마다 정도의 차이가 존재합니다. 좌절에 직면했을 때의 반응 역시 사람마다 다릅니다. 어떤 사람은 의지를 연마할 지석(砥石)으로 생각하고 정면으로 대응합니다. 그리고 어떤 사람은 의기소침해져서 자신의 불행을 한탄하기만 하다가 결국 백기를 들고 항복합니다. 그러므로 좌절을 자신에게 이로운 일로 전환시키려면 한 가지 조건이 충족되어야 합니다. 즉, 의지를 가지고 꾸준히 노력해야 합니다. 좌절은 누구나 겪는 일이며 시간이 지나면 자연히 없어질 것이라고 안이하게 생각하고 분투하지 않는다면, 낙오자의 인생을 살게 될 것입니다. 과거 수많은 전도유망한 인재들이 몇 차례의 중대한 좌절 끝에 역사에서 자취를 감추었습니다. 정말 유감스러운 일이 아닐 수 없습니다. 청년기는 부모의 보호를 받는 의존적인 아이에서 독립적이고 책임감 있는 어른으로 발전하는 시기입니다. 처음 발을 내딛은 새로운 세계에서 시련과 좌절을 겪고 올바른 대처법을 배우는 일은 어쩌면 당연히 거쳐야 할 통과의례이며 또한 정신 건강을 유지하는 데 중요한 조건이 됩니다. 소극적으로 좌절을 방어하고자 하는 것은 부자연스러운 대응 방법입니다. 어떤 이들은 자신이 좌절을 느끼게 만든 사람이나 사물에 분노와 원망을 퍼붓습니다. 예를 들어 애인과 헤어진 후 상대방을 조소하거나 욕하고 심지어는 상대방에게 신체적 위해를 가하거나 생명을 위협하는 사람도 있고, 과도한 슬픔, 원망, 우울증과 같은 불안정한 감정에 빠져 살아갈 의욕을 잃고 자포자기한 나머지 세상을 비관하고 자살을 생각하는 사람도 있습니다. 그런가 하면 온갖 이유를 들어 자신을 합리화하는 데 급급해하며 때를 못 만나 알아주는 사람이 없다는 것만을 한탄하고 아무런 목적이나 포부 없이 살아가는 사람도 있습니다. 이들은 《아큐정전》에서 주인공 아큐가 그랬던 것처럼 정신승리법을 즐겨 사용합니다.

우리는 좌절에 적극적으로 대처해야 합니다. 주요 대처법은 다음과 같습니다.

첫째, 좌절을 승화시키는 방법입니다. 좌절을 겪었을 때 자신의 감정과 여력을 유익한 활동에 쏟아 더욱 고상한 목표로 승화시키면 적극적인 사회적 의미를 얻을 수 있습니다. 괴테(Johann Wolfgang von Goethe)는 사랑을 잃은 슬픔과 고뇌 속에서 영감과 열정을 찾아 불후의 명작 《젊은 베르테르의 슬픔》을 집필했으니 이는 좌절을 승화시켜 적극적으로 방어한 예라고 하겠습니다.

둘째는 좌절을 보상하는 방법입니다. 중국 속담에 '동쪽에서 잃은 것을 서쪽에서 찾는다(失之東隅, 收之桑楡)'라는 속담이 있습니다. 세상은 넓고 자기 능력을 발휘할 무대도 그만큼 광활합니다. 처음 시도한 일이 여의치 않을 때는 다른 방법으로 목표에 도달하거나 다른 목표를 찾아 원래 목표를 대체할 수 있습니다. 대입 고사에서 낙방했다고 근심하지 말고 자기가 성공할 수 있는 새로운 길을 찾아 나서십시오. 실연의 아픔을 한 번 겪은 것이 무슨 큰일입니까? 짚신도 짝이 있다는 말처럼 아직 인연을 제대로 만나지 못했을 뿐입니다. 무슨 일이든지 포기하지 않고 끝까지 계속한다면 반드시 성공할 것입니다.

세 번째는 희망입니다. '희망은 불행을 겪고 있는 사람들에게 제2의 영혼'이란 말이 있습니다. 현실을 직시하고 지금 겪고 있는 좌절을 피해갈 수 없는 인생의 일부분이라 생각하고 받아들이세요. 인생의 이정표는 오늘과 내일을 향해 있는 것이지 어제의 고통스러운 기억에 있지 않음을 배우게 될 것입니다. 영국 작가 윌리엄 새커리(W. M. Thackeray)는 그의 명작 《허영의 시장(Vanity Fair)》에서 이렇게 말했습니다.

"인생은 거울과 같아서 당신이 웃으면 당신을 향해 웃음을 보이지만, 당신이 울면 그 역시 눈물을 흘린다."

언제나 미소 띤 얼굴로 오늘과 내일, 그리고 우리 앞에 펼쳐진 아름다운 미래를 맞이하는 것이야말로 좌절을 겪은 사람에게 있어 최고의 자기 위로가 될 것입니다.

실패했다고 포기하지 말고 좌절을 겪어도 끝까지 분투하십시오. 이것이 바로 젊은이들이 좌절을 대하는 올바른 태도입니다. 군과 군의 반 친구들은 좌절을 통해 자신을 연마하고 좌절을 극복할 능력을 갖추고 있을 것이라고 굳게 믿습니다.

제군의 건투를 빕니다.

주영신

9. 자살 충동에 시달립니다

주 교수님, 안녕하세요.

일찍이 대학 생활에 무한한 동경을 품고 있던 저는 꿈을 이루고자 부단히 노력했습니다. 그러나 막상 대학에 진학하고 나서 모든 것이 제가 생각했던 것처럼 아름답지 않다는 걸 알았습니다.

개학한 지 몇 달 되지 않았지만 저는 이미 냉담하고 비인간적인 면모를 충분히 겪었습니다. 과내 교우관계도 고등학교 시절처럼 순수하지 않아서 저마다 마음속으로 자기 잇속을 차리느라 분주하며 서로 상대방을 누르고 자기가 우위를 차지하려고 애씁니다. 함께 기숙사 방을 쓰는 룸메이트 4명도 개인주의적인 성향이 강해서 남의 편의에는 관심조차 없습니다. 신입생 과대표의 인선이 이미 확정된 상황이며 지난 십여 년 동안 반장을 도맡았던 저는 후보 경선에 이름조차 내밀지 못했습니다. 개학하자마자 영어 능력 시험이 있었는데, 시험 성적은 공개되지 않았지만 1반으로 배정된 것을 보면 제 점수가 영 신통치 않았던 것 같습니다. 대학에 들어오고 나서 저는 아무런 즐거움도 없고, 몇 번이나 이불 속에서 소리 없는 눈물을 흘리며 대학 학비를 대느라 고생하신 부모님께 아무런 보답도 드리지 못하는 못난 자신을 원망하고 질책했습니다. 때때로 저는 정말 죽고 싶다는 생각이 듭니다. 현실의 고통과 괴로움에서 벗어날 수만 있다면⋯⋯. 하지만 이미 머리가 하얗게 새신 부모님을 생각하면 죽을 용기조차 낼 수가 없습니다.

　　주 교수님, 이렇게 울적하고 소극적인 마음을 버리고 다시 즐거운 일상으로 돌아갈 수 있을까요? 수시로 느끼는 자살충동이 제 무력한 몸과 마음을 잠식하지나 않을까 걱정입니다.

삶의 의욕을 잃은 몐몐(綿綿)

　　몐몐에게

　　편지를 읽어보니 지금 군이 어떤 심정인지 알 것 같습니다. 새로운 환경에 적응하지 못한 점이 군의 정서에 영향을 주었군요. 젊은이들의 정서는 때로 아주 강렬하고 불안정하기 때문에 학업과 업무상의 어려움에 봉착하면 가정생활에 불협화음이 생기고 애정전선이나 결혼생활에도 풍파가 생깁니다. 이 때문에 젊은이들은 낙심하고 의욕을 잃게 되며 심지어는 죽고 싶다는 극단적인 생각까지 하기도 합니다. 통계 자료에 따르면 자살자 중에 젊은이들의 비율이 매우 높게 나타났다고 합니다. 외국에서는 젊은이들의 자살이 매우 심각한 사회 문제 중 하나로 대두되고 있습니다.

　　자살 충동을 느끼게 되는 심리적 요인 몇 가지를 예로 들어보면,

　　첫째로 절망감에 빠져 희망을 잃는 경우가 있습니다. 이럴 때 사람들은 한시적인 고난을 마치 영원히 벗을 수 없는 무거운 짐으로 생각하고 눈앞의 역경을 인생의 수렁으로 생각하는 경향이 있습니다.

　　둘째로 어떤 일의 중대한 결과를 지나치게 부풀려 생각한 나머지 자신의 가치를 하찮게 보는 경우입니다. 이때 당사자는 자신의 목숨을 버려서 어떤 손실을 메우려는 생각을 하게 됩니다.

셋째로 자기 능력을 과소평가하고 상대편의 능력을 과장해서 받아들이는 경우에 자살 충동을 느낄 수 있습니다.

넷째로는 용기가 부족한 경우입니다. 자살도 용기가 필요한 행위입니다. 그러나 새로운 삶을 살기로 작정하고 희망의 불을 지피는 데는 더욱 큰 용기가 필요합니다.

첫째, 닫힌 마음을 열고 개방적인 태도를 가지세요. 자살 충동을 느끼는 사람들 중에는 으레 내향적이고 다른 사람과 어울리기를 꺼려하는 사람이 많습니다. 이런 사람들은 자기 생각을 쉽사리 남에게 털어놓지 않기 때문에 자칫 돌이킬 수 없는 실수를 범하는 경우가 다반사입니다. 그러므로 개방적인 사람이 되어 타인과 자신의 감정을 교류해야 합니다. 특히 좌절을 겪고 있거나 정신적 고뇌를 감당하기 어려울 때 자살 충동을 느끼기 쉬운데, 그럴 때 가장 좋은 방법은 그런 고민들을 자기 혼자만 마음속 깊이 담아두지 않는 것입니다. 지인 몇 사람과 이야기를 나누거나 선배를 찾아가 도움을 구하면, 그들은 분명히 도움의 손길을 내밀 것입니다.

둘째, 절망 대신 희망을 품으세요. 자살은 인생의 모순을 해결하는 잘못된 방법입니다. 일반적으로 볼 때 목표 없이 그저 되는 대로 사는 사람은 절대 자살하지 않으며, 절망하지 않고 목표를 향해 돌진하는 사람도 자살하지 않습니다. 자살은 절망과 목표 추구 사이에서 모순을 느끼는 사람들이 마지막으로 찾는 해방구인 것입니다. 자살 충동을 극복할 관건은 절망을 버리고 희망을 가지는 일입니다. 자신이 포기하지 않는 한 희망은 반드시 있습니다.

셋째, 더 많이 타인을 배려하십시오. 어느 철학자가 이런 말을 했습니다. "죽음은 떠난 자의 불행이 아니라 남겨진 자들의 불행이다. 망자는 자신의 고통에서 벗어났지만 살아 있는 가족과 친구들에게 이별의 고통을 가져다주었기 때문이다."

자신은 절망하기를 원치 않으면서 남들이 희망을 버리고 절망하게 하고 심지어는 정신적 투사를 하도록 만든다면, 비극의 악성순환이 계속될 것입니다. 그러므로 우리는 무거운 책임감을 느끼며 남을 더욱 배려해야 합니다. 그렇게 할 수 있어야만 자살의 어두운 그림자에서 벗어날 수 있을 것입니다.

넷째, 본받고 싶은 인생 모델을 찾으세요. 장하이디(張海迪)는 유서를 완성하고 나서 다량의 수면제를 삼키고 19세의 삶을 마감할 결심을 합니다. 바로 그때 그녀는 니콜라이 오스트로프스키(Nikolay Ostrovsky)의 소설 《강철은 어떻게 단련되었는가》의 주인공 폴(Paul)이 하이빈(海濱)공원에서 자살하는 장면을 떠올렸습니다. 그가 방아쇠를 당겼다면 소설은 세상에 알려지지 못했을 것이라는 데 생각이 미친 그녀는 결국 이렇게 외쳤습니다.

"내가 잘못 생각했어, 누가 나 좀 살려주세요!"

폴의 모습이 그녀를 죽음의 손길에서 구해낸 것입니다. 이렇게 우리는 운명에 굴하지 않는 강인한 인물을 인생의 모델로 삼아 좌절과 고난에 용감히 맞서야 합니다.

다섯째, 현실에 만족할 줄 알아야 합니다. 러시아 작가 안톤 체호프(Anton Pavlovich Chekhov)는 그의 작품에서 자살을 기도하려는 사람에게 이렇게 충고합니다.

"계속 행복을 느끼려면 현재에 만족할 줄 알아야 해. 그러자면 '어쩌면 일이 더 나빠질 수도 있었다'고 생각하며 감사할 줄 알아야 하지."

이런 맥락에서 손가락에 가시가 박혔을 때는 가시가 눈에 박히지 않은 것을 다행으로 여기며 기뻐해야 합니다. 그리고 부인이 바람을 피웠더라도 그녀가 배반한 것이 조국이 아니라 한 개인인 당신이라는 점에 역시 감사하며 기뻐해야 합니다. 다소 '정신승리법' 같은 느낌이 들긴 하지만, 좌절에 대한 소극적인 방어가 될 수 있을 것입니다. 그러나 자살 충동이 생겨 세상을 등지려는 사람들에게는 그다지 효과적인 방법이 아닙니다.

여기까지만 이야기하렵니다. 귀양은 충분히 용기와 자신감을 가지고 현실을 맞설 수 있는 사람이라고 믿습니다. 하루 빨리 대학생활에 적응해서 알차고 유쾌하게 보내시기 바랍니다. 소식 기다리겠습니다!

주영신

14

원만한 관계 형성을 위한 조언

1. 역할 고착 증세 때문에 고민입니다

주 교수님

    제겐 말 못할 비밀이 있습니다. 그 비밀 때문에 오랜 세월 스스로 저 자신을 괴롭히며 살아왔으며 지금까지도 그 비밀에서 벗어날 수가 없습니다. 외동딸인 저는 부모님의 넘치는 사랑 속에 자라나 이미 어엿한 대학생이 되었지만, 집에 돌아가면 부모님이 여전히 하나에서 열까지 손수 챙겨주십니다. 그래서 집에 있을 때가 가장 편안하고 행복합니다. 하지만 대학에 들어온 후로 과 친구들은 이런 저를 받아들이지 못하고 등 뒤에서 '아씨 근성'이 있다고 수군거립니다. 친구들 말로는 제가 교수님들께도 집에서 하듯이 애교를 부린다고 하네요. 그게 그렇게나 큰 잘못인가요? 또 이런 버릇을 고치려면 어떻게 해야 할까요? 교수님께서 제게 방법을 가르쳐주세요.

교수님의 도움이 절실한 차이러(采樂)

차이러에게

    편지 잘 받았습니다. 귀양은 심리적 고착 증세를 겪고 있는 것 같군요.

    사회학에서 말하는 '역할'이란 개인이 사회의 여론, 규범과 사회 구성원들 간에 정해놓은 습관에 근거하여 외부로 표출되는 사고방식과 행동 방식을 말합니다. '학생'이란 역할을 예로 들어봅시다. 우리는 학생이란 역할에 대해 '공부를 본분으로 하며 순진하고 세상의 때가 묻지 않은 사람'이라고 생각하지요. 또한 아버지라면 마땅히 가정의 생계를 책임지고 아내와 자식을 사랑해야 한다고 생각합니다. 개인은 사회에서 여러 가지 역할을 담당하며, 그 역할은 끊임없이 변화합니다. 즉, 인간의 사회적 신분은 계속해서 변화하며 그의 행위적 특징 또한 그에 맞게 변화한다는 겁니다. 예를 들어 대학에 재직 중인 여교수도 가정에서는 아이들의 어머니와 남편의 아내로, 친정에서는 딸로, 시댁에서는 며느리로서의 역할을 담당하며 극장에서는 관객이고 거리에서는 행인이 됩니다. 그녀는 상황과 장소에 맞게 자신의 역할 행위를 조절하고 변화시켜야 합니다. 이와 달리 모든 상황에서 일관된 역할 행위가 나타나는 경우가 있는데 이를 '역할 고착'이라고 합니다. 예를 들어 회사 사장은 늘 부하 직원에게 지시를 내려야 하는 위치에 있는데, 그런 사람은 퇴직하고 나서도 가족과 친구들에게 권위적인 태도로 명령 내리기를 좋아합니다. 자기도 모르는 사이에 사장이라는 역할의 행위적 특징을 보이는 것입니다. 또 다른 예를 들어보겠습니다. 무대에서 과장된 연기를 보여줘야 하는 연극배우가 일상생활에서도 같은 행위 특징을 보인다면 주변 사람들이 이상하게 여기고 그를 멀리하게 될 것입니다. 만약 남자 사원이 회사에서 여사원을 아내 대하듯 한다면, 당장에 문제 있는 사람으로 인식되거나 경박하다는 인상을 줄 것입니다. 청(淸)나라 때 망나니 한 사람이 있었는데, 형을 집행하기 전에 사형수의 목을 만지는 버릇이 있었습니다. 칼을 내리칠 위치를 잡기 위한 행동이었는데, 그러던 것이 습관으로 굳어져 평소에도 지인들의 목을 만지게 되었습니다. 이런 무시무시한 역할 고착 때문에 마을 사람들은 누구 하나 그와 왕래하길 원치 않았으며 어린 아이들조차 그를 보면 무서워하며 숨어버렸습니다.

역할 고착의 장애를 극복하려면 먼저 역할 행위를 바꿔야 하고, 그러고 나서 개별 역할을 조절할 줄 알아야 합니다.

역할 행위의 변화란 이미 시대에 맞지 않게 되어버린 행동과 습관을 바꾸는 것을 말합니다. 예를 들어 회사 사장을 떠올리면 말이 많고 늘 지시를 내리는 모습이 떠오릅니다. 그러나 시대의 발전에 따라 이러한 스타일과 습관은 이미 도전을 받고 있습니다. 현대 관리 경영 이론에 따르면 민주적인 스타일을 가진 지도자만이 효과적인 경영으로 가장 큰 성과를 거둘 수 있다고 합니다. 민주적인 스타일의 지도자는 구성원들과 토론을 통해 정책 방향을 결정하고 각자 맡은 임무를 완수하도록 독려합니다. 이러한 업무 방식 때문에 더 이상 권위를 부릴 필요가 없습니다.

역할 신분의 조절이란 자신이 처해 있는 상황과 장소에 따라 언어와 행동을 자신의 신분에 맞게 즉각 변화시키는 것을 말합니다. 사람에게는 누구나 경계 조절 시스템이 있어서 언제나 자신의 행동을 조절할 수 있으므로, 일반적인 상황에서는 누구나 쉽게 역할 신분을 조절할 수 있습니다. 그러나 아주 절친한 사람과 함께 있을 때는 이 경계 조절 시스템이 해이해지기도 합니다. 심지어는 상대방이 주의를 주어도 알아차리지 못하는 수도 있습니다. 이런 상황은 정신만 바짝 차리면 변화시킬 수 있습니다.

한 번 시도해보세요. 학교에서는 학생 역할에 충실하자고 생각하고 학생다운 말과 행동을 하려고 노력한다면 차츰 방법을 터득하게 될 것입니다.

주영신

2. 필요 이상으로 초조해합니다

주 교수님, 안녕하세요.

저는 평소에 말도 잘하고 교우관계도 원만한 여대생입니다. 선생님과 반 친구들은 하나같이 제가 활달하고 대범하다고 칭찬합니다. 제가 상의 드리고 싶은 일은 다름이 아니라 지난주에 겪은 일 때문입니다. 지난주에 집에 돌아갔다가 돌아오는 길에 고등학교 선생님 한 분을 알게 되어 그분과 이야기를 나누었습니다. 그분의 관점과 사상을 통해 많은 것을 배웠다고 생각합니다. 저녁에 집에 전화 걸어 무사히 학교에 돌아왔음을 알려드리고 아버지께 이 일을 말씀드렸더니 말이 채 끝나기도 전에 불같이 화를 내시면서 다 큰 여자애가 어쩌자고 기차에서 모르는 사람과 이야기를 나누었느냐고 하시며 저를 '도대체가 생각 없는 아이'라며 몹시 꾸짖으셨어요. 전 정말 곤혹스럽습니다. 주 교수님, 정말 제가 잘못한 건가요? 교수님은 어떻게 생각하시나요?

샤오가오(小高)

샤오가오에게

낯선 사람에게 적당한 경계심을 갖는 것은 꼭 필요한 일입니다. 그러나 세상 모든 사람에게 의심을 품고 방어 심리를 가진다면 대인 관계에 큰 지장을 초래할 것입니다. 다음과 같은 말도 있지요.

"남에게 해를 끼치려는 생각은 하지도 말라, 그러나 남을 경계하는 마음은 반드시 필요하다."

지금은 상황이 많이 달라졌습니다. 의심의 눈으로 타인을 경계하며 남을 믿지 못한다면 대인 관계가 발전할 수 없는 것은 물론이고 상대방의 감정에 상처를 주게 됩니다. 인간의 감정은 양방향적인 것이므로 내가 남을 의심하면 아무리 잘 숨긴다고 해도 결국에는 행동으로 나타나기 마련입니다. 그리고 사람들은 이런 점을 민감하게 알아챕니다. 연구 결과에 따르면, 교제의 성공 확률은 상대방을 경계하고 의심할 때보다 신뢰할 때 훨씬 높다는 것이 증명되었습니다.

지나친 걱정은 친구를 사귀는 법을 알고 싶지만 폭넓게 사귀는 것은 원하지 않는 형태로 표출됩니다. 이렇게 되면 대인 관계의 폭은 자연히 좁아질 수밖에 없습니다. 지금은 보편적인 관계를 맺을 필요가 있는 시대입니다. 깊고 폭넓게 친구를 사귀어야 합니다. 그렇지 않으면 신속하게 정보를 얻을 수 없습니다. 다시 말해, 교제도 다른 행위와 마찬가지로 어느 정도 모험이 필요합니다. 모험을 감수해야만 진정한 친구를 찾고 성숙한 우정을 쌓아나갈 수 있습니다. 그렇지 않고 매사에 의심하고 조바심 내는 태도로 대한다면 두 사람의 사이를 좁히기 어려울 것입니다. 지나친 걱정을 하지 말라는 것이지, 쉽게 남을 믿으라는 말은 절대 아닙니다. 더욱이 교제 공간의 경계가 허물어진 현대 사회에서는 세계 곳곳에서 친구를 사귈 수 있습니다. 기차역, 여관 혹은 회의석상에서 그들을 만나게 될 것입니다. 그러나 상대방을 전혀 모르는 상태라면 순진한 시골 처녀가 건달의 교묘한 말을 진실로 믿고 쉽게 몸을 허락하는 것과 다름없으므로, 절대 조심해야 합니다. 우리는 걱정과 신중함의 경계를 잘 구분해야 합니다. 그리고 상황에 맞게 융통성을 발휘해야 합니다. 일전에 우리는 미국인과 독일인에게 교제의 '장'이 어떻게 다른가에 관해 이야기를 나눴습니다. 영국인은 교제 시에 겉으로는 부드러워 보이지만 실제로는 매우 긴장하는 경향이 있는데, 이는 오늘날 교제 방법에 안성맞춤입니다. 그들은 상대방에 따라 대화 수준을 조절하며 다양한 그룹의 사람들과 어울리기 때문에 어색한 말투나 냉담한 태도를 피하며 극단적인 태도를 보이지 않습니다.

귀양이 타인과 적당한 거리를 두고 교제하게 되면 아버지의 근심도 점차 사라지게 될 것입니다. 건투를 빕니다!

주영신

3. 닫힌 마음의 문을 열 수 있을까요?

주 교수님, 안녕하세요.

제 이름은 샤오차오(小草)라고 합니다. 저는 불완전한 가정에서 자랐습니다. 제가 초등학교 1학년 때 부모님은 평지풍파로 가득했던 혼인 생활에 결국 종지부를 찍으셨어요. 저는 엄마를 따라 외할머니 댁에서 반년 동안 생활하다가 지금의 아버지 집으로 들어왔습니다. 이곳의 낯선 환경 때문에 외롭고 무섭습니다. 저는 주눅이 든 나머지 아버지의 눈을 정면으로 쳐다보지도 못할 지경입니다. 아버지와 마주치는 것도 싫고, 정말이지 죽도록 아버지를 원망하고 있습니다! 학교에서는 반 친구들과 많은 이야기를 나누지 않습니다. 친구들은 늘 따스하고 행복한 가족 이야기를 화제로 올리는데, 정말 듣고 싶지 않아요. 일부러 저에게 들으라고 하는 소리 같기도 하고, 반 친구들이 저희 집안 사정을 알고 저를 무시하고 비웃을까 봐 두렵습니다. '나는 수심에 찬 들녘에 핀 작은 꽃'이란 노래가 딱 지금의 제 마음이라고 보시면 됩니다.

주 교수님, 이렇게 편지로 저의 고충을 털어놓고 나니 마음이 훨씬 홀가분합니다. 제가 정신적으로 혹시 어떤 장애가 있는 건 아닌지 분석해주셨으면 해요.

샤오차오(小草)

샤오차오에게

편지 잘 받아보았습니다. 귀양이 조금씩 닫힌 마음을 여는 연습을 했으면 하는 생각을 해봅니다. 그런 시도를 통해 변화된 삶을 시작할 수 있을 것입니다. 대인 교제에서 마음의 문을 닫은 사람은 스스로를 자기만의 세계에 가두고 '너는 너, 나는 나'라는 완고한 생각으로 생활합니다. 이렇게 생각하는 한 타인과 거리감을 느낄 수밖에 없으며 자신도 좁은 교제 범위에 갇혀 생활할 수밖에 없겠지요. 이런 사람들은 일반적으로 생활력도 강하지 못하고, 대부분 고집스럽고 편견을 가지고 있다는 특징이 있습니다. 그들의 폐쇄적인 사고방식은 소농 경제의 자급자족 관념에서 유래된 것으로 '잘못만 저지르지 않으면 된다(但求無過)'는 보수적인 사고방식과도 연관이 있습니다. 실제로 이런 관념은 이미 시대착오적인 생각입니다. 현대 사회는 바야흐로 서로 발전을 돕고 의지하고 경쟁하는 시대이며 상부상조하는 시대입니다. 우리는 더 이상 자급자족하며 살아갈 수 없습니다. 시대가 바뀌었으니 사고방식도 당연히 바뀌어야 하는데도 옛날 생각을 고수한다면 사회와 좌충우돌함은 물론 사회로부터 버려진 느낌마저 들게 될 것입니다. 결과적으로 다음과 같은 두 가지 상황이 나타나게 됩니다. 첫 번째 상황은 자신의 행동과 사고방식이 사회의 그것과 상충됨을 발견하고 주동적으로 자신의 사고방식과 행동을 조절하는 것이고, 두 번째 상황은 남에게 자신의 폐쇄적인 생각에 더욱 집착해서 남에게 방어막을 치고 세상과 격리되어 살아가는 것입니다. 하지만 이 경우에도 사회와 완전히 격리되는 것은 불가능한 일이기에 이로 말미암아 더욱 사회에 대한 적대감과 괴팍스러움이 생겨납니다.

그 밖에 자신의 생각과 인생 경험을 공개하고 나서 남들에게 따돌림을 당할지도 모른다는 걱정 때문에 폐쇄적으로 변하는 경우도 있습니다. 그러나 사실 이런 걱정은 할 필요조차 없습니다. 현대 심리학 분석에 따르면, 타인의 사상 관념과 인생 경험을 전해들은 사람들은 그가 과거에 했던 행동들에 대해 더 쉽게 이해하고 받아들이며 더욱 관계가 친밀해집니다. 이와 반대로 블랙홀처럼 자신에 대해 아무것도 알려주지 않는 상대방에 대해서는 알 수 없는 불안을 느끼고 경계하게 됩니다. 다시 말해서, 자신에 대해 공개하고 나면 스스로 자신을 돌아볼 기회가 생길 뿐만 아니라 남의 의견을 경청할 기회를 얻는 것입니다. 비밀을 털어놓았는데 그 사람이 자신을 피한다고 섭섭하게 생각하지 마십시오. 어쩌면 오히려 좋은 일일 수 있으니까요. 그 사람이 당신을 피하는 것은 애초에 서로를 이해하지 못했거나 잘못 이해하고 있었기 때문입니다. 그런 감정적인 기초 위에서는 견고한 우정이 쌓일 수 없습니다.

귀양이 자발적으로 마음의 문을 열 수 있어야만 춥고 어두웠던 마음 한 구석이 빛과 따스함으로 가득 찰 수 있다는 것을 잊지 마세요. 늘 기쁨과 즐거움이 충만하시길 바랍니다.

주영신

4. 친구의 간섭

주 교수님, 안녕하세요.

저는 대학 졸업생입니다. 마침내 기숙사 생활과 저를 괴롭히던 룸메이트에게서 벗어날 수 있다고 생각하니 형언할 수 없는 기쁨마저 느낍니다.

기숙사에서 그 애와 함께 생활한 지난 몇 년 동안은 떠올리기조차 싫은 끔찍한 악몽이었어요. 그녀는 사설탐정이나 되는 양 우리의 일거수일투족을 주시하고 남의 비밀을 캐묻고 다녔습니다. 심지어는 자기 멋대로 지어낸 말을 퍼뜨리고 다니는 통에 그야말로 속절없이 당하기만 했습니다. 괴롭기는 나머지 룸메이트들도 모두 마찬가지여서 그 친구를 멀리하는 데 급급했습니다.

이제 모든 것에서 벗어났습니다만 문득 이런 생각이 들었습니다. 혹시 그 친구가 정신적으로 문제가 있었던 것은 아닌지, 혹시 그렇다면 앞으로 어떻게 될지. 주 교수님, 제가 묘사한 내용을 근거로 그 친구가 어떤 정신적 문제를 겪고 있는지 분석해주셨으면 합니다. 꼭 부탁합니다.

바이쉐(白雪)

바이쉐에게

귀양의 룸메이트는 간섭증을 앓고 있는 것 같습니다.

간섭증이 있는 사람은 남의 사생활과 비밀을 캐내서 소문을 퍼트리기를 좋아합니다. 영국에서는 이렇게 남의 일에 참견하고 끼어들기를 좋아하는 사람들을 ‘meddlesome(지겹게 참견하는)’이라는 전문 용어로 묘사합니다. 그들의 문화권에서 이런 사람들을 얼마나 싫어하는지 단적으로 나타내는 말이지요. 남들에게 ‘meddlesome’하다고 불리는 사람이 있다면 모두 그를 무시하며 기피합니다. 그러나 이런 사람들은 서양보다 동양에 상대적으로 더 많이 분포하고 있습니다. 혹자는 그 이유를 이렇게 설명합니다. 동양은 역사적으로 볼 때 서양보다 장기간 전제 왕권의 통치를 받았으며 전제 왕권이 통치하는 국가에서 타인의 사적인 일을 정탐하고 간섭하는 행위는 권력자의 총애와 보호를 받는 행위였습니다. 그래서 사람들은 절대 권력자의 눈과 귀가 되어 활동했으며 백성은 하고 싶은 말이 있어도 감히 입 밖으로 내질 못했습니다. 그리고 이러한 행위는 오랜 시간 동안 지속되어 일상이 되어버렸습니다. 그러나 오늘날은 문화 수준이 향상되고 사회가 다원화되었으며 민주주의가 발전하여 개인의 사적인 권리가 확대되었고 법률의 보장을 받고 있습니다. 개인의 비밀과 사생활을 존중하는 것은 인격 존중을 실현하는 중요한 부분인 동시에 사회의 보편적인 요구사항이 되었습니다. 타인의 비밀을 알아내고 소문을 유포하며 간섭하는 행위는 비열하고 혐오스러운 행위로 인식되는 추세입니다. 그러나 혹자는 아직도 타인의 비밀을 캐내고 의기양양해져서는 그것을 유포시키는 데서 쾌감을 느끼는 것 같습니다. 예를 들면 남의 일기를 훔쳐보거나 사적인 대화를 엿듣고 편지를 뜯어보거나 공개되지 않은 일들을 억측하는 일 등이 바로 그런 행위입니다. 이런 행위들은 자신과 타인 사이에 건널 수 없는 도랑을 파는 것과 마찬가지로 기피의 대상이 될 뿐 아니라 스스로도 점차 고립감을 느끼게 될 것입니다.

간섭증을 없애는 방법은 다음과 같습니다.

첫째, 간섭증이 자생할 수 없는 사회적 풍토를 조성하는 것입니다. 간섭증 환자들이 습관을 고치지 못하는 이유는 바로 그들의 행위를 칭찬하고 격려하는 사람들이 있기 때문입니다. 그런 사람들은 남의 사적인 비밀을 알아내서 유포시키는 데서 만족을 느끼는데 이는 매우 저급하고 병적인 심리입니다.

둘째, 자신의 문화 수준을 향상시키는 것입니다. 사람은 누구나 자기만의 독자적인 생각과 개인적인 공간이 있습니다. 만약 이러한 타인의 영역을 침범한다면, 정도의 차이는 있겠지만 그것은 낯선 사람의 가정을 침입하고 타인의 물건을 훔치는 행위에 버금가는 행위라고 할 수 있습니다. 물건을 훔친 경우라면 타인에게 인격적인 모독을 주지 않을 것이지만 감정이나 사생활은 개인의 내면적인 비밀이므로 개인의 인격과 결부됩니다.

그 밖에 간섭증이 있는 사람은 사회에 유익한 봉사 활동을 통해서 자신의 감정을 풍요롭게 하고 심리적 만족감을 얻고 사회와 타인의 존중을 받도록 노력해야 합니다.

만약 그 룸메이트가 자신이 간섭증이란 심리적 질병을 앓고 있다는 점을 확실히 깨닫는다면 병을 고치려고 노력할 것입니다. 조속한 치료를 위해 정신과 전문의와 상담해보라고 권해주십시오.

주영신

5. 강박증에 시달리고 있습니다

주 교수님, 안녕하세요!

저는 착하고 활달한 여학생입니다. 저는 늘 타인과 즐거움을 나누고 싶고 어려운 처지에 있는 사람들을 돕고 싶은데요, 어찌된 영문인지 대인 관계가 생각만큼 원만하지 않습니다. 왜 모두가 저를 싫어하며 피하려고만 하는지 정말 모르겠어요.

오늘도 제가 좋은 마음으로 기숙사 룸메이트에게 다음과 같이 말하며 좋은 제품을 권해주었습니다.

"이 회사에서 만든 수건은 사용감이 정말 좋아. 너희도 다음에 꼭 써보렴."

뜻밖에도 룸메이트가 쌀쌀하게 비웃더니 이렇게 대답했습니다.

"네가 사용하는 물건들이 모두 좋은 거란 건 나도 알아. 하지만 허구한 날 대변인이나 되는 양 모두에게 이런저런 제품을 써보라고 소개하고 다니니, 너 강박증이 좀 심한 거 아니니?"

저는 순간 어이가 없어서 할 말을 잃었습니다. 제 룸메이트는 왜 제 진심을 왜곡해서 받아들이는 걸까요? 주 교수님, 제가 정말 강박증 환자인가요?

밍제(明潔)

밍제에게

강박증에는 두 가지 종류가 있습니다. 하나는 자신이 좋아하는 물건을 남에게 강압적으로 권하는 행위인데, 예를 들면 자기가 좋아하는 기호식품이나 취미를 남에게 과도하게 권하는 경우입니다. 이 경우에 당사자는 자기 의견이 가장 좋은 의견이라고 생각하기 때문에 적극적인 태도를 취합니다. 그러다 남이 자기 의견을 받아들이지 않으면 무시당했다고 생각하거나 자신에게 반감을 가졌다고 생각합니다. 또 하나는 자기가 좋아하지 않는 일을 남에게 강요하는 경우인데, 예를 들면 자신이 보기 싫은 영화를 남들에게 보게 히거나 자신이 먹기 싫은 수프를 남에게 먹이는 등의 행위입니다. 이런 사람과 교제하면 자연히 자유와 주동권이 박탈당하는 느낌이 들며, 자칫 잘못하면 의가 상해서 결별하게 되기도 합니다.

교제의 목적은 쌍방이 이해와 즐거움을 나누기 위해서입니다. 유쾌함이 사라진 교제는 자연히 중단될 수밖에 없지요. 강박증이 있는 사람은 상대방의 반응을 이해하지 못하기에 곤혹스러워합니다. 호의를 베풀었건만 남들은 왜 나를 피하려고 하는 걸까? 문제의 결정적인 원인은 진정한 호의를 베푸는 방법을 모른다는 데 있습니다. 타인이 편안하게 느낄 정도의 호의를 보일 때만이 인간관계가 돈독해질 수 있는 법입니다.

강박증을 극복하는 방법에 대해 이야기해보겠습니다. 가장 중요한 점은 타인의 감정을 존중하고 그에게 필요한 것이 무엇인지를 이해하는 일입니다. 행동으로 옮기기가 어렵다면 입장을 바꾸어놓고 생각해보는 것도 좋습니다. 누구나 싫어하는 음식이나 옷, 행위나 동의할 수 없는 견해가 분명히 있을 것입니다. 그런데 어떤 사람이 우리에게 바로 그런 것들을 받아들이라고 강요한다면 기분이 어떨지 상상해보세요. 기분이 고약해지면서 자유와 자주권을 박탈당한 기분이 들 것입니다. 좀 더 솔직하고 담백하게 상대방을 대해보세요. 사람들이 더 편안하고 자유롭게 느낄 것입니다.

매일 즐거운 마음으로 생활하길 기원합니다.

주영신

6. 상대방이 태도를 고치도록 설득하고 싶습니다

주 교수님

최근에 저희 반에서는 교수님의 서신 상담을 돌려 읽었습니다. 모두 새로운 지식과 교수님의 참신한 견해에 감탄했습니다. 그리고 실생활에 직접 응용해보니 신기하게도 정말 효과가 있더라고요. 하지만 상담 기법 외에도 거시적인 환경과 개인의 이미지 요소 등을 고려해야 한다는 사실을 알아냈습니다. 타인을 설득해서 태도를 바꾸도록 하는 일은 쉬운 일이 아닐 것 같은데, 교수님 생각은 어떠신지요?

리옌(麗燕)

리옌에게

타인에게 지식을 전해주는 일에 흥미가 있다니 정말 기쁘군요. 맞아요. 남을 설득해서 그들이 기존의 태도를 고치도록 하는 일은 결코 쉽지 않습니다. 다양한 환경과 조건을 종합적으로 고려할 수 있어야 하기 때문입니다. 관련 내용을 정리해보면 다음과 같습니다.

(1) 홈 이점(Home Advantage)을 이용할 것

심리학자들은 다음과 같은 실험을 실시했습니다. 지배 능력(즉, 타인에게 영향력을 행사하는 능력)에 따라 대학생들을 상, 중 하 3등급으로 나눈 후에 등급별로 2팀씩 구성하고, 하생들에게 대학의 '10대 예산 삭감 계획' 중에서 가장 좋은 항목에 대해 토론하도록 했습니다. 이때 한 팀은 지배 능력이 높은 학생의 침실에서, 그리고 다른 한 팀은 지배 능력이 낮은 학생의 침실에서 토론을 진행했습니다. 그 결과 심리학자들은 토론 결과가 침실 주인의 의견에 따라 좌우된다는 사실을 발견했으며 방 주인이 지배 능력이 낮은 학생일 경우에도 결과는 마찬가지였습니다. 이상으로 볼 때, 사람은 자신이 익숙한 환경에 있을 때 더욱 설득력 있는 언어를 구사할 수 있습니

다. 그래서 영리한 담판자는 중요한 담판을 위한 장소를 자신의 나라, 자신에게 익숙한 곳으로 정하기 위해 안간힘을 씁니다. 설득자는 바로 이런 홈 이점을 충분히 이용해서 상대방을 설득하며, 자신의 집이나 회사에서 토론이 불가능하다면 차라리 상대방에게도 생소한 장소를 물색합니다.

(2) 활동 참여를 권유하라

상대방이 실제 활동에 참여하도록 권유하는 것은 상대방이 태도를 고칠 수 있도록 하는 매우 효과적인 방법입니다. 예를 들어 담배를 끊지 못하는 골초에게는 담배를 끊으라고 이야기하는 것보다 흡연의 폐해에 대해 함께 토론해보는 것이 훨씬 낫습니다. 상대방이 도저히 태도를 바꿀 기미를 보이지 않는다면 역할극을 제시해보는 것도 나쁘지 않습니다. 상대방에게 정반대 입장에 있는 역할을 맡기고 본인이 태도를 고칠 수 있도록 설득해보도록 하는 것입니다. 자료를 찾고 간간이 대화를 나누면서 그의 태도가 바뀔지도 모르는 일입니다.

위의 방법은 심리학적 근거가 있는 방법입니다. 레온 페스팅거(Leon Festinger)는 일찍이 흑인에 대한 미국계 백인의 태도 변화에 관한 연구에서 다음과 같은 세 가지 상황을 설정했습니다. 첫 번째는 백인과 흑인이 함께 카드놀이를 하는 상황, 두 번째는 다른 사람이 카드놀이 하는 것을 백인과 흑인이 구경하는 상황, 세 번째는 백인과 흑인이 같은 방에서 각자의 활동에 전념하는 상황이었습니다. 연구 결과, 상술한 상황을 겪은 백인 중에서 흑인에게 우호적인 태도를 취한 사람의 비율은 각각 66.7%, 42.0% 그리고 11.1%로 나타났습니다. 이는 상대방을 적극적으로 관련 있는 활동에 참여시킬수록 태도 변화에 효과가 있음을 보여줍니다.

(3) 외모와 복장에 신경 쓸 것

일반적으로 상대방의 외모와 복장보다 언행에서 영향을 더 많이 받는다고 생각하지만 꼭 그런 것만은 아닙니다. 실험으로 증명된 바에 따르면 옷을 말쑥하게 차려입은 사람이 길을 물었을 때 대충 차려입거나 더러운 행색을 한 사람보다 친절하고 정확한 대답을 들을 가능성이 훨씬 높았습니다.

미국 학자는 이에 대해 다음과 같은 예를 들었습니다. 지방 정부의 정책을 거침없이 비평하는 예술가가 있었습니다. 그는 늘 초라한 행색에 기름 얼룩이 가득한 작업복을 입고 공공장소에 출몰했습니다. 그는 교양과 학식이 조금이라도 있는 사람들이라면 자신의 복장이 어떻든지 간에 자기 의견에 귀를 기울여 줄 것이라고 생각했지요. 하지만 몇 년이 흘러도 사람들의 태도는 변하지 않았습니다. 그는 자신의 복장이 사람들에게 교양 없는 사람이란 인상을 주었기 때문에 그의 견해에 관심을 기울이지 않았다는 것을 미처 알지 못했습니다. 그러나 훗날 말쑥한 복장을 한 다른 사람이 나타나 예술가와 비슷한 문제를 제기하자 사람들은 즉시 그의 의견에 귀를 기울였다고 합니다.

조금도 이상한 이야기가 아닙니다. 사람은 누구나 아름다운 것을 좋아합

니다. 말하는 사람이 단정하고 말쑥한 모습으로 사람들에게 호감을 줄 수
있다면 사람들은 그의 이야기에도 관심을 가지고 의견을 쉽게 받아들일 것
입니다.

(4) 공통 언어를 찾을 것

학자들은 상대방의 관점과 태도, 취미를 바꾸고자 할 때 대화자와 대상
사이에 공통 언어가 많을수록 대상이 대화자에게 신뢰를 느낀다는 사실을
알아냈습니다. 어떤 의미에서 이런 현상은 인간의 심리적인 경향이라고 할
수 있습니다. 즉, 자신이 동료라고 생각하는 사람의 말을 믿는다는 것이죠.
양조 전문가가 아무리 당신에게 어떤 브랜드의 술이 최고인 이유를 구구절
절 설명하며 권한다고 해도, 당신은 아마 술에 대해 별반 아는 것이 없어도
친구가 권해주는 술을 마실 가능성이 큽니다.

영업 능력이 뛰어난 세일즈맨은 고객과 이야기를 나눌 때 목소리나 어조
가 일정하며 고객이 하고 싶어 하는 말을 대신 해줘 고객을 대변해줍니다.
그들은 심지어 무의식적으로 고객과 호흡을 맞추기도 합니다. 그들은 마치
정교하게 제작된 피드백 기계처럼 고객이 그들에게 보낸 신호를 접수할 줄
압니다.

따라서 대화자는 효과적인 설득을 위해 대상과의 공통 언어를 찾기 위해
노력해야 하며 각 방면에서 상대방과 보조를 맞출 수 있어야 합니다. 평범
한 대화자는 있는 그대로 직접 화법을 구사하므로 쉽게 다툼을 일으키거나

경직 상태에 빠집니다. 그러나 공통 언어를 찾고자 노력하는 대화자는 먼저 상대방을 존중하고 공감하는 분위기를 조성합니다. 예를 들어 대상이 어떤 일로 고민에 빠져 있다면 이렇게 말해보세요.

"지금 어떤 기분이신지 충분히 이해가 갑니다. 아마 저였더라도 별반 다르지 않을 것입니다."

이는 타인의 감정을 존중하고 있다는 표시로 당신 역시 상대방의 존중을 받게 될 것입니다.

(5) 점진적으로 요구하라

태도를 바꾸는 일은 순서에 따라 점진적으로 진행되어야지 조급하게 굴어서는 안 됩니다. 대화자는 대상자가 원래의 태도를 조금씩 변화시킬 수 있도록 설득합니다.

사회심리학자의 실험 결과 상술한 결론이 증명되었습니다. 첫 번째는 최적의 수면 시간에 관한 실험이었습니다. 심리학자들은 먼저 피시험자들의 수면 시간에 대한 태도를 조사하여 그들이 생각하는 최적의 수면 시간이 평균 7.89시간임을 알았습니다. 그리고 나서 피시험자들을 9개조로 나누고 조별로 수면에 관한 논문을 읽도록 했습니다. 이 논문은 건강과 작업 효율의 관계성을 주로 다루었고 합리적인 수면 시간에 대해 언급했습니다. 심리학자들은 9개조 피시험자들에게 논문의 저자가 노벨상을 받은 저명한 생리학자라고 소개하고, 논문을 다 읽고 나서 다음의 두 가지 물음에 답하도록 했습니다.

1. 저자의 논점에 동의하는가? 그의 주장에 설득력이 있다고 생각하는가?

2. 지금 당신이 생각하는 최적의 수면 시간은 몇 시간인가?

실제로 교부된 논문에는 9가지 수면 시간이 등장하는데, 각각 0, 1, 2, 3, 4, 5, 6, 7, 8시간입니다. 실험 결과, 권위 암시 작용에 의해 논문을 읽은 피시험자의 일부는 수면 시간에 대한 태도를 바꾸었습니다. 예를 들어 논문에서 매일 3시간씩만 수면을 취해야 한다고 했다면, 피시험자는 원래 생각했던 7.89시간에서 6.6시간으로 적정 수면 시간을 줄였습니다. 그러나 일정 한도를 넘어서는 내용에 대해서는 자신의 태도를 바꾸지 않았습니다. 예를 들어 논문에서 매일 2시간, 1시간만 자거나 심지어는 수면을 취하지 말아야 한다고 했을 경우 피시험자는 7시간 이상 수면을 취해야 한다는 원래의 태도를 고수했습니다.

위의 실험 결과로 알 수 있듯이 설득 과정에서는 인내심과 끈기를 가지고 상대방의 원래 태도를 조금씩 바꾸도록 유도해야 합니다.

다른 사람을 설득하는 일은 결코 마술같이 신비한 일이 아닙니다. 이는 정보를 교류하는 기술에 불과하며, 누구나 그 기술을 자기 것으로 소화할 수 있습니다. 아울러 그런 신념만 있다면 실제 연습을 통해 설득의 기술을 향상시킬 수 있을 것입니다. 여러분도 한 번 시도해보세요. 분명히 효과를 거둘 수 있을 것입니다.

주영신

7. 외로움을 많이 탑니다

주 교수님,

'군중 속의 고독'이란 말도 있듯이 가득한 인파 속에 있을수록 더 진한 외로움을 느낍니다. 고독을 대처하는 방법을 알려주세요.

양인(楊陰)

양인에게

사람이 무리를 떠나 자신을 작은 테두리에 가둔 채 장기간 고독감에 젖어 살아간다면 마음이 먼저 죽어버릴 것입니다. 정상적인 사회 환경에 처해 있는 사람이 필요한 자극을 박탈당하면 마음의 병이 생길지도 모릅니다. 1950년대에 캐나다의 심리학자와 그의 동료는 박탈감에 관한 실험에서 참가를 자원한 대학생 십여 명을 대상으로 격리된 독방에서 외부와 단절되어 생활하는 신험을 실시했습니다. 하생들은 빛도 들지 않고 소리도 차단된 방에서 호사스러운 식사를 배급받아 생활했습니다. 그러나 시간이 지날수록 대학생들은 불안과 초조함을 느꼈으며 주의력을 집중해서 사고하는 능력을 상실했습니다. 또한 가끔 환상을 보기도 했습니다. 그들은 하나같이 엄습해오는 고독감과 그로 말미암은 고통을 견디지 못했으며 실험 참가를 거부했습니다.

위의 설명처럼 인간은 필요한 외부의 자극이 없어지면 심리적 발전의 토대를 잃게 되며 고독감의 영향을 받게 됩니다. 그 밖에 고독감이 장기간 지속되면, 다음과 같은 증상이 나타납니다.

첫째, 감정을 교란시키고 인간의 면역 시스템에 영향을 주어 질병을 유발하기도 합니다.

둘째, 대량 흡연과 무절제한 음주, 그리고 무모한 행동과 같은 자기 파괴적인 행동을 하게 됩니다.

그 밖의 통계에 따르면 고독한 사람이 병원에 입원해서 치료받는 시간은 일반인의 두 배나 걸린다고 하며 자살률도 일반인보다 다섯 배나 높게 나타났습니다.

외부적인 요인을 배제한 상태에서 우리가 고독감을 느끼는 원인은 주로 다음과 같은 경우에서 찾아볼 수 있습니다.

첫째, 자신은 남보다 월등하다는 생각에서 타인과 교제하지 않는 경우입니다.

둘째, 자신에 대한 열등감으로 타인과 교제하거나 모임에 참가하는 데 필요한 용기와 적극성이 부족한 경우입니다.

심지어 자신이 상상해낸 고독감으로 괴로워하는 사람도 있습니다. 예를 들면 《홍루몽(紅樓夢)》의 여주인공 임대옥(林黛玉)은 자신의 각박한 신세를 한탄하며 늘 남들이 자신을 업신여긴다고 생각했습니다.

고독한 사람은 먼저 심리적 장애를 물리쳐야 합니다. 폐쇄적인 자기만의 공간에서 안전감을 느낄 것이 아니라 마음의 문을 활짝 열고 솔직하고 진실한 마음으로 친구를 사귀어야 합니다. 내가 상대방에게 개방적인 태도를 보이면 상대방 역시 자신의 비밀스러운 내면세계로 나를 초대해 줄 것입니다. 그리고 그곳에는 꿈에도 생각지 못했던 우정과 사랑이 우리를 기다리고 있습니다.

고독감은 진취적인 의욕을 없애는 한편 인생의 즐거움을 감소시킵니다. 이로써 고독감은 더욱 강해지며 악순환이 계속됩니다. 반대로 적극적인 태도로 자신의 생활을 만들어가고 삶을 사랑하며 생활의 즐거움을 키워나간다면 사업적인 성공에서 즐거움을 얻음은 물론 고독감은 저절로 자취를 감추게 될 것입니다.

취미 생활은 우리의 생활에 활력을 더해줍니다. 취미 활동과 교제를 영위하는 가운데 희로애락이 생겨나게 되고, 우리는 정서적으로 더욱 풍요로워집니다. 남들과 사회로부터 버려졌다는 생각은 다시는 하지 않게 될 것입니다. 따라서 고독감을 느끼는 사람일수록 더 많은 취미를 기르고 활동 영역을 넓혀야합니다. 동시에 자신의 가치를 찾고 정신을 풍요롭게 만들 수 있는 자기만의 취미를 찾도록 하십시오.

고독감을 몰아내려면 남을 돕고 남에게 도움을 청할 줄 알아야 합니다. 남이 어려움을 극복하도록 돕는 행위로 상대방의 존중과 진실한 우정을 얻을 수 있습니다. 남에게 도움을 받아 어려움을 극복했을 때 친구의 소중함을 느끼며 마음의 여유를 찾을 수 있게 되며 상대방 역시 남에게 도움을 베풀었다는 마음에 즐거워집니다. 이것이 바로 사람과 사람사이에 필요한 감정적인 교류입니다. 자기우월감에 빠져서 타인을 냉담하게 대하며 어려움에 빠진 이웃을 외면한다면 결국 자신의 고독감만 더욱 커질 뿐입니다.

그러므로 고독감을 느끼는 사람은 여러 종류의 사람들과 교류하는 법을 배워야 합니다. 이 세상에 똑같은 사람은 존재하지 않습니다. 저마다 생각과 관점, 지식과 교양 수준, 경력과 성격이 천차만별로 다릅니다. 따라서 우리는 타인의 특징과 개성을 존중하는 습관을 기르고 다양한 사람과 원만히 지내는 법을 배워야 합니다. 장자(莊子)는 다음과 같이 말했습니다.

"물이 너무 맑으면 고기가 없고 사람이 너무 따지면 친구가 없다(水至淸則無魚, 人至察則無朋)."

정말 일리가 있는 말입니다. 다양성을 인정하고 남에게 관대하게 대하란 말이지 그렇다고 원칙 없이 기회주의적으로 살라는 말은 절대 아닙니다.

내면과의 대화와 변화가 귀군에게 새로운 체험이 되길 희망합니다.

주영신

8. 의존적인 태도를 고치고 싶습니다

주 교수님

부모님과 떨어져 대학에 온 후로 혼자 생활하는 일이 너무 괴롭습니다. 줄곧 부모님의 보호 아래 온실의 화초처럼 생활하다가 막상 혼자서 모든 일을 대처하는 처지가 되고 보니 학업과 생활이 더없이 어렵고 고통스럽기만 합니다. 휴학하고 집에 돌아가고 싶은 생각만 간절하며 다시는 이런 형벌 같은 대학생활을 감내하고 싶지 않습니다. 주 교수님, 저는 어떻게 하면 좋을까요?

황후이(黃輝)

황후이에게

아주 오래전에 만년에 늦둥이 아들을 본 노부부가 살았습니다. 그들은 이 외아들을 금이야 옥이야 사랑으로 곱게 길렀지요. 그런데 사랑이 지나치다보니 수저로 밥을 떠먹이고 팔을 벌리면 옷을 입혀주고 키워서 이 아이는 10살이 되도록 제 힘으로 혼자 할 수 있는 일이 아무것도 없었습니다. 노부부는 이래서는 안 되겠다고 생각하고 아들을 타지로 보내 자립심을 길러주기로 작정했습니다. 집을 나설 즈음, 노모는 넙적한 떡을 구워서 실로 꿰어 아들의 목에 걸어주었습니다. 배가 고프면 아무 때고 편하게 허기를 달래기를 바란 마음에서였습니다. 하지만 아들이 굶어 죽을 줄 누가 생각이나 했겠습니까? 길을 떠난 아들은 목 앞쪽에 걸린 떡을 다 먹어치우고는 뒤쪽에 걸린 떡을 앞으로 돌리는 것이 귀찮아서 결국 목 뒤에 떡을 잔뜩 걸고 있으면서 굶어죽었습니다.

이 황당한 이야기가 지금까지 전해지는 것이 그냥 우연일까요? 이 이야기는 의존성 때문에 스스로 생계를 도모하는 능력을 상실할 수도 있음을 시사하고 있습니다.

우리 주위에는 이야기속의 아들과 같은 젊은이들이 분명히 존재합니다. 그들은 '공부해서 능력을 키우는 것보다 능력 있는 부모에게 기대는 편이 낫다'는 인생철학을 가지고 부모의 그늘 아래서 편안히 살아갑니다. 혹은 부모가 재력가가 아니라는 이유만으로 세상을 원망하고 낳아주신 부모님을 증오하며 아무런 기대나 의욕 없이 살아가는 젊은이들도 있습니다. 그러므로 젊은이라면 의존성을 버리고 자립심과 능력을 키우는 일에 힘써야 할 것입니다.

먼저 어째서 다른 사람에게 의존하는 것이 해가 되고 자립이 득이 되는지를 분명히 알아야 합니다. 예로부터 영웅호걸은 고난을 겪은 사람이 많았고, 곱게 자란 귀족 자제들 가운데 영웅이 나온 예가 드뭅니다. 고대에 명문세가의 자제들은 집안의 복록을 세습하며 사치와 황음을 일삼았습니다. 그들은 풍족한 생활을 누렸고, 가세가 기울면 패가망신하고 그렇지 않으면 하는 일없이 빈둥거리며 여생을 보냈습니다. 그들은 대부분 변변치 못한 인재들이었습니다. 사람이 세상에 나왔으면 어릴 때는 부모의 보살핌을 받고, 장성해서는 부모를 보살피는 것이 도리일 것입니다. 의존성은 봉건 시대의 산물로, 그 대가는 자신의 개성과 창조성을 말살하는 것입니다. 시대의 변화에 따라 이러한 관념과 성격은 점차 사라져가고 있으며 사람들에게 경멸을 받습니다. 더욱이 오늘날처럼 비약적으로 발전하는 사회에는 독립심과 능력이 결핍된 젊은이가 발붙일 곳은 어디에도 없습니다. 이 시대가 독립심을 요구하고 독립심 강한 사람이 부러움의 대상이 되고 있는 추세입니다.

두 번째, 자립하는 습관을 길러야 합니다. 자립은 사소한 곳에서부터 시작해야 합니다. 옷이 더러워지면 자기 손으로 세탁하고 배가 고프면 손수 밥을 차려 먹어야지 사사건건 집안사람들에게 부탁하려고 하지 마십시오. 결혼도 마찬가지입니다. 필요한 혼수를 장만하는 것이 마땅치 않더라도 부모님에게 모든 것을 떠맡겨서는 안 됩니다. 기억하세요. 자기가 노력해서 번 돈을 쓸 때 가장 편하고 보람을 느끼는 법입니다. 마찬가지로 열심히 일해서 부를 축적하는 것은 당연하지만, 그렇다고 돈의 노예가 되지는 마십시오. 살다보면 다양한 모순을 겪게 되고 때로는 마음 같지 않은 일들이 많이 생길 수 있습니다. 하지만 그렇다고 그럴 때마다 남에게 두움을 청하는 버릇을 들여서는 안 됩니다. 먼저 자신이 당면한 일을 극복할 능력이 있는지 시험해보고 해결하도록 노력하세요. 만약 자기 힘으로 해결할 수 있다면 어려운 문제를 해결한 연구자나 정상을 정복한 등반가가 느끼는 희열을 느낄 수 있을 것입니다. 또한 점점 자신감도 생길 것이고요.

오늘날 중국 청년들의 가치관과 행복관에 큰 변화가 생겼습니다. 조사 결과를 보면 자주자강(自主自强)이 변화하는 관념에 내재된 핵심 사상의 하나라고 합니다. 모두가 더 이상 부모에게 의존하지 않고 자기 힘으로 목표를 이루고자 한다면, 이는 바로 변화하는 시대의 요구에 부합되는 행위일 것입니다. 사회는 급속하게 변화하고 있으며 광범위한 인적 유동이 이루어지고 있습니다. 오로지 자신의 힘과 능력으로 사회의 필요에 부응하는 인재가 되어 자아실현을 이루어야 합니다. 이러한 시대의 요구를 분명히 알았다면 한 치의 망설임도 없이 의존성을 버리고 자기 힘으로 주체적인 인생을 살도록 하십시오.

자, 어떻습니까? 자신 있지요? 군의 건투를 빕니다.

주영신

9. 세대 차이를 극복할 수 있는 방법이 있나요?

주 교수님

한해가 다르게 부모님과의 대화가 힘들어지고 있습니다. 부모님은 걸핏하면 '소싯적엔 내가……'로 시작되는 이야기를 꺼내시는데, 얼마나 자주 들었는지 이젠 질려버렸습니다. 마음속에 울화가 치밀어 오르는 건 말할 것도 없고요. 늘 옛날만 추억하며 살아간다면 사회가 어떻게 발전할 수 있겠습니까? 늘 이런 갈등을 느끼기 때문에 집에 돌아가는 날을 손꼽아 기다리면서도 두려운 마음이 앞서네요. 언제쯤이면 우리 집이 화약 냄새 자욱한 전쟁터가 아닌 아늑한 보금자리로 느껴질까요?

후인(胡陰)

후인에게

세대 갈등은 사회에서 일어나는 보편적인 충돌 중의 하나이며 심리 건강의 발전에서 흔히 보이는 장애이기도 합니다. 여러분이 평소 유행하는 새 옷을 걸치고 있을 때나 새로 사귄 친구와 깔깔거리며 이야기를 나눌 때, 몇 년간 모아둔 돈으로 여행을 떠날 때, 그리고 아버지 앞에서 인생 문제, 사회 문제에 대한 의견을 이야기할 때 어쩌면 연장자는 '유치한 발상'이니 '젖비린내가 채 가시지 않았다'고 꾸중할지도 모릅니다. 이때, 여러분은 억울하고 난처한 기분이 들면서 그들을 구닥다리라고 여기겠지요. 허난(河南) 성 카이펑(開封) 현에 사는 한 청년이 《중국청년보(中國靑年報)》 편집실로 보내온 편지의 사연을 소개할까 합니다.

"어느 농촌 청년은 좋은 옷을 사도 입고 나가질 못하는데, 그 이유는 노인들에게 한 소리 들을까 봐 두렵기 때문입니다. 어떤 노인들은 청년들이 식사 후에 여흥조로 조금만 돈을 써도 '근본을 잊어먹은 놈'이라고 욕합니다. 또한 하이힐을 신고 양장이나 파마머리를 한 아가씨에게는 '어설프게 서양인 흉내만 낸다'며 꾸짖습니다. 더 심한 경우에는 동네 청년들이 모여서 춤을 춘다는 이야기만 들어도 '부랑자' 취급을 합니다. 이곳 젊은이들의 고충은 말로 형언할 수 없을 정도입니다. 정말이지 웃어야 할지 울어야 할지 갈피를 잡을 수가 없을 지경이에요."

이 문제는 사회학, 심리학적으로 연구할 가치가 충분히 있는 사례입니다. 사람들이 말하는 '세대 차이'와도 관련이 있습니다. '세대 차이'란 두 세대 이상의 사람들 사이에 존재하는 구별된 생활 방식, 가치관과 사회적 태도를 말합니다. 이 문제를 잘 처리할 수 있다면 두 세대 간에 서로 장점만 취해서 사회에 커다란 활력을 불어넣을 수 있을 것입니다. 하지만 세대 갈등을 제대로 해결하지 못하면 사회적 모순이 심화되고 가족 간에 갈등의 골이 깊어져서 개인의 심리적 건강에도 문제가 생기게 될 것입니다.

세대 차이로 말미암은 갈등을 대하는 태도는 사람마다 다르기 때문에 결과도 다릅니다. 먼저 원망하고 서로 질책하는 태도를 보이는 경우를 봅시다. 위에서 예로 든 사례처럼 연장자들은 젊은이들의 발상이 유치하다고 질책하고 젊은이들은 노인들이 진부하다고 불평합니다. 이렇게 대립된 사고방식의 두 세대가 서로 불만을 해결하지 못하고 서로 으르렁거리는 양상은 서로 연배가 다른 집단에서 흔히 나타납니다. 이 경우 젊은이들은 억눌린 느낌이 들고 연장자들은 불만과 분노에 가득 차 있습니다. 두 번째로 현실을 무시하는 태도를 보이며 '세대 차이'를 관념적인 문제로 치부하고 그 자체가 아예 존재하지 않는 것처럼 행동하는 경우를 봅시다. 예를 들어 연장자가 일부 젊은이들의 인생관, 세계관이 잘못되었다고 비난하면 젊은이들은 연장자들을 고루한 사람들이라고 비난합니다. 결과적으로 정상적인 심리적 충돌이 사상과 입장의 충돌로 변해버리고 맙니다. 이렇게 되면 세대 간의 소통에 더 큰 장애가 생기게 되고 모순의 성격 자체가 변해버리기 때문에 양자의 간극을 조율할 수 없게 됩니다. 세 번째로 현실을 직시하는 경우입니다. 이런 태도를 가진 사람은 비교적 객관적으로 '세대 갈등'을 분석하고 대응합니다. 두 세대는 사상, 행위, 감정적인 면에서 서로 다른 특징을 보이기 때문에 객관적인 차이가 엄연히 존재합니다. 개인의 사상과 감정은 시대를 반영할 뿐만 아니라 총체적인 역사적 경험과 민족정신이 누적되어 나타나는 특정한 문화배경의 산물입니다. 과거의 경험은 현재와 미래의 정신적 활동에 영향을 끼칩니다. 젊은이들은 연장자들이 겪었던 사건과 감정을 경험하지 못했기 때문에 연장자들과 같은 감정을 느낄 수 없습니다. 또한 연장자들은 자신들의 행동 방식을 쉽게 고치지 못하며, 과거에 형성된 행동 방식으로는 지금의 사회에 적응할 수 없습니다. 더욱 중요한 사실은 서로 다른 경험과 감정 때문에 두 세대가 같은 사건에 대해 서로 다른 견해를 가지게 된다는 점입니다. 예를 들어서 노인들은 자기도 모르게 옛날과 지금의 생활 방식을 비교하면서 지금 생활에 더욱 만족합니다. 그렇기에 그들은 현재의 생활을 더 소중히 여기며 현상을 유지하길 바랍니다. 그러나 젊은이들은 동시대의 다른 지역, 다른 국가의 생활과 비교하기 때문에 현재에 불만을 느낍니다. 그리고 지금의 수준보다 발전하길 원하며 심지어는 현재 상황을 철저히 변화시키길 희망합니다.

이러한 두 세대의 차이는 가정과 사회에서 그들의 책임과 지위가 다른 현실을 반영하기도 합니다. 사회가 두 세대에게 거는 기대도 다릅니다. 예를 들어 앞 세대는 가정을 잘 유지하고 일을 원만히 처리하라는 무형의 압력을 받지만, 다음 세대에게는 그런 요구를 하지 않습니다.

두 세대는 생리적, 심리적 발전 정도와 요구되는 핵심 내용이 다릅니다. 심리적인 요구에 대해 예를 들어보면, 젊은이들은 애정, 직업, 학업, 사람들과 사회의 인정을 받는 일에 중점을 두는 반면 연장자들은 화목한 가정 꾸리기, 자녀를 훌륭한 사람으로 키우기, 승진, 사회적 지위를 공고히 하는 것, 건강을 잘 관리하는 일들을 중요하게 생각합니다. 이러한 차이는 객관적으로 두 세대 간에 모순이 생겨나는 요소이며, 젊은이가 연장자가 고루하다고 불평하고 연장자가 젊은이에게 생각이 유치하다고 질책하는 원인이기도 합니다.

이러한 인식에 근거하여 우리는 어떤 태도를 취해야 할까요? 서로의 사고방식과 감정, 그리고 행동 방식을 존중하면서 장점을 취해 자신의 단점을 보완해야 할 것입니다. 예를 들어 젊은이들은 연장자들의 풍부한 경륜에서 굳건하고 사려 깊은 특징을 배우고 역사를 비교할 줄 알아야 합니다. 그리고 연장자는 젊은이에게서 혁신적인 정신과 창조적인 기백을 배워야 합니다. 그렇다 하더라도 세대 간에는 여전히 서로 적응하기 어렵거나 시비를 가리기 어려운 일들이 많습니다. 그러므로 인생관처럼 중요한 문제에 대해서는 서로 토론하고 의견을 나누는 한편 생활 방식이나 습관과 같은 문제는 서로 수용하여 이 사회가 더욱 다양한 모습으로 발전하도록 해야 합니다.

젊은이와 노인의 특징을 일상과 사업에 결합시키세요. 노인의 경험이 소중하다면 젊은이의 천진난만함은 숭고합니다. 젊은이는 노인이 건네준 횃불에 새로운 연료를 부어 인생대로를 환하게 비춰야 합니다. 마지막으로 군에게 하고 싶은 말은 적당한 시기와 장소를 정해서 부모님과 진지한 대화를 나눠보라는 겁니다. 어쩌면 서로를 새롭게 발견하고 전혀 다른 평가를 내리는 계기가 될지도 모르니까요.

그럼 가내 평안과 귀군의 건투를 빕니다!

주영신

15

능률학습을 위한 조언

1. 스피치를 잘 준비할 수 있는 비결을 알고 싶어요

주 교수님

저는 웅변을 좋아해서 대회도 여러 차례 출전했습니다. 하지만 대회에 나가면 저도 모르게 말이 점점 빨라져서 40분 분량으로 준비한 원고를 30분 만에 끝내버리고 맙니다. 그리고 가끔 주제가 삼천포로 빠지는 실수가 반복됩니다. 이를테면 청중들에게 나무에 관해 소개한다고 하면 나무줄기에 대해 언급하고 나뭇잎까지 잘라 와서는 때론 잎사귀 위의 이슬에 대해 토론하는 식이라고나 할까요. 주제에서 너무 많이 벗어나서 수습이 안 되는 경우도 종종 있습니다. 어떻게 하면 이런 상황을 피할 수 있을까요? 교수님의 지도편달을 기다립니다.

옌(焱)

옌에게

내용으로 봐서는 군이 충분히 준비하지 못했기 때문에 그런 실수를 저지르는 게 아닌가 생각됩니다. 연설에 앞서 준비해야 할 사항에 대해 구체적으로 분석해보겠습니다. 군에게 조금이나마 도움이 되었으면 합니다.

(1) 청중의 심리를 분석하라

연설의 목적을 달성하려면 먼저 청중의 심리를 이해해야 합니다. 그러고 나서 언어와 제스처로 청중에게 자신의 의견을 논리적으로 정확히 전달할 수 있어야만 호소력과 설득력을 발휘할 수 있습니다. 먼저 청중을 설득하려면, 그들의 생각을 이해하고 공감대를 형성할 수 있는 언어를 찾아야만 합니다. 대개 연설자가 청중을 모두 파악하기란 불가능합니다. 다수의 청중이 관심을 보이는 내용이 무엇인지만 파악하더라도 일단 성공입니다.

먼저 청중의 나이, 성별, 학력과 사회적 지위, 재정 상황, 생활 패턴 등을 파악하고 연설 내용과 관련 있는 부분을 찾아내는 데 주력하세요. 여러 계층이 다양하게 섞인 청중 앞에서 연설해야 한다면 그들의 유형(예를 들면 부모와 아동, 직장인과 임직원)과 유형별 비율을 파악하십시오.

청중의 공통된 경험을 파악하고 청중의 구미에 맞는 연설을 하려면 먼저 심리적 거리감을 좁혀야 합니다. 예를 들어 공장 근로자들에게는 힘 있고 활기찬 연설이 좋고, 농민 청중에게는 소박하고 진실한 연설이 좋으며, 학자나 연구원에게는 논리적인 연설이, 그리고 학생 청중에게는 철학적이고 진취적인 연설이 좋습니다.

그렇다면 청중의 심리를 이해하는 방법에는 어떤 것들이 있을까요?

첫째, 초청자에게 자문을 구할 수 있습니다. 초청자는 청중 심리를 이해하는 중요한 경로입니다. 그는 일반적으로 청중의 상황을 손바닥 보듯이 잘 알고 있습니다. 그러므로 청중에게 어필할 수 있는 주제와 내용을 알려 줄 것입니다.

둘째, 연설을 듣고자 하는 청중에게 묻는 방법도 있습니다. 여건이 된다면 예비 청중을 대상으로 그들에게 필요한 내용이 무엇이며 연설을 이해하고 받아들이는 수준은 얼마나 되는지, 또 연설 주제에 대해 관심이 있는지 조사하고 분석해볼 수 있습니다.

셋째, 예측을 이용한 방법이 있습니다. 연설 하루 전이나 한 주 전에 청중을 대상으로 설문지를 돌리고 그 결과를 토대로 연설 내용과 연설 시에 피해야 할 화제를 결정하는 것입니다.

넷째, 현장에서 직접 물어보는 방법입니다. 연설 도중에 청중에게 다음과 같은 질문을 던져서 상황을 파악할 수 있습니다.

"××영화를 보신 분, 한 번 손을 들어보세요."

이때 만약 영화를 본 사람이 없다면 영화 속의 줄거리를 예로 들 필요가 없을 것입니다.

(2) 연설 주제를 정하라

명확한 주제로 연설에 임해야 합니다. 일반적으로 연설자는 특정 분야의 성과 또는 흥미 때문에 관련 분야의 연설을 요청받기 때문입니다. 그러므로 사전에 주제가 대략적으로 정해졌을 경우가 대부분입니다. 이럴 때는 자신의 관점을 설명하면서 그에 대한 설명을 곁들이면 됩니다. 그러나 이와 달리 연설자가 주제를 결정해야 할 때는 다음의 원칙을 꼭 지켜야 합니다.

첫째, 자신이 관심 있는 분야의 주제를 선정할 것. 연설자 자신이 아무 흥미도 느끼지 못하는 주제로 연설한다면 청중의 심금을 울리기는커녕 자신의 연설에 집중하기도 어려울 것입니다. 반대로, 자신에게 익숙하고 또 흥미를 느끼는 분야에 대해 연설한다면 연설자의 열의가 청중에게 전해져 청중은 흥미롭게 경청할 것이고, 연설자는 더욱 신이 날 것입니다.

둘째, 청중이 관심을 보이는 분야의 주제로 연설할 것. 앞서 말했듯이 자신이 흥미 있는 분야의 주제로 연설할 때 청중의 호응을 얻을 수 있습니다. 그리고 청중 역시 해당 분야에 흥미가 있다면 연설의 효과는 자연히 커지게 됩니다. 연설은 글처럼 자유롭게 읽을 수 있는 것이 아닙니다. 청중은 일단 연설회장에 입장하고 나면 선택의 자유를 제한받게 되며 끝까지 들어야만 합니다. 그러므로 연설 주제는 반드시 청중이 가장 관심과 흥미를 보이는 것이어야 합니다. 그렇지 않으면 연설자는 앞에서 입에 침이 마르도록 떠드는데 청중은 머리만 지끈거리는 상황이 생기게 됩니다.

(3) 연설의 목적을 분명하게 하라

연설은 지식 정보나 감정의 교류를 통해 타인에게 영향을 주는 일반적인 목적 외에도 특수한 본연의 목적이 있습니다. 이 특수 목적은 연설자 본인과 연설 주제와도 관련이 있습니다.

연설을 준비할 때는 연설 목적을 분명히 하는 것이 매우 중요합니다. 연설을 위한 연설을 하며 결과에 신경 쓰지 않는다면 공연한 시간낭비에 불과합니다. 대부분 연설자는 자신이 연설 목적을 명확히 파악하고 있을 때 왠지 연설이 순조로울 것 같은 기분을 느끼고 연설 내용을 구성하는 데 예술가의 영감을 발휘한다고 합니다. 여러분도 자신에게 같은 질문을 던져보세요.

"나의 연설을 듣고 나서 청중이 어떻게 변화되었으면 하는가?"

(4) 연설 내용의 구성

연설 내용을 구성할 때는 다음 몇 가지에 주의하십시오. 첫째, 내용이 분산되어서는 안 됩니다.

심리학 연구 결과 집중된 정보일수록 받아들이는 청중의 뇌리에 깊은 인상을 남긴다고 합니다. 다량의 복잡한 자극은 청중의 뇌리에 깊이 각인될 수 없습니다. 연설 시간은 제한적이므로 한 번에 다수의 문제를 해결할 수 없습니다. 연설 내용은 반드시 주제와 맞물려 주제를 심화시킬 수 있어야 하며 정확하고 예리한 분석과 독창적인 견해로 청중을 압도할 수 있어야 합니다.

둘째, 연설 구성이 명료해야 합니다. 연설하는 동안 청중은 귀로 정보를 받아들이는 데 집중해야 하므로 생각할 시간이 적습니다. 때문에 연설은 논문처럼 먼저 I, II, III, IV, 그리고 1, 2, 3, 4 다시 A, B, C, D의 식으로 너무 복잡하게 구성하면 안 됩니다. 연설 초고는 구성이 명료하고 논리적이어야 합니다. 일반적으로 연설 내용은 크게 문제 제기, 문제 분석, 문제 해결의 세 부분으로 구성됩니다.

셋째, 내용을 효과적으로 배열해야 합니다. 연설 내용을 효과적으로 배열하는 방법은 다음의 네 가지가 있습니다.

먼저, 수사적 기교와 방법을 동원하는 것입니다. 저명한 연설가 리옌제(李燕傑)부교수는 연설에 다섯 가지 예술의 장점을 접목해야 한다고 주장했습니다. 소설의 형상화, 희곡의 갈등, 만담의 해악, 낭송의 격정과 영화의 몽타주 기법(montage editing) 이 바로 그것입니다. 이는 나름 일리가 있는 주장이며 실제로 상당한 성공을 거두었습니다. 묘사, 비유, 대구, 설문(設問 : 자문자답하는 식으로 요점을 강조하는 기법), 반문은 모두 효과적인 수사 기법들입니다.

다음으로 생동감 있는 소재를 집어넣는 것입니다. 연설 내용의 주제는 최대한 집중되어야 하지만 생동감 있고 재미난 소재는 분산되어야 합니다. 심리학 연구 결과 인간의 집중력은 5~7분 간격으로 분산된다고 합니다. 생동감 넘치는 소재를 정확한 부분에 골고루 집어넣는다면, 청중의 집중력을 효과적으로 조절해서 시종일관 그들의 주의력을 장악할 수 있습니다.

또한 연설에 사용되는 언어는 유창하고 심각하면서도 생동감 있어야 하는데 그중 어떤 언어를 선택하는가는 구체적인 상황과 연설 주제에 따라 달라집니다.

마지막으로 결론은 연설 내용에서 가장 중요한 부분입니다. 훌륭한 결론은 연설의 하이라이트로 청중에게 말로 표현할 수 없는 감동을 줍니다. 전체 내용을 총괄해서 청중에게 분명하고 완전한 인상을 심어주어야 하며, 앞에서 했던 말을 변화감 있게 반복하거나 앞에서 언급했던 질문에 답해 전반부와 후반부가 호응하도록 합니다. 또한 격언과 경구를 인용하여 청중에게 사고의 여지를 주거나 청중의 마음에 호소해 열의를 불러일으킬 수도 있고,

철학적인 혹은 유머 섞인 말로 분위기를 한껏 고양시키거나 시나 노래로 감정적인 교류를 나누는 것도 모두 효과적인 마무리 방법입니다. 과거 장하이디는 그녀의 첫 번째 연설에서 마지막에 중국어, 일어, 영어로 노래 세 곡을 불러 청중들의 마음을 사로잡았으며 사람들의 마음속에 아름다운 기억을 남겼습니다. 그녀의 개성을 느낄 수 있는 훌륭한 마무리였습니다.

(5) 연설 방식을 정하라

연설 내용을 구성한 후 적당한 연설 방식을 정하는 일 역시 중요한 준비 작업입니다. 연설 방식은 공식적인 연설인지 아니면 비공식적인 연설인지, 청중의 규모는 얼마나 되는지, 그리고 연설 주제는 무엇이며 연설자는 어떤 사람인지와 같은 구체적인 조건에 따라 정해집니다. 다음은 일반적인 연설 방식의 몇 가지 예입니다.

① 원고 없이 진행하는 연설

가장 흔히 사용되는 연설 방식은 원고는 없지만 준비를 갖추고 진행하는 연설입니다. 일반적으로 연설문의 대강을 미리 짜놓고 반복적으로 연습한 후에 연설에 임하는 방법입니다. 실제 연설에는 원고 대신 간단한 메모를 사용합니다. 미국의 링컨(Abraham Lincoln) 대통령은 독립 전쟁 당시 참전용사의 미망인을 변호하기 위해 법정에 섰습니다. 혼신의 힘을 쏟아 준비한 그의 변론은 격앙된 어조에 힘이 넘쳤습니다. 그는 다음과 같은 간단한 대강으로 훌륭한 변론을 완성했습니다. 계약서 없음―수속비용을 요구할 수 없음―억지를 피우며 협박―피고가 원고에게 돈을 주지 않음―독립

전쟁의 형세-당시 전투의 참혹함-원고의 남편이 피고를 질책-결론. 이 방식은 청중과의 교감에 중점을 두었지요.

　② 즉흥 연설

　아무런 준비 없이 연설해본 적이 있습니까? 생각지도 못한 상황에서 바로 진행되는 연설을 '즉흥 연설'이라고 합니다. 즉흥 연설은 생각할 여유가 없기 때문에 연설자는 짧은 시간 동안 연설 주제를 정하고 내용을 구성해야 합니다. 역사상 유명한 연설들은 모두 즉흥 연설의 걸작들입니다. 즉흥 연설은 개인의 재능을 보여주며, 선동 효과가 있습니다.

　③ 원고 연설

　원고 연설은 원고대로 청중에게 연설하는 방법입니다. 하지만 원고가 있다고 해서 그냥 보고 읽으면 되는 것이 아니라 연설 내용을 충분히 이해해서 시간이 날 때마다 청중과 시선을 맞추어야 합니다. 청중은 귀로만 연설을 듣는 것이 아니라는 사실을 늘 기억하세요. 연설자가 청중과 시선을 나누지 않는다면 연설의 효과는 눈에 띄게 낮아질 것입니다.

　④ 내용을 암기하고 진행하는 연설

　이 방식에서 연설자는 연설 내용을 암기해서 유창하게 이야기할 수 있어야 합니다. 연설자는 대강이나 원고를 지니지 않은 채로 연설합니다. 이 방법을 사용할 때는 청중이 연설 내용을 이해하기 쉽도록 자유롭게 제스처를 취하는 등의 방법으로 도울 수 있습니다. 이때 제스처는 직접적으로 청중을 향해야지, 수줍고 불안한 감정 때문에 옆쪽을 향해서는 안 됩니다. 이 방법을 사용해서 연설할 때는 암기한 내용을 기억하는 데만 주의를 집중하지 말고 틈틈이 청중의 반응을 살필 수 있어야 합니다.

연설 도중에 암기한 내용을 잊어버렸다면, 억지로 기억해내려고 하지 말고 내용을 건너뛰면 됩니다.

그 밖에 연설 스타일에 따라 격앙된 어조의 연설, 침통한 어조의 연설, 엄숙한 어조의 연설, 활발한 어조의 연설의 네 종류로 분류할 수 있습니다.

격앙된 어조의 연설은 말하는 속도가 빠르고 어조의 대비가 강렬하며 선동성과 호소력이 강합니다. 청중의 감정을 고조시키거나 그들의 감정에 강하게 호소하는 데 적합합니다.

침통한 어조의 연설은 말하는 속도가 비교적 느리고 음색이 부드럽고 어조가 비교적 침통합니다. 철학적인 문제를 토론할 때 사용하는 것이 적합합니다.

엄숙한 어조의 연설은 사용하는 어휘가 아름답고 말하는 속도가 안정적이며 용어 사용이 정확합니다. 서술 논평에 적합하며 과학 세미나에서 사용되기도 합니다.

활발한 어조의 연설은 말하는 속도가 빠르고 언어의 변화 폭이 크며 어휘가 참신하고 내용이 생동감 있습니다. 독창적인 작은 주제를 설명하는 데 적합합니다.

연설을 준비할 때 본인의 분위기, 목소리와 같은 조건이나 연설 주제와 내용, 연설 장소에 따라 연설 방식을 선택해도 무방합니다. 새해맞이 다과회에서의 연설이라면 연설 원고를 준비하거나 구태여 격앙된 어조의 어휘를 사용할 필요는 없을 것입니다. 활발한 어조의 즉흥 연설이면 충분합니다.

(6) 연설 연습

앞에서 설명한 다섯 가지 준비가 끝나면 그 다음에 할 일은 바로 연습입니다. 타고난 연설의 귀재는 모두에게 부러움의 대상이지만 모두가 그런 천부적인 재능을 타고나는 것은 아닙니다. 실제로 이름난 명연설가 중에는 각고의 노력과 부단한 연습을 거치지 않은 사람이 거의 없습니다. 일반적으로 연설 리허설에 필요한 몇 가지 사항을 정리해보면 다음과 같습니다.

첫째, 원고를 확실히 암기할 것. 소동파(蘇東坡)는 이렇게 말했습니다.

"학식과 교양이 풍부한 사람은 남들이 먼저 알아본다(腹有詩書氣自華)."

그러나 연설자는 연설 내용을 철저히 마음에 새기고 온전히 자신의 언어로 승화시켜야만 실제 연설 과정에서 심리적 부담감을 없애고 자신의 진솔한 감정을 표현하며 여유롭게 청중을 이끌 수 있습니다. 그렇다고 원고를 기계적으로 외우라는 말이 아닙니다. 전반적인 내용을 파악한 후 내용의 근간을 확실히 이해하고 내용을 따지고 음미해가면서 암기해야 합니다.

둘째, 연설을 미리 연습해볼 것. 거울을 보고 혹은 부모님이나 친구들 앞에서 리허설해보세요. 이때 음성과 제스처, 표정에도 주의를 기울여야 합니다. 연설 리허설은 진짜와 똑같이 진행되어야지 중간에 멈추거나 이미 이야기한 부분을 다시 반복해서는 안 됩니다. 리허설이 끝나면 부모님과 친구들의 반응을 확인해볼 수 있습니다. 또한 거울이나 녹음기를 사용해서 자기피드백도 가능합니다. 이런 방법으로 어조와 자세, 표정을 조절하고 연설 내용의 길이를 조절하거나 시간을 체크할 수 있습니다. 충분한 준비를 갖추고 전장에 나가야 백전백승을 거둘 수 있는 법, 귀군이 꿈을 이루시길 기원합니다.

주영신

2. 언변이 뛰어난 사람이 되고 싶습니다

주 교수님

며칠 전에 반 친구 한 명이 교수님이 기고하신 연설 준비에 관한 편지를 소개해주었습니다. 교수님의 글을 읽고 나서 많이 배우고, 또 새로운 생각을 가지게 되었습니다. 알고 보니 교수님께서도 오랫동안 튼튼한 기초를 쌓으셨기 때문에 지금의 멋진 연설 스타일을 갖추게 되신 것이군요. 정말이지 마음에서 우러나는 존경을 전합니다.

저는 말솜씨가 없어서 남 앞에서 이야기하는 것이 무섭습니다. 미리 준비를 하고도 막상 제 순서가 되면 겁에 질려서 몸이 부들부들 떨리고 결국은 하고 싶은 말을 다 하지도 못하고 도망치듯 내려오게 됩니다. 저 같은 사람도 연설의 귀재가 될 수 있을까요? 다급한 마음에 교수님께 도움을 요청합니다.

말주변 없는 샤오샤오(小曉)

샤오샤오에게

연설을 성공적으로 하려면 반드시 충분한 준비 과정이 전제되어야 합니다. 하지만 마지막 성공은 연단 위에서 갈고닦은 실력을 발휘함으로 거둘 수 있습니다. 여러분이 연단을 향할 때 이미 청중에게 특정한 인상을 심어줄 수 있으므로 연설 전에 좋은 첫인상을 주도록 해야 합니다.

먼저 자신감 있게 연단으로 걸어가십시오. 자신감은 인생에서 가장 중요한 정신적 지주이며 연설의 성공을 당락 짓는 요소이기도 합니다. 자신감이 없는 사람은 심적인 동요와 불안을 느끼며 말이나 행동에서 박력을 느낄 수 없습니다. 자신감이 결여된 연설자는 연설을 시작하기도 전에 이미 청중의 신뢰를 절반 이상 잃게 됩니다.

다음으로 단정한 복장과 활달한 언행입니다. 연설은 예술 공연이 아니므로 청중과 호흡을 맞추는 것이 중요합니다. 짙은 화장과 특이한 머리 모양, 독특한 수염은 사람들에게 경박하다는 인상을 주며 봉두난발에 지저분하고 허름한 복장은 혐오감을 일으킵니다. 연설자의 복장은 개인차가 있을 수 있는데 자신의 결점을 감출 수 있는 복장으로 선택하십시오. 예를 들어 키가 작고 뚱뚱한 사람은 헐렁한 옷, 가로줄무늬, 체크무늬나 꽃무늬, 옅은 색상의 옷이 어울리지 않습니다. 몸에 잘 맞고 세로줄무늬 혹은 심플하고 짙은 색상의 옷을 입도록 하세요. 키가 크고 여윈 사람은 정 반대로 복장을 고르면 됩니다. 목이 긴 사람은 깃이 높고 헐렁한 옷을 입는 것이 좋고 목이 짧은 사람은 깃이 낮고 평평한 옷을 입는 것이 적당합니다.

다음으로 청중과의 교감입니다. 일반적으로 새로운 연설자가 연단에 올라서면 회장에 1~2분가량 정적이 흐릅니다. 이 시간이 바로 청중의 이목을 사로잡을 '황금 시간'입니다. 연설을 시작하기 전에 먼저 고요하고 진지한 눈빛으로 회장 전체를 둘러보면서 청중과 교감을 나눌 준비를 합니다. 그런 다음 멋있는 첫 마디로 청중을 끌어들이십시오. 일반적으로 처음 연설을 시작할 때 목소리가 너무 높아서는 안 됩니다. 그렇지 않으면 후반부의 강조 대목에서 톤을 높이기가 더욱 어렵기 때문입니다. 또 처음부터 큰소리를 질러대면 나중에 가서 목소리가 갈라지거나 기력이 달리게 됩니다.

연설을 시작하면 청중의 반응에 따라 분위기를 조절해야 합니다. 연설은 연설자와 청중이 서로 정보를 교류하는 행위입니다. 연설자는 안하무인격으로 연설을 진행할 것이 아니라 장내의 모든 변화와 청중의 호응도를 주의 깊게 살피면서 청중을 장악해야 합니다. 연설의 효과는 으레 청중의 감정에 반영되어 나타납니다. 예를 들어 시선을 집중하는 것은 경청의 표시이며, 서로 귓속말을 소곤거리는 것은 연설에 집중하고 있지 않다는 표시이고, 얼굴에 희색이 만면한 것은 기분 좋게 듣고 있다는 의미이며, 반대로 연이어 하품을 한다면 무료함을 느낀다는 표시입니다. 구체적으로 말해서 청중의 흥미, 열의와 외부 행위의 관계는 적극적인 면과 소극적인 면으로 살펴봐야 합니다. 청중의 규모와 공간적인 거리에 따라 아래의 표와 같이 구분할 수 있습니다.

청중의 규모	적극적		소극적	
	언어적	비언어적	언어적	비언어적
50~200인	갈채 칭찬 박장대소	박수갈채 기립 환호	휘파람 불기 한숨 쉬기 조소 계속 흥얼거림	발 구르기 회장을 나감 기침 잠이 듦
20~50인	갈채 박장대소	미소 고개를 끄덕임 박수	신음소리 몰래 킥킥거림	눈살을 찌푸림 고개를 저음 하품
7~20인	질문 의견에 찬성 표시	생기 있는 눈빛 미소	질문 반대 의견 표시	곁눈질함 눈살을 씨푸림 거동이 불안함

연설자가 청중의 감정 반응에 따라 기민하게 연설 내용과 방법을 조절할 수 있어야 최고의 연설효과를 거둘 수 있습니다. 예를 들어 회장이 소란스러워지더라도 연설자는 동요되지 말고 적극적으로 대처해야 합니다. 청중을 주목시키거나 귓속말하는 사람에게 주의를 주어 소란스러운 분위기가

확산되지 않도록 합니다. 혹은 목소리를 갑자기 낮추어서 청중의 기대감을 고조시키거나 연설의 구성을 뒤바꿔서 재미난 소재를 끌어올 수 있습니다. 혹은 상황을 유리한 쪽으로 끌어서 청중의 주의를 다시 연설 주제에 집중시킬 수도 있습니다. 회장이 질서정연해지면 사람들은 정신을 집중할 것입니다. 청중이 때때로 고개를 끄덕여 수긍하고 미소를 짓는다면 여러분의 연설이 비교적 성공을 거두고 있는 것이므로 계획대로 진행하면 됩니다. 통상 적극적인 호응이 있을 때 연설이 순조롭게 진행되며 소극적인 호응은 연설자에게 대처하기 힘든 상황이 됩니다.

소극적인 반응에 대응하는 방법에는 여러 가지가 있는데 아래에서 소개하는 몇 가지 방법은 비교적 간단하고 빠른 효과를 기대할 수 있는 것들입니다.

청중이 지루해보이거나 하품을 하기 시작하면 이렇게 해보세요.

이야기나 사례를 끼워 넣는다.
말하는 속도나 크기를 바꾼다.
제스처를 자주 사용하고 변화시킨다.
시청각 자료를 사용한다.
농담을 던진다.
상투적인 말인지 여부를 확인한다.

청중이 의심의 눈길을 보내거나 연설 내용을 잘 이해하지 못할 때는 이렇게 해보세요.

질문을 유도한다.
연설했던 내용의 주요 논점을 다시 설명한다.
방금 이야기했던 논점을 다른 방법으로 설명해본다.
청중에게 궁금한 점을 종이에 써보도록 시킨다.

모든 청중이 비우호적인 태도를 보이거나 여러분의 연설에 동의하지 않는 기색이 역력하면 이렇게 대처해야 합니다.

유머감각을 발휘해서 분위기를 반전시킨다.
상반된 견해를 이야기한다.
청중의 견해와 일치되는 내용을 강조한다.
연설을 중지하고 토론을 시작한다.

청중의 소극적인 반응에도 아랑곳하지 않으면 소극적인 반응이 더욱 심해지며 수습하지 못할 상황을 초래하게 됩니다. 정확한 태도는 소극적인 반응을 정시하고 자신에게 혹시 잘못이 있지는 않은지 살펴보는 것입니다. 또한 연설 내용과 방법을 조절해서 소극적인 반응을 적극적인 반응으로 전환시키도록 하십시오.

연설은 언어를 통해 전달되며 언어는 특정한 억양과 어조로 표현됩니다. 억양과 어조가 친절하고 자연스러우며 듣기 좋은지의 여부는 연설의 효과에 직접 영향을 줍니다. 연설자의 억양이 분명하고 듣기 좋으면 청중은 예술을 감상하듯 그의 연설을 즐기며 자리를 뜨려 하지 않습니다. 이와 반대로 발음이 불분명하고 어조가 단조로우면 청중은 졸음을 느껴 연설이 실패할 가능성이 높습니다. 그렇다면 어떤 억양과 어조가 청중에게 호감을 줄 수 있을까요?

첫째, 단어를 분명하게 발음해야만 청중이 문장을 쉽게 이해할 수 있습니다. 또한 가능하면 발음 규범에 맞는 표준어를 구사해야 합니다.

둘째, 어조가 자연스럽고 목소리의 고저와 기복이 적당해야 전달하고자 하는 내용과 감정을 정확히 전달할 수 있습니다. 언어 표현력에 신경을 쓰려면 내용의 발전에 따라 때로는 높은 톤의 힘 있는 목소리를, 때로는 낮은 톤의 결의에 찬 목소리를, 또 때로는 희열에 찬 밝은 목소리나 비분에 찬 엄숙한 목소리를, 또한 호방하고 거리낌 없는 목소리나 부드럽고 산뜻한 목소리를 구사해야 합니다. 이 모든 것은 청중의 심리적인 변화에 맞추어 적절히 적용해야 합니다.

연설을 할 때 가장 기피해야 할 것은 바로 변화 없는 어조입니다. 강조해야 하는 중요 부분의 문장은 어조를 변화시켜야 합니다. 연설문에서 강세를 두어 읽는 부분은 으레 특정 의미를 표현하기 위한 것입니다.

또한 연설 도중의 끊어 읽기 또한 시기적절하게 구사되어야 합니다. 말을 계속해야 하는 부분에서 말을 멈추게 되면 문장을 제대로 전달할 수 없을 뿐만 아니라 원래 의도와 상반된 효과를 불러일으킬 수 있습니다. '아버지가 방에 들어가신다'와 '아버지 가방에 들어가신다' 같이 웃지 못 할 상황이 벌어질지도 모릅니다.

연설을 할 때는 말하는 속도에도 신경을 써야 합니다. 속사포처럼 쏘아대거나 느릿느릿 이야기한다면 청중이 말을 알아듣기가 매우 힘들 것입니다.

일반적으로 연설자의 말하는 속도는 중간보다 조금 빠른 정도가 가장 좋습니다. 하지만 단락별로 변화가 있어야 연설이 천편일률적으로 흐르는 것을 방지할 수 있습니다.

연설이 오직 말로 이루어진다고 생각하면 큰 오산입니다. 청중에게 청각적으로 정보를 제공하고 시각적으로도 그들의 주의를 끌어야 합니다. 표정과 제스처 역시 우리가 정보를 교환할 수 있는 특수형태의 언어입니다.

연설자는 담담하고 대범한 표정으로 연설 내용에 맞게 희로애락을 표현할 수 있어야 합니다. 연설자의 표정은 두 가지 요소에 의해 제약을 받습니다.

첫째는 청중을 대하는 태도입니다. 연설자는 기본적으로 웃음을 띤 표정을 해야만 청중에게 친근한 인상을 줄 수 있습니다.

둘째는 연설 내용의 전달입니다. 연설자는 연설하는 내용에 따라 때로는 고통스럽거나 기쁨에 차 있거나 혹은 흥분된 다양한 표정을 지어야 합니다.

눈빛은 얼굴 표정 중에서 가장 중요한 표현 수단입니다. 눈은 마음의 창이므로, 연설자는 눈빛으로 이야기하는 법을 배워야 합니다. 소련 심리학자들은 일찍이 다음과 같은 재미난 실험을 실시했습니다. 그들은 피시험자의 눈 윗부분에 미세한 고무흡착판을 붙이고 흡착판 위에 소형 반사경을 장치했습니다. 그래서 초상화를 관찰할 때 반사경은 정해진 방향의 불빛을 반사하여 인화지에 안구가 움직인 궤적을 남길 수 있도록 했습니다. 실험 결과 도출된 궤적도의 내용으로 볼 때 눈은 가장 주의를 끄는 대상으로, 그림을 관찰하는 사람의 시선은 끊임없이 그림 속 인물의 눈으로 되돌아왔습니다. 심지어는 옆모습을 그린 초상화일 경우에도 눈은 여전히 가장 주의를 끄는 부위였습니다. 그러므로 연설자는 자신의 시선에 특히 주의를 기울여야 합니다.

연설자의 시선은 시종일관 전체 회장을 주시하면서 청중과 교감을 유지해야 합니다. 심리학 연구 결과, 대화를 나눌 때 화자(話者)가 상대방을 살펴보는 횟수는 청자(聽者)보다 현저히 적었습니다. 이는 화자가 전달하고자 하는 내용에 주의력을 더 많이 집중하고 있기 때문입니다. 그렇다고 연설자 역시 연설 내용에만 집중하고 청중에게 시선을 돌리지 않는다면 그 연설은 성공 가능성이 희박합니다. 청중은 연설자가 자신의 존재를 알아주기를 희망하기 때문에 연설자의 시선이 자신을 바라봐주기를 기대합니다.

　자세는 주로 연설자의 동작과 정신 상태를 의미합니다. 연설에 능한 사람은 풍부한 손짓과 몸동작으로 청중의 주의력을 사로잡으며 이는 연설을 더욱 다채롭게 만들기 때문에 청중에게 깊은 인상을 심어줍니다. 목석처럼 뻣뻣하게 한 자리에만 서서 연설한다면 청중은 지루한 마음이 들 것입니다. 또한 아무 이유 없이 손발을 움직이고 연단을 왔다 갔다 하거나 불필요한 몸동작을 한다면 청중의 반감을 사게 될 것입니다.

　연설자는 내면의 감정을 자연스럽게 표출할 수 있어야 합니다. 꾸미지 않은 자연스러움이야말로 연설자가 가져야 할 올바른 자세일 것입니다. 연설자의 자세가 이러한 원칙에 부합될 때 그의 연설은 예술로 승화될 수 있으며 청중들은 기꺼이 그의 작품을 감상하고자 할 것입니다.

　뛰어난 연설가가 될 수 있다고 생각합니까? 답은 '예스'입니다. 모쪼록 꿈을 이루시기 바랍니다. 건투를 빕니다!

주영신

3. 선생님이 싫어요

주 교수님

더는 참을 수 없어서 도움을 청하려고 펜을 들었습니다. 꼭 도와주세요.

작년의 일입니다. 제가 수업 시간에 국어 선생님의 잘못을 지적해드린 다음부터 선생님은 한 번도 제게 좋은 낯을 보이신 적이 없습니다. 제 생각에는 선생님이 제게 화가 나서 일부러 차갑게 대하시는 게 아닌가 합니다. 그때부터 국어 과목에 대한 흥미를 잃었습니다.

저희 국어 선생님은 엄격하고 융통성이 없으신 분입니다. 많은 학생이 그분을 두려워하며 가까이 하질 않으려고 해요. 그런 사제 관계의 영향으로 국어 과목에 흥미를 잃을 지경입니다. 저희도 이래서는 안 된다는 것을 잘 알고 있지만 도무지 해결 방법이 없어요. 내년이면 고3인데 계속 이런 식으로 지낼 수는 없을 것 같고……. 저는 어떻게 하면 좋을까요?

교수님을 존경하는 아화(阿華)

아화에게

군이 지금 얼마나 다급하고 초조한지 이해할 수 있습니다.

교사는 교육 과정에서 학생, 동료 교사, 교장, 학부형과 친밀한 관계를 맺게 되는데 그중에서도 사제 관계가 가장 기본적이고 중요합니다. 또한 사제 관계는 교육 효과에 직접적인 영향을 줍니다. 일반적으로 평등하고 포용적이며 상호 협조적인 사제 관계가 형성될 때 높은 교육 효과를 기대할 수 있습니다. 반대로 사제 관계가 긴장, 대립될 때 교육 효과는 낮아지게 됩니다.

요즘 몇몇 초·중고등학교에서 사제 간에 마찰을 빚어 관계가 원만하지 못한 현상이 심각해지고 있습니다. 열등생들이 '학교를 감옥 보듯 하며 들어가지 않으려 하고 교사와 학부모를 원수 대하듯 하며 마주치기를 싫어하는' 것 외에 우등생들조차 교사와 접촉하는 것을 꺼리면서 속내를 털어놓지 않으려고 하는 것이 지금의 현실입니다. 사제 간에 감정이 냉각되는 데는 여러 가지 원인이 있겠지만, 그중에서 주된 원인은 교사의 잘못된 교육 방법과 사회 변화가 학생들에게 끼치는 영향입니다.

1. 다음 세 가지 유형은 잘못된 교육 방법의 가장 대표적인 예입니다.

(1) 독재형 · 이 유형에 속하는 교사는 오만하고 독단적이며 학생들을 꾸중하고 질책하며 심지어는 체벌하는 것을 즐깁니다.

(2) 경찰형 : 이 유형에 속하는 교사는 책임감이 강하고 학생을 엄격하게 다루지만 태도가 지나치게 경직되어 있고 트집 잡기를 좋아하며 좀처럼 학생들을 칭찬하지 않습니다.

(3) 방임형 : 이 유형에 속하는 교사는 책임감이 부족하고 학생들에게 거의 관심을 기울이지 않습니다. 담임교사가 이 세 유형에 속한다면 일반적

으로 원만한 사제 관계를 성립하기 어렵습니다. 실제로 일선의 교사 대부분이 자기도 모르는 사이에 교육계의 '경찰관' 역할을 수행하고 있는데, 이런 점이 사제 간의 감정을 크게 약화시킵니다.

사회 변화가 학생에게 끼치는 영향 측면에서 살펴보겠습니다. 요즘 학생들은 다양한 사회 정보를 대량으로 받아들여 질적으로 풍요로운 생활을 누리고 있습니다. 성인문화의 공공연한 비밀도 그들에겐 그다지 낯설지 않습니다. 그래서 학생들은 자신도 모르는 사이에 사회에서 통용되는 교제 원칙대로 사제 관계를 대하는 경향이 있습니다. 선생님과 사이가 좋은 학생들은 '아첨꾼' 혹은 '선생님의 스파이'로 불리면서 반 친구들에게 따돌림을 당합니다.

그렇다면 껄끄러운 사제 관계를 회복시킬 방법은 없는 것일까요? 가장 기본이 되는 방법은 학생에게 관심과 사랑을 보여주는 것입니다. 소련 교육자 수호믈린스키는 이렇게 말했습니다. '학교에서 이루어지는 학습은 아무런 감정 없이 교사가 가진 지식을 학생의 두뇌로 옮겨 담는 행위가 아니라 교사와 학생이 매 순간 영혼을 주고받는 행위이다.' 교사가 학생에게 위로와 격려의 말을 해주면서 학생에게 더 많은 관심을 보인다면 학생의 학업에 도움이 될 뿐만 아니라 사랑의 힘으로 학생의 닫힌 마음을 열게 될 것입니다. 그렇게 되면 원만한 사제 관계는 자연히 성립됩니다. 그러므로 원만한 사제 관계의 가능 여부는 교사의 교육 방법에게 달렸다고 볼 수 있습니다. 동시에 교사는 사회심리적 요소가 학생에게 끼치는 영향을 고려해서 반 구성원 전부와 원만한 관계를 조성하도록 노력해야지 소수 학급 간부나 우등생에게만 주의를 기울여서는 안 됩니다. 또한 의식적으로 학생들과 자주 접촉하고 폭넓게 교류하고 학생들의 실제 상황을 정확히 파악해야 합니다. 일련의 사회 현상에 대해서는 학생들이 진지하게 분석하고 바르게 대처하도록 지도하여 사회에서 통용되는 교제 방식을 맹목적으로 따르는 대신 학생답고 참신한 사제 관계를 진지하게 만들어가야 하겠습니다.

지금 귀군에게 해줄 수 있는 충고는 다음과 같습니다. 귀군의 국어 선생님이 다년간 교단에서 형성한 습관과 성격을 고칠 수 없다는 생각에 무력감을 느낀다면, 그러한 국어 선생님을 있는 그대로 인정하세요. 그의 엄격하고 모진 면은 귀군이 자신을 채찍질하게 할 것이며 그의 냉담함 역시 귀군에게 격려와 힘을 줄 것입니다. 선생님이 자신을 돕기 위해 일부러 그런 방법을 쓰고 있다고 생각하면 지금 느끼는 스트레스를 발전 동력으로 전환시킬 수 있을 것입니다. 또한 국어 과목에 대한 동기를 부여하고 좋은 성적을 낼 수 있겠지요. 선생님이 귀군에게 주는 스트레스가 귀군을 좌절시킨다면 좌절을 극복하고 승리자가 되십시오. 귀군은 분명히 해낼 수 있습니다!

자신과 선생님의 입장을 바꿔서 생각해본다면 사제 관계를 새로 시작해볼 수도 있지 않을까요? 이 역시 함께 노력한다면 충분히 해낼 수 있을 겁니다.

귀군의 건투를 빕니다!

주영신

4. 수업에 집중할 수가 없습니다

주 교수님, 안녕하세요!

곧 시험입니다. 시험 때문에 수업 시간에 집중을 할 수가 없습니다. 마치 눈 크게 뜨고 수업에 열중하는 것 같지만 마음은 다른 곳을 헤매고 있는 것처럼 말이죠. 주의를 집중하려고 하면 할수록 초조해질 뿐입니다. 이유를 모르겠습니다. 저는 어떻게 하면 좋을까요?

왕청(王成)

왕청에게

시험 때문에 마음이 분산되고 있군요. 고대 사상가 맹가(孟軻)가 사람들에게 자주 인용했던 우화가 있습니다. 전국시대의 바둑왕 혁추(弈秋)가 두 제자에게 바둑을 가르쳤는데 그중 한 학생은 집중해서 혁추의 말에 귀를 기울이는 반면 다른 한 학생은 기러기만 날아오면 활과 살로 사냥할 생각만 하여 같이 공부를 시작했지만 바둑 실력이 늘지 않았다고 합니다. 맹자(孟子)는 그 이유를 '집중하여 마음을 기울이지 않은(不專心致志)' 데서 찾았습니다.

우리가 공부나 일에 임하는 것 역시 마찬가지입니다. 대상이나 업무에 정신을 집중하고 몰두하는 사람이 있는가 하면 주의가 산만하고 딴 생각만

하는 사람도 있습니다. 후자는 학업이나 업무 성과가 미비하며 심지어는 일을 잘못처리하거나 사고를 저지르기도 합니다. 마음이 분산되는 데는 몇 가지 원인이 있습니다. 자신이 왜 그 일을 해야 하는지 제대로 파악하지 못하는 경우, 그 일에 대해 아무런 흥미를 느끼지 못하는 경우, 주의력이 산만하거나 다른 일에 정신이 팔려 있는 경우입니다. 그 밖에 장시간 두뇌를 사용하거나 불면증에 시달리는 경우와 극심한 피로를 느끼는 경우 정신이 분산되는 현상이 나타납니다. 공부와 업무에서 소기의 성과를 내려면 앞에서 예로 든 원인에 대해 근본적인 대책을 마련해야 합니다.

첫째, 학업과 업무의 의미를 정확히 알고 강한 책임감으로 임해야 합니다. 여러분은 아마도 시험이나 어떤 중요한 일이 임박했을 때 평소보다 집중력이 높아져서 주위의 소란이나 간섭에 크게 영향을 받지 않고 당면한 일에 푹 빠져본 경험이 있을 것입니다. 이는 자기 일을 책임져야 한다는 마음이 강해져서 행동으로 나타난 것입니다. 특정 과목을 공부하거나 중요한 임무를 수행할 때 자기에게 주어진 일을 반드시 수행하겠다는 마음가짐을 갖추면 당면한 임무를 자신의 목표, 이상과 결부할 수 있을 것입니다.

둘째, 조용하고 깨끗한 환경을 조성해서 외부의 소음과 간섭을 차단해야 합니다. 젊은이들은 환경의 영향에 쉽게 주의력이 흐트러집니다. 예를 들면 숙제를 하다가 책상 위의 잡지나 편지가 눈에 띄면 자기도 모르게 손이 가거나 라디오에서 재미난 프로그램이 흘러나오면 하던 일을 중단하고 계속 듣게 됩니다. 그러므로 가능하면 주의를 분산시킬 수 있는 것들과는 거리를 두는 것이 좋습니다. 예를 들면 책상 위에 놓인 잡지나 편지를 먼저 치우고 라디오는 아예 꺼두는 것입니다. 만약 어쩔 수 없는 상황이라면 이러한 자극들을 평정심으로 대처할 수 있는 능력을 길러야 합니다.

셋째, 흥미로운 일을 찾으세요. 주의력과 흥미는 매우 긴밀하게 연관되어 있습니다. 우리는 흥미 없는 일에 대해서는 무관심하고 전혀 개의치 않는 태도를 보이지만 자기가 정말 좋아하는 일이 생기면 강한 자극이 대뇌를 흥분시켜서 엄청난 집중력을 발휘합니다. 흥미로운 일은 활동 자체에 흥미를 느끼는 직접 흥미와 활동의 목적이나 결과에 흥미를 느끼는 간접 흥미로 나누어집니다. 일반적으로 직접 흥미는 무의식적인 주의력과 관련이 있으며 뚜렷한 목표가 없고 여유로우며 단기적입니다. 반면에 간접 흥미는 의식적인 주의력과 관련이 있으며 뚜렷한 목적이 있고 지속적이며 심리적인 압박감을 느낍니다. 자신의 직접 흥미를 잘 이용하고 간접 흥미를 길러야겠습니다.

넷째, 적극적으로 방법을 모색해서 주의력을 높일 수 있는 습관을 기르십시오. 소련의 어느 심리학자가 이런 말을 했습니다.

"학생들이 교실에서 집중력을 발휘하려면 학교에 입학하자마자 간단한 일부터 시작하는 것이 좋다. 예를 들면 책상에 바르게 앉아서 마음을 가다듬고 수업 준비를 하는 일에 습관을 들이는 것이다. 그렇게 하면 아이들은 선생님의 말씀에 쉽게 집중하게 된다."

그는 학생들이 가장 지루하다고 생각하는 과목을 대상으로 실험을 진행했는데, 그 결과 만족할 만한 성과를 거두었습니다. 우리가 의자에 기대거나 책상에 엎드린 채로 수업을 듣거나 침대에 누워 책을 읽는다면 어떻게 주의력을 집중시킬 수 있겠습니까? 주의력을 집중시킬 수 있는 좋은 습관을 길러서 공부를 시작하자마자 모든 정신력을 집중시킨다면, 어떤 장애나 어려움에도 집중력이 흐트러지지 않을 것이므로 주의력 분산에 대해 더 이상 걱정하지 않아도 될 것입니다.

마지막으로 과도한 신체적, 정신적인 피로를 방지하고 충분한 수면을 취해야 하며 업무나 학습 내용을 시기적절하게 바꾸어주어 과도한 두뇌사용을 피할 수 있습니다. 위에서 소개한 방법을 실전에 응용해본다면 귀군이 주의력이 필요한 순간에 고도의 집중력을 발휘할 수 있게 될 것입니다. 건투를 빕니다.

주영신

5. 기억력이 안 좋아서 고민입니다

주 교수님

저는 건망 증세가 있습니다. 그래서 공부할 때나 시험이 끝나고 복습할 때조차 남들보다 훨씬 힘이 듭니다. '한 번 본 것은 절대로 잊어버리지 않는' 뛰어난 기억력을 갖는 것이 제 소원입니다. 무슨 방법이 없을까요?

리샤오둥(李曉東)

리샤오둥에게

군의 기억력이 공부에 영향을 주는 것 같습니다. 소련의 저명한 생리학자 세체노프(Иван Михайлович Сеценов)는 기억력의 의미에 대해 다음과 같이 생동감 있게 기술했습니다.

"기억이 존재하지 않는다면 우리가 오감과 지각으로 경험한 일들은 흔적도 없이 사라질 것이며 그렇게 되면 인류는 영원히 신생아의 상태를 담보할 것이다."

그렇습니다. 위대한 업적을 남긴 발명가들은 그들의 비범한 기억력에 대한 수많은 일화를 남기지 않았나요? 그렇지만 건망 증세 때문에 웃지 못 할 일화를 남긴 사람도 많이 있습니다. 건망과 관련된 외국의 유머 한 가지를 소개할까 합니다.

신년 파티가 끝나고 다음날 새벽, 전화벨이 울렸습니다. 마리는 잠이 채 깨지 않은 상태에서 수화기를 들었습니다. 전화를 건 사람은 다름 아닌 존이었는데 그는 이렇게 말했습니다.

"달링, 내가 어제 청혼한 것은 확실히 기억나는데 당신의 대답은 기억이 나지 않는군."

그러자 마리가 이렇게 대답했습니다.

"맞아요. 어제 저녁 파티에서 당신과 결혼하겠다고 말했어요. 하지만 당신에게 응답한 건지, 아니면 다른 남자친구였는지 기억이 나지 않는군요."

마리와 존의 '건망증'에 황당해서 웃음이 납니다. 이 이야기처럼 과장된 정도는 아니지만 젊은이들 중에는 기억력이 나쁘다고 불평하는 사람이 적지 않습니다. 더욱이 이전에 공부했던 내용이 기억나지 않는다고 해서 자신이 공부에는 영 '꽝'이라고 생각하는 경우도 있습니다. 하지만 알고 보면 이런 현상은 걱정하고 낙심할 만큼 심각한 문제는 아닙니다. 심리학자들의 연구에 따르면 정상인의 기억 보존 용량은 책 5억 권 분량이라고 합니다. 기억력을 향상시키는 방법만 잘 알고 있으면 여러분도 충분히 자기 기억력을 개선시킬 수 있습니다. 국내외 연구 결과를 참조해서 다음의 몇 가지 방법을 추천합니다.

첫째, 정신 집중. 미국 심리학자 롭터스(E. Loftus)는 그의 새 저서에서 이렇게 말했습니다.

"기억력을 향상시키기 위해 가장 중요한 일은 주의력을 집중시킬 수 있는 방법을 배우는 것이다."

주의가 산만해지면 기억력도 떨어지게 됩니다. 책을 읽으면서 방금 전 지인과 나누었던 대화를 생각하거나 상점에 가서 사올 물건의 목록을 생각한다면 당연히 책의 내용이 뭔지 이해하기 어려울 것입니다.

둘째, 명확한 목적. 효과적으로 기억력을 증진시키려면 명확한 목적이 있어야 합니다. 목적이 구체적이고 명확할수록 기억력의 효과는 증대됩니다. 연구 결과에 따르면 기억해야 하는 목적을 정확히 정했을 때(예를 들면 내일 다른 사람에게 전해주도록 부탁받은 경우) 피시험자의 80%가 정확하게 제시된 내용을 기억했습니다. 그러나 명확한 목적을 제시하지 않았을 때는 피시험자의 43%만이 내용을 정확하게 기억했다고 합니다. 그러므로 어떤 정보를 정확하게 기억하고 싶다면 자신에게 그 정보를 장기적으로 정확히 기억해야만 하는 목적을 부여하도록 하세요.

셋째, 코드(Code) 가공. 우수한 기억력이란 두뇌에 축적된 정보의 양이 아니라 필요할 때 얼마나 신속하게 저장된 정보를 불러내서 사용할 수 있는가에 따라 결정됩니다. 혹자는 기억 용량이 큼에도 저장된 내용을 체계적으로 사용하는 데 애를 먹습니다. 이런 경우는 기억력이 좋다고 말할 수 없습니다. 저장된 정보를 수시로 불러내는 것의 관건은 바로 정보의 코드 가공에 있습니다. 즉, 연상을 통해 새로운 정보와 기존의 정보를 연결시키는 것입니다. 예를 들어 유럽 근대사에서 영국, 미국 프랑스 자산 계급 혁명은 모두 대규모로 일어난 혁명인데, 각각의 차이점과 공통점을 기억하기 어렵다면 체계적으로 정리하여 쉽게 기억할 수 있습니다. 영국 자산 계급 혁명이 1640년으로 가장 먼저 일어났고, 자산 계급과 신흥 귀족이 동맹을 맺어 봉건주의에 반대하여 일으킨 혁명입니다. 그리고 미국 자산 계급 혁명이 그 다음으로 1775년에 일어났습니다. 미국 혁명은 영국의 식민 통치에 반대해서 일어났다는 특징이 있습니다. 그리고 프랑스 자산 계급 혁명은 미국 자산 계급 혁명의 영향으로 1789년에 일어났으며, 자산 계급과 백성이 연합하여 봉건 세력에 맞서 싸웠다는 특징이 있습니다.

넷째, 읽은 내용 기억해보기. 이 방법은 단순히 반복해서 책을 읽는 것보다 효과적입니다. 심리학자들은 다음과 같은 실험을 실시했습니다. 한 조의 학생들에게는 교과서를 네 번 읽게 하고 다른 조 학생들에게는 교과서를 한 번 읽게 한 다음, 바로 기억한 내용을 확인해보고 이번에는 기억하지 못한 부분을 집중적으로 다시 읽어보게 했습니다. 그 결과, 앞 조는 1시간 후에 교과서의 52%를 기억했으며 10일 후에는 25%만 기억했습니다. 반면에 다음 조는 1시간 후에 75%를 기억했고 10일 후에도 여전히 70%가량을 기억했다고 합니다. 즉, 암기할 내용이 있으면 한 번에 몇 번씩 읽기보다한 번 읽고 나서 내용을 기억해보도록 하십시오.

다섯째, 집중력에 방해가 되는 환경 피하기. 아마 귀군도 경험해봤을 겁니다. 하루 중에서 새벽과 늦은 밤에 암기가 가장 잘되고, 교과서의 처음과 끝 부분이 더 잘 외워지지 않던가요? 이것은 순행 간섭(proactive inhibition : 이미 알고 있는 정보가 후행 학습을 방해하는 경우) 혹은 역행 간섭(retroactive inhibition : 후행 학습이 이미 알고 있는 정보를 간섭하는 경우)이 존재하지 않기 때문입니다. 그러므로 간섭 없는 환경에서 공부하려면 새벽에 지리에서 일어나서, 혹은 저녁에 잠자리에 들기 전에 암기하는 것이 가장 좋습니다. 두 경우 모두 암기 도중에 5~10분 동안 휴식을 취해야 하며, 어려운 부분은 교대로 바꾸어가면서 암기하고, 유사한 내용은 같이 외워서는 안 됩니다. 그리고 중간 부분은 여러 번 복습하세요.

여섯째, 적절한 때에 단번에 외울 것. 에빙하우스(Hermann Ebbinghaus)의 망각 곡선은 기억이 암기하고 나서 곧바로 망각되기 시작한다는 사실을 시사합니다. 최초의 시간대에서 망각의 속도는 매우 빠르게 나타나며 하루가 지나면 66.3%를 잊어버립니다. 그 후 망각의 속도는 점점 완만해져서 6일 후가 되면 8%만 잊어버립니다. 그리고 한 달이 지난 후에 잊어버린 내용은 5% 정도 증가합니다. 그러므로 오랜 시간이 흐르고 나서 이미 거의 잊힌 기억을 다시 복구하는 것보다 적절한 때에 수시로 기억을 떠올려 공고히 하는 것이 현명한 방법입니다. 귀군의 학습에 도움이 되었기를 바랍니다. 건투를 빕니다.

주영신

6. 불면증

주 교수님, 안녕하세요.

저는 요즘 극도로 초조한 상태로 생활하고 있으며 근 반달 동안 밤잠을 설치고 있습니다. 매일 잠들기도 어렵고 꿈을 자주 꾸는 통에 한밤중에 깨어나서 잠을 이루지 못하기 일쑤입니다. 이 상태로는 더 이상 생활이 어려울 것 같습니다. 교수님, 불면증을 개선할 수 있는 방법이 있으면 좀 알려 주세요.

딩즈(丁知)

딩즈에게

　잠을 잘 이루지 못하는 것은 정말 고통스러운 일입니다. 밤의 장막이 드리워진 후, '불면증'이라는 마귀가 남몰래 찾아듭니다. 침대에서 뒤척거리며 잠을 이루지 못할 때면 저 지긋지긋한 마귀를 쫓아낼 주문이라도 있었으면 하는 마음이 간절해지지요.

　수면 장애에는 여러 종류가 있는데 표로 정리해보면 다음과 같습니다.

수면 장애	불면증	
	과도한 수면	
	밤낮이 뒤바뀐 수면 시간	
	비(非)렘수면 행동 장애	놀라서 잠이 깨는 증세, 몽유 증세, 야뇨증, 잠꼬대, 코골이
	렘수면 행동 장애	가위 눌림, 상징적인 꿈, 이갈이, 병적 발작
	잠들기 전에 환상이 보이는 증세	

불면증은 보편적인 수면 장애 증상 중 하나입니다. 통계에 따르면 노인의 70% 이상과 젊은이의 50% 이상이 불면증을 겪은 적이 있다고 합니다. 불면증에 시달리면 누구나 활력이 떨어지고 주의력이 산만해지며 폭력적으로 변합니다. 장기간 불면증을 겪은 사람은 심지어는 사는 것 자체에 싫증을 느끼게 됩니다.

수면 장애를 초래하는 요소는 환경적, 생리적, 심리적 측면에서 살펴볼 수 있습니다. 주거 환경이 바뀌어 낯선 환경에서 지내게 될 때, 참기 어려운 소음을 듣거나 혹은 구역질나는 이상한 냄새를 맡거나 날씨가 갑자기 춥거나 더워지는 경우에도 불면증에 걸릴 수 있습니다. 이것은 환경의 영향 때문입니다.

아니면 몹시 허기진 상태이거나 어떤 질병을 앓고 있을 때 혹은 감기, 코막힘, 치통, 두통, 설사나 구역질, 습진같이 몸에 이상이 있을 때도 잠을 잘 이루지 못합니다. 더욱이 우울증이나 강박증, 신경쇠약과 같이 정신적인 질병을 앓고 있을 때도 생리적인 영향으로 불면의 밤을 지새우게 됩니다.

또한 늦은 밤까지 생각에 몰두하거나 혹은 낮에 흥분되는 일이나 불쾌한 소식을 접했을 때, 내일 중요한 임무를 완수해야 한다고 생각할 때도 긴장되고 흥분한 마음에 잠을 쉽게 이루지 못하는데, 이는 심리적 요소의 영향을 받았기 때문입니다.

환경이나 생리적인 요소에 의한 불면증은 환경에 적응한다든지 질병을 치료한다든지 생리적 욕구를 만족시킨다든지 하는 적극적인 방법으로 대처할 수 있지만, 심리적인 요소에 의한 것이라면 자기조절이 필요합니다. 몇 가지 대처 방법을 소개합니다.

불면증에 대해 정확히 이해할 것. 잠을 제대로 이루지 못한다고 호소하는 사람들은 알고 보면 잠을 잘 자는 편에 속합니다. 스탠퍼드 대학에서 수면 상태의 뇌파와 안구 운동을 체계적으로 연구한 결과를 보면, 수면은 주기적인 4~6개의 베타파와 세타파로 구성됩니다. 그중에서 베타파가 수면 시간의 20% 정도를 차지하고 세타파가 80%를 차지합니다. 꿈을 많이 꾸고 깊은 잠을 이루지 못한다고 호소하는 사람들은 대부분 세타파가 나타날 때 잠을 자고 베타파가 나타났을 때 깨어났을 뿐입니다. 이런 종류의 불면증은 밤 시간을 잘못 예측해서 생기는 현상이므로 심각하게 걱정할 필요는 없습니다. 그러나 만약 밤 시간을 잘못 예측해서 생긴 증상이 아니라면, 불면증에 해당합니다. 그렇다 해도 불면증의 원인을 찾아보고 치료 및 조절 방법을 찾으면 되므로 역시 지나치게 긴장할 필요는 없습니다. 예를 들어 자신에게 소극적인 암시를 걸지 마세요. 어떤 사람들은 자리에 눕자마자 '오늘도 잠을 이루긴 틀렸군.' 혹은 '어제 잠을 제대로 못 잤는데 오늘도 잠을 못 이루면 어떻게 하나'라고 생각합니다. 이러한 소극적인 자기 암시는 걱정과 긴장감을 증폭시키므로 오히려 더 수면을 방해합니다. 그 대신 '어제 못 잤으니 오늘 보충해야지, 지금 졸음이 오는 것 같으니까 곧 곯아떨어지겠지.'라고 생각해보세요. 몸의 힘을 빼고 편안하게 호흡하면서 잠을 이룰 수 있다는 암시를 걸면 곧 잠에 빠져들 것입니다.

일단 고정적인 수면 시간을 지키세요. 인체는 생활 습관에 따라 생체 리듬을 형성합니다. 그러므로 대뇌 피층에 고정적인 조건 반사가 형성되어 평소에도 잠잘 시간이 되면 대뇌에 억제 반응이 나타납니다. 만약 이미 고정된 수면 리듬을 마음대로 바꾼다면 대뇌 피층(大腦皮層)이 교란되어 흥분으로 잠을 이루지 못하게 될 것입니다.

잠자기 전에 격렬한 감정이나 긴장된 활동을 피해야 합니다. 대뇌 피층이 흥분 상태가 되면 폭주하는 증기 기관차와 같아서 바로 정지할 수 없습니다. 이때는 편안한 음악을 듣거나 밖을 거닐면서 주의력을 분산시키고 마음을 진정시키도록 하세요.

아울러 기공 요법으로 잡념을 없애세요. 기공 요법은 단전(丹田) 같은 신체의 특정 부분에 주의력을 집중시켜 잡념을 없애는 방법입니다. 또한 교감 신경 활동을 약화시키고 심장 박동과 호흡수를 감소시켜 대뇌 쪽의 피층 하부에서 나오는 신호를 단조롭게 만듭니다. 이로써 인체는 쉽게 수면 상태가 됩니다.

그리고 수면 전에는 흡연, 음주, 진한 차와 같은 자극적인 음식을 삼가고, 수면제에 지나치게 의존하지 마세요. 낮에 적당하게 운동하고 잠자리에 들기 전에 따뜻한 물로 발을 씻는 방법도 불면증을 극복하는 데 도움이 됩니다.

불면증에 효과를 볼 수 있다는 방법들은 실은 근거가 없는 것들이지만 그래도 한 번 시험해보세요. 자기 전에 우유를 마신다든지 잠이 올 때까지 독서하는 방법이 자신에게 효과만 있다면 그걸로 된 것입니다.

마지막으로 귀양에게 들려주고 싶은 말이 있습니다. 수면은 자연스럽게 조절되는 생리 현상이지만 심리적인 영향을 많이 받습니다. 그러므로 '모든 일이 순리대로 잘 풀릴 것이다'라는 태도로 하루 이틀 잠을 제대로 이루지 못한 일에 너무 신경 쓰지 않는다면, 지금 겪고 있는 불면증도 자연히 없어질 것입니다.

오늘 밤에는 깊은 잠을 이룰 수 있기를 기원합니다.

주영신

7. 시험 공포증을 극복하고 싶습니다

주 교수님, 안녕하세요.

학기 말이 다가오니 다시금 고통의 나락에 빠져서 지낼 수밖에 없습니다. 믿기지 않으시겠지만 매번 시험을 2주 정도 앞두면 밤잠을 이루지 못합니다. 거의 매일 밤 뜬눈으로 지새운다고 보시면 됩니다. 쪽지 시험이든 기말고사든 마찬가지구요. 지난번에 영어4급 시험을 준비할 때는 새벽 두 세 시가 되어서야 겨우 잠시 눈을 붙일 수 있었습니다. 저 자신도 제가 지나치게 긴장한다고 생각합니다. 그래서 스스로 마음속으로 저 자신에게 '긴장하지 말고 잠을 좀 청해야 내일 맑은 정신으로 시험에 임할 수 있어.'라고 말해보지만 결과는 늘 제 기대와 다릅니다.

교수님께서는 저를 성적이 형편없는 학생이라고 생각하실 수도 있겠네요. 하지만 저는 매년 차석 장학금을 타는 우등생입니다. 게다가 평소 수업 시간에도 모범적이고 성실한 학생이구요. 하지만 저도 모르게 시험에는 두려운 마음만 생기니 정말 이유를 모르겠네요.

교수님, 혹시 제가 심리적 장애를 겪고 있는 건 아닌가요? 평상심으로 시험 준비에 임할 날만 손꼽아 기다려봅니다.

원원(雯雯)

원원에게

귀양이 지금 겪고 있는 문제는 학교에서 자주 생기는 현상입니다. 정도의 차이는 있지만 중고등학생의 75% 가량이 시험 전에 긴장과 초조감, 공포를 느끼며, 심지어는 성적이 우수한 학생들조차도 갈팡질팡합니다. 한 고교 졸업생은 대입 시험에 떨어질지도 모른다는 정체불명의 공포감 때문에 수업 시간에 정신을 놓기가 일쑤였고, 수업 시간에 책은 잡고 있어도 머릿속이 어지럽고 집중이 되지 않았다고 합니다. 그래서 정상적인 학교생활이 불가능할 지경이었습니다.

시험을 앞두고 긴장하게 되는 주된 원인은 첫째로 시험 결과를 걱정하기 때문입니다. 점수가 낮게 나와 남들에게 무시당하거나 부모님에게 꾸중 들을까 봐 그런 것이지요. 둘째로는 시험 준비를 충분히 하지 못하고 벼락치기식으로 공부했기 때문입니다.

일반적으로 시험 전에 적당한 긴장과 스트레스는 오히려 평소 실력을 발휘하는 데 도움이 됩니다. 그러나 과도한 긴장과 초조함은 오히려 해가 되어 평소 실력을 발휘하지 못할 뿐만 아니라 시험 성적에도 영향을 끼칠 수 있습니다. 여기서는 긴장감과 공포를 없앨 수 있는 방법들을 소개하고자 합니다.

첫째, 시험에 대한 올바른 인식을 가지고 시험 결과가 안 좋을 경우의 결과를 진지하게 분석해야합니다. 시험은 자신이 공부한 내용을 확인할 수 있는 수단입니다. 적극적으로 준비하고 좋은 성적을 얻기 위해 최선을 다해야 합니다. 몇 번 성적이 생각만큼 나오지 않았다고 하더라도 크게 신경 쓰지 마세요. 교훈으로 삼아 다시 원인을 분석하고 다음 시험에서 좋은 성적을 거두면 됩니다.

둘째, 복습을 철저히 하면 시험에 잘 대비할 수 있습니다. 특히 복습 시간을 과학적으로 배분해야 합니다. 동시에 충분한 수면을 취해서 너무 무리가 가지 않도록 해야 합니다.

셋째, 긴장과 초조함을 해소하는 방법을 배워야 합니다. 예를 들어 '충분히 준비된 상태야'라고 자신에게 스스로 암시를 준다면 이런 자신감이 긴장한 마음을 해소하는 데 도움이 될 것입니다. 시험지를 받아든 후에는 문제를 푸는 데 급급하지 말고 먼저 펜과 지우개 등을 만지작거리면서 마음을 가라앉히세요. 혹시 시험 문제를 푸는 도중에 긴장하게 된다면 잠시 문제 풀이를 중단하고 먼저 감정을 조절한 후에 다시 시작하세요. 아마도 억지로 계속 문제를 풀어나가는 것보다 훨씬 좋은 결과를 얻게 될 것입니다.

건투를 빕니다.

주영신

8. 긴장을 해소할 수 있는 방법이 있을까요?

주 교수님

저는 툭하면 긴장하는 학생입니다. 그래서 일과 공부, 생활 전반에 영향을 받고 있습니다. 예를 들어 중요한 시험에 임할 때나 대중 앞에서 이야기해야 할 때, 혹은 무대에서 공연할 때 항상 긴장하는 버릇 때문에 재능을 제대로 발휘하지 못하고 있으니 정말 고민입니다. 어떻게 하면 긴장된 마음을 진정시킬 수 있는지 알고 싶습니다. 좋은 방법이 있을까요?

주민(周敏)

주민에게

긴장감은 누구나 체험하는 심리 현상으로 크게 두 종류가 있습니다. 하나는 일상의 갑작스러운 변화, 생리적 질병, 혹은 전쟁이나 재난의 위협 때문에 긴장하는 경우입니다. 다른 하나는 사업의 부담이나 해결하기 어려운 문제, 실패의 위협 때문에 긴장하는 경우입니다. 긴장한 사람은 일반적으로 사회의 생활 방식, 풍습, 개인적인 수양과 소음, 이상한 냄새와 같은 환경공해의 영향을 받습니다. 현대 의학 연구 결과, 과도하게 긴장하면 인체 면역력과 저항력이 떨어져 탈모증, 다한증, 긴장성 두통, 신경성 구토, 신경성 거식증, 운동 신경 교란, 일차성 고혈압, 과민성 결장염, 심장 신경증, 월경 불순, 정신적 피로와 같은 질병에 걸릴 수 있습니다. 게다가 면역성 질병과 양성 종양이 발병하기 쉽습니다. 미국 텍사스(Texas) 주의 의료자문위원회는 일찍이 다음과 같은 대담한 가설을 세웠습니다.

"암은 '긴장 상태에 대한 인체의 반응'으로 발병하기 때문에 어릴 때부터 긴장감을 극복하는 방법을 배운다면 암의 발병률을 낮출 수 있다."

긴장 상태에 있는 사람은 아마도 자신이 긴장하고 있다는 것을 의식하지 못할 것입니다. 다음에 나열한 항목대로 자신의 긴장 정도를 체크해보시기 바랍니다. 4항목이 부합되면 경미한 긴장 상태이고, 8항목이 부합되면 중간 정도의 긴장 상태이며, 12항목이 부합되면 긴장 증세가 있는 것입니다.

(1) 평소 이유 없이 심장이 심하게 뛰고 안절부절못할 때가 있다.

(2) 저녁에 이런 저런 고민으로 잠을 이루지 못하고 악몽 때문에 놀라서 깰 때가 있다.

(3) 위장 기능이 좋지 않아 자주 설사를 한다.

(4) 새벽에 기상할 때 머리가 어지럽고 전신에 기운이 없다. 가만히 있는 것을 좋아하며 기분이 늘 가라앉아 있다.

(5) 식욕이 없다.

(6) 집에 돌아오면 만사가 귀찮고 근심만 쌓인다.

(7) 주관적이고 독단적으로 일을 처리하며 성격이 급하고 다혈질이다.

(8) 남이 걸린 질병에 관심을 쏟고 증세에 대해 묻고 다닌다. 한편으로는 자기도 병에 걸린 것은 아닌가하며 걱정한다.

(9) 비좁은 곳에 있으면 마음이 혼란스럽고 생각을 할 수가 없다.

(10) 이웃에서 들려오는 소음 때문에 정신이 사납고, 때로는 불안감에 땀이 난다.

(11) 주의력을 집중하기 어렵고 글 한 편 읽는 것도 힘이 든다.

(12) 남과 쉽게 다투며, 마음이 수시로 답답해진다.

전문가들은 대개 긴장감을 극복하려면 휴식을 취하고 오락 활동을 즐기면서 생활 리듬을 조절하라고 충고합니다. 그러나 한스 셀리에(Hans Selye)는 오히려 상반된 주장을 했습니다. 그는 가능하면 더 일에 몰두하라고 충고합니다. 그의 설명에 따르면, 우리는 지금껏 긴장의 속성을 제대로 인식하지 못하고 있습니다. 사실상 긴장감은 인체가 받아들일 수 있는 범위보다 큰 스트레스(그것이 유쾌한 것이든 불유쾌한 것이든 간에)에 반응하는 것입니다. 치과 진료실에 앉아 있는 것이나 연인과 격렬한 입맞춤을 나누는 것도 긴장되기는 마찬가지이지요. 하지만 세상에 후자를 단지 긴장감이 싫다는 이유로 포기하는 사람이 누가 있겠습니까? 우리의 목표는 모든 긴장감을 피하는(사실상 그 자체가 불가능한 일이지만) 것이 아니라 긴장에 대한 자신의 반응을 받아들이고 그에 맞게 생활 리듬을 조절하는 것입니다. 당연히 사람마다 느끼는 긴장의 정도가 다르므로 각자의 생활 리듬과 긴장감의 정도도 다를 수밖에 없습니다. 예를 들어 연달아 영화 세 편을 볼 수 있는 사람이 있는가 하면 영화 한 편만 봐도 지쳐버리는 사람이 있습니다. 또한 장쑤(江蘇) 성 사람은 쓰촨(四川) 성 사람만큼 매운 음식을 먹지 못하며 일반인은 장거리 마라톤 선수의 적수가 되지 못하는 것과 같은 도리입니다. 긴장감을 해소하는 데 가장 좋은 방법은 다름 아닌 '유머'입니다. 영국의 저명한 과학자 페러데이(Michael Faraday)는 젊은 시절 업무에 대한 과도한 긴장으로 정신이 쇠약해져서 장기간 약물 치료를 받았지만 차도가 없었습니다. 훗날, 한 의사가 페러데이에게 아주 특별한 방법을 알려주었습니다. 의사의 충고는 바로 '광대 한 명이 의사 열 명보다 낫다'는 것이었습니다. 페러데이는 그 말을 자세히 음미해보고는 결국 그 속의 오묘한 뜻을 깨달았습니다. 그 뒤로 그는 시간이 날 때마다 극장에서 해

학극을 감상하면서 배를 움켜잡고 실컷 웃었습니다. 유쾌한 마음은 그의 건강이 회복되는 데 도움이 되었으며 76세까지 건강하게 살았습니다. 지나가던 행인이 누군가의 발을 밟았는데, 발을 밟힌 사람은 전혀 상대방을 비난하지 않고 이렇게 말했다고 합니다.

"이런, 내 발이 하필이면 자리를 잘못 잡았나 봅니다."

유머러스한 그의 말에 두 사람은 한바탕 웃고서 더욱 분위기가 좋아졌으며 발을 밟은 그 사람은 그 뒤로 남의 발을 밟지 않으려고 길을 걸을 때 특별히 조심했다고 합니다.

유머와 낙관적인 마음은 긴밀한 관계가 있습니다. 온종일 눈살을 찌푸리고 근심 많은 얼굴을 한 사람에게 기발한 유머감각이 있다고 상상하기는 어려울 것입니다. 러시아 우화 작가인 크릴로프(Ivan Andreevich Krylov)가 한 번은 집주인과 임대계약을 맺었는데 집주인은 계약서에 이렇게 썼습니다.

"임대료를 제 날짜에 내지 않으면 10배를 배상한다."

크릴로프는 펜을 들고는 그 뒤에 동그라미를 하나 더 그리더니 이렇게 말했다고 합니다.

"어차피 내지 못할 돈이니 상관없겠지요."

이 일화는 한때의 어려움 때문에 전전긍긍하지 않는 그의 낙관적이고 자신에 찬 면모를 보여줍니다.

유머감각과 세세한 일로 따지는 좀스러움은 서로 어울리지 않습니다. 중요한 문제는 당연히 소홀히 하면 안 되겠지만, 일상에서 벌어지는 모든 일을 매한가지로 심각하게 받아들일 것 없이 잘 따져보고 때로는 기지를 발휘해서 처리해야 합니다. 유머는 때때로 사소한 것에 신경 쓰지 않고 남을 탓하지 않겠다는 태도를 보여줍니다. 예를 들어 유머감각 있는 사람이라면 지나치게 익힌 음식을 두고 소화 기능이 안 좋은 사람에게 좋은 음식이라고 말할 것입니다. 또한 음식이 덜 익었을 경우에는 영양소가 파괴되지 않았을 거라고 말하겠지요. 결론적으로 유머감각은 지혜와 사상, 그리고 진솔한 마음과 어우러질 때 길러질 수 있습니다.

긴장의 반대말은 여유입니다. 여유를 찾는 방법에는 심호흡법, 근육 긴장-이완법, 상상 이완법, 자기 암시 등이 있으며 모두 즉각적인 효과를 기대할 수 있는 긴장 조절 방법입니다. 시간이 있으면 심리 상담사를 찾아가서 배우도록 하세요. 분명히 긴장 상태를 해소할 수 있을 겁니다. 건투를 빕니다.

주영신

9. 문과가 좋을까요, 이과가 좋을까요?

주 교수님, 안녕하세요.

저는 고등학교 학생입니다. 최근에 문과, 이과를 선택하는 문제 때문에 공부가 손에 잡히질 않습니다.

제 책상 위에는 책 두 권이 놓여 있는데 한 권은 발자크(Balzac)의 《고리오 영감(Le pere Goriot)》이고 다른 한 권은 《고교 물리 이론》입니다. 두 책을 놓고 몇 분간 고민하다가 결국 후자를 집어 들고 맙니다.

저는 문과를 좋아하고 문과 성적이 이과 성적보다 좋지만 아무래도 상대적으로 전망이 좋은 이과를 선택해야 할 것 같습니다.

제 꿈은 작가 지망생입니다. 하지만 주변 사람들이 제게 안정적인 이과를 택하는 것이 훗날 직업을 구하기가 더 쉽다고 충고합니다. 지금 제 생활은 엉망이에요. 생각도 복잡하구요. 한편으로는 자기가 좋아하는 일을 해야 한다고 생각하지만 다른 한편으로는 부모님이 희망하시는 직업을 가져야 한다고 생각합니다. 지금 제 앞에 두 갈래 길이 놓여 있는데 과연 어디로 가야 할지 모르겠어요.

주 교수님의 고견을 기다립니다.

샤오톈(曉天)

샤오톈에게

고1에 진학하기 전에 많은 학생들이 문과냐 이과냐의 어려운 선택에 직면합니다. 더욱이 이미 문과 혹은 이과 과목에 대한 적성이나 흥미가 형성된 학생들은 사회 여론 혹은 부모님의 압박, 교사의 권유 때문에 갈피를 잡지 못하고 방황과 갈등으로 점철된 학교생활을 하게 됩니다.

당연히 저 역시 귀양에게 어느 한쪽을 선택하라고 결정해줄 수는 없습니다. 그러나 두 가지는 자신 있게 말씀드릴 수 있습니다. 선택은 신중해야 한다는 것과 일단 선택했으면 학업에 전념해야 한다는 것이지요.

문과와 이과를 선택할 때는 정말 신중에 신중을 기해야 합니다. 주관적, 객관적인 조건에 근거해서 다음의 몇 가지 요소를 고려해보시기 바랍니다.

첫째는 성공 확률입니다. 즉, 자신이 어느 정도의 성공을 거둘 수 있는지 가늠해보라는 것입니다.

둘째는 개인의 적성입니다. 적성은 가장 좋은 선생님이기 때문입니다. 어떤 과목에 대해 장기간에 걸쳐 지속적인 흥미를 느끼거나 그 분야에 두각을 나타냈다면 이미 충분한 기초를 갖춘 것이므로 그 분야에 매진해도 무방합니다.

셋째는 사회적 가치문제입니다. 귀양이 장차 대학 진학을 목표로 한다면 가장 중요시되는 것은 당연히 성공의 화률이겠지요. 하지만 귀양이 하고 싶은 일을 하면서 만족을 찾을 수 있다면 자신의 적성과 장기를 가장 중요하게 생각해야 할 것입니다. 귀양이 선생님과 부모님의 뜻을 받들어 장기적인 발전을 도모한다면 사회적 가치를 쫓는 것이 유익할 것입니다. 당연히 여기에도 인식의 차이가 있을 수 있습니다.

귀양이 위에서 언급한 세 방면에 대해 전면적이고 정확하게 인식하고 있는지 또 그러한 자기 인식이 타당한 것인지의 여부를 말하는 것입니다. 각 방면의 요소를 종합적으로 고려해보고 자신의 적성과 특기를 염두에 둔다면 상대적으로 현명한 판단을 내릴 수 있을 것입니다. 장기적인 관점으로 볼 때 어쩌면 대학 생활과 구직에도 유리하겠지요.

일단 선택했으면 학업에 전념해야 한다는 말은, 문과든 이과든 일단 선택하고 나서는 더 이상 후회하거나 방황하지 말라는 뜻입니다. 그렇지 않으면 학습 효율과 성적에 영향을 받게 되는 것은 물론 귀양이 묘사한 대로 '짬만 나면 책 두 권을 꺼내놓고 갈등하는' 상황이 재현될 수 있으니까요. 그렇게 되면 선택은 아무런 의미가 없어집니다. 자기가 좋아하는 과목 성적이 떨어짐은 물론(학습 시간이 너무 적으므로) 좋아하지 않는데도 선택한 과목의 성적 역시 떨어집니다.(적성에 맞지 않으므로) 따라서 일단 선택했으면 잡념을 버리고 공부에만 전념하세요.

마지막으로 지적하고 싶은 점은, 중고등학교 시절에는 특정 과목에만 치중하지 말라는 것입니다. 이 시기는 전면적으로 지식을 발전시켜야 하므로 광범위한 분야에 취미를 찾고 그런 기초 위에 자신의 적성에 맞는 과목에 더욱 집중하도록 하세요. 현대 사회는 종합적이고 전문성 있는 인재가 우대받는 사회입니다. 다방면에 재능이 있는 인재만이 무대를 더욱 넓혀갈 수 있습니다. 그럼 귀양의 건투를 빕니다.

주영신

10. 뭐든지 대충 처리하는 버릇이 있습니다

주 교수님

　많은 학생이 공부할 때 데면데면하고 막상 시험을 볼 때는 간단한 문제에서 실수를 범한다고 불평합니다. 저도 그런 학생 중에 하나이구요. 어떻게 하면 이런 버릇을 고칠 수 있을까요?

장잉(張影)

장잉에게

　군과 같은 문제를 겪는 학생이 생각보다 많습니다. 한 중학생이 《과학과 생활》지에 보내온 편지 내용을 소개할까 합니다.

　"저는 수업 도중에 늘 덤벙거려서 실수를 저지릅니다. 국어 숙제를 할 때도 글자를 잘못 쓰거나 받침을 빼먹고 쓰는 일이 다반사이고 수학 공식을 잘못 대입하거나 숫자를 잘못 계산하기 일쑤에요. 시험 보는 날은 긴장 때문인지 실수가 더 잦아서 아주 쉬운 문제도 제대로 계산하지 못할 때가 많습니다. 집에서도 손에 가시가 돋쳤는지 늘 덤벙거리다가 종종 그릇을 깨먹기도 합니다. 그래서 가족은 저를 '덜렁이'라고 부릅니다. 이런 버릇을 빨리 고쳐야겠다고 생각하면서도 고치질 못하니 괴롭기만 합니다."

　짧은 글이지만 이 학생이 자기 성격 때문에 겪는 고통과 이를 극복하려는 조급한 희망이 고스란히 드러나 있습니다. 어쩌면 이 문제는 우리 모두의 공통된 고민이자 희망사항일지도 모르겠습니다. 덤벙거리고 실수를 연발하는 것은 젊은이들의 공통적인 문제점입니다. 젊은이들은 활발하고 활동적이며 감정 기복이 심한 반면에 인생 경험이 짧아서 의무감과 책임감은 강하지 않은 편이지요. 그리고 자신이 겪어보지 못한 일을 당하면 쉽게 긴장합니다. 더 구체적으로 설명하기 위해 덤벙거리게 되는 심리적 요인을 다음 몇 가지로 나누어보겠습니다.

(1) 지식적 요소 : 지식이 부족한 사람은 덤벙거리기 쉽습니다. 영어를 배우는 상황을 예로 들면, 발음 규칙을 제대로 공부하지 못해서 자모음을 멋대로 발음하거나 영어 철자를 엉터리로 쓰게 됩니다. 또한 문법 기초를 확실히 쌓지 않아서 엉터리 작문을 하기도 합니다. 또 다른 예를 들어볼까요? 엑스레이 광선이 발견되기 전에 이미 영국 과학자 두 사람이 엑스레이 광선의 존재에 관심을 보였습니다. 그러나 그들은 이 광선이 얼마나 중요한 의미가 있는지 몰랐기 때문에 중대한 발견의 기회를 눈앞에서 놓쳐 버렸습니다. 그러므로 자신의 지식적인 면을 넓히려고 노력하고 가능한 한 폭넓게 사물을 이해하고자 노력해야 한 가지 사물에 대한 지식을 기반으로 비슷한 사물을 유추하여 이해할 수 있습니다. 또한 지식 간의 내재 관계를 찾아내어 꼼꼼히 관찰할 수 있습니다.

(2) 감정적 요소 : 누구나 이런 경험을 해보았을 것입니다. 시험장에서 아무리 마음속으로 실수하지 말자고 다짐해도, 긴장했다 하면 뻔한 실수를 하고도 마(魔)가 쓰인 것처럼 보지 못하고 넘어가는 경우가 있습니

다. 심지어는 시험 문제를 잘못 보거나 문항에 답을 써넣는 것을 잊어
버리기도 합니다. 시험이 끝나고 나서 이런 사실을 발견하고 후회해도
이미 버스는 지나갔으니 '정신없는' 자신을 원망할 수밖에요. 이런 긴
장된 마음을 극복하는 효과적인 방법은 시험 혹은 유사한 업무를 정확
히 인식하고 자신감을 갖는 것입니다. 일단 긴장하는 마음이 생기면 잠
시 일을 멈추고 눈을 감으세요. 그리고 잠시 심호흡을 하면서 마음을
가다듬고 평정심을 찾도록 하십시오.

(3) 기질적 요소 : 사람의 기질은 담즙질, 다혈질, 점액질과 우울질의 4가
지 종류로 나뉩니다. 성격역시 외향적(담즙질, 다혈질의 대부분이 여기
에 속함)인 성격과 내향적(점액질, 우울질의 대부분이 여기에 속함)인
성격의 두 종류로 나뉩니다. 일반적으로 내향적인 성격의 사람은 세심
하고 외향적인 성격의 사람은 융통성이 없고 자제심이 약하며 덤벙거
리는 경우가 많습니다. 그러나 이런 약점을 인식한 후에 인내심을 연마
하겠다고 결심하면 덤벙거리는 버릇을 고칠 수 있습니다. 스스로 검사
하기가 어려우면 주위 사람들에게 모니터링이나 검사를 해달라고 부탁
하십시오. 일정 시간이 지나면 세심한 성격을 기를 수 있을 것입니다.

(4) 습관적 요소 : 평소에 일을 데면데면하게 처리하고 주변이 어수선하며
덤벙거리는 것이 습관이 된 젊은이들이 간혹 있습니다. 이런 경우에는
나쁜 버릇을 고치는 것부터 시작해서 좋은 습관을 기르기 위해 노력해
야 합니다. 소극적으로 나쁜 버릇을 고치는 것보다 훨씬 효과가 좋을
테니까요.

나쁜 버릇은 의지력을 발휘해서 억제하는 동시에 좋은 습관을 길러

서 대뇌에 적극적인 유도 작용을 하여 개선할 수도 있습니다. 어떤 일이든지 낮은 목표를 잡고 대충 처리하려는 태도로 임해서는 안 됩니다. 높은 목표를 설정하고 목표가 실현될 때까지 자신에게 엄격한 마음을 가져야 하며 이런 태도를 습관화해야 합니다.

(5) 방법적 요소 : 공자(孔子)는 다음과 같이 말했습니다.

"일을 잘하려면 먼저 도구가 좋아야 한다(工欲善其事, 必先利其器)."

좋은 관찰력은 세심한 성품을 기르는 데 도움이 됩니다. 어떤 사람은 문제를 인지하고 관찰하고 사고할 때 비교, 분석의 방법이 서툴러서 논리력이 부족하고 유사한 공식, 도형, 사물, 문자를 혼동하거나 빼먹고 심지어는 주객을 전도시키기도 합니다. 그러므로 우리가 사물을 대할 때는 다각도에서 전 방위적으로 관찰하고 동질성 속의 차이점, 차이점 속의 동질성을 찾아내는 훈련을 해야 합니다. 방법론을 잘 활용할 수 있다면 어떤 일이든지 차분히 관찰하고 세심하게 처리할 수 있을 것입니다. 군의 건투를 빕니다.

주영신

11. 흥미를 발전시키고 싶습니다

주 교수님

흥미는 개인의 학습, 업무에 매우 중요한 작용을 합니다. 하지만 자신이 어떤 일에 흥미가 있는지를 어떻게 판단할 수 있나요? 그리고 어떻게 하면 관심 없는 일에도 흥미를 가지고 적극적으로 매진할 수 있을까요?

쉬화(許華)

쉬화에게

어떤 일이나 활동, 혹은 어떤 사람에게 흥미가 생기면 식음을 전폐하고 온 정신을 기울여 주시하고 연구하면서도 힘들고 괴로움을 모르는 법입니다. 반대로 어떤 사물에 흥미를 잃거나 사회 혹은 인생에 대한 관심이 시들해지면 일체의 생활은 무거운 부담으로 느껴지고 벗어나려는 마음만 들기 때문에 하루가 길고 고통스럽게 느껴질 것입니다.

20세기 초에 한 독일 혁명가가 감옥으로 후송되어 독방에 갇혔습니다. 감옥에 갇힌 사람들은 온종일 여자 직공처럼 밀짚모자를 짜는 등의 단조로운 노동을 해야 했는데, 대부분 그런 생활을 견디지 못하고 고민하거나 우울증에 시달렸습니다. 심지어는 병에 걸려 미치거나 죽는 사람도 있었지요. 하지만 혁명가는 달랐습니다. 그는 생명을 구할 유일한 길은 바로 자기 일에 흥미를 느끼는 것이라는 사실을 깨달았습니다. 그래서 매일 할당된 양을 채우느라 단순 노동에 임하고 하루가 끝나기만 학수고대하는 대신, 즐거운 마음으로 밀짚모자를 짜기 시작했습니다. 밀짚모자에 흥미를 느낄 방법을 생각해냈고, 점차 자기 일을 즐기기 시작했습니다. 그러자 참을 수 없이 고독한 감방에서의 하루가 눈 깜짝할 사이에 지나갔고, 그는 내내 건강과 명확한 지성을 유지할 수 있었습니다. 덕분에 활기와 정력에 가득 차서 출소해 다시 지하공작에 매진할 수 있었다고 합니다.

이 실화는 일에 대한 열정과 흥미가 업무 효율에 얼마나 적극적인 작용을 하는지를 잘 보여주고 있습니다. 아무런 의미가 없고 무료해 보이는 일도 얼마든지 흥미진진하게 변할 수 있습니다.

흥미를 키우려면 먼저 목표를 정하고 흥미를 가지도록 지속적으로 노력해야 합니다. 심리학에서는 인간의 흥미를 호기심, 지적 욕구, 흥미의 세 단계로 구분합니다. 흥미는 인간의 신념, 이상과도 연관이 있으며 잠시 동안 열중했다가 잊어버리는 호기심, 의지력 없이 감정에 치우쳐 추구하는 지적 욕구와 다릅니다. 우리는 근시안적이고 평범한 사람이 의미 있는 일에 흥미를 느끼고 임할 것이라고 가정하기 어려우며, 어려움을 극복할 준비와 노력 없이 어떤 흥미를 계속 발전시킬 결심을 한다는 것 또한 가정하기 어렵습니다. 음악을 듣거나 영화를 보는 것처럼 편하고 유쾌하기만 한 일은 없습니다. 목표와 의지가 있는 사람만이 온갖 어려움을 극복하고 본질적으로 무미건조할지도 모를 일을 받아들이며 끈기 있게 자신의 흥미를 발전시킬 수 있습니다.

흥미를 발전시키고 공고하게 하려면 어려움을 극복하는 일이 매우 중요합니다. 심리학 연구 결과 사람은 새로운 업무나 수업을 처음 접했을 때 호기심과 비교적 큰 흥미를 느낀다고 합니다. 그러나 진척하는 과정에서 어려움에 직면하게 되면 어려움을 극복할 만한 조건을 갖추지 못했기에 흥미가 점차 사라지고 부정적인 태도를 보이게 됩니다. 예를 들어 새로운 과목을 배우기 시작한다고 합시다. 학습에 필요한 기초 지식과 반드시 갖춰야 할 기술이 부족하거나 학습 방법이 잘못되어 성과를 거두지 못하게 되면, 소극적이고 위축된 감정이 생겨나기 쉽고 학습에 흥미를 잃는 것은 물론 의욕도 크게 저하됩니다. 그러나 이 난관을 극복하고 나면 타인의 도움으로 장애를 극복하고 자기 실력을 확인할 수 있으므로 흥미가 배가될 것입니다.

또한 적극적으로 정신적 준비를 갖추어야 합니다. 소련의 한 심리학자는 그의 저서에서 정신적 준비가 학습에 대한 흥미를 형성하는 데 어떤 작용을 하는지 논증했습니다. 그의 말에 따르면, 심리적으로 어떤 내용을 좋아한다면 우리는 자신이 지금 하려는 일에 흥미가 있다고 굳게 믿고 충만한 열정으로 그 일에 착수할 수 있으며 흥미도 불러일으킬 수 있습니다. 예를 들어 평소 식물학에 별 관심이 없었다 하더라도 즐겁게 미소를 띠며 자신에게 이렇게 말을 건네 보세요.

"식물학, 이전부터 내가 정말 좋아하던 과목이야. 전공 서적을 기분 좋게 다 읽고 나면 학습 전략을 순조롭게 마무리할 수 있을 거야.”

　필자가 몇몇 학교에서 이 방법을 소개했는데, 수천 명의 학생들이 편지를 보내 정말 효과가 있었다며 감사의 뜻을 전했습니다.

　마지막이자 가장 중요한 점은, 어떤 사물이나 활동에 대한 흥미를 기르려면 적극적으로 그 활동에 매진해야 한다는 것입니다. 흥미는 절대로 저절로 생겨나는 것이 아니기 때문입니다. 축구에 흥미가 있었으면 하나요? 그렇다면 축구장으로 달려가세요. 음악에 흥미가 있었으면 하나요? 그렇다면 피아노를 배우세요. 어떤 지식에 흥미가 있다면 도서관에서 관련 서적을 찾아보십시오. 그럼 건투를 빕니다.

주영신

하편

주영신 교수의
연구 논문

16

현대 학습 이론

고금을 막론하고 국내외의 수많은 사상가, 교육가들이 학습에 대한 심오하고 체계적인 이론을 정립했다. 여기서는 중국 고대 학습 이론과 서양 주요 유파들의 학습 이론을 소개하고자 한다.

1. 학습 이론의 발전

(1) 중국 고대 학습 이론

중국의 고대 학습 이론은 매우 풍부하다. 공자부터 왕부지에 이르기까지, 그리고 《학기學記》에서 《교동자법敎童子法》에 이르기까지 학습에 관한 사상들이 면면히 이어지고 있다. 중국 고대 사상가들은 학습을 통해 지식을 쌓아 기예를 익히며 지력과 능력을 발전시키고 도덕적 품성과 인격을 완성하는 데 중요한 의의를 두었다. 여기서는 학습 과정과 학습에 필요한 심리적 조건의 두 가지 측면을 분석 및 소개하고자 한다.

가. 학습 과정

중국 고대 학자들이 주장한 학급과정이론에는 이단계론(學, 行), 삼단계론(學, 思, 行), 사단계론(學, 思, 行, 習) 그리고 오단계론(學, 問, 思, 辨, 行)이 있는데 그중에서 가장 대표적인 것은 오단계론이다. 바로 '넓게 배우고, 상세히 묻고, 신중히 생각하라. 명확하게 판단하며 독실하게 행하라(博學之, 審問之, 愼思之, 明辨之, 篤行之)'는 의미이다.

넓게 배우라(博學)는 말은 견문을 넓혀서 위로는 '천지만물의 이치'부터 아래로는 '수기치인修己治人의 방법'을 배우는 것이다. 상세히 물으라(審問)는 말은 질문을 많이 하고 항상 의문을 품는 자세를 가지라는 말로 왕부지王夫之는 이를 학문진보의 전제라고 보았다. 그는 《사문록思問錄》에 다음과 같이 썼다.

"묻고 답하기에 능하면 학문은 나날이 진보한다.(善問善答, 則學日進矣)."

주희朱熹 역시 이렇게 말했다.

"배우고도 의문이 일지 않는 사람은 의문을 가지도록 가르쳐야 한다. 의문을 품으면 의문이 풀리도록 해야 하는데 그제야 학문의 발전이 있다.(讀書無疑者, 須敎有疑, 有疑者則要無疑, 到這裏方是長進)."

신중하게 생각하라(愼思)는 말은 깊게 탐구하고 사고하여 이치를 깨달으라는 말이다. 명확하게 판단하라(明辨)는 말은 사고를 기초하여 참과 거짓, 선과 악, 아름다움과 추함, 옳고 그름을 분명히 구분지음을 말한다. 독실하게 행함(篤行)이란 배우고, 묻고 사고하고 변별한 결과를 실천에 옮기는 것이다.

나. 학습에 필요한 심리적 조건

중국 고대 학자들은 포부, 주의, 감정, 의지, 성격과 같은 심리적 요소가 학습과 어떤 연관이 있는지 관찰했다. 그리고 이를 근거로 학습에 필요한 심리조건을 제시했다.

첫째, 원대한 포부를 지닐 것. 공자孔子는 일찍이 다음과 같은 명제를 내세웠다.

"삼군중의 장수는 빼앗을 수 있어도 사나이가 품은 지조는 빼앗을 수 없다(三軍可奪師也, 匹夫不可奪志也)."

왕부지王夫之는 인간이 들짐승, 날짐승과 다른 점은 포부를 가진 점(人之所以異於禽獸, 唯志而已矣)이라 했다. 원대한 포부를 지켜나가는 일은 성공의 관건이다. '뜻을 세우면 뜻을 따라 생각하고 배우므로 나날이 영특해진다.(志立則學思從之, 故才日益而聰明盛)'라는 말도 있지 않은가.

둘째, 주의력을 집중시킬 것. 맹자孟子는 두 사람이 바둑을 배우는 이야기를 들어 '마음과 뜻을 다하여' 학문에 임하는 자세를 강조했다.

셋째, 지속적인 흥미를 가질 것. 공자는 일찍이 다음과 같이 말했다.

"아는 것은 좋아하는 것만 못하다.(知之者, 不如好之者)"

송宋나라 장재張載도 이렇게 말했다.

"학자는 재능과 미추를 논하지 않고 고난을 마다하지 않으나 흥미를 느끼는 분야를 찾아야 한다.(學者不論天資美惡, 亦不專在勤苦, 但觀其趣向著心處如何)."

포부에 흥미가 결합된 경지야 말로 학습에 있어 매우 중요한 심리적 조건이다.

넷째, 하고자 하는 열정을 가질 것. 공자는 다음과 같이 말하여 감정이 학습에 있어 매우 중요한 의미를 지닌다고 설명했다.

"좋아하는 것은 즐기는 것만 못하다.(好之者不如樂之者)"

명明나라 사람 왕수인王守仁은 서당 훈장이 학생들에게 '매질을 서슴지 않으며 죄인 다루듯' 하는 교육방식을 통렬히 비판했다. 그는 이런 방법은 감정적 대립만 조장한다며 다음과 같이 말했다.

"학생들이 서당을 감옥처럼 여기고 들어가길 꺼리며 훈장을 원수 대하듯 하고 마주보지 않는다."

다섯째, 강인한 의지를 가질 것. 공자는 늘 학생들에게 '인내하는 사람'이 되라고 격려했다. 맹자는 일찍이 '산경지혜山徑之蹊, 굴경구인掘井九仞' 같은 비유로 학자에게 가장 중요한 미덕은 인내심이라고 가르쳤다. 순자荀子의 《권학편勸學篇》에는 다음과 같은 명언이 실려 있다.

"발걸음이 쌓이지 않으면 천리를 갈 수 없고 작은 시냇물이 모이지 않으면 강과 바다를 이룰 수 없다.(不積跬步, 無以至千裏; 不積小流, 無以成江海)"

이 역시 한결같은 의지와 인내심이야말로 학업의 성공을 이루기 위한 전제임을 잘 보여주는 말이다.

(2) 현대 학습 이론

가. 행위주의의 학습 이론

행위주의의 주요 학습 이론으로는 파블로프의 조건 반사 학설, 손다이크E. L. Thorndike의 시행착오설, 스키너B. F. Skinner의 조작적 조건 형성 이론이 있다.

파블로프Ivan Petrovich Pavlov는 러시아의 저명한 생리학자이다. 그는 조건 반사를 이용해서 인간과 동물의 고급 신경 활동에 관한 시험을 실시하여 학습의 가장 기본적인 메커니즘을 발견했다. 실험에서 그는 메트로놈metronome의 일정한 박자(조건 자극)와 식물(무조건 자극)을 결합해서 개가 처음에는 먹을 것을 봐야만 침샘이 분비되었지만 나중에는 일정한 박자 소리만 들어도 유사하게 침샘이 분비되는 이른바 '조건 반사'가 생겨나는데, 학습은 바로 조건 반사에 의해 형성된 일시적인 신경의 연결 현상이다. 파블로프의 연구를 행위주의이론의 체계에 귀속할 수는 없지만 그가 행위주의의 자극—반응 이론의 선구자였다는 점은 명백한 사실이다.

파블로프와 거의 비슷한 시기에 미국 심리학자 손다이크는 고양이를 이용한 학습실험을 실시했다. 그는 고양이를 특별히 고안된 미로 케이지 안에 가두었다. 케이지 밖의 음식은 눈으로 볼 수 있지만 먹을 수는 없다. 굶주린 고양이는 케이지에서 몇 차례의 시행착오를 거쳐 마침내 문고리를 벗겨내고 문을 여는 방법을 알아냈다. 이를 근거로 손다이크는 학습의 세 가지 법칙을 도출해냈다.

첫째, 효과법칙이다. 즉, 주어진 자극에 반응하는 과정에서 학습자가 만족스러운 상황에서는 자극—반응 간의 연결성이 강해지고 그렇지 못할 경우에는 연결성이 약해진다.

둘째, 연습 법칙이다. 즉, 자극과 반응의 연결성은 연습 횟수의 증가에 따라 강해진다.

셋째, 준비 법칙이다. 즉 자극과 반응의 연결성은 개인의 준비 상태에 따라 달라진다. 사전에 미리 준비가 되어 있는 상황에서의 자극과 반응은 학습자에게 만족을 준다. 그러나 그렇지 못할 경우에 학습자는 번민한다.

1930년대, 스키너는 손다이크의 실험연구를 발전시켜 '스키너의 상자'를 이용하여 조작적 조건 반사 실험을 실시했다. 그는 굶주린 흰쥐를 상자 안에 가두었다. 흰쥐가 우연히 조종간에 올라서면 먹이 공급 장치가 작동하여 자동으로 먹이를 떨어뜨린다. 흰쥐는 몇 차례 경험 후에 계속 조종간을 눌러 배가 부를 때까지 먹이를 먹었다. 흰쥐는 조종간(조작)을 먹이를 얻는 수단 내지는 도구로 인식하므로 이러한 행위과정은 '조작성 조건 반사' 혹은 '도구적 조건 반사'라고 한다. 스키너는 '강화작용'이 학습에서 매우 중요하다고 생각했다. 행위가 변하는 이유는 바로 강화작용 때문이며 직접적으로 강화물을 제어하는 것이 바로 제어행위이다. 그는 당시 교육이 가진 문제점들을 비판했다.

첫째, 학생의 적극성과 주동성을 충분히 끌어내지 못하고 학생들이 자극을 회피하도록 만들고 있는 점.

둘째, 행위와 행위강화가 이루어지는 시간 간격이 너무 긴 점,

셋째, 점진적으로 발전하며 궁극적으로 도달하고자 하는 정교한 강화 방안이 결핍되어 있는 점,

넷째, 우리가 희망하는 행위에 대한 강화가 너무 적은 점.

이런 점을 근거로 스키너는 순서에 입각한 교육이론을 제시했다.

나. 인지주의의 학습 이론

인지주의의 주요 학습 이론에는 게슈탈트심리학Gestalt psychology이라고 불리는 형태 이론, 톨만E. C. Tolman의 목적적 행동주의, 브루너J. S. Bruner의 발견적 학습 이론이 있다. 피아제J. P. PIaget, 오수벨D. P. Ausubel 역시 인지주의 발전에 지대한 공헌을 했다.

독일 심리학자 쾰러W. Kohler는 침팬지 연구 결과를 근거로 행위주의 이론에 반박했다. 그는 막대 연결하기와 상자 쌓기 실험에서 침팬지가 목적에 장애가 되는 상황에 처했을 때 반드시 시행착오의 과정을 거쳐 문제를 해결하지는 않는다는 사실을 알아냈다. 대부분의 침팬지는 문제를 전체적으로 통찰insight하고 조건들의 관계성을 밝혀내어 마지막으로 행동에 옮긴 것이다. 그는 이러한 학습 행위를 '돈오頓悟' 혹은 형태 작용이라 불렀다.

게슈탈트식 형태 이론의 영향을 받은 미국 심리학자 톨만은 행위주의에서 분화된 새로운 이론을 정립했다. 그는 정교한 생쥐의 미로 찾기 실험을 통해 유기체(예를 들면 생쥐)는 학습을 통해 인지적인 지도(즉, 인지 구조)를 만들어낸다는 것을 증명했다. 또한 학습 결과는 S와 R의 직접적인 결합이 아니라 그 중간에 걸쳐진 변수 O이어야 한다고 보았다. 즉, 유기체의 내부 변화에서 중요한 의의를 가지는 것은 다름 아닌 목적, 유기체의 필요, 동기, 정신적 원동력이라고 생각했다. 그는 잠재학습latent learning 실험을 고안하여 동물은 강화 과정이 출현하기 전에 이미 학습을 시작함을 증명했다.

브루너는 미국의 대표적인 인지심리학자이다. 그는 학습을 인지 구조의 조직과 재조직의 연속으로 이해했다. 즉 학습이란 내적 논리 구조를 갖춘 교재 내용과 학생이 원래 가지고 있는 인지 구조를 결합시켜 기존의 지식과 새로운 지식을 교환하여 학생이 교재의 내용을 의미 있는 지식으로 습득하는 과정으로 보았다. 이를 근거로 브루너는 학습의 동화원칙, 구조원칙, 순서원칙과 강화원칙을 제창하고 학생 자신의 주도하에 적극적인 지식 탐구 노력이 이루어져야 한다고 주장했다.

다. 인본주의의 학습 이론

인본주의적 심리학은 정신 분석과 행위주의심리학계와는 별개로 구분된다. 인간의 직접적인 경험과 내적인 감정을 통해 인간의 심리를 이해하고 인간의 본성, 존엄, 이상과 흥미를 강조한다. 또한 인간의 행위를 결정짓는 요소는 자아실현과 목적을 이루기 위한 창조적 노력에 있다고 본다.

로저스C. Rogers의 '학습자 중심' 이론은 대표적인 인본주의 학습 이론이다. 그는 학생이 충분히 자신의 잠재능력을 발휘하여 즐겁고 창의적으로 학습해야 한다고 주장했다. 주요 관점은 다음과 같다.

첫째, 학생이 가치 있고 의미 있는 유용한 지식을 학습하도록 해야 한다.

둘째, 학습은 즐거운 일이다. 학생에게 과중한 학습 부담을 줘서는 안 되며 위협, 멸시, 풍자의 방법으로 학생에게 학습을 강요하지 말아야 한다.

셋째, 학생은 교사의 지도 하에 자신에게 유용한 학습 방법을 체득하고 사용할 줄 알아야 한다.

넷째, 학생이 자신의 학습 과정과 학습 성과를 스스로 평가하게 하되 남과 비교하지 않도록 한다.

다섯째, 학생 스스로가 학습 목표를 정하고 추진해나가도록 한다.

여섯째, 감정은 학습에 있어 매우 중요한 작용을 한다. 학생들이 열의를 가지고 학습에 매진할 수 있도록 도와야 한다.

2. 학습의 심리적 기초

(1) 지능적 요소와 학습

지능적 요소에는 주로 관찰력, 기억력, 상상력, 사유 능력과 주의력이 있으며 어떤 학습 과정이든 이러한 요소들이 관여한다.

미국 심리학자 프록터Procter와 톨만은 학생들의 지능과 학습의 상관관계(표 16-1)를 연구한 결과 양자 간의 상관성은 중간정도에 불과하며 상관계수의 수치는 지능검사의 종류, 과목, 학생들의 학년에 따라 달라짐을 발견했다. 과목을 예로 들자면 읽기와 작문이 지능과의 상관성이 가장 높게 나타났으며 그 다음이 수학과 자연과학이었다. 그리고 쓰기, 회화, 수공예, 체육은 상관성이 가장 낮았다. 지능과 학업 성적의 상관

관계는 학년이 올라갈수록 상관계수가 점차 낮아지는 추세를 보였다. 예를 들어 초등학교 단계에서는 대략 0.6~0.8 사이였으며 중학교 단계에서는 0.5~0.6 정도, 그리고 대학교 단계에서는 0.3~0.5 사이였다.

표 16-1 평균 지능과 학업 성적

학업 성적/점수	평균 지능	학생 수/인
50~59	84	2
60~69	100	16
70~79	107	56
80~89	110	24
90~99	123	4

가. 관찰력과 학습

관찰은 지능 활동의 시작이다. 인간은 객관적 사물을 인식할 때 가장 먼저 감관感官을 통해 대뇌에 정보를 입력한다. 학생은 학습 과정에서 정보를 받아들이고 지식을 소화하면서 관찰을 통해 풍부한 감성 정보를 수집해야 한다. 실제로 학생의 관찰력과 학업 성적은 밀접한 관계가 있음이 증명되었다. 예를 들어 작문 실력이 떨어지는 학생은 평소에 사물을 제대로 관찰하지 않고 건성으로 생활하는 경우가 많았다.

나. 기억력과 학습

기억력은 지혜의 대문이다. 대뇌는 기억을 통해 사물에서 얻은 정보를 편집하고 저장한다. 기억은 지능 활동의 기초이며 인간은 기억력으로 보존된 지식, 경험, 표상表象을 바탕으로 원활하게 관찰, 사고하며 상상력을 발휘한다. 그러므로 지식의 누적과 응용은 기억력과 불가분의 관계이다.

다. 상상력과 학습

상상력은 지능 활동에 창조성을 더해준다. 학습 과정에서 학생은 상상력의 힘으로 학습 과정과 결과를 분명하게 예견할 수 있다. 또한 의식적으로 학습에 더욱 적극적이고 주도적으로 매진한다. 상상력은 학생이 시간적, 공간적인 한계를 벗어나 과거를 돌아보고 미래를 예측할 수 있도록 해준다. 상상력이 있기에 학생은 창조의 즐거움을 체험할 수 있다.

라. 사유 능력과 학습

인간의 뇌가 객관적인 사물을 개괄하고 간접적으로 반응하는 것을 사유思惟라고 한다. 사유 능력은 지능의 핵심 요소이다. 관찰을 벌이 꽃가루를 채집하는 과정으로 본다면 기억은 그것을 벌집에 저장하는 과정이다. 그런 후에 사유라는 숙성의 단계를 거쳐야만 벌꿀을 얻을 수 있다. 학습 과정에 있어 과학 원리와 개념의 이해 그리고 어려운 과제의 해결과 창작 활동은 사유 능력과 관련이 있다.

마. 주의력과 학습

특정 사물에 집중하는 것을 말한다. 주의력은 심리 활동의 기능을 조직 및 유지하며 감독하고 실제 행위를 조절하는 기능을 한다. 학습 과정에서 주의력을 발휘하여 긴장 상태를 유지하고 필요한 정보를 선택적으로 쫓아 학습하기 때문에 학습자는 정신을 집중한 상태에서 비교적 높은 학습효율을 발휘할 수 있다.

(2) 비지능적 요소와 학습

비지능적 요소는 지능을 제외한 나머지 심리적 요인을 말한다. 혹자는 이를 가리켜 '감정 지능' 혹은 '성품'이라고도 한다. 비지능적 요소는 동기, 흥미, 감정, 의지와 성격을 포함하며 이들은 학습 활동에 있어 매우 중요한 작용을 한다.

미국 심리학자 라자러스A. L. Lazarus는 비지능 요소와 학습 간의 관계에 대해 연구했다. 그는 중고등학생을 지능과 흥미에 따라 2개조로 나누었다. 1조는 '지능조'로 평균지능 120의 학생들로 구성되었으며 이들은 어학의 읽기와 작문에 흥미를 느끼지 않는 학생들이다. 2조는 '흥미조'로 이들은 평균 지능이 107로 1조보다 다소 낮았으나 읽기와 작문을 좋아했다. 두 조 모두 읽기, 작문 과목을 수강하도록 했다. 한 학기가 지난 후 흥미조 학생들이 개인 평균 20.7권의 책을 읽고 14.8편이 문장을 쓴 반면 지능조 학생들은 5.5권의 책을 읽고 고작 3.2편의 문장을 썼다. 흥미조의 성적은 지능조보다 월등히 높았다. 중국학자 옌궈차이燕國材, 총리신叢立新, 주페이리祝蓓裏, 우푸위안吳福元 등의 연구에서도 비지능적 요소가 학업 성적에 미치는 영향이 두드러짐이 증명되었다. 더욱이 대학단계에 들어서는 그 영향력이 지능요소보다 훨씬 크다.

가. 동기와 학습

동기는 인간이 어떤 활동을 지속하게 하는 내재적인 원인 혹은 내부 동력이다. 학습 동기가 유발된 학생은 꾸준히 학습 활동을 계속하게 되는데 학습 동기學習動機란 특정한 학습 목표를 위해 나아가는 내재적인 과정 혹은 내재적인 심리상태를 말한다. 동기는 그 성질, 영향범위와 작용시간에 따라 나누어지며 정확한 동기와 잘못된 동기, 고상한 동기와 비천한 동기, 그리고 장기적인 간접동기와 단기적인 직접동기가 있을 수도 있다. 일반적으로 볼 때, 정확하고 고상하며 장기적인 동기는 학습 활동에 장기간 지대한 영향을 끼친다.

나. 흥미와 학습

흥미란 특정 사물을 인식하고 특정 활동을 좋아하는 심리적 경향이다. 학습 과정에서 흥미는 방향성을 결정지으며 동력의 원천이 된다. 흥미로 인해 학생은 지식을 탐구하는 데 재미를 느끼고, 주도적이고 적극적인 태도로 새로운 것을 배우고자 하는 열의로 가득차곤 한다.

다. 감정과 학습

감정은 객관적인 사물이 자신의 필요에 적합한지의 여부에 대한 반응이다. 감정은 이성, 도덕심, 심미안審美眼과 같은 것들을 포함한다. 감정은 학습 과정의 시종을 함께하며 학습 활동의 효율에 영향을 끼친다.

라. 의지와 학습

의지는 의식적으로 목표를 확정하고 곤란을 극복하며 내외적인 활동을 조절하여 목적에 다다르고자 하는 심리적 과정이다. 의지에는 결심, 믿음과 인내심의 세 가지 요소가 포함되어 있는데 이들은 능동적인 의식이 집중적으로 표현된 것이다. 학습 활동을 포함한 어떠한 유의미한 활동도 의지와 무관할 수 없다. 꺾이지 않는 불굴의 의지가 있어야만 고된 연습과 근면한 학습을 견뎌내고 성취의 기쁨을 맛볼 수 있다.

마. 성격과 학습

성격은 개개인의 특징을 이루는 가장 핵심적인 요소이며 개인의 개성을 형성하는 심리적 특징에 맞게 독특하게 결합된다. 성격의 내용으로는 생활 원칙, 현실에 대한 태도와 생활 방식, 세계관, 인생관, 가치관이 있다. 연구결과 근면, 용기, 자신감, 겸손, 신중함, 세심함, 진취적인 마음, 낙관적인 태도와 활달함과 같은 양호한 성격적 특징은 학습능력의 향상에 도움을 주며 개인의 성장발전을 촉진시킨다는 것이 증명되었다. 그리고 게으름, 열등감, 교만, 데면데면한 태도, 현실에 안주하는 마음, 의기소침함과 같은 소극적인 성격적 특징은 개인의 창조력 형성과 사유잠재능력 발휘를 저해하며 학습 활동의 장애가 되는 것으로 밝혀졌다.

3. 지식과 기술의 학습

지식과 기술은 학습의 기본 내용이다. 받아들인 정보를 가공한다는 의미에서 볼 때, 지식은 데이터 구조에 속하며 우리가 알고 있는 사실, 즉 무엇인가를 구성한다. 기술은 순서구조에 속하며 우리가 알고 있는 방법, 즉 어떻게 하는가를 구성한다. 일반적으로 지식과 기술은 다음과 같은 기본적인 특징을 가진다.

첫째, 지식은 언어로 표현할 수 있지만 기술은 언어로 정확히 표현하기 어렵다.

둘째, 지식의 기본단위는 의미이고 기술의 기본 단위는 규칙이다.

셋째, 지식의 단위 구조는 다양성을 지니며 기술의 단위 구조는 일치성을 지닌다.

넷째, 지식의 기억은 그물망 구조로 나타나지만 기술의 기억은 독립적인 모듈로 나타난다.

다섯째, 지식의 전이는 누적되고 확장되는 특징을 보이지만 기술의 전이는 순서에 따라 이동하는 특징을 보인다.

이렇게 양자의 특징이 다르기 때문에 지식과 기술의 학습 과정과 그 전이Transfer는 따로 나누어 연구되어야 한다.

(1) 지식의 학습 과정

지식 학습이란 새로운 부호로 대표되는 관념이 학습자에게 심리적으로 의미를 획득하는 과정이다. 때문에 부호의 의미를 추적하는 것이 지식학습의 본질적인 특징이라고 할 수 있다. 일반적으로 의미는 부호에서 생겨나서 정확성과 분화를 거쳐 언어 표현을 통해 정확하게 전달되는 인지적 내용과 의식적 내용이다. 부호의 공통성으로 인해 우리는 지식을 학습하고 타인과 교류할 수 있다.

오수벨David Ausubel은 학생이 학습하는 실제는 의미이며 즉 부호가 대표하는 새로운 관념과 학생의 인지 구조에 이미 존재하는 적합한 관념 사이에 관계성이 형성되는 과정이라고 보았다.

지식 학습의 성과는 내부 및 외부 조건에 의해 결정된다. 지식학습의 내부 조건이란 학습자 자신의 인지 구조에 적당한 관념이 갖추어져 있어야 하며 이러한 관념을 기반으로 새로운 지식부호와 연관될 수 있어야 함을 말한다. 내부 조건은 또한 학습자가 이미 가지고 있는 심리적 지향을 포함한다. 즉, 학습자는 적극적이고 주동적인 태도로 새로운 지식과 기존의 지식을 결합시키고자 노력해야 한다. 지식 학습의 외부 조건이란 학습 재료가 인간의 학습 능력 범위내의 논리적인 의미를 갖추고 있어서 학습자가 그것을 이해할 수 있어야 한다는 뜻이다. 그러므로 학습 재료가 논리적으로 구성되어 있고 학습자가 인지 구조에 적합한 관념을 갖추고 있을 때 학습 재료는 학습자에게 잠재적인 의미를 준다. 그리고 학습자가 이에 상응하는 학습 의지를 갖추고 있을 때 이 잠재적 의미는 실제 지식으로 변환된다.

지식 학습의 과정은 일반적으로 지식의 획득, 유지 및 재현再現의 세 단계로 구분된다. 그러나 엄격한 의미에서 지식의 재현은 이미 지식학습의 범위를 넘어서 기능학습까지 관련되어 있다. 또한 의미가 무엇인가에 대한 대답이 아니라 어떻게 할 것인가에 대한 대답이다. 즉, 문제 해결의 과정인 것이다. 그러므로 우리는 여기서 지식의 획득과 유지를 중점적으로 토론하기로 한다.

우리는 입력 학습과 발견 학습의 두 가지 학습 방법으로 지식을 획득한다. 입력 학습은 사물 공통의 핵심적인 특징을 언어로 표현하는 것으로 학습자는 이를 인지 구조 중의 적당한 관념과 결부시킨다. 이는 실질적으로 의미(지식)를 받아들임에 의한 지식 획득이며 개념 혹은 명제의 동화同化라고 부르기도 한다.

입력 학습이 진행되는 동안 새로운 관념과 인지 구조에 이미 존재하고 있는 개념 사이에 세 가지 기본 관계가 존재한다.

① 원래 관념이 상위 개념이고 새로 학습된 개념은 원래 관념의 하위 개념이므로 입력 학습은 하위 학습이다. 하위 학습에는 또 두 가지 유형이 있다. 하나는 새로운 학습의 하위관념이 원래 관념으로 귀속될 때 원래 관념은 입증되거나 설명될 뿐 그 본질적인 속성은 변하지 않는다. 그러므로 이러한 하위 학습을 파생적 분류 학습이라고 한다. 둘째로는 새로운 학습의 하위 개념이 원래 관념으로 귀속될 때 원래 관념의 본질적 속성이 심화되거나 확장되는 경우인데 이러한 하위 학습을 상관 분류 학습이라고 한다.

② 원래 관념이 하위 개념이고 새로운 학습한 관념이 원래 관념의 상위 개념일 때 이러한 입력 학습은 상위 학습이 된다.

③ 원래 관념과 새로 학습한 관념이 병치될 때 이러한 입력 학습을 조

합학습이라고 한다. 인지심리학자 오수벨은 동화이론으로 이 세유형의 학습을 설명했다. 오수벨에 따르면 새로 학습한 관념과 학생의 인지 구조에 이미 존재하고 있는 관념이 서로 작용한 결과 새로운 지식과 기존의 지식의 의미가 동화된다. 예를 들면 하위 학습에서 새로운 관념('a'로 표기)과 학생의 인지 구조에 이미 존재하고 있던 관념('A'로 표기)이 서로 작용한 결과 새로운 관념은 새로운 의미('a'' 로 표기)를 갖게 되며 원래 있던 관념은 다시 재편되는 과정에서 역시 새로운 의미('A'' 로 표기)를 갖는다. 다시 말하자면 학습 과정에서 a가 A에 동화되었다는 뜻이다. 더욱 중요한 것은 새로운 관념과 기존의 관념이 서로 작용해서 생겨난 a'와 A'은 여전히 관계성을 유지하고 있다. 이들은 복합적인 의미(A'a'로 표기)를 형성하는데 이러한 복합적인 의미는 새로 복합된 관념을 인지 구조로 귀속시킨다. 이러한 관념의 계속적인 재편과 결합을 통해서만이 새로운 지식을 획득할 수 있다.

발견 학습은 학습 내용을 정식으로 학생에게 알려주는 것이 아니라 학생이 최종적인 결론을 인지 구조에 편입시키기 전에 먼저 특정한 심리 활동에 종사하도록 하는 것이다. 예를 들면 학습 내용을 다시 배열하거나 재편 및 전환하는 식으로 진행된다. 바꾸어 말하자면 발견 학습의 내용은 미리 만들어서 학생에게 주어지는 것이 아니라 학생이 자기 것으로 받아들이기 전에 스스로 그 내용을 발견하도록 하는 것이다. 입력 학습과의 차이점은 입력 학습 전에 '발견'과정이 가미된다는 점이다. 그런 후에는 입력 학습과 똑같이 발견한 내용을 내적으로 동화하고 특정상황에서 이를 운용할 수 있게 된다.

지식을 획득한 후에 새로운 관념과 기존관념은 계속적으로 작용한다. 새로운 지식은 일련의 코드가공의 과정을 거쳐야만 새로운 인지 구조를 구성할 수 있다. 이런 맥락에서 지식의 유지는 새로운 지식(관념 혹은 의미)을 지속적으로 이용함을 의미하며 지식을 기억하지 못하는 것은 곧 새로운 지식의 이용가능성이 저하되었음을 의미한다. 인지심리학에서는 새로운 지식을 막 획득한 초기에 새로운 관념이 원래 관념과 서로 연관되어 동화될 뿐 아니라 원래 관념에서 분화된다고 보고 있다. 새로운 관념은 새로운 관념과 원래 관념의 상호작용 과정에서 소위 동화성同化性을 유지하며 기억의 소멸 역시 동화同化시킨다.

지식 유지 과정의 본질로 볼 때, 인간의 기억 중에서 특히 단기 기억의 한계성 때문에 지식은 가공과 재편을 거쳐야만 인간의 인지구조망網에 포함될 수 있다. 일반적으로 볼 때 인지 구조의 재편은 지식의 개괄화概括化를 전제로 하며 지식의 개괄은 지식의 부분적인 세부적 내용을 망각함으로 가능하다. 때문에 지식을 유지하는 것은 의미 있는 망각의 과정이기도 하다. 효과적인 기억법을 배워서 기억과 기억 소멸의 변증 관계를 이해하고 적절한 시기에 새로운 지식을 가공, 개괄하는 것은 지식 학습 과정에서 매우 중대한 의미를 가진다.

(2) 기술의 학습 과정

　기술이란 특정 임무를 순조롭게 완성하고 연습을 거쳐 동작 방법이나 지능의 운용 방법을 구체적으로 익히는 것을 말한다. 기술이 고도로 숙련되어 자동화된 경지에 이르면 기교技巧라고 부른다. 기술은 크게 동작 기술과 지능적 기술의 두 종류로 나뉜다. 전자는 특정한 임무와 목표를 완성하거나 실현하는 데 인간의 근육, 골격, 그리고 이와 상응하는 신경계통을 합리적인 방법으로 조절해서 일련의 동작을 진행하는 것이다. 반면에 후자는 특정 사물 혹은 해결해야 할 과제를 인식하고 심리적인 내부 언어와 특정한 방식을 빌어 사유 활동을 논리적으로 전개하는 것이다. 이상 두 종류의 기술은 구분되지만 한편으로는 서로 밀접하게 연관되어 있다. 한편 인간의 동작 기술은 일정 부분 의식의 제어를 받으므로 동작 기술의 발전 과정에서 심리적 기술의 작용을 분리해서 생각할 수 없다. 다른 한편으로 지능적 기술 역시 인간의 활동, 동작과 밀접한 관계가 있으며, 동작 기술에 도움을 준다. 예를 들어 우리가 어떤 복잡한 문제를 사고할 때 머릿속에 다양한 관계도를 그려보는데, 이 관계도는 직관적이고 간략화된 것이 특징으로 인간이 사고하고 전략을 결정하는 데 적극적인 작용을 한다.

　기술은 하루아침에 형성되는 것이 아니며 부단한 연습과 점진적인 발전 과정을 거쳐야 한다. 이 과정은 분해 및 모방, 통합적 이해, 조절 및 숙련 단계로 구성된다.

가. 분해 및 모방 단계

인간은 기술을 습득하는 초기 단계에서 관찰과 지도를 통해 먼저 기술을 모방한다. 모방은 학습 방법의 일종으로 어떤 기술이든지간에 반드시 모방의 단계를 거쳐야 습득할 수 있다. 처음에 전체적인 기술은 몇 가지 소단원으로 분해된다. 그러고 나서 소단원에 대한 점진적인 모방 학습이 이루어진다. 이때 주의력은 으레 분해된 개별 동작이나 지엽적인 순서에 집중되어 각 단원의 동작과 순서의 연관 구조를 발견하기 어려우며 또한 통합적으로 기술의 세부 내용을 파악할 수 없다.

나. 통합적인 이해 단계

연습자는 기술의 분해 및 모방 단계의 내용을 근간으로 반복적인 연습을 실시하여 개별적이고 지엽적인 순서를 파악하고 각 소단원간의 구조와 순서를 명확하게 이해하게 된다. 이런 식으로 지엽적인 동작과 순서를 연결시켜 대략적으로 연속적인 기술동작 혹은 사고思考의 순서를 완성한다. 이때 연습자의 기술은 비약적으로 발전하며 통합적으로 이해하는 수준에 도달한다. 그러나 이 단계에서 이어진 일련의 동작은 아직까지 숙련되지 않은 상태이기 때문에 동작은 수시로 정지하거나 착오가 생기기도 한다.

다. 조절 및 숙련 단계

통합적인 이해 단계의 내용을 다시 반복적으로 연습하면 조절 및 숙련 단계에 도달한다. 이 단계에 이르면 연습한 기술을 자유자재로 운용할 줄 알게 되며 동작과 사유에 필요한 시간이 단축되고 정확성, 민첩성 그리고 응용력이 배가된다. 처음에 느끼던 긴장과 불필요한 동작이 사라지고 의식적인 제어 작용이 상대적으로 약해지며 기술을 거의 자동적으로 발휘할 수 있다.

기술의 학습 과정에서 지도, 연습 그리고 피드백은 매우 중요한 작용을 한다. 지도란 일반적으로 학습 내용에 따라 결정되는데 선지도先指導 방식과 후지도後指導 방식이 있다. 미국 학자 웨일Weill은 학생에게 타이핑을 지도하면서 첫 주에는 학생 스스로 방법을 모색하도록 하고 그들이 탐색 과정에서 어려움을 발견한 후에 지도했다. 코흐H. L. Koch 와 루드게이트K. Ludgate의 연구 결과에 따르면 비교적 복잡한 기술(예를 들면 악기연주)을 학습할 때 최초의 지도는 매우 중요하다. 구체적인 지도 방법은 일반적으로 학습자가 관찰할 수 있도록 시범을 보인 후 말로 설명해주거나 글로 써서 지도하는 방식이 더욱 효과적이었다.

기술은 주로 연습을 통해 형성된다. 연습의 효과는 연습 방법에 따라 달라지는데, 일반적으로 분산식 연습이 집중식 연습보다 더욱 효과적이었다. 분산식 교육은 연습 시간 사이에 일정한 시간적 간격을 두고 점진적으로 진행되며, 집중식 연습은 한 가지 기술이 포함된 활동을 지속적으로 연습해서 단번에 완성하며 별도의 휴식기를 두지 않는다. 미국 심리학자 킴블G. A. Kimble과 샤텔R. B. Shatel은 분산식 연습과 집중식 교육의 효과에 대해 연구했다. 그들은 대학생들을 4조로 나누고 그들에게 종이 절삭기로 종이를 자르는 연습을 하도록 했다. 조별로 1분씩 20차례 연습했으며, 제1조는 연습 후 45초 동안 휴식했고 제2조는 연습 후 30초 동안 휴식했으며 제3조는 5초 동안 휴식했다. 그리고 마지막 조는 쉬지 않고 계속 연습했다. 그 결과 휴식을 취했던 분산식 연습이 가장 효과적이었다.

연습 과정 중에는 진보 중간에 정체停滯 기간이 나타나는데, 학습 곡선에서는 이를 '고원高原 현상'이라고 한다. 고원 현상이 생기는 원인에는 세 가지가 있다.

첫째로는 지식과 방법상의 장애이다. 성적이 향상되려면 이전의 활동 구조를 개조시키고 활동 방법을 개선해야 하는데 새로운 활동 구조와 새로운 방식이 완전히 정립되기 전까지는 성적이 잠시 지체되거나 저하되곤 한다.

둘째로는 사유 장애思惟障礙이다. 장기간 형성된 습관적인 사유방식과 새로운 상황 혹은 임무가 서로 적응되지 않을 경우 사유의 태세態勢를 깨뜨리기 전까지 성적은 잠시 정체 상태를 보인다.

세 번째는 감정과 신체상의 장애이다. 연습에 대한 학생의 흥미가 저하되면 연습 자체에 소극적인 감정을 가지게 되며 신체적 피로와 같은 반응을 보여 성적은 정체상태를 보인다. 때문에 학생이 연습 기간 동안 고원 형상을 보인다면 그들을 도와 원인을 분석하고 학생들이 기존의 활동 구조를 개선하고 새로운 방법을 시도하도록 지도해야 한다. 학생들을 격려하고 자신감을 돋워주어 그들이 하루속히 고원 현상을 극복할 수 있게 돕는다.

기술의 학습 과정에서 피드백은 기술의 진보에 매우 적극적인 의미를 갖는다. 미국 심리학자 비엘W. C. Biel은 대학생들의 사격 연습에 피드백을 이용한 실험을 진행했다. 그는 교련 시간에 동작능력이 비슷한 학생끼리 묶어 두 반을 구성하도록 했다. 1반은 사격 학습을 시작할 때 명중했음을 알리는 전자음을 울려주었으며 2반에게는 아무런 신호도 보내지 않았다. 그리고 한 시간이 경과된 후 두 반의 연습 결과를 대조했다. 그 결과 흥미로운 현상을 발견했다. 1반은 처음 한 시간 동안 피드백과 성적 향상이 매우 빨랐으나 두 시간째가 되자 피드백이 끊기더니 성적에 아무런 변화가 없었다. 2반의 상황은 이와 정반대로 처음 1시간 동안은 아무런 피드백이 없었지만 두 시간째부터는 피드백 작용이 시작되더니 성적이 가파르게 향상했다. 이상으로 볼 때 기술 학습의 과정에서 교사는 신호의 피드백에 주의를 기울여야 한다. 특히 학생이 스스로 이해하기 어려운 부분(예를 들면 악기를 연습할 때 음조나 박자 구분)에 대해서는 더욱 주의할 필요가 있다.

(3) 지식과 기술의 전이

학습 과정에서 두 가지 학습 내용이 서로 영향을 미치는 현상이 종종 발생하는데 이를 가리켜 학습 전이Transfer라고 한다. 학습 전이는 보편적인 현상으로 지식과 기술의 전이뿐 아니라 학습 동기, 학습에 대한 흥미와 감정, 학습 의지, 학습 태도와 학습 행위도 전이된다.

전이의 영향을 학습 방향과 결과의 관점에서 살펴보면 학습 전이는 정방향의 전이와 역방향의 전이 혹은 긍정적 전이와 부정적 전이로 구분된다. 정방향의 전이는 이전에 학습한 내용이 다음 학습에 영향을 주는 것을 말하는데 덧셈, 뺄셈을 잘 이해한 학생이 곱셈과 나눗셈을 쉽게 배우는 것이 그 예이다. 역방향의 전이는 나중의 학습이 이전에 학습한 내용에 영향을 주는 것을 말하며 곱셈이 덧셈, 뺄셈의 숙련도에 도움을 주는 것을 예로 들 수 있다. 긍정적 전이는 학습한 두 가지 내용이 서로 촉진 작용을 하는 경우로, 앞에서 예로 든 정방향의 전이와 역방향의 전이는 모두 긍정적 전이이다. 부정적 전이란 두 가지 학습 내용이 서로 간섭을 일으키는 현상이다. 예를 들어 중국어어법을 공부한 학생이 영어어법을 처음 접했을 때 자신도 모르게 중국어 어법으로 영어를 구사해서 영어 학습을 저해하게 되는 경우이다.

인지심리학의 발전에 따라 '전이현상을 교육에 적용'하자는 움직임이 교육계에 일고 있다. 또한 교재와 학생의 인지 구조를 최적화시키는 일이 이미 교육 개혁의 주요 내용이 되었다. 지식과 기술의 효과적인 전이를 촉진시키기 위해 다음 몇 가지 사항에 주의를 기울일 필요가 있다.

첫째, 가능한 쉽게 이해할 수 있도록 기본개념과 원리에 충실한 개괄성이 높은 교재를 채택하여 학생들의 학습에 적용한다.

둘째, 대비 학습을 통해 부정적인 전이를 방지한다. 새로운 지식과 기술에 대한 학습 목표, 연습방법과 요구 조건을 확실하게 구분하여 대비시켜 학생들이 새로운 지식과 기술에 대해 명확하게 이해하고 받아들일 수 있게 한다.

셋째, 학습 시기를 잘 파악하여 규정된 연습을 강조한다. 동시에 두 가지 새로운 내용을 학습하는 경우에는 학생들이 한 가지 지식과 기술을 완전히 이해하고 숙련될 때까지 기다렸다가 새로운 지식과 기술을 가르쳐야 부정적인 전이가 나타나지 않는다.

4. 학생별 학습의 차이

학습 과정에서 학생의 개별 차이가 나타난다. 지능의 차이를 예로 들면 발전 정도에 따라 우수, 보통, 열등의 세 가지 수준으로 나뉜다. 또 지력 유형, 인지 방식, 학습 방식에도 차이가 있다. 성격 면에서는 인격 유형, 인격적 특징, 태도와 가치관 등의 차이가 있을 수 있다. 이러한 차이점은 학생의 학습 방식과 학습 전략에 직접적인 영향을 끼치며 교사가 개별 능력별 교육을 시행할 수 있는 근거가 된다.

(1) 학습 차이와 학습 방식

학습 방식은 학습자가 일관적으로 가지고 있는 학습 방식의 특징을 말한다. 뉴욕 세인트요한대학St. John's College의 리타 던Rita Dunn과 케넷 던Kennet Dunn 부부는 학습 방식 연구로 유명한 학자들이다. 그들은 학습 방식을 5개의 대분류와 27가지 요소로 나누었다.

가. 환경적 요소

1) 조용한 학습 환경 혹은 소란스런 학습 환경에 대한 선호도

2) 광선 강약에 대한 선호도

3) 온도에 대한 선호도

4) 의자에 앉는 자세에 대한 선호도

나. 감정적 요소

1) 자기계발 동기

2) 가장의 계발 동기

3) 교사의 계발 동기

4) 학습 동기 부족

5) 학습 지속력의 정도

6) 학습에 대한 책임감

7) 학습 내용의 구성 정도에 대한 성향

다. 사회적 요소

1) 독립적인 학습에 대한 선호도

2) 학우와 둘이 학습하는 상황에 대한 선호도

3) 성인과 함께 학습하는 상황에 대한 선호도

4) 다양한 사람들과 함께 학습하는 상황에 대한 선호도

라. 생리적 요소

1) 청각적 자극에 대한 선호도

2) 시각적 자극에 대한 선호도

3) 동작 자극에 대한 선호도

4) 학습하는 동안 간식에 대한 선호도

5) 새벽에 학습 효과가 가장 높음

6) 아침에 학습 효과가 가장 높음

7) 오후에 학습 효과가 가장 높음

8) 저녁에 학습 효과가 가장 높음

9) 공부하면서 움직이는 것을 좋아하는지 여부

마. 심리적 요소

1) 분석과 종합

2) 대뇌의 좌반구 및 우반구 사용 선호도

3) 사고력과 충동 기질

위에서 열거한 요소들은 서로 다르게 조합되어 여러 가지 학습 방식 유형이 완성된다. 이러한 유형들은 학습 방식 측정을 통해 더 잘 이해할 수 있으며 학생이 요소별로 어떤 항목의 기본 상황에 속하는지 파악하고 학습 방식에 대해 개괄적인으로 분류하고 이를 근거로 학습 전략을 훈련시킬 수 있다.

(2) 학습 차이와 학습 전략

학습 전략learning strategies이란 학습자가 학습 상황의 특징과 변화에 맞춰 한 가지 혹은 여러 가지 목적을 달성하기 위해 사용하는 학습 방식이다. 학습 전략은 구체적인 학습 방법이나 학습기술과 구분된다. 학습 방법이나 기술은 특정한 학습과제task-specific에 적용되는 반면 학습 전략은 학습 방법과 기술을 총괄적으로 집행하는 기술esecutive skilles 혹은 상위기술higher order skills이다. 학습 전략의 기본 특징은 학습 과정 동안 학습에 영향을 주는 요소들에 주의를 기울이는 것이다. 학습 방법이나 기술을 전쟁 중에 사용하는 구체적인 전술에 비유한다면 학습 전략은 전술을 통합적으로 움직이는 전략에 비유할 수 있다.

학습 과정에서 학습에 영향을 끼치는 변수는 많다. 학습 방식 이외에도 학습 목표, 학습에 대한 요구사항, 학습 결과에 대한 평가와 검증, 학습 재료에 포함되어 있는 지식의 양과 난이도, 유형, 편집방식 그리고 학생이 이미 가지고 있는 지식수준과 학생의 학습 능력, 성격과 기질, 성격적 특징이 학습에 영향을 끼친다.

일반적으로 학습 전략과 상위인지metacognition는 매우 밀접한 연관성이 있다. 상위인지는 인지의 인지라고도 불리는데 이는 자기인지활동에 대한 자아의식과 자아체험을 말한다. 많은 학생들이 학습 과정에 유용하게 쓰이는 학습법이나 기술은 알면서도 자신이 어떤 방법을 습관적으로 이용하고 있는지는 간과한다. 때문에 새로운 환경에 적응하지 못하는 경우가 다반사이다. 이는 학생이 상위인지를 제대로 이해하지 못하고 있기 때문이다. 상위인지가 양호한 학생은 학습 전략을 비교적 잘 운용하며 진술성 지식, 조건성 지식, 순서적 지식으로 각종 지식들 간의 관계성과 변화를 분명히 이해한다.

학습 전략은 학습자의 감정과 연관되어 있다. 학습자와 학습 방법과 같은 요소와 학습자의 개별적인 차이는 학습 전략을 선택하는 기본 출발점이 된다. 연구결과 학생들은 학습 전략을 훈련할 필요가 있으며 그에 따른 효과를 얻을 수 있음이 증명되었다. 플라움Pflaum은 다른 연구자들과 공동으로 학생들에게 읽기 과제를 수행토록하고 학습 전략을 지도했는데 그 결과 1Σ의 효과를 거두었다. 즉 읽기 과제에 합격한 사람의 수가 50%에서 84.1% 수준으로 크게 증가했다.

일반적인 학습 전략 훈련법은 다음의 6가지 순서로 진행된다.

1. 학습자의 주의력, 감정과 동기를 활성화시키고 그 상태를 유지한다.
2. 학습 환경을 분석한다.
3. 학습 방법을 선택하고 학습 전략을 수립한다.
4. 학습 계획을 실행하고 학습 방법이 실제적으로 어떻게 시용되고 있는지 확인하고 학습 과정을 감독한다.
5. 적용된 학습 계획과 학습 방법을 유지하거나 변경한다.
6. 적용한 학습 계획과 방법으로 거둔 성과를 총괄적으로 평가한다.

17

학습 동기 소고(小考)

1. 학습 동기란 무엇인가

학습 동기란 학생의 학습 활동을 끌어내고 유지하며 촉진시키는 내재적 동력이며 소망, 흥미, 이상과 같이 표출된다. 학습 동기가 올바른 학생은 주동적, 적극적으로 학습에 임하며 그렇지 못한 학생은 소극적인 태도를 취하거나 겉으로만 적극적으로 행동한다. 학습 동기의 문제는 학습심리학에서 연구하는 주요 과제 중 하나이다.

혹자는 어쩌면 이렇게 물을지도 모르겠다.

"학습의 목표, 필요, 흥미가 모두 학습의 심리적 요소를 촉진시킨다면 동기와는 어떤 차이점이 있다는 말입니까?"

이러한 요소들과 동기의 구분과 연관성을 정확히 인식해야만 학습 동기의 본질을 더욱 명확하게 할 수 있다.

(1) 동기와 목적

학습 목적이란 학생이 학습을 통해 얻을 수 있는 결과를 말하며 학습 동기란 학생이 학습 행위를 하도록 만드는 내적 요인을 말한다. 학습 동기와 학습 목적은 구별된다. 스스로 우등생이라고 생각하는 두 학생은 각기 다른 학습 동기를 가지고 있을 것이다. 학습 동기가 같은 학생이라 할지라도 학습 목적이 다를 수 있다. 어떤 학생의 목적은 비교적 단기적으로 성취 가능한 소박한 것인 반면에 어떤 학생은 장기적이고 원대한 목적을 가지고 있을 수도 있다. 우리는 학습 동기와 목적을 따

로 분리해서 고찰할 필요가 있지만, 그렇다고 양자의 관계를 완전히 무
시할 수도 없다.

(2) 동기와 필요성

　동기의 구조는 주로 인간의 각종 필요(생리적 필요와 사회적 필요)로
구성된다. 학습 동기를 이루는 심리적 요소는 먼저 학습에 대한 필요이
다. 필요란 특정 사물에 대한 인간의 욕망을 뜻하며 동기의 기초를 형
성한다. 청淸나라 사상가 왕부지王夫之는 이렇게 말했다.
　"뜻을 일관되게 세우지 못한 사람은 좋고 나쁨도 달라진다.(其志之偏,
志於彼而不志於此者, 則唯其所好惡者異也)"
　학습필요에 따라 학습 동기가 달라짐을 설명한 말이다.

(3) 동기와 흥미

　흥미는 특정자극 혹은 활동에 대한 인간의 선택 혹은 경향성을 말힌
다. 학습에 대한 흥미란 학습필요를 기초로 생기고 발전한다. 학습 흥
미와 학습 동기는 서로 구별되나 매우 밀접한 관계를 가진다. 학생에게
정확한 학습 동기가 결여되어 있으면 학습에 대한 흥미를 지속하기 어
려우며 학생이 강렬한 지적욕구와 깊은 흥미를 가지고 있을 때 학습 동
기가 형성되고 더욱 공고해진다.

2. 학습 동기와 학습 효과

학습 동기는 매우 다양하다. 한 심리작자의 연구에 따르면 동기가 비교적 높은 학생은 학업 의지가 강하고 강한 흥미와 열의를 가지고 있다. 이들은 어려움이 닥쳐도 강인한 자제력과 불굴의 의지로 난관을 헤쳐 나갈 수 있다. 이러한 학습에 대한 적극성은 학생이 학습 활동 중에 보여주는 진지함과 긴장된 태도, 강인함으로 일관되게 표출된다. 동기가 상대적으로 낮은 학생은 학업에 대한 적극성이 떨어지며 지속적으로 학습에 임하지 못하므로 학습 효과는 매우 낮다. 이상으로 볼 때 학습 동기는 학습의 방향성과 과정을 결정하는 요소이며 학습 효율성에도 영향을 끼친다. 학습 동기와 학습효과는 통합적인 것이지만 학습효과가 반드시 학습 동기에 의해 결정되는 것은 아니다.

학습 효과에 영향을 주는 객관적 요소로는 지능수준, 지식경험, 학습 방법, 학습 환경이 있다. 어떤 학생은 정확하고 강렬한 학습 동기를 가지고 있는데도 학업 성적이 낮다. 또 어떤 학생은 학습 동기가 강렬하거나 정확하지 않는데도 성적이 우수하다. 이는 학습 동기와 효과가 잠시 이탈되어 나타난 현상이다. 발전적인 면으로 볼 때 학습 동기가 높은 학생은 노력을 통해 점차 발전할 수 있지만 학습 동기가 낮은 학생은 시간이 지날수록 점차 퇴보하거나 도태된다.

정확한 학습 동기란 학생이 지식, 기술을 평가하고 능력을 발전시키는 데 필요한 조건이다. 교사는 교학敎學 중에 의식적으로 학생들의 학습 동기를 고취시키고 배양해야 한다. 학습 동기란 학생이 사회와 교육이 그에게 요구하는 객관적인 요구를 자신의 내재적인 학습요구로 바꾸는 것을 말하며 불명확한 학습동기를 정확하게 인식하는 과정이다. 학생의 학습 동기를 계발시키는데 사용되는 방법으로 학생의 잠재적인 학습적 필요를 충분히 만족시키고 학생이 적극적이고 주동적으로 학습하게 하는 것이 있다. 학습 동기의 배양과 계발은 서로 밀접한 관계를 맺고 있으며 많은 교육 시책이 양자를 한꺼번에 작용하는 데 주안점을 두고 있다.

3. 학습 동기의 배양 및 촉진

학생의 학습 동기를 배양하고 계발하기 위한 가장 기본적인 방법은 외재外在적 동기를 활성화시켜 내재적 동기로 전환시키는 것이다.

(1) 학습 목표를 강화하기 위한 교육

학습 목표를 강화하기 위해 학생들의 심리적 발전 수준에 알맞은 방법으로 학생들의 학습적 필요와 지적욕구를 계발한다. 이를 통해 학생들은 학습의 사회적 의미를 정확히 인식하고 자신의 원대한 이상을 자기가 소속된 집단과 결부시키고 장기적이고 간접적인 학습 동기를 세워 자각적으로 학습에 매진할 수 있다. 그러므로 교사가 수업 시간마다 가능한 한 구체적이고 재미있게 학습목적을 전달해준다면 활기찬 수업을 진행할 수 있을 것이다.

(2) 학생이 학습에서 겪는 어려움을 즉시 해결할 수 있는 교육

심리학 연구 결과 학생이 일단 새로운 과목을 배우기 시작하면 그는 일정 범위의 호기심과 지적욕구가 생긴다. 그러나 어떤 학생들은 학습 도중 직면한 어려움 때문에 자신의 지적욕구를 만족시키지 못한 채 점점 수업에 대한 흥미와 의욕을 상실하고 부정적인 태도를 취하게 된다. 이러한 어려움을 조성하는 원인은 건강상의 문제, 지식의 부족, 기술 숙련이 미숙한 정도, 잘못된 학습 방법을 포함한다. 그러나 교사가 제때 학생을 도와 어려움을 극복할 수 있게 조치한다면 학생은 자신의 능력을 깨닫고 학습 동기를 더욱 공고하게 할 수 있을 것이다.

(3) 칭찬과 격려

교사에게 있어 칭찬은 가장 쉽게 사용할 수 있는 자연스럽고 효과적인 동기유발의 방법이다. 가장 중요한 것은 칭찬은 반드시 특정 행위의 빈도수에 따라 증가되어야 한다는 것이다. 때로 교사는 학생들에 대한 그들의 평가가 얼마나 중요한지를 간과하고 있다. 학생들에게 좋은 말 한마디 하지 않는 교사의 행위는 절대 용서받을 수 없을 것이다. 연구 결과, 엄정한 평가, 적당한 칭찬과 격려는 학생들의 학습 태도와 성적을 강화시키는 방법임이 증명되었다. 그러나 칭찬을 남용해서는 안 되며 어디까지나 엄격한 지도과 병행되어야 한다.

(4) 학습 동기의 전이

　어떤 학생들은 올바른 학습 동기가 결여되어 있으며 명확한 학습 동기가 없다. 교사는 이런 학생들에게 그들이 좋아하는 활동을 제공하여 동기를 계발하는 한편 학생의 동기를 학습 동기로 전이시켜야 한다. 그러기 위해서 교사는 학생이 원래 가지고 있던 동기와 올바른 학습 동기 사이의 개별적인 차이를 이해하고 학생이 정확한 학습 동기를 가질 수 있도록 배려해야 한다.

(5) 적극적인 사유 능력을 계발시킬 수 있는 문제 환경 조성

　문제 환경이란 어느 정도의 어려움이 존재하지만 학생의 노력으로 극복할 수 있는 환경을 말한다. 인지학파 심리학자인 피아제는 연구를 통해 입력된 감성 요소와 현재의 인지 구조가 중간 정도의 부적응 상대에 있을 때 흥미가 가장 커진다는 사실을 발견했다. 그러므로 교사는 교재 내용을 충분히 숙지하고 교재의 구조를 파악하여 새로운 지식과의 내재 관계를 이해하고 있어야 한다. 동시에 학생들이 가지고 있는 지식 경험과 지능 수준을 충분히 이해해야만 목표와 계획 하에 학생들이 문제 환경을 해결하도록 할 수 있다.

(6) 적절한 경쟁의식 유발

　　미국 심리학자들은 초등학교 오학년으로 구성된 2개조를 대상으로 10일간(매일 10분) 덧셈연습 대비실험을 실시했다. 그중 한조는 경쟁조이고 나머지 한 조는 비경쟁조였다. 경쟁조에게는 '매일 통계표에 점수와 별을 달아준다'고 조건을 달았는데 이 조의 성적은 지속적으로 향상되었다. 그러나 비경쟁조의 성적은 오히려 퇴보하는 양상을 보였다. 이와 같이 경쟁은 학생들의 학습 동기를 끌어내고 학습에 대한 적극성을 고취시키는 효과적인 수단이다. 이를 통해 학생들의 진취성을 고취하고 나태한 마음을 버리도록 할 수 있다. 그러나 주의해야 할 점도 있다.

(1) 경쟁횟수가 너무 잦으면 안 된다. 그렇지 않으면 학생들의 심리적 부담감을 가중시키게 될 것이다.

(2) 시험문제를 너무 어렵게 출제하면 안 된다. 성적이 중간 이하인 학생들은 오히려 이 때문에 자신감을 상실할지도 모른다.

(3) 경쟁으로 인해 학생들 사이에 우월감이나 열등감이 조성되지 않도록 미리 지도한다.

18

학습과 흥미

　　명明나라의 유명한 학자 송렴宋濂이 쓴 문장 중에 《송동양마생서送東陽馬生序》라는 제목의 글은 널리 회자되는 명문名文이다. 이 글에서 송렴은 자기가 공부에 취미를 붙여 각고의 노력 끝에 성과를 거둔 이야기를 소개했는데 뜻이 심오하고 진실해서 오늘날의 독자들에게도 큰 감동을 준다. 글의 내용을 요약해 소개하자면 다음과 같다.

　　송렴은 어려서부터 배우기를 좋아하고 공부에 강렬한 흥미를 느꼈다. 그래서 아무리 큰 고난이 닥쳐도 능히 극복할 수 있었다. 첫째, 집안 형편이 가난해서 책을 살 형편이 못되었으므로 책을 빌려와 베껴 쓰며 공부했다. 어느 겨울날, 얼마나 추웠는지 벼루의 물이 얼고 손가락이 곱을 정도였지만 그는 빌려온 책을 급히 베껴 쓰고 나서 돌려주었다. 돌려주기로 한 날짜를 어길 수 없었기 때문이다. 둘째, 좋은 스승을 모시기 위해서라면 천 리 길도 마다하지 않았다. 그가 선생님을 만나러 간 날은 큰 눈보라가 쳐서 몇 미터나 쌓인 눈을 헤치고 길을 걸어야 했는데 그는 동상으로 꽁꽁 언 발이 터져 피가 흐르는 것도 알지 못했다. 객잔에 도착하니 온몸이 꽁꽁 얼어서 반나절이 지나서야 감각이 되돌아왔다. 셋째, 검박하게 생활하고 자족自足했다. 송렴은 하루에 밥 두

끼만 먹었으며 헤어져서 솜이 비어져 나온 도포를 걸치고 다녔다. 그러나 자기보다 잘 먹고 잘 입는 사람들을 부러워하지 않았으며 자신이 가난하다고 느끼지도 않았다. 그에게 가장 즐거운 일은 학문을 통해 지적 욕구를 채우는 일이었으며 그 외에 다른 일은 염두에 두지도 않았다.

그의 글을 읽다보면 학습에 대한 흥미가 학습에 얼마나 큰 위력을 발휘하는지 실감하게 된다.

'배우기를 좋아하는 마음' 때문에 송렴은 유명한 학자가 될 수 있었다. 이처럼 중대한 영향을 끼치는 흥미는 도대체 무엇일까? 그리고 학습 과정에서 어떻게 하면 흥미 활동의 법칙을 이용할 수 있는 것일까? 흥미의 유형과 내적 요소는 무엇이며 학업과는 어떤 연관이 있을까?

1. 호기심, 지적 욕구, 흥미

호기심은 인간의 선천적인 반응능력일 뿐 아니라 인간이 객관적인 세계를 인식하도록 하는 동력이다. 미국 과학자 조지 가모프George Gamow는 그의 책 마지막 부분에 다음과 같이 썼다.

"호기심이 과학자를 만든다."

호기심이 발단이 되지 않았다면 어떤 과학자도 과학영역의 문제에 대해 탐구해보고자 하는 마음이 생기지 않을 것이다. 그렇다면 과학자가 자기 분야에 발을 들여놓을 일도 없었을 것이다. 아인슈타인은 일찍이 이렇게 말했다.

"나는 특별한 재능은 없습니다. 다만 강렬한 호기심만 있을 뿐이지요."

호기심은 아동 시기에 가장 왕성하다. 이 시기 아이들의 특징은 많이 움직이고 강해지고 싶어 하며 질문을 많이 한다는 것이다. 아이들은 끊임없이 묻는다.

"이건 뭐야? 저건 뭐야?"

미국 발명왕 에디슨Thomas Alva Edison은 어릴 때부터 '왜?'라고 묻기를 좋아했는데 만약 질문을 받은 어른이 모른다고 대답하면 왜 모르냐고 집요하게 물었다. 조금 더 자란 아이들은 자기 손으로 조작하기를 즐긴다. 이전에 본 적이 없는 물건은 만져보고 냄새를 맡거나 혀로 핥아보기도 한다. 작은 기차와 자동차는 분해해서 살펴보기도 한다. 아이들의 강해지고자 하는 욕망은 호기심에서 나온다. 그들은 '나 혼자서 할 거야'라는 말을 즐겨한다. 신발 끈을 스스로 매는 일, 자기가 물을 따르고 숟가락질을 해서 밥을 먹는 일은 모두 독립적인 탐구 정신을 보여주는 행동들이다. 우리는 남들이 뭐라고 하던 간에 아이와 자기 자신의 호기심을 소중히 지켜나가야 한다. 호기심을 느끼는 일에 대해 즉각적으로 의문을 풀기위해 탐구하는 습관을 길러야겠다. 그렇게 되면 호기심은 우리의 학습 동력이 될 뿐 아니라 훗날의 발명과 발견으로까지 이어진다.

나이가 들어갈수록 호기심은 점차 적극적인 지식 탐구의 욕망으로 발전하는데, 이것이 바로 지적욕구이다. 호기심이 광범위하다는 특징을 가지는 반면 지적 욕구는 보다 집중된 형태로 표현되며 감정적 색채를 지닌다. 지적 욕구는 호기심이 심화된 형태이며 아동 학습의 내적 동력이다. 일반적으로 초등학교, 중학교 단계는 인간의 지적 욕구가 가장 왕성한 시기이다. 이 시기에 학생들은 사물의 현상에 관심을 가질 뿐 아니라 사물의 본질에도 관심을 기울인다. 또한 조작, 활동을 좋아하며 개념성 있는 이론을 좋아한다. 그들은 오묘하고 신비로운 자연계와 복잡한 사회 현상, 인생관, 세계관에 관심을 가지게 되며 탐구 대상도 일상생활과 외부의 사물에서 점차 서적과 내적 세계로 전향된다.

지적 욕구가 강렬한 상황에서 인간의 주의 집중력, 관찰력, 기억력, 사유 능력은 모두 최상의 상태에 접어든다. 이는 학습과 연구에 가장 이상적인 심리 상태이기도 하다. 심리학 연구 결과에 따르면 인간의 조기 경험(감정, 습관, 신념)은 평생 중대한 영향을 끼친다. 학생이 이러한 강렬한 지적 욕망을 유지한다면 학교를 졸업하고 나서도 학업과 연구를 접으려 하지 않을 것이며 그의 지적 욕망은 죽을 때까지 지속적인 학습으로 이어질 것이다. 이러한 심리적 품성은 부단히 발전하는 오늘날에는 매우 소중한 자질이 아닐 수 없다.

다른 한편으로 지적 욕구가 반복적으로 나타나면 특정 사물이니 활동에 대한 흥미를 형성한다. 흥미는 인간의 필요와 밀접한 연관이 있으며 인간의 필요에 기초하여 형성되는 것이다. 그러므로 인간의 필요에 위배되는 내용을 결코 흥미로 자리 잡을 수 없다. 그러나 흥미가 모두 인간의 필요로 귀결되지는 않는다. 필요는 심리적 활동의 필요성으로 표현되는데 흥미는 곧 특정 활동에 대한 개인의 기호로 보통 생활에서 필요를 느끼거나 혹은 감정적으로 흡인력을 느끼는 형태로 표현된다.

예를 들면 영화감상이 취미라면 영화를 보고 싶다는 절박한 필요는 극장을 찾게 하는 동력이 된다. 마찬가지로 학습에 대한 흥미 역시 학습에 대한 필요로 전환된다. 일단 학습에 대한 취미가 필요로 전환되고 나서 학습 활동을 하지 않으면 오히려 공허함과 불안감을 느끼게 된다.

그렇다면 취미란 무엇인가? 취미란 특정 객체(사물 혹은 활동)에 내재된 취향성과 선택성에 대한 인간의 인식이다.

내재적 취향성에 대해 살펴보자. 모두가 알고 있듯이 인간이 객체에 대해 가지는 취향 태도에는 두 가지가 있다.

첫째는 외재적 취향성이다. 예를 들어 외부에서 새로운 변화가 나타나 우리가 관심을 가지게 되었다면 이는 무의식적으로 주의를 기울인 것이므로 흥미가 아니다. 두 번째는 내재적 취향성이다. 예를 들어 우리가 어떤 객체에 대한 감정이 생겨나 적극적으로 그것에 관심을 가진다면 그 결과 일종의 만족감을 느낄 수 있을 것이다. 이것이 바로 흥미의 발견이다. 당연히 외재취향성과 내재취향성의 구분은 상대적이며 대체로 상호제약적, 상호전환적이기 때문에 따로 떼어서 논할 수 없다.

이번에는 내재적 선택성에 대해 알아보자. 인간의 의식적 선택성에는 두 종류가 있다. 첫째는 외재적 선택성이다. 외재적 선택성은 일반적으로 주의와 서로 연관이 있는데 이러한 선택 과정에서는 결코 감정이 수반되지 않는다. 두 번째는 내재적 선택성이다. 내재적 선택성은 일반적으로 흥미와 관련이 있으며 선택의 과정에서 필연적으로 감정이 수반된다. 마찬가지로 외재적 선택성과 내재적 선택성은 매우 긴밀하게 연결되어 있으며 상호전환적이다. 주의력과 흥미가 불가분의 관계에 있는 것도 바로 이 때문이다.

종합적으로 말하자면 호기심, 지적 욕구, 흥미는 서로 불가분의 관계에 있으며 종적縱的 관계로 볼 때 호기심−지적 욕구−흥미의 순서로 발전되며 횡적橫的 관계로 볼 때는 상호 촉진 및 강화 작용을 한다.

2. 흥미가 학습 활동에 끼치는 작용

흥미는 어떤 활동에 적극적으로 참여하고 효율을 향상시키는 작용을 한다. 학습 활동에 있어서는 더욱 그러하다. 학습 활동에 적극적으로 참여하여 학습효율을 향상시키는 흥미를 가리켜 학습 흥미라고 한다. 이러한 학습 흥미가 학습에 있어 어떤 작용을 하는가에 대해서는 두 말할 여지가 없다. 다음의 이야기를 통해 흥미가 생활에 끼치는 작용을 일반적으로 설명하고자 한다.

20세기 초, 한 독일 혁명가가 감옥으로 후송되어 독방에 갇혔다. 감옥에 갇힌 사람들은 온종일 여자 직공처럼 밀짚모자를 짜는 등 단조로운 노동을 해야 했다. 대부분 사람은 그런 생활을 견디지 못하고 고민하거나 우울증에 시달렸다. 심한 경우 병에 걸려 미치거나 죽는 사람도 있었다. 고민은 사람을 죽음에 이르게 한다. 게다가 나이가 젊은 사람일수록 고민에 의한 건강상의 위해가 더욱 커진다. 그럼 앞에서 소개했던 혁명가는 어떻게 생활했을까? 밀짚모자 짜는 일을 죽도록 싫어했을까? 그랬다면 그를 기다리는 것은 죽음뿐이었으리라. 그래서 그는 생명을 구할 수 있을 유일한 길은 바로 자기 일에 흥미를 가지는 일이라는 사실을 깨달았다.

그는 매일 할당된 양을 채우기 위해 단순 노동에 임하고 하루가 끝나기만 학수고대하는 대신 즐거운 마음으로 밀짚모자를 짜기 시작했다. 혁명가는 밀짚모자에 흥미를 가질 수 있는 방법을 생각해냈으며 자기 일을 즐기기 시작했다. 그러자 참을 수 없이 고독한 감방에서의 하루가 눈 깜짝할 사이에 지나갔으며 그는 건강과 지성을 유지할 수 있었다. 그래서 그는 활기와 정력에 가득차서 감옥을 출소하여 다시 지하공작에 매진할 수 있었다.

이 실화는 일에 대한 열정과 흥미가 업무효율에 얼마나 적극적인 작용을 하는지를 잘 설명하고 있다. 학습도 이와 마찬가지이다. 미국 심리학자 브루너는 흥미와 학습간의 관계를 전문적으로 연구했다. 그의 연구 결과에 따르면 학습에 흥미를 느끼는 학생은 재학 기간에 학업에 대해 부담감을 느끼지 않고 유쾌하게 생활했으며 졸업하고 나서도 계속해서 새로운 지식에 대한 열정을 잃지 않았다. 지식이 비약적으로 발전하는 오늘날을 살아가는 데 꼭 필요한 것이 바로 이런 태도이다. 그러나 학업에 대한 흥미가 학습에 미치는 작용은 지금까지 학계의 관심 밖의 화두였으며 본격적인 연구가 이루어지지 않고 있다. '관심가진 것만 공부한다'는 말은 심지어 학생을 꾸중할 때 많이 쓰이는 말이 되었다. 기실, 흥미가 학습에 미치는 작용은 저평가되어서는 안 될 것이다.

흥미는 여러 방면에 걸쳐 학습 활동에 작용하며 방향성, 동력, 지지支持 작용, 편향성의 네 가지로 개괄된다.

(1) 학습의 방향성

학생이 좋아하는 과목과 싫어하는 과목은 그의 학습에 대한 흥미에 따라 결정된다. 특히 그의 지향志向은 학생의 발전 방향과 진로를 결정짓는다. 티코 브라헤Tycho Brahe는 덴마크의 유명한 천문학자이다. 그의 아버지와 삼촌은 모두 변호사였으며 그들은 브라헤 역시 변호사가 되어 사회적 지위가 높은 인물이 되기를 바랐다. 그러나 천문학에 푹 빠진 브라헤는 밤마다 남몰래 잠자리에서 빠져나와 별을 관찰했다. 훗날 브라헤는 변호사의 길을 걷는 대신 16세기를 대표하는 천문학자가 되었다.

흥미의 방향성은 주로 앞으로의 진로를 결정하고 준비하도록 하는 작용을 한다. 예를 들면 어려서부터 천문과 기상 현상에 심취한 아동은 장차 어른이 되어 천문물리학이나 기상학을 공부하게 될 가능성이 그다. 때문에 교사가 학생이 가진 흥미에 주의를 기울이고 이를 올바른 방향으로 발전시킬 수 있도록 지도하는 일은 매우 중요하다.

(2) 학습의 동력

학습에 대한 흥미는 방향성을 결정짓는 외에도 학습을 지속할 수 있는 거대한 원동력이 된다. 즉, 흥미는 직접적으로 동기로 전환될 수 있다는 것이다. 특정 학문에 지대한 흥미를 갖고 있는 학생은 관심학문을 더욱 깊이 연구하고자 하는 열의에 가득 차게 된다. 수많은 과학자들이 학습에 대한 흥미를 학습 동기로 전환시켰다. 아인슈타인은 67세 때 쓴 자서전에서 이렇게 회고하고 있다. 그는 16세 때 상대론에 대한 가설을 떠올리고 늘 머릿속으로 골똘히 생각했다. 만약 진공상태의 광속으로 광선을 뒤쫓는다면 그 광선은 공간 안에서 진동하며 앞으로 나가지 못하는 전자장電磁場과 같을 것이라고 생각했다. 이러한 물리현상에 대한 음미는 협의狹義의 상대성이론을 발견하는 동기가 되었으며 10여년의 연구 끝에 그는 결국 근대물리학이론의 기초가 된 상대성이론을 정립했다. 앞에서 이야기한 것처럼 인간의 흥미는 특정한 감정과 밀접한 관계가 있다. 학습에 대한 흥미와 학습에 대한 열정은 물체와 그림자처럼 늘 함께 움직인다. 학습에 대한 흥미만큼 학습을 발전시키는 원동력은 없다.

(3) 학습에 대한 지지 작용

학습 과정에서 어려움을 겪는 일은 필연적이며 좋은 학업 성적을 얻는 일은 결코 쉽지 않다. 만약 어떤 학문에 대해 전혀 흥미가 없다면 어려움에 마주하자마자 위축된다. 그러나 흥미를 가지게 되면 사정은 크게 달라진다. 예를 들어 자전거 타는 법을 배운다고 가정하자. 원래 자전거에 아무런 흥미가 없었는데 몇 번 배우고 나서 점차 흥미가 생겼다. 그렇지만 완전히 배우지는 못했다면 이때 학습자는 가장 큰 어려움에 직면하게 된다. 이 시기는 고난의 시기임에 분명하지만 학습자가 가장 분발하려고 노력하는 시기이기도 하다. 그 원인은 바로 학습에 대한 지지 작용에 있다. 흥미가 일단 의지와 결합하면 어떠한 곤란도 이겨낼 수 있는 정신적 저력을 발휘한다.

(4) 학습의 편향성

흥미의 편향성 작용이란 인간이 자기의 흥미에 입각해서 사물을 자세히 조사함을 말한다. 이는 학습에서도 나타나는데 개인마다 느끼는 흥미가 다르고 학습 내용에 대한 이해관점이 다르다. 예를 들어 소설 한 편을 읽어도 어떤 사람은 소설에 쓰인 언어의 유창함에 주의를 기울이는 반면 어떤 사람은 이야기의 긴박감이나 소설에 담긴 철학적인 메시지에 주의를 기울인다. 마찬가지로 같은 과목의 수업을 듣는 학생들도 적지 않은 면에서 편향된 흥미를 나타낸다. 자기가 흥미를 느끼는 방면에 대해서는 특별히 열신히 공부하고 빠르고 정확하게 이헤힌다. 이는 학생 개개인에 맞는 교육을 실시하는 데 반드시 유의해야 할 점이다.

3. 흥미 활동의 법칙과 학습

인간의 심리 활동은 정체되어 있지 않고 부단히 변화 및 발전하는 특성을 가졌다. 또한 이러한 변화 발전은 일정한 법칙에 의해 진행된다. 흥미 활동 역시 마찬가지이다. 심리학 연구의 가장 중요한 임무는 심리 활동의 변화에 대한 객관적인 법칙을 찾아내고 양호한 심리적 품성을 기를 수 있는 근거를 제공하는 것이다. 흥미 발전의 법칙은 교사가 학생의 흥미를 배양하고 촉발시키는 데 아주 유용한 근거가 될 것이다.

그렇다면 흥미 활동에는 어떠한 법칙이 존재하는가? 이 장에서는 다음의 몇 가지 기본 법칙에 대해 살펴보자.

(1) 흥미 심화의 법칙

흥미의 발전은 모든 사물의 발전과 마찬가지로 낮은 단계에서 높은 단계로, 그리고 간단한 단계에서 복잡한 단계로 발전한다. 심리학 관찰 및 연구 결과에 따르면 인간이 가진 흥미는 일반적으로 관심 단계−발전 단계−심화 단계의 세 단계를 거쳐 발전한다. 흥미 발전의 첫 단계는 관심 단계이다. 이 단계에서 학생들은 외부의 특이한 현상이나 참신한 활동에 관심을 보이며 직접적인 흥미를 보인다. 그러나 흥미를 보이는 시간이 짧고 곧 시들해지는 특징이 있다. 발전 단계는 심리 발전의 중간 단계로 관심 단계에서 한층 심화되어 형성된다. 이 단계에서 학생들은 특정 사물이나 활동에 대한 특수한 호감을 느낀다. 발전 단계의 특징은 지속 시간이 비교적 길다는 것이다. 심화 단계는 흥미 발전의 가장 높은 단계로, 개인의 고상한 이상과 원대한 목표가 결합될 때 발전 단계에서 심화 단계로 넘어간다. 심화 단계의 특징은 개인이 흥미를 적극적으로 자각하고 평생 추구한다는 점이다. 예를 들어 비행기 모형을 좋아하는 학생이 학교의 모형 제작반에서 활동하는 경우, 이 학생은 이미 관심 단계에 접어들었다고 할 수 있다. 그 후로 학생은 모형 제작반 활동을 통해 모형 비행기를 제작하고 조작할 줄 알게 되고, 실제 비행 실험에서 여러 차례 성공을 거두었다. 그리고 그의 흥미는 점차 심화되어 자발적으로 선생님과 친구들을 찾아가 자료를 찾고 친구들과 토론하고 경험을 교류하면서 심지어는 비행기를 창조적으로 개조할 줄 알게 되었다면 이 학생은 발전 단계에 접어든 것이다. 모형 비행기와 관련된 활동은 이미 그에게 통상적인 여가 활동이 되었으며 시간이 지날수록 모형 비행기에 대한 그의 지식과 기술은 더욱 풍부하고 정교해진다. 또한 그는 시합에 출전해서 몇 차례 입상을 하기도 한다. 이쯤 되면 그는 이미 모형 비행기에 대한 전문적인 지식을 갖추게 되고 자신의 진로와 결부시켜 생각하게 되어 기체 역학, 재료 역학 등의 전문 분야에 대한 연구에 몰입하게 될 것이다. 이 단계가 바로 심화 단계이다.

이와 같이 우리는 특정 분야에 대한 흥미를 가지고 발전시켜야 한다. 그리고 이를 통해 자신의 잠재성을 발견할 수 있다.

(2) 직접 흥미와 간접 흥미의 상호 전환 법칙

경향성에 따라 흥미는 간접 흥미와 직접 흥미로 나누어진다. 직접 흥미는 사물 혹은 활동 자체에 대해 생겨나는 흥미를 말한다. 신기한 물건이라든가 실제적으로 필요한 사물과 활동에 대해 인간은 직접적인 흥미를 가지게 된다. 예를 들어 막 외국어를 배우기 시작한 학생이 있다고 하자. 그는 외국어의 자모음과 발음 방법에 흥미를 느끼고 점차 공부에 재미를 들이게 된다. 이것이 바로 직접 흥미이다. 간접 흥미란 활동의 목적, 임무 혹은 활동의 결과 때문에 생겨나는 흥미이다. 예를 들어 외국어를 공부하는 것은 비단 자모음, 어조語調에 대한 관심 때문이 아니라 외국어를 사회생활에서 활용할 수 있는 무기라고 생각하기 때문일 수도 있다. 외국어는 훌륭한 지식 소양일 뿐 아니라 국제 교류에 있어서도 반드시 필요하다. 이러한 이유 때문에 학습 과중의 온갖 어려움을 극복하고 필사적으로 공부한다면 이는 간접 흥미에 속한다.

　직접 흥미와 간접 흥미는 밀접한 연관성을 가지며 상호 전환된다. 예를 들면 서점에서 커버가 참신한 책을 발견하여 집어 들었는데 책의 내용도 훌륭하고 마침 자기가 찾고 있던 지식을 담고 있었다. 책의 내용과 결론에 흥미를 느껴 책을 읽어보기로 했다면, 이는 직접 흥미가 간접 흥미로 변환된 예이다. 마찬가지로 외국어를 공부하는 일에 별반 흥미를 느끼지 못했지만 업무에 필요하기 때문에 공부를 시작했다고 치자. 그러나 학습 과정에서 외국어의 단어, 어법과 표현 방식, 어조에 직접적인 흥미를 느끼게 된다면 이는 간접 흥미의 기초 아래 직접 흥미가 생겨난 것이다. 이로써 공부는 그에게 흥미진진한 목표가 된다. 일반적으로 우리에게 절실히 필요하거나 이미 알고 있는 지식에 대해서 직접 흥미가 생기게 되고 과정에서 어려움에 부닥치거나 전혀 흥미를 느끼지 못해서 배우고 싶은 마음이 들지 않을 때는 직접 흥미에 간접 흥미가 더해지게 된다. 우리가 어떤 과학적 지식에 대한 필요성과 중요성을 제대로 깨달을 때 대상에 대한 간접 흥미가 생겨나게 되는데, 간접 흥미는 구체적인 학습 과정을 통해 직접 흥미를 유발한다. 이로써 학습의 효과는 배가 될 수 있다.

(3) 중점 흥미와 다양한 흥미의 상호 촉진 법칙

흥미는 크게 중점 흥미와 다양한 흥미로 구분된다. 중점 흥미란 특정 사물이나 활동에 깊이 심취하는 것을 말하고 다양한 흥미는 여러 가지 사물과 활동에 광범위한 흥미를 가지는 것을 말한다. 양자는 서로 밀접한 연관성을 가지며 서로 촉진 작용을 한다. 학업과 업무에서 성과를 거두려면 이 두 가지 흥미 중 어느 한 가지도 빠져서는 안 된다. 만약 중점 취미만 있다면 다른 사물에는 전혀 관심을 가지지 않게 될 것이며 편협한 태도로 자기 생각에 집착하게 될 것이다.

4. 흥미의 유형과 학습

흥미는 인간의 개인별 심리적 특징을 보여주는 일면이다. 인간의 개인적 심리적 특징이 차이가 있듯이 흥미도 마찬가지로 개별적인 차이를 보여준다. 그러나 각자의 흥미가 같지 않다고 하더라도 지속형과 단기형, 집중형과 분산형의 유형으로 귀납할 수 있다.

(1) 지속형과 단기형

　지속형은 개인이 유년 시절부터 한 가지 혹은 몇 가지 취미를 지속적
으로 키워나가면서 대학 전공으로 삼거나 평생 동안 유지하는 경우이
다. 예를 들어 어릴 때부터 부모, 교사 혹은 다른 사람의 영향으로 교직
에 뜻을 둔 사람이 있다고 하자. 그는 교직을 세상에서 가장 고귀하고
가치 있는 직업으로 여기고 사범대학에 진학하여 교사가 되었다. 이처
럼 어린 시절의 흥미가 직업으로 완성된 예는 헤아릴 수 없이 많다. 수
많은 과학자가 지속형에 속한다. 그러나 지속형에 속하는 사람들은 일
반적으로 성인에게서 많이 발견되며 학생 시절에는 그 수가 적다.

　단기형은 일정한 시기에 한 가지 사물이나 활동에 흥미를 가진다. 그
리고 한동안 다른 사물이나 활동에 흥미를 가지거나 원래 흥미를 가졌
던 사물 혹은 활동으로 다시 되돌아오는 등 흥미에 대한 기복이 심하
다. 단기형은 흥미가 일정하지 않게 발전하는 특징을 보인다. 대부분의
아동이 이 유형에 속한다. 그러나 학생 시절에 단기형이었던 사람이라
고 해서 결코 고정적인 흥미를 가질 수 없다는 말은 아니다. 일반적으
로 성인이 되면 고정적인 흥미를 가지게 된다. 중국의 문학가 궈모뤄郭
沫若는 어려서부터 당시唐詩 삼백 수를 즐겨 잃으면서 문학에 대한 강렬
한 흥미를 느끼게 되었다. 훗날 그는 의학으로 관심을 돌렸지만 오래지
않아 다시 문학으로 되돌아왔다. 흥미가 고정적이지 않다는 것은 결코
나쁜 일이 아니며 오히려 이를 통해 흥미의 범위를 확장시킬 수 있다.
학생들이 여러 방면에 단기적인 흥미를 가지는 것에 반대할 것이 아니

라 흥미 간의 내재적인 연관성에 유의해서 지속적인 흥미와 단기적인 흥미를 결합시킬 수 있도록 지도해야 할 것이다.

(2) 집중형과 분산형

집중형은 특정한 사물이나 활동에 심취해서 그 외의 것들에는 흥미를 보이지 않는 것을 말한다. 이 유형이 지속형과 다른 점은 다음과 같다. 첫째, 집중형의 흥미는 한 가지에 국한되지만 지속형은 몇 가지 흥미를 가지기도 한다. 둘째, 집중형은 특정사물에만 흥미를 보인다. 그러나 몇 가지 흥미가 지속되는 과정에서 다른 것에 대해 잠시 흥미를 가질 수도 있다.

물론 이 두 가지 유형은 연관성이 있다. 즉, 한 가지 사물에 집중된 흥미는 필연적으로 지속성을 띠며 사물에 대해 지속적으로 가지는 흥미는 필연적으로 집중적이다. 일반적으로 집중형 흥미는 학생 시절에는 바람직하지 않다. 요즘, 학생들의 흥미가 집중적으로 나타나는 경우는 드물지만 심각하게 편중된 현상이 존재하는 것은 사실이다. 예를 들어 이과 학생들은 문과 수업을 골치 아프다고 생각하며 문과 학생들은 이과 수업을 질색한다. 또한 실험이나 과제 수업을 좋아하는 학생들은 이론 수업을 싫어하고 이론 수업을 좋아하는 학생들은 턱을 괸 채로 실험 수업을 건성으로 듣는다. 이런 현상은 흥미가 과도하게 편중되어 나타나는 것들이며 시대적 요구에 부합하지 않는다. 그래서 대다수 선진국에서는 흥미가 획일화되고 편중되는 것을 방지하기 위해 대학 1, 2학년 때는 문과와 이과를 따로 나누지 않고 필수 과목을 가르친다. 이로써 학생들은 광범위한 흥미를 개발할 수 있다.

분산형은 다양한 사물이나 활동에 골고루 흥미를 갖는 것을 말한다. 그러나 수박 겉핥기식이 되는 경우가 대부분이다. 이 유형에게 두드러지게 나타나는 특징 두 가지는 다음과 같다. 첫째, 동시에 여러 가지 사물이나 활동에 흥미를 가지지만 실질적으로는 흥미를 가지거나 그렇지 않은 것으로 나누어진다. 둘째, 흥미가 변덕스러울 정도로 자주 바뀐다. 분산형 흥미를 가지게 되는 대표적인 원인은 뚜렷한 개인적인 이상이 없기 때문이다. 이 유형은 적절한 지도와 개선이 행해지지 않을 경우 허무주의자가 될 소지가 높다. 일반적으로 분산형의 흥미는 아동 시기에 비교적 자주 나타나며 이는 그들의 지식수준, 독립 능력, 주의력, 지속력과 관련이 있다. 어떤 사물에 대한 인식 수준이 지극히 표면적이거나 인식 자체가 불가능한 경우 독자적으로 특정 활동을 실행할 수 없으며 사물에 대해 지속적으로 깊은 흥미를 느낄 수 없다. 그러나 이런 점들은 나이가 들어감에 따라 점차 극복 가능한 것들이다. 때문에 학생들이 학습에 대해 분산형 흥미를 가지지 않도록 흥미 자체를 배양하는 데 힘쓰고 다른 심리적 능력도 동시에 향상시킬 수 있도록 해야 할 것이다.

19

의지와 학습

　　1983년 6월 하순, 미국 매사추세츠Massachusetts주의 한 여자대학에 2일 동안 조기가 게양되었다. 서거한 대통령을 기념하기 위해서도 아니었고 유명한 위인을 추모하기 위해서도 아니었다. 그들은 침통함에 젖어 어느 평범한 중국 유학생의 죽음을 애도하고 있었다.

　　현지의 몇몇 잡지에 그 학생의 행적과 사진이 실렸으며 '용기에 관한 교훈'이라는 제목으로 그녀의 짧았던 생을 찬양했다. 한 미국학생은 감동에 젖어 이렇게 말했다.

　　"미국인이었다면 자신이 암에 걸렸다는 것을 알고 나면 절망한 나머지 자포자기해서 마약을 흡입하거나 성적 자극을 탐닉하고 심지어는 자살했을 것입니다. 그러나 위안허袁和는 암 선고를 받고 자기에게 시간이 얼마 남지 않았음에도 절망하지 않고 미지의 세계를 탐구하는 데 기꺼이 모든 시간을 바쳤으며 자기 민족을 돕기 위해 부지런히 일했습니다."

　　위안허의 짧은 일생에 도대체 무슨 일이 있었기에 시골에서 종이상자에 풀을 붙이는 일을 돕던 농촌 소녀가 영예로운 국외 석사로 성장할 수 있었던 것일까? 또한 그녀가 자기 삶을 개척하기 위해 쉼 없이 분투할 수 있었던 원동력은 과연 무엇이었을까? 그것은 바로 그녀의 용기, 그리고 불굴의 의지였다. 위안허는 이렇게 말했다.

"도전과 수고를 두려워하지 않는다면 누구라도 위대한 일생을 일구어낼 수 있습니다."

십여 년 간의 곤궁한 생활 끝에 위안허는 고등학교를 중퇴했다. 그러나 그녀는 어려움 속에서도 대학 과정의 수학, 물리, 화학, 생물학과 영어 과정을 독학으로 끝마치고 1979년 중국과학원 화학대학원생이 되었다. 대학원에 입학하고 얼마 되지 않아 마침 영어 분반 고사가 있었는데, 자타가 공인하는 영어 실력이 가장 뛰어난 학생이 시험에 참가하지 않았다. 위안허가 그녀에게 이유를 묻자 그녀는 이렇게 대답했다.

"외국인이 어떤 문제를 출제할지 알게 뭐야. 그리고 만약 제대로 대답하지 못하면 담당 선생님까지 부끄럽게 만드는 꼴이 될 거야."

그러나 영어 실력이 썩 좋지 못했던 위안허는 속으로 이렇게 다짐했다. '그래도 난 시험에 참가하고야 말 거야!' 그녀는 노력할 수 있는 기회라면 아무리 사소한 기회라 할지라도 절대 포기해서는 안 되며 과감히 시도해야 한다고 생각했다. 그 결과 실패한다해도 그건 전혀 부끄러운 일이 아니다. 오히려 기회를 포기하고 시도조차 하지 않는 것이 정말 부끄러운 일인 것이다! 시험결과가 발표되자 모두가 의아해했다. 고등학교도 제대로 나오지 못한 위안허가 당당하게 1등으로 해외유학의 기회를 획득해낸 것이다. 위안허는 이렇게 말했다.

"나는 그저 어디한번 부딪쳐보자 하는 용기가 남보다 조금 더 많았을 뿐입니다."

1980년, 그녀는 장학생으로 선발되어 미국에서 석사과정을 밟게 되었다. 그러나 그녀가 학업의 어려움과 싸우며 쟁쟁한 현지학생들과 경쟁할 즈음, 유방암이라는 병마가 그녀를 엄습했다. 위안허는 극심한 육체적, 정신적인 고통을 견디며 두 차례의 대수술을 받았다. 1982년4월, 보스턴암연구소의 화학실험결과와 의료팀의 진단결과 위안허의 암세포가 이미 전이되었음이 밝혀졌다! 그때, 그녀는 정신적인 고통을 덜어내기 위해 마약을 복용하라는 미국학우의 권고를 무시한 채 혼신의 기력과 용기로 암과 사투를 벌였다. 3개월 후, 그녀는 죽음의 공포 속에서 순조롭게 논문을 완성했다. 검은 색 졸업가운을 입고 강단으로 걸어가 석사학위를 수여할 때 그녀는 자신에게 손을 흔들며 미소 짓는 학우들과 지도교수를 바라보며 뜨거운 감격의 눈물을 흘렸다.

위안허는 부모님을 위해 테이프에 유언을 남겼다. 그녀의 목소리는 가늘게 떨리고 있었지만 기쁨에 넘쳐있었다.

사랑하는 엄마, 아빠. 제가 중국인이라는 사실이 정말 자랑스러워요. 평범한 중국여자인 제가 암과 사투를 벌이고 죽음의 신에게 도전장을 냈다는 사실도요. 많은 미국인들이 제게 미국에서는 상상도 할 수 없는 일이라고들 말합니다. 그리고 저는 그 사람들에게 말해요. 중국은 당신들이 생각하는 것처럼 밥이나 지을 줄 알고 비굴하게 굽실거리는 나라가 아니라고요. 이곳 사람들은 중국하면 중국인들이 얼마나 어렵게 살아가는지부터 이야기해요. 맞아요. 중국인들이 겪은 재난과 고통은 너무나 많아서 이루 헤아릴 수조차 없을 정도지요. 하지만 중국인들의 용기, 저력, 희망 역시 고통과 함께 존재하고 있지요. 모두가 중국을 변화시키겠다는 의지를 가지고 함께 노력하면 중국은 언젠가는 반드시 강대한 나라가 될 것입니다. 남아있는 모든 노력을 바쳐 중국인을 위해 뭔가 가치 있는 일을 하는 것이 제가 가진 유일한 희망이에요.

위안허가 살아온 인생이 우리에게 주는 교훈은 바로 진정한 강자는 남들이 견디지 못하는 육체적, 정신적인 고통을 이겨내고 상황이 순탄하든 어렵든 간에 결코 포기하지 않고 자기가 추구하고자 하는 일에 끝까지 매진한다는 것이다. 과감히 새로운 일을 시도한다면 평범한 사람도 위대한 업적을 이룰 수 있다. 루쉰魯迅은 '최선과 최후'라는 글에서 이렇게 말했다.

"매번 운동회를 볼 때마다 이런 생각이 든다. 우승자는 존경받아 마땅할 것이다. 그러나 뒤처져있거나 결승점까지 도착하지 못한 경쟁자들 그리고 그들을 진지하게 응원하는 관중들에게 중국의 미래가 달려있다."

이러한 경쟁자의 태도야말로 우리 학습자들이 본받고 키워나가아 할 미덕이 아닐까? 본 장에서는 다음의 문제들에 관해 토론하고자 한다. 의지란 무엇이며 어떤 특징이 있는가? 의지는 학습에 어떤 작용을 하는가? 그리고 의지의 과정, 법칙은 학습과 어떤 관계가 있는가? 학습 과정에서 의지의 유형과 품성은 어떻게 고려되어야 하는가?

1. 의지의 실제와 특징

(1) 의지의 실제

의지는 정해진 목표에 따라 당면한 어려움을 극복하여 정신적, 육체적 활동을 조절하는 활동이며 동기, 흥미, 감정과 같은 요소들처럼 비지능적 요소에 속한다.

의지는 사람들의 행위로 표출되지만 모든 행동이 의지를 반영하는 것은 아니다. 예를 들어 정상적인 사람이 목이 말라 물 한잔을 따라 마시는 행위를 생각해보자. 이러한 일반적인 행위는 아무런 노력 없이 이루어지므로 의지의 작용이라고 볼 수 없다. 그러나 팔을 다쳐 움직임이 불편한 사람이 물을 마시고 싶다면 그는 극심한 고통을 참으며 컵에 손을 뻗치고 물을 따르는 동작을 해야 할 것이다. 이런 상황이라면 물을 마시겠다는 분명한 의지가 작용해야만 한다. 그러므로 이 사람이 물을 마시는 행위는 의지에 의한 행동이다. 이와 같이 의지는 내부 의식을 외부 행위로 전환시키는 중간 부분이며 의지에 의한 행동의 주관적인 일면이다. 그러므로 의지 없이는 어떤 행동도 불가능하다.

(2) 의지의 특징

인간의 의지는 두드러진 특징들을 보여주며 그중 가장 중요한 특징은 다음의 세 가지이다.

가. 이미 정해진 목표에 따른 의지

의지에 의한 활동은 모두 명확한 목표에 의한 것이다. 목표를 충분히 자각할 수 있는 것은 인간행위의 특징 중 하나이다. 자신이 이루려고 하는 목표를 구체적으로 실현하기 위해서는 육체적인 긴장뿐만 아니라 정신적인 긴장도 필요하다. 이는 목적이 있는 활동을 수행할 때만이 자연계에서 자신의 의지를 실현할 수 있다는 말로, 동물에게는 없는 특성이다.

의지에 의한 활동에서 소위 명확한 목표란 자기 행동에 대한 정확성과 중요성을 충분히 인식하고 있으며 행위 결과의 사회적 의의를 분명히 자각하고 있음을 뜻한다.

명확한 목표를 가지면 이미 정한 목표에 따라 자신의 행위를 결정한다. 그러나 명확한 목표가 없거나 이미 정한 목표대로 실행하지 못한다면 그런 행위는 의지에 의한 활동을 논할 수 없을 것이다.

나. 고난의 극복

의지에 의한 활동은 고난의 극복과 연관이 있다. 고난에는 다양한 종류가 있으나 대략 외부(객관적인) 고난과 내부(주관적인) 고난으로 귀납된다.

우리는 학업과 업무에서 종종 타인의 반대나 방해에 부딪히거나, 필요한 자료나 준비가 부족하거나, 혹은 이상적인 협력자를 만나지 못한다. 옛날 사람들이 말하는 천시天時, 지리地利, 인화人和 등의 조건이 고루 구비되지 않았을 때를 가리켜 외부 혹은 객관적인 고난이라고 한다.

반대로 학업과 업무에서 다른 동기나 목적의 유혹 혹은 간섭의 영향을 받거나 필요한 지식, 능력이 부족하고 결심, 용기, 믿음 등이 없을 때 이를 내부 혹은 주관적인 고난이라고 한다. 이 두 가지 종류의 고난은 상호의존적이며 서로 호환된다. 한편으로 내부적 고난은 외부적 고난에 의해 생겨나며 또 한편으로 내부적 고난 때문에 외부적 고난이 더욱 심각해지기도 한다.

시련은 우리를 거듭나게 한다. 의지의 정도는 그가 넘어선 고난의 숫자에 비례한다. 일반적으로 고난을 많이 극복한 사람일수록 의지가 강하고 고난을 겪어 보지 못한 사람일수록 의지가 약하다. 그리고 아무런 고난도 겪어보지 못한 사람은 의지 자체를 가지고 있지 않다. 때문에 각종 고난을 극복하는 것은 의지의 중요한 특징 중 하나이다.

다. 객관적인 법칙에 의존

의지에 의한 활동은 객관적인 법칙에 따라 행해져야지만 소기의 결과에 도달할 수 있다. 그렇지 않으면 의지가 작용하지 못한다.

19세기 독일 철학자 니체Friedrich Wihelm Nietzsche와 쇼펜하우어Arthur Schopenhauer는 인간의 자유의지가 모든 것을 주재한다고 선언했다. 19세기말과 20세기 초의 영국 심리학자 맥두갈William macdougall은 인간의 행위는 내제된 '동력'에 의해 결정되며 이러한 동력은 유기체에 기초한 신비한 본능이라고 단언했다. 또한 뇌는 의식된 정신으로 인해 의지 동작을 접수하며 다시 의식적인 경험을 정신으로 내보낸다고 했다.

인간의 의지는 자유롭다. 인간은 특정한 조건하에 자신의 의지에 따라 행동하기 때문이다. 그러나 때로 인간의 의지는 제약을 받는다. 인간의 행위가 객관적인 법칙에 의존하지 않는다면 행동으로 옮기는 과정에서 중대한 실패를 맞보게 된다. 의지의 자유는 조건적이며 상대적이지만 의지의 부자유는 근본적이며 절대적이다. 이것이 바로 의지가 객관적인 법칙에 의존하고 있다는 근거이다.

2. 학습에 대한 의지의 작용

의지는 인간의 학습 활동에서 중요한 작용을 한다. 예로부터 고금을 막론하고 학자들은 중요한 학습요소로서 의지를 강조했다. 송宋나라 문장가 소식蘇軾은 이렇게 말했다.

"예로부터 큰일을 해낸 사람은 남다른 재주가 있었을 뿐 아니라 굳은 의지도 있었다.(古今立大事者, 不唯有超世之才, 亦必有堅忍不拔之志)"

선인들은 한결같이 사람이 배우고 생각하고 재능을 키우고 덕업德業을 쌓는 데 있어 모두 의지가 근간이 된다고 여겼다. 미국의 발명왕 에디슨은 이에 대해 더욱 정확한 견해를 피력했다.

위인들의 가장 두드러진 특징은 그들의 강인한 의지이다. 환경이 어떻게 변하든지 간에 그들은 최초의 지향志向과 희망을 조금도 버리지 않았으며 결국은 고난을 극복하고 자기가 정한 목표를 이뤘다.

　분명히 학습은 공원을 거닐거나 극장에서 오페라를 감상하듯 여유로운 활동이 아니다. 그것은 오히려 고통스러운 두뇌 노동에 속하며 어려움과 고난을 두려워하지 않고 가파른 산길을 오르듯이 인내심을 발휘하는 사람만이 정상정복의 기쁨을 누릴 가능성이 있다.

　심리학적인 관점에서 볼 때, 인간 의지의 기본 기능은 내부, 외부 활동의 조절이다. 이러한 조절 기능은 행위 개시와 행위 제어의 두 가지 측면으로 표현된다. 먼저 행위 개시는 인간이 자신이 정한 목표를 이루기 위해 필요한 행위를 실행하는 것을 말하고 행위 제어는 목표와 서로 모순되는 소망이나 행위를 제어 또는 중단하는 것을 말한다. 행위 개시와 행위 제어는 변증법적으로 하나로 간주될 수 있다. 즉 아무것도 행하지 않아 얻음이 있고, 얻음이 있으려면 행하지 말아야 한다. 예를 들어 시험 기간이 임박해서 열심히 복습해서 좋은 성적을 내고자 한다면 모든 시간을 시험공부에 집중시켜야 한다. 여가, 오락 활동을 포기하고 전력을 다해 공부에 매진해야 함은 물론이다.

　활동에는 외부적 것과 내부적인 것이 있다. 외부 활동은 실제적인 활동을 말하고 내부적 활동이란 주의력, 감정 등의 심리적인 활동을 말한다. 의지 조절 기능 역시 심리적인 조절에 속한다. 예를 들어 옆집에서 틀어놓은 감미로운 음악이나 라디오 중계방송에 정신을 팔지 않고 자기 일에 집중하려면 주의력, 사유 능력에 의지가 작용해야 한다. 또한 처음 강단에 올라 학술 발표를 할 때는 마음이 극도로 불안한데, 이때 평정심을 유지하려면 역시 감정에 의지가 작용해야 한다.

　의지는 인간의 생활, 일 그리고 학업에 이처럼 중요한 의미를 가지고 있기 때문에 동서를 막론하고 고금의 교육자들은 의지의 단련과 배양을 특히 중요하게 여겼다. 선진先秦 시대의 교육자 맹자孟子는 이렇게 말했다.

"하늘이 장차 큰일을 어떤 사람에게 맡기려 할 때는 반드시 먼저 그 마음을 괴롭히고 근골을 지치게 하고 그 육체를 굶주리게 하고 생활을 궁곤하게 해서 행하는 일이 뜻과 같지 않게 한다. 이것은 그들의 마음을 움직여 성질을 참고 인내하게 하여 일찍이 할 수 없었던 일을 이루게 하고자 함이다.(故天將降大任於是人也, 必先苦其心志, 勞其筋骨, 餓其體膚, 空乏其身, 行拂亂其所爲, 所以動心忍性, 曾益其所不能)"

이 말은 생리적, 심리적인 각고의 연마과정을 거쳐야만 큰 인물이 될 수 있다는 말이다. 송宋대 교육가 장재張載는 이렇게 말했다.

"무릇 학문이란 관료에게는 먼저 일을 가르치고 선비에게는 뜻을 바로 세우도록 가르치는 것이다.(凡學, 官先事, 士先志)"

그러므로 뜻을 세우는 일은 교육에 있어 가장 중요한 부분이다. 중국 당대 문학가이자 교육자 주타오펀鄒韜奮은 이렇게 말했다.

"좌절과 역경은 의지를 단련시키고 나를 더욱 강인하게 만들 수 있는 최상의 기회라고 생각한다. 바로 이런 점에서 수단과 방법을 가리지 않고 나를 음해하려는 사람들에게 더없이 감사하는 바이다!"

또한 소련 교육자 마카렌코Anton.Semeunovich.Makarenko 역시 의지를 배양하는 것은 일상생활에서 가장 주의를 기울여야 할 문제라고 말했다.

3. 의지의 과정과 학습

목적을 지닌 인간의 활동은 대략 결정과 결정 실행의 두 단계로 구분된다. 그러나 이 두 단계는 결코 의지와 필연적인 연관성이 있는 것이 아니며 의지가 필요 없는 일반적인 행동 역시 결정과 실행의 단계가 있다.

심리학의 관점에서 볼 때 우리는 의지에 의한 활동의 기본적인 심리적 과정을 결심-믿음-인내의 세 단계로 봐야만 할 것이다.

의지에 의한 활동은 먼저 결심을 하고 이에 대한 확고한 믿음을 가져야 하며 다음으로 인내심이 필요하다. 이 세 단계는 서로 밀접하게 연결되어 상호 촉진 작용을 하는 불가분의 관계에 있다. 일반적으로 결심이 확고할수록 결심에 대한 믿음이 강해지며 오래 지속된다. 반대로 결심이 확고하지 못하면 믿음이 약해지며 결심을 쉽게 포기한다. 다음에서 의지의 세 단계 과정이 학습에 어떤 영향을 끼치는지 설명하도록 하겠다.

(1) 결심과 학습

결심은 의지 과정의 첫 번째 단계로 중국 고대 학자들이 제창한 입지立志와 발분發憤에는 결심의 의미가 담겨 있다. 결심을 내리는 행위는 쉽고 단순하지 않아서 으레 복잡한 일련의 심리적 활동을 거쳐야 한다. 목표를 정확히 정하고 동기를 유발하며 자신을 알고 남을 이해하는 적극적인 사고가 필요하다. 그러므로 올바르게 상황을 판단해야만 확고한 결심을 다질 수 있으며 맹목적인 결심은 그것이 아무리 확고한 것이라 할지라도 그림의 떡과 같이 이루어질 수 없다.

옛 성현들의 다음과 같은 말 한마디에 결심이 학습에 미치는 영향이 얼마나 중요한지 압축적으로 표현되어 있다.

"뜻이 있는 사람은 반드시 그 뜻을 이룬다. 의지를 굳건히 하면 하지 못할 일이 없다.(有志者事竟成, 志堅則不畏事之不成)"

그렇다면 학습자인 우리는 어떻게 뜻과 결심을 세워야 할 것인가?

먼저, 나라와 민족을 위해 봉사하겠다는 대의명분을 세워야 할 것이다. 국가의 일원으로서 개인의 포부와 국가의 미래, 민족의 앞날과 결부한다면 우리의 결심은 더욱 거대하고 지속적인 동력을 얻게 될 것이다.

둘째, 현실을 바탕으로 결심을 이루기 위한 구체적인 세부 목표를 세워야 한다. 현실적이지 못한 결심은 실제적인 효과를 도출하기 어렵다. 많은 청소년이 수학자 천징륜陳景潤에게 아직 풀리지 않은 세계적인 수학 문제를 포함한 수하 논문을 우편으로 보낸다. 그들의 결심은 크다면 큰 것이지만 결국에는 소중한 시간을 낭비하는 것에 불과하다. 이에 대해 천징륜은 다음과 같이 말했다.

"기초가 튼튼하지 않으면서 높은 산만 오르려고 하는 것은 어리석고 비현실적인 생각입니다. 게다가 학업을 이루기 위해 정신적 준비가 필요한 학생들에게도 안 좋은 영향을 끼칠 수 있습니다."

일단 결심을 했으면 구체적인 작은 목표를 세워서 실천하는 것이 매우 중요하다. 만약 세계적인 수학 문제를 풀겠다는 결심을 품었다면 1, 2년 후에 고등학교 수준의 실력을 갖추고 3, 4년 후에는 대학생 수준의 수학 실력을 키운다. 그리고 5, 6년 뒤에는 대학원 수준의 실력을 갖추고 문제 풀이를 위해 자료를 수집해야겠다는 식의 세부적인 목표를 먼저 세우는 것이 바람직하다. 이러한 점진적인 접근을 통해서만이 결심한 목표를 이룰 수 있다.

뜻이 있으면 언젠가는 그 일을 해내게 된다. 초楚나라가 결사의 각오로 출전하여 진나라 성 120개를 빼앗지 않았는가!

하늘은 스스로 돕는 자를 버리지 않는다. 월越나라가 와신상담하고 정예부대 3,000명으로 오나라를 정복하지 않았는가!

(有志者, 事竟成, 破釜沈舟, 百二秦關終屬楚, 苦心人, 天不負, 臥薪嘗膽, 三千越甲可吞吳)

이 시는 유명한 소설가 포송령蒲松齡이 과거에 낙방한 후 자신을 위로하기 위해 지은 것이다. 그는 비록 시험에 떨어졌지만 낙심하지 않고 더욱 분발하여 불세출의 명작 《요재지이聊齋志異》를 완성했다. 우리는 포송령의 이러한 태도를 본받아 보다 원대한 포부를 품고 민족 발전을 위해 학습에 매진해야 할 것이다.

(2) 믿음과 학습

　믿음은 의지의 두 번째 과정이다. 중국 고대 학자들은 '믿음'을 매우 중시해서 유가에서는 '돈독하게 믿고 배움을 좋아한다.(篤信好學, 死守善造)'를 제창한다. 단번에 믿음을 가질 수는 없는 노릇이다. 결심을 세우고 나서도 일련의 복잡한 심리적 과정을 겪어야만 한다. 먼저 믿음을 가지려면 첫째, 자기 결정이 실현 가능하다고 믿어야 한다. 둘째, 신념을 가져야 한다. 믿음은 인식과 감정의 결정체이다. 어떤 일에 대해 강한 신념을 가진다면 자연히 믿음으로 충만해진다. 마지막으로 이상을 가져야 한다. 이상이란 신념이 더욱 확장되고 심화된 형태로 개인의 이상이 원대하고 확실할수록 그의 믿음도 더욱 강하고 견고해진다.

　자신감은 자기가 목적한 바를 성취할 수 있다는 주관적인 신념이다. 자신감 정도를 결정하는 요소는 활동의 성과, 타인 특히 존경하는 사람의 자신에 대한 태도 그리고 자아 평가의 세 가지가 있다.

　학업 성적, 성공은 그 어떤 것보다도 자신감을 강화시킨다. 심리학 연구 결과, 개인의 자신감과 그의 성공은 정비례하며 성공의 횟수가 많을수록 기대가 높아지고 자신감이 강해지며 좌절을 많이 겪을수록 기대가 낮아지고 자신감이 줄어든다는 것이 증명되었다. 예를 들어 대학 진학 시험에 합격하지 못한 학생은 자기가 대학에 들어갈 실력이 되는지에 의문을 품고 전문대학에 응시한다. 그러나 대학에 합격한 학생은 자신감에 가득 차서 대학원에 진학하고 싶어 한다. 그러므로 우리—특히 자신감이 부족한 사람—가 가장 먼저 해야 할 일은 자신을 독려해서 작은 일에서라도 성과를 내는 일이다. 단번에 여러 면에서 두각을 나타내려는 강박관념을 가질 필요는 없다. 그럴 경우 실망만 더 커질 뿐이다. 우리에게 필요한 것은 학습 장애를 서서히 극복하고 학업에 대한 자신감을 향상시키는 일일 것이다.

자신감에 영향을 미치는 또 다른 요소는 자신에 대한 타인의 태도이다. 여기에는 자기가 자신에게 품고 있는 기대와 믿음도 포함된다. 중국에서 남녀 학생들의 지능 차이에 대한 연구가 여러 차례 실시되었다. 그 결과 남녀 중학생의 지능은 두드러진 차이를 보이지 않았다. 그러나 대학생의 경우는 그 차이가 매우 컸다. 원인을 찾아보니 그중 중요한 원인은 바로 학부모와 교사로부터의 기대와 믿음의 차이였다. 많은 학부모와 교사들은 남자아이가 더 똑똑하고 여자아이는 더 말을 잘 듣는다는 편견을 가지고 있다. 또한 남자아이는 공부시키고 여자아이는 집안일을 돕게 해야 한다고 생각한다. 이러한 환경에서 성장한 학생들은 자신감에 큰 차이를 보이게 되었다. 남학생들은 학업에 더욱 노력을 기울여야 하며 노력만 하면 좋은 성적을 얻을 수 있다고 생각하는 반면 여학생들은 자기가 남학생만 못하다고 생각하고 노력자체를 게을리 했다. 이러한 생각의 차이가 학습효율에 영향을 끼친 것은 어쩌면 당연한 결과이다.

자신감에 영향을 끼치는 세 번째 요소는 자기 평가이다. 자신을 정확하게 평가하는 것은 쉽지 않은 일이다. 자기 평가에서 나타나는 극단적인 성향에는 다음의 두 가지가 있다. 첫째, 자신이 특별한 운명을 타고 났다고 생각하고 과대평가하는 경우와 두 번째, 자신을 하찮게 여기고 자기 능력을 낮게 평가하는 경우이다. 후자의 경우는 대체로 학업 성적 향상을 저해하는 중대한 원인이 된다. 소련의 한 심리학 연구 조사에 따르면 소련 내에 있는 학교의 학급 인원 중에 자기에게 불만을 품은 학생수가 90%나 되었는데 그들은 특정 방면에서 자신이 남들만 못하다고 생각하고 있었다. 그러나 그들이 말하는 '남'이란 도대체 누구일까? 그것은 실제로는 그들 자신이 만들어낸 허구의 대상이다. 그러므로 학업 성적을 향상시키려면 이러한 환상을 깨고 자신감을 길러야 한다.

믿음은 학습 과정에서 차지하는 비중이 매우 크다. 믿음이 없다면 결심은 공허한 구호가 되어버리며 인내심을 발휘할 여지도 잃을 것이다. 믿음은 의지 과정에서 결심과 인내심을 이어주는 교량의 역할을 한다. 믿음 여부에 따라 학습의 성공 여부가 결정된다. 필자는 친구들을 통해 이를 깊이 체험했다. 필자의 친구 중에는 대학재학 시절 사고가 기민하고 박식하며 견해가 남 다른 이들이 있었다. 그러나 그들은 원대한 포부와 자신감이 결여되어 있었으며 늘 이렇게 말했다.

"우리네야 그저 평범하게 살다갈 인생들이지."

그 결과, 그들은 정말 평범하게 살아가고 있다. 반대로 동기 중에는 대학 입학 점수는 그리 높지 않았지만 1학년 때부터 원대한 이상을 품고 꿈을 이룰 수 있다는 자신감으로 충만한 이들도 있었다. 결과는 사뭇 달랐다. 시간이 지날수록 그들의 성과가 차곡차곡 쌓여서 결국은 자기 분야에서 두각을 나타내게 되었다. 자신감 있는 사람은 결국에는 성과를 거두고 열등감에 시달리는 사람은 아무것도 이루어내지 못한다.

일본능력개발연구소 소장은 중학교 1학년 때까지도 둔재 소릴 듣는 학생이었다. 1학년 전체 학생 500명 중에 470등이었던 그는 놀기를 좋아하고 공부를 죽도록 싫어했다. 그러나 중학교 2학년이 되면서 그의 시험 성적은 가파르게 올라가더니 전교 10위권으로 진입했다. 그는 당시를 이렇게 회상한다.

"그런 변화가 있었던 것은 전적으로 아버지의 격려 덕분이었습니다. 당시 성적이 너무 나빴기 때문에 아버지는 기회만 되면 자신감을 가지라고 가르치시며 이렇게 말씀하셨죠. '얘야, 네가 강에서 고기를 잡던 산에서 꿩을 잡던 솜씨가 정말 훌륭하지 않니. 네 머리가 다른 사람보다 좋기 때문에 그런 거란다. 바둑이나 장기도 내가 한번 가르쳐주면 곧잘 배우지 않니. 만약 그런 마음으로 공부를 한다면 학업 성적은 분명히 좋아질 거야.'"

그는 아버지의 격려에 큰 힘을 얻었으며 연구소 소장으로 취임한 후 자신감을 능력 개발의 전제로 삼았다. 그리고 연구소를 방문하는 사람들에게 자신감이 얼마나 중요한가를 알려주고 있다. 예를 들어 기억력이 나쁜 학생의 가족에게 그는 '분명히 기억할 수 있다'며 자녀를 격려하도록 지도한다. 내방자가 이 점을 분명히 인식했을 때 그는 한순간 자신의 기억력이 훨씬 좋아진 것처럼 느낀다.

믿음이 있으므로 우리는 심리적인 잠재능력을 개발하고 지혜의 문을 두드릴 수 있다. 그렇다면 어떻게 해야 자신감을 가질 수 있을까?

먼저 약간의 심리학 지식을 쌓아라. 심리학 연구에 따르면 이 세상에는 분명히 천재와 바보가 존재한다. 그러나 이들의 숫자는 극히 적다. 인간의 지능 분포는 중간이 많고 양끝이 적은 형태를 띠고 있다. 대부분의 사람들이 중간에 속하며 지능의 차이는 별로 없다. 백치만 아니라면 우리는 하고 싶은 일을 하고, 성과를 낼 수 있다. 이 점을 이해한다면 믿음을 갖지 못할 이유가 없지 않은가?

다음으로 모범이 되는 사람을 본받아 생활하라. 그 사람을 본받아 자신을 독려한다면 어느새 자신감으로 가득 찬 자신의 모습을 발견하게 될 것이다. 네덜란드 물리학자이자 노벨상 수상자인 반데르발스van der Waals가 바로 이런 사람이다. 그의 이웃집은 일찍이 유럽의 유명한 사상가의 고택이었다. 그는 미천한 집안에서 태어나 가난하게 살았지만 어려서부터 공부를 좋아하여 결국은 독자적인 철학 이론을 수립했다. 반데르발스는 일상에서 시련에 직면하거나 학업이나 연구가 순탄치 않을 때마다 책상을 내리치며 이렇게 자문했다고 한다.

"내 이웃 역시 이런 어려움을 겪었을 것이다. 그런데도 그는 성과를 이루었는데 나는 어쩌면 이렇게 못난 것일까?"

그는 이런 식으로 위인을 본보기로 삼아 자기를 독려했고 결국은 뛰어난 수학자가 될 수 있었다.

그 밖에 성공의 체험과 철저한 자기분석과 개선을 통해 자신감을 향상시킬 수 있다.

(3) 인내와 학습

인내는 의지 활동의 세 번째 단계이다. 중국 고대 학자들은 인내를 매우 중요한 덕목으로 보았다. 예를 들어 순자荀子는 이렇게 말했다.

"자르다가 그만두면 썩은 나무도 자를 수 없지만 새기기를 그만두지 않는다면 쇠나 돌에도 새길 수 있다.(鍥而不舍, 朽木不折, 鍥而不舍, 金石可鏤)"

인내는 의지과정에서 매우 중요하다. 결심과 믿음만 있고 이를 지속시킬 인내심이 없다면 결심은 속없는 찐빵이 될 것이며 믿음은 순식간에 자취를 감출 것이다.

인내심은 마찬가지로 학습에 매우 중요한 작용을 한다. 《태평양太平洋》의 작가는 말했다.

"무릇 재능은 기력만 못하고 기력은 쉼 없이 행함만 못하다."

이는 믿음과 인내심이 상호보완관계이며 믿음과 인내심이 있는 사람은 개울이 흐르듯이 막힘없는 기세로 쉼 없이 앞으로 나아감을 말한다.

완강한 인내심만이 세계에서 가장 높은 산을 정복케 한다는 저명한 소설가 디킨스Charles John Huffam Dickens의 명언은 얼마나 적절한 표현인가!

그렇다면 학습 과정에서 어떻게 인내심을 기를 수 있을까?

먼저, 고난을 충분히 예상해야 한다. 결심과 믿음은 있으되 인내심이 부족한 사람의 대부분은 학습 과정에서 어려움에 처했을 때 심리적으로 충분히 준비하지 못한다. 그 결과, 고난에 직면해서 어찌할 바를 몰라 하다가 백기를 들고 투항한다. 그러므로 결심이 확고하다면 발생 가능한 어려움과 장애에 대해 다각도로 진지하게 분석해봐야 한다. 더욱 주도면밀하게 고난을 대비하고 고난을 극복할 대책을 강구해야 한다. 그렇게 하면 실제 상황에서 적절한 방법으로 고난에 대응할 수 있을 것이다.

다음으로 고난에 빠져서도 결코 희망을 버려서는 안 된다. 역사상 수많은 일화 속의 인물을 보라. 그들은 오랜 시간 노력을 기울였지만 거의 성공의 목전에 도달할 즈음 인내심이 2% 부족했기 때문에 실패했다. 그 이유는 바로 변증법적인 사고 능력이 부족했기 때문에 눈앞에 닥친 고난의 안개에 둘러싸였기 때문이다. '백 리 길의 반은 구십 리'라는 말이 있다. 사람들이 대부분 구십 리에서 뒷걸음치거나 최후의 십리를 포기하기 때문에 애당초 길을 걷지 않은 것이나 마찬가지라는 도리를 담고 있다. 그러므로 우리는 고난 때문에 뒷걸음치거나 흔들리지 않는 강인함을 길러야 하며 미래와 성공에 대한 기대로 자신을 격려해야만 할 것이다. 유명한 물리학자이자 1902년 노벨물리학상 수상자인 피테르 제만Pieter Zeeman은 말했다.

"과학 연구에 종사하는 어려움은 한 단계의 일을 단숨에 해치워야만 손을 놓을 수 있다는 점이다. 중간에 포기하면 나중에 다시 시작했을 때 많은 시간을 낭비하는 셈이 된다. 우리 생에 부여된 시간은 그 얼마나 짧고 유한한가!"

그의 소중한 충고를 반드시 새겨들을 일이다.

4. 의지 활동의 법칙과 학습

의지와 감정은 심리 활동과 마찬가지로 법칙에 의해 순환한다. 학습 과정 중에 만약 우리가 의식적으로 의지 활동의 법칙에 따른다면 학습이 훨씬 순조로워짐은 물론 학습 효율을 향상시킬 수 있다.

그렇다면 의지 활동에는 어떤 법칙이 작용하는 것일까? 이러한 법칙들은 학습 과정에서 도대체 어떠한 의미를 갖는가? 여기서는 다음의 몇 가지 측면에서 설명하고자 한다.

(1) 의지의 발전 법칙

인간의 의지는 선천적인 것이 아니다. 신생아는 의지라고 할 만한 것을 지니고 태어나지 않는다. 그들은 밤낮을 구분하지 못하며 부모가 무엇을 하던 간에 울며 보챈다. 나이가 어린 아동의 의지는 비교적 단순하고 유약하다. 그들의 의지는 다음과 같이 표출된다.

첫째, 그들의 소망은 자주 변한다.

둘째, 그들은 충동적이며 자기 억제 능력이 매우 부족하다.

셋째, 그들은 쉽게 암시에 빠지며 남의 행위를 곧잘 모방한다.

넷째, 때로는 암시된 것과 전혀 상반되는 행동을 하기도 한다. 즉 쉽게 반감을 표시한다. 특히 초등학교 저학년들이 이런 특징을 가지고 있다.

나이가 들어감에 따라 아동의 정신 연령이 높아진다. 아동의 지식이 풍부해지고 교제 범위가 넓어지면서 그들의 의지는 점차 복잡하고 강해진다.

(2) 의지와 행동 불가분의 법칙

앞에서 이야기했듯이 의지란 명확한 의지를 가지고 당면한 고난을 극복하려는 행동으로 표출된다. 때문에 심리적 법칙의 관점에서 볼 때, 의지와 행동은 불가분의 관계에 있다. 즉, 행동을 떠난 의지는 생각할 수 없으며 의지는 시종 행동과 결부되어 있다. 개인의 의지에 대한 관찰은 그의 행동을 통해서만 가능하며 개인의 의지를 단련시키는 일 역시 그의 행동을 통해 목적을 달성할 수 있다.

의지와 행동이 불가분의 관계에 있다는 사실이 우리에게 시사하는 바는 구체적인 학업, 업무를 통해서만이 자기의지를 배양할 수 있으며 의지라는 품성을 단련하기에 유리한 환경에 처해있어야 한다는 점이다. 학습 과정에서 우리는 의식적으로 난관을 통해 의지를 단련시키고자 애써야 하며 절대 정신적 시련으로부터 도피하려 해서는 안 된다.

(3) 의지와 감정 간의 상호 제약 법칙

인간의 의지는 감정의 촉발을 받는다. 적극적이고 낙관적인 마음은 인간의 의지력을 향상시킬 수 있다. 반대로 소극적이고 비관적인 마음은 의지력을 저하시킨다. 이것이 바로 법칙의 일면이다. 다른 한편으로 의지는 인간의 감정을 조절한다. 강인한 의지를 통해 우리는 소극적이고 활동을 저해하는 감정들을 극복할 수 있다. 반대로 의지가 취약한 사람은 소극적이고, 심지어는 자기 비하에 빠진다. 결론적으로 의지와 감정은 밀접한 연관성을 가지며 서로 깊은 영향을 준다. 때문에 우리는 양자를 하나로 간주한다.

의지와 감정 간의 상호제약 법칙이 우리에게 시사하는 점은 다음과 같다. 학업과 업무 과정에서 완강한 인내심과 끈기를 기르려면 적극적이고 낙관적이며 고상한 감정을 길러야 한다. 이러한 감정들은 충만한 열의와 강인한 정신을 더욱 촉발시킨다.

(4) 의지의 강도와 극복하고자 하는 어려움 간의 정비례 법칙

앞에서 이야기한 것처럼 고난 극복은 의지의 중요한 특징이다. 이 법칙은 다음과 같이 표출된다. 특정한 조건 아래서 의지가 강할수록 더욱 많은 고난을 극복할 수 있다. 반대로 의지가 약할수록 극복할 수 있는 고난이 적어질 것이다. 마찬가지로 고난을 많이 극복할수록 의지는 더욱 강해지고 고난을 적게 극복할수록 의지는 점차 약해진다.

의지의 강도와 극복할 수 있는 고난의 수치는 정비례한다는 이 법칙이 우리에게 시사하는 점은 바로 강인한 의지를 기르기 위해 고난가운데서도 자신을 연마하라는 것이다. 성공하고 싶은 사람은 반드시 자신이 넘기 힘든 고난을 겪으면서 스스로를 단련해야 한다. 의지를 기르는 방법에 대해서는 앞으로 상세히 언급하겠다.

5. 의지의 유형과 학습

의지는 주로 완강형과 박약형, 활력형과 침체형, 피지배형과 지배형으로 나뉜다. 이러한 유형들은 인간 의지의 차이점을 반영한다.

(1) 완강형과 박약형

의지는 명확한 목적 하에 고난을 극복하고자 하는 심리적 과정이다. 고난에 직면해서 보여주는 태도의 특징에 따라 완강형과 박약형으로 나뉜다.

완강형의 특징은 고난을 두려워하지 않고 현실로 받아들이며 결국 고난을 극복해 낸다는 점이다. 이 유형의 사람이 고난에 대해 '고난은 용수철과 같아서 강하게 대처하면 약해지고 미온적으로 대처하면 강해진다'는 태도를 보인다. 완강형은 대체로 인내심이 강하다. 그들은 일반인이 견디지 못할 고통을 감내하며 고난을 극복한다.

완강형은 용감한 정신과도 밀접한 연관이 있다. 공자孔子는 이렇게 말했다.

"용기 있는 사람은 두려워하지 않는다.(勇子不懼)"

《묵자墨子, 경상經上》편에서는 다음과 같이 말했다.

"용기란 의지를 가지고 행동으로 옮기는 것이다(勇, 志之所敢也)."

이를 통해 용감한 행동은 강인한 의지와 과감한 실천에서 나옴을 알 수 있다.

　박약형의 특징은 고난을 두려워하며 회피한다는 점이다. 이 유형은 고난이 닥치면 당황해서 어찌할 바를 모르면서 겁을 먹고 걱정만 일삼는다. 이들은 인내심이 부족하거나 결핍되어 있으며 육체적 고통과 정신적 괴로움을 감내할 방법을 모른다. 그래서 그저 현실 생활에 안주할 뿐 역경에 맞서 분투하지 않는다. 완강형이 폭풍우 속을 날아가는 바다제비라면 박약형은 거센 바람과 풍랑에 맞서지 못하는 참새라고나 할까? 소심한 성격 역시 이 유형의 특징이다. 혁명의 배반자, 탈영병 등은 의지 표출 측면으로만 볼 때 박약형의 전형적인 예이다.

　현실 생활에서 우리가 마주치는 사람 중 대다수는 완강형이면서 박약형에 가깝거나 박약형이면서 완강형에 가까운 사람들 혹은 완강형과 박약형이 절반씩 섞인 사람들이다. 단순한 완강형이나 박약형은 매우 드물다.

　학습 과정에서 완강형의 의지는 매우 중요하다. 장하이디는 신체 감각과 기능의 2/3를 잃었지만 이러한 장애도 그녀의 의지를 꺾진 못했다. 그녀는 다음과 같은 말을 즐겨했다.

　“머리를 치켜들고 정면을 바라볼 수만 있다면 고통도 아름다움으로 승화될 수 있습니다.”

　이처럼 그녀가 고난에 용감히 맞서 강인한 인내력으로 극복해냈기 때문에 그녀의 저서 속 이야기들이 더욱 빛을 발할 수 있었다.

　중국의 유명한 수학자 화뤄겅華羅庚은 수많은 역경을 거친 사람이다. 그는 초년에 질병에 시달렸고 중년에는 국난을 겪었으며 노년에도 10여 년 간 재난이 끊이지 않았다. 그러나 그는 한시도 과학 연구를 멈추지 않았으며 주야를 가리지 않고 연구 활동에 전념했다. 1980년 그는 해외 강연에서 한 미국 학자의 편지를 받았다. 편지에는 다음과 같이 적혀있었다.

"이번 강연은 정말 감동적이었습니다. 귀하께서는 훌륭한 학자라면 아무리 열악한 역경에 처해 있더라도 뛰어난 성과를 거둘 수 있다는 것을 모두에게 증명해보이셨습니다. 그리고 안일한 환경에서 살아가는 저희 같은 사람들을 부끄럽게 만드셨습니다."

(2) 활력형과 침체형

활력형의 특징은 늘 활력과 생기가 넘치는 점이다. 우리는 주변에서 흔히 일을 시작하면 지칠 줄 모르는 정력을 발휘하는 사람들을 볼 수 있는데 이들은 활기차게 일하고 일마무리가 깨끗하며 좀처럼 지치지 않는다. 그리고 낙관적이며 의기소침한 모습을 찾아보기 어렵다. 이 유형과 함께 생활하면 그들의 활력에 감염되어 자기도 모르게 분발하게 된다.

침체형은 기력이 없고 늘 우울하다. 주변에서 무기력하게 일하고 적당히 얼버무리며 책임을 회피하는 사람들도 흔히 접할 수 있는데 이들은 인생에 대한 태도가 극히 소극적이라 하루하루 살아가는 데 의의를 둔다. 이 유형에게서는 '더 나은 내일'에 대한 희망을 찾아볼 수 없으며 '오늘 아침에 술이 있으면 오늘은 취하고 내일의 근심은 내일로 미룬다(今朝有酒今朝醉, 明日愁來明日憂)'는 인생철학이 보편적이다. 이들에게서는 생기나 활력을 찾아볼 수 없으며 함께 있으면 그들의 영향을 받아 의기소침해진다.

특정한 장소에서만 활력을 띄는 사람을 활력형으로 분류할 수 없듯 이 가끔 다소 침체된 모습을 보이는 사람을 침체형으로 분류할 수도 없 다. 바로 이 때문에 대다수 사람은 어느 한쪽의 극단적인 유형에 속하 지 않는다. 즉, 활력형에게서 침체형의 특징을 발견할 수 있고 그 반대 로 침체형이 활력형의 특징을 조금 가지고 있는 경우도 있다.

학업 과정에서 활력형의 의지는 매우 중요하다. 의지가 있어야만 정 력이 충만한 상태에서 왕성한 투지로 학습에 매진할 수 있다.

여기서 꼭 지적하고 싶은 것은 학업과 업무에서 주관적, 객관적 조건 없이 무조건 생기발랄한 정신을 가지도록 권장하는 것은 아니라는 사 실이다. 예부터 미담처럼 전해지는 '현량자고懸梁刺股' 이야기는 그 정 신은 가상하나 결코 현명한 방법이 아니다. 현량은 한漢나라 사람 손경 孫敬에 관한 고사이다. 그는 공부하기를 매우 즐겨했는데 피곤함이 절 정에 달해도 쉬지 않았다고 한다. 그는 졸음을 쫓기 위해 머리에 노끈 을 묶고 노끈의 다른 한쪽을 대들보에 묶어서 졸음이 와도 고개가 떨어 지지 않도록 하여 독하게 공부했다. 자고의 유래는 다음과 같다. 전국 戰國 시대 사람 소진蘇秦은 필사적으로 공부에 매달렸는데, 밤에 졸음이 쏟아지면 송곳으로 허벅지를 찔러 잠을 쫓아냈다고 한다. 손경과 소진 의 면학 정신은 높이 살 만하지만 그들의 행동을 효과적인 방법이라고 보기는 어렵다. 이러한 방법들은 피로를 누적시키고 심신의 건강을 해 치게 되며 결국은 활력이 충만한 상태로 학습에 매진하는 일 자체가 불가능해진다. 적당한 휴식을 병행하며 충분한 수면을 취하면서 피로를 풀어준다면 학습과 업무 효율이 배가될 것은 의심의 여지가 없다.

(3) 지배형과 피지배형

지배형의 특징은 유아독존의 태도로 그들은 자기 의지를 남들에게 강요한다. 지배의 의미는 자신의 의지로 남들이 자기에게 복종하도록 강요하는 것이다. 주위에서 이런 유형은 흔히 볼 수 있다. 그들은 자기 자신만을 신봉하며 주관대로 일을 처리한다. 이들은 '세상에는 안 되는 일이 없다'는 소위 자유의지론의 신봉자들이기도 하다.

반면에 피지배형은 절대복종을 특징으로 하며 통상 남의 의지 혹은 권위에 굴복하여 그들에게 순종한다. 피지배란 바로 남의 제어와 지배를 받으며 남의 암시를 받음을 말한다. 이 유형은 도처에서 찾아볼 수 있다. 그들은 남에게 친절하고 붙임성 있게 행동하며 자기 주관이 없다. 또한 자신이 해야 할 일임을 알면서도 감히 실행으로 옮기지 못하고 늘 남의 눈치만 본다. 그들은 때로 외부의 압력을 참고 견디는 일을 하늘이 내린 소명으로 생각하므로 아무리 불행한 처지에 놓일지라도 각박한 운명이나 남을 탓하지 않는다.

분명한 것은 극단적인 지배형이나 피지배형은 모두 바람직하지 않으며 심지어는 자신에게 해롭다는 점이다. 인간의 의지품성에 있어 지배형과 피지배형은 하나로 융합되어 서로를 견제할 수 있어야 하며 이를 통해 객관적인 법칙과 주관적인 조건이 허용하는 범위를 초월하지 않아야 한다. 전쟁광이자 악랄한 독재자인 히틀러Adolf Hitler는 지배형이 극단적으로 발전한 인물이며 《홍루몽紅樓夢》에 등장하는 가계賈桂 같은 인물은 피지배형의 극단적인 예이다. 물론 이 두 유형은 우리와 전혀 다른 사람들이다.

학업 과정에서 의지의 지배형과 피지배형은 모두 지나쳐서는 안 된다. 지배형은 통상 잘못된 자기 생각을 고집스럽게 밀고나가며 겸허한 마음으로 남에게 가르침을 청하려 하지 않는다. 그래서 생각이 폐쇄적이고, 고립되어 살아간다. 피지배형은 자기의 의견을 분명하게 주장하지 못하고 권위를 두려워한다. 따라서 과거를 답습하며 생활하므로 그들의 삶은 창조성이 결여되어 있다. 그러므로 학습 과정에서 겸허한 치학治學의 태도를 교육의 모토로 삼아야 한다.

겸허함이란 무조건 남의 의견을 전면적으로 받아들이는 것이 아니다. 그러한 맹목적인 태도는 피지배형이나 다름없다. 때문에 우리는 사고의 참신함에 더욱 역점을 두어야 한다. 아인슈타인Albert Einstein은 바로 이런 참신한 정신을 가진 인물이었다. 절대다수의 물리학자들이 아무런 의심 없이 뉴턴의 공간과 시간 공식을 사용할 때 아인슈타인은 이를 신봉하지 않았다. 대신 그는 새로운 정답과 결론을 도출하기 위해 노력했으며 결국 상대성 이론을 완성했다.

6. 의지의 품성과 학습

의지의 주요 품성은 의지의 자각성, 과단성, 지속성과 자기제어성이며 이 네 가지는 모두 학습과 밀접한 연관이 있다.

(1) 의지의 자각성과 학습

인간은 자기 행동의 목적과 그 사회적 의의를 명확히 인식하고 자기 행위를 그 목표에 맞추고자 한다. 이를 의지의 자각성이라고 한다. 의지의 자각성을 지닌 사람은 객관적인 사물의 발전 법칙을 근거로 자각적으로 행위 목적을 확정하고 단계적으로 유효한 행동 방식을 취하여 행동의 맹목성을 줄이는 한편 자신의 주관적 능동성을 강화한다.

당대 저명한 학자인 정진더鄭振鐸는 자각성이 고도로 발달한 사람이었다.

5·4운동 시기에 정진더는 '인생에 도움을 주는 문학 창작'을 주창했다. 동시에 그는 살아 있는 동안 인민에게 도움이 되는 사람이 되기를 희망했다. 그래서 그는 자기에게 엄격하고 자기수양을 게을리 하지 않았다.

1927년 11월 30일은 그의 30세 생일이었다. 그는 일기에 자신을 격려하기 위해 이렇게 썼다.

"인생의 절반을 살았건만 아무 일도 이루지 못했으니 부끄러울 따름이다."

그러고 나서 그는 앞으로 이행해야 할 일생의 목표를 정했다.

1) 책을 읽을 때는 한 페이지라도 정성껏 읽고 순간적으로 떠오른 생각이나 감상은 바로 적어둔다.
2) 그날 일은 그날 끝낸다.
3) 시간을 어영부영 소비하지 않는다.
4) 쓸데없는 생각을 하지 않는다.
5) 업무와 학업은 순서대로 수행한다.

자각성이 부족한 사람은 다음과 같은 두 가지 바람직하지 못한 특징을 보여준다. 첫째, 쉽게 암시에 빠지며 둘째, 독단적이다. 전자는 남을 극도로 믿지 않으며 쉽게 외부의 영향을 받고 또한 원래 계획을 쉽게 변경한다. 후자는 타인의 충고를 완강히 거부하며 심지어는 현실상황의 변화를 고려하지 않은 채 자기 견해를 고집하며 독단적으로 행동한다. 이 두 가지 정황은 실은 피지배형과 지배형의 표현인 셈이다.

학습 과정에서 우리는 자신의 자각성에 대한 의지를 길러야 하며 명확한 학습 목표를 정하고 자신의 목표를 국가와 사회 차원으로 연계시켜 확장시켜야 할 것이다.

(2) 의지의 과단성과 학습

인간은 시비를 분별하는 능력이 있으며, 이를 이용하여 적절하게 결정을 내리고 결정을 행동에 옮기는 것을 의지의 과단성이라고 한다. 두 가지 상황이 있을 수 있는데, 진정으로 과단성 있는 사람은 객관적인 상황에서 즉각적인 결정이 필요할 때 망설임 없이 결정을 내린다. 이것이 첫 번째 상황이다. 두 번째 상황은 객관적인 상황에서 결정을 미뤄야 할 경우 심사숙고하고 상황이 무르익었을 때 비로소 그에 상응하는 조치를 취하는 것이다.

과단성 있는 사람만이 주변 환경에 미혹되지 않고 운명의 배를 몰아 성공의 피안彼岸에 도착할 수 있다.

과단성과 상반된 품성은 성급한 결정과 우유부단함이다. 우유부단한 사람은 작은 득실로 고민하므로 발전할 수 없다. 성급한 결정을 내리는 사람은 사고를 게을리 하고 경거망동하는 경향이 있다. 이 두 가지는 서로 영향을 미친다. 우유부단한 사람은 선택을 내리기 전에 결정을 내리지 못하고 시간을 끌다가 시기를 놓치거나 일이 임박해서야 조급하게 결정을 내리므로 그의 결정은 맹목적이고 독단적일 수밖에 없다.

과단성은 학습 과정에 매우 중요한 의미가 있다. 시험을 예로 들자면 고사장에서 시험 문제를 자세히 살펴보지도 않고 문제 풀이를 시작하는 사람이 있을 수 있다. 그는 규정된 시간보다 훨씬 빨리 답안지를 제출하고 득의양양해하며 뽐낸다. 또 어떤 사람은 지나치게 여러 가지를 생각하며 답을 표기하지 못하고 자기가 잘 아는 문제도 망설이다가 결국은 시간 안에 답안을 작성하지 못한다. 이 모든 것이 과단성 부족을 보여주는 사례이다. 이와 달리 과단성 있는 사람은 진지하게 출제자의 의도와 요구를 파악하고 시험에 필요한 시간을 충분히 계산해서 아는 문제부터 먼저 풀이한다. 그리고 문제 풀이를 끝내고 나서도 잘못 쓴 부분은 없는지 몇 번 더 검사하고서야 답안지를 제출한다. 비단 시험뿐 아니라 읽기, 사고, 작문, 연구도 마찬가지다.

이에 필자는 학습자들에게 과단성 있는 의지로 슬픔과 방황, 불안과 동요, 관망하는 태도를 버리고 적극적인 자세로 새로운 생활을 개척하기를 권고한다.

(3) 의지의 지속성과 학습

인간이 인내심을 가지고 특정한 행동을 일관적으로 끝까지 행하는 것을 가리켜 의지의 지속성이라고 한다. 의지지속성을 갖춘 사람은 절대로 한 번 성공했다고 자만하지 않으며, 역시 한 번 실패했다고 의기소침해하지 않는다. 그는 온갖 유혹에 영향을 받지 않으며 닥쳐온 고난에 겁먹지도 않는다. 그리고 시종일관 충만한 정력과 강인한 인내력으로 학업과 업무를 수행한다. 그는 자신의 행위에 따른 영욕에 관심을 두지 않으며 묵묵히 자기 길을 걸을 뿐이다.

한편, 의지 지속성이 결여된 사람은 집요함과 동요에 있어 전혀 상반된 행동을 보여줄 것이다. 전자는 융통성이 결여된 경우이고 후자는 상황의 영향을 받고 동요되는 경우이다. 서예가 쉬퉁舒同은 일찍이 이런 사람들을 다음과 같이 묘사했다.

"그들은 오늘 거창한 목표를 세우고 포부에 가득차서 좌우명도 정한다. 장엄한 경구 몇 자를 적어 넣고는 이번엔 노트에 '치학治學 계획'을 적는 일에 몰두한다. 그러나 시간이 경과한 후 살펴보라. 그들은 또 다른 목표를 세우고 좌우명의 내용을 바꾸며 노트를 새로 마련할 것이다. 그렇다고 이전에 세운 목표를 이루었는가 하면 그런 것도 아니다. 게다가 새로 세운 목표도 조만간 같은 신세가 될 터이다. 그 이유는 바로 인내심 부족이다. 군사 용어로 다시 바꾸어 보면 '왕성한 공격 정신과 불굴의 의지'가 부족하다고 표현할 수 있겠다."

인내심이 부족한 학습자들은 쉬퉁의 글에서 깨우침을 얻길 바란다.

(4) 의지의 자기 제어성과 학습

인간은 자기감정을 잘 조절해서 행동하고 언행을 단속하는 능력이 있는데 이를 가리켜 의지의 자기 제어성이라고 한다. 공자가 말한 극기克己가 바로 이것이다. 자기 제어성을 갖춘 사람은 이미 결정 내린 일을 스스로 실천에 옮기며 이에 반하는 상황에 적극적으로 대응한다. 동시에 그는 자신의 소극적이고 충동적인 행위를 제어해서 자기 행위를 적절하게 조절한다. 한편 자기 제어성을 갖추지 못한 사람은 이 두 가지를 완수할 능력이 없다. 이 유형은 기분대로 행하거나 시류에 따라 행동하되 자기 행동에 책임을 지지 않는다.

자기 제어성은 학습 과정에 매우 중요한 작용을 한다. 인간의 정신력과 시간은 유한하므로 만약 학업에 정력을 집중하지 않고 욕망이 이끄는 대로 따른다면 결국 아무런 일도 해내지 못할 것이다.

인생에서 좌절은 필연적으로 겪어야 하는 일이다. 어떤 이들은 좌절을 겪으면 기가 죽어 비관적인 생각에 빠지며 삶의 희망을 잃는다. 그러나 어떤 이들은 조금도 위축되거나 의기소침해지지 않고 스트레스를 자기 발전의 원동력으로 전환시킨다. 전자는 자기 제어성이 결핍된 경우이고 후자는 자기 제어성을 갖춘 경우이다. 불우한 환경에서 학문적 성과를 이뤄낸 청년수학자 리커정李克正의 성장 과정은 그야말로 고난의 연속이었다. 그중에서 그에게 가장 큰 타격을 준 것은 여자친구가 공장 근로자라는 그의 직업을 이유삼아 그와 헤어진 일이었다. 그러나 그는 다른 이들처럼 생활의 중심을 잃고 방황하지 않고 실연의 아픔에서 빨리 회복했다. 그리고는 어려운 수학 문제를 풀듯이 실패한 연애사를 분석하기 시작했다. 그리고 그는 이렇게 자신을 위로했다고 한다.

"기왕에 이렇게 되었으니 더는 아무런 미련도 갖지 말자. 거리를 활보하고 공원을 산책할 시간이 줄었으니 모든 정력을 일과 공부에만 집중하면 그만이다."

학습 효율을 높이기 위해서는 감정이라는 야생마를 이성으로 길들일 줄 알아야만 하며 원대한 목표로 과도한 욕망을 억누를 수 있어야 한다. 자제력을 발휘하여 분산된 정신을 집중시켜 자기 주의력의 주인이 되어야 할 것이다.

20

장재(張載)의 학습 심리 사상

장재張載는 북송北宋 때의 중요한 사상가로 그의 원기본체론元氣本體論은 명明, 청淸대의 유물론자唯物論者 왕정상王廷相, 왕부지王夫之, 대진戴震에게 계승 및 발전되었다. 그의 사상 체계를 구성하는 유심론唯心論은 송宋, 명明대의 유심론자 주희朱熹의 칭송을 받았다. 장재의 사상은 비교적 체계적이고 보편적인 심리에 대한 기본 내용을 망라하고 있으며 본 장에서는 그의 학습 심리 사상 위주로 소개하고자 한다.

1. 학습의 의의

학습이 인간의 심리적 발전에 미치는 영향에 대하여 중국 고대 사상가들은 풍부한 저서를 남겼다. 가장 대표적인 학자는 순자로, 그는 다음과 같이 말했다.

"군자가 널리 배우고 날마다 스스로를 반성하기를 거듭하면, 슬기는 밝아지고 행실은 허물이 없어진다(君子博學而日參省乎己, 則知明而行無過矣)."

장재는 심리학적으로 더욱 접근한 참신한 관점으로 학습의 의의를 논했다.

장재는 주로 인성론人性論의 관점에서 인간의 심리적 발전에 대한 학습의 의의를 설명했다. 그는 인성을 천지지성天地之性과 기질지성氣質之性으로 나누고 천지지성을 '선악의 구별이 없는 인간이 타고난 마음'으로, 기질지성을 '선악의 구별이 있는 인간의 후천적인 성품'으로 보았다. 천지지성은 추상적이며 인간을 초월해서 독립적으로 존재하는 신비한 성정이며, 기질지성은 구체적이며 후천적으로 생겨나는 성정이다. 이 두 가지 인성론의 기초 아래 장재는 학습 심리론을 정립했다. 그에 따르면 학습이란 기질지성을 변화시키기 위한 것으로, 기질지성의 '악한 부분'을 제거하여 천지지성으로 돌아가는 데 필요하다. 장재는 이렇게 말했다.

"학습의 이로운 점은 자신의 기질을 변화시키는 데 있다.(爲學大益, 在自能變氣質)"

"학습을 통해서 성인의 길에 이를 수 있다.(聖人可以學而至)"

기질지성을 변화시켜 천지지성으로 되돌아가는 것은 장재가 주장한 학습 심리 이론의 출발점이다. 그는 일반인이 성현聖賢에 이르지 못하는 이유를 기질상의 결함, 즉 천성天性에서 찾았고, 한편으로 학습을 통해서 봉건 교육의 규범을 받아들이면 일반인도 기질을 변화시켜 성현의 경지에 이를 수 있다고 설명했다. 장재의 기질설(氣質說)은 비록 정치적, 윤리적 색채가 농후하긴 하지만 객관적으로 인간의 정신적 규율을 반영하며, 이는 후학들을 면려勉勵하기 위함이었다. 남송의 주희朱熹

는 장재의 기질설을 높이 평가하고 자신의 사상 체계에 받아들여 '도심道心'과 '인심人心'을 제기했다.

장재는 후천적인 학습과 학습 환경이 인간의 심리 발전에 끼치는 작용을 매우 중요하게 여겼다. 그래서 다음과 같이 말했다.

"인간은 본디 마음이 없으며 사물로 말미암아 마음이 생겨난다.(人本無心, 因物爲心)"

위에서 보듯이 장재는 객관적인 사물을 인간이 인식할 수 있는 근원으로 보고, 객관적인 사물의 작용이 없다면 인간의 심리적 발전을 논할 수 없다고 여겼다. 천라만상天羅萬象의 세계를 살아가는 인간은 다채로운 활동과 장소에 처하므로 심리적인 차이가 객관적으로 존재할 수밖에 없는 것이다.

장재가 내세운 학습의 의의를 한마디로 요약하자면 '배우는 사람은 반드시 사람의 성정을 갖추어야 한다'로 정리될 것이다. 이 말은 인간의 본질에 대한 장재의 초보적인 견해를 나타낸다. 그는 생물체로서의 인간이 아닌 사회적 인간에 주목했다. 인간의 형상을 하고 있다 할지라도 학습을 통해 인류의 문화유산과 사회의 도덕규범을 배우지 않는다면 진정 인간이라고 부를 수 없을 것이다. 그의 명제는 '인간은 교육을 통해 완성된다'라는 루소Jean-Jacques Rousseau의 명언에 비할 바가 못 되지만, 루소보다 700년이나 앞서 이런 생각을 했다는 것 자체가 놀라울 따름이다.

2. 학습의 심리적 조건

학습의 심리적 조건이란 효과적인 학습을 위해 갖춰야 하는 심리적 요소를 말한다. 인식認識 과정과 의향意向 과정으로 구분되며, 여기서는 의향 과정 중의 심리적 조건에 대한 장재의 사상을 살펴보려고 한다. 장재가 언급한 심리적 조건은 다음과 같다.

첫 번째는 포부志이다. 학습 동기와 목적을 말하며, 이는 각각 이상과 포부를 의미한다. 장재는 개인이 품은 포부의 크기가 학습의 성공을 결정하는 전제 조건이라고 했다. 또한 포부가 학습, 개인의 재능, 사업, 그리고 도덕적 소양과 결합되어야만 원대한 포부를 사업의 성공과 고상한 인품으로 승화시킬 수 있다고 보았다. 이는 현대 심리학의 '요구수준Level of aspiration' 연구 결과와도 일치한다.

두 번째는 성실함慤이다. 즉 성실하고 신중한 성격적 특징을 갖추어야 한다. '慤(각)'은 심리적 품성인 동시에 도덕적 품성에 속한다. 장재는 심리적 품성과 도덕적 품성이 때로는 연결되고 때로는 구분된다는 것을 발견했다. 그는 성신함을 도덕적 품성을 기르는 방법이며 학습의 전제조건으로 보고 다음과 같이 말했다.

"덕성德性을 존중하지 않는다면 학문을 말하지 말라.(不尊德性, 則學問從而不道)."

하지만 심리적 품성과 도덕적 품성은 분리될 수도 있기에 먼저 성실하고 신중한 마음을 갖추고 나서 학습으로 지식을 쌓고 능력을 발전시켜야 한다고 했다. 성실하고 신중한 마음을 갖추지 않는다면 아무리 총명하고 재능이 있다 하더라도 사람들이 인간으로 대접해주지 않을 것이다.

셋째는 흥미趣이다. 장재는 학습에 대한 흥미를 중요한 심리적 조건으로 보았다. 만약 학습에 전혀 취미가 없다면, 아무리 타고난 재능이 뛰어나고 각고의 노력으로 공부한다고 해도 학문적인 성취를 이루기 어렵다고 했다. 모두 알고 있듯이 심리학에서는 흥미를 호기심, 지적 욕구, 흥미로 나누며, 그 가운데 흥미가 가장 고차원적인 감정으로 지향志向과 이상理想을 포함한다. 장재는 초보적이나마 흥미를 분류하고 흥미와 관심의 내재적 관계와 학습에서의 작용을 발견했다.

네 번째는 강인함强이다. 《역경易經》에 다음과 같은 말이 있다.

"하늘의 운행은 굳건하니, 군자는 이로써 스스로 굳세어 쉬지 않는다.(天行健, 君子以自强不息)"

여기서 '강强'은 용감하고 강인한 품성을 말한다. 장재는 강인함이 학습에 매우 중요한 작용을 한다고 생각했다. 학습은 수고로운 노동이며 어려움과 장애를 두려워하지 않아야만 정상에 오를 수 있기 때문이다. 그는 사람들이 배우면서 범하는 가장 큰 실수가 '어려움 때문에 학업을 포기하는 것'이라고 했다. 그래서 학생들에게 잠시도 쉬지 말고 용감하게 앞으로 나아가라고 요구했다.

다섯 번째는 노력勉이다. 장재가 말하는 노력이란 목표를 달성하기 전에는 절대 쉬지 않는 의지력으로, 기본적으로 결심, 자신감과 끈기의 최고 단계이다. 또한 끊임없이 공부해야만 자신의 성性에 반대되는 경지에 도달할 수 있다. 장재는 의지의 세 단계 중에서 끈기와 자신감을 결부해 양자를 보완 관계로 보았다. 이는 오늘날의 저서에서도 발견하기 어려운 참신한 해석이다.

3. 학습 과정

선진先秦 유학자들은 학습 과정을 다음의 7단계로 분류했다.

"뜻을 세우고 넓게 배우고, 상세히 묻고, 신중히 생각하라. 명확하게 판단하며 시시때때로 복습하고 독실하게 행하라.(立志, 博學, 審問, 愼思, 明辨, 時習, 篤行)"

순자는 일찍이 이 체계를 지知와 행行의 두 가지로 단순화시키려 했으며, 그러한 순자의 사상이 주희 대에 와서 형식을 갖추었다. 주희는 다음과 같이 말했다.

"배우고, 묻고, 생각하고, 판단하여 선함을 택하는 것을 '지식'이라 하니, 배우면 곧 지식을 얻게 되며 독실하게 행한다 함은 (선을) 굳게 잡고 실천하는 것이다(學, 問, 思, 辯, 所以擇善而爲知, 學而知也, 篤行, 所以固執而爲行, 利而行也)."

이러한 장재의 역할은 지행知行 관계에 대한 송宋대 이학자들의 토론을 가열시켰다.

먼저 학습 과정의 '지知'에 살펴보자.

장재는 듣고 보는 것聞見, 이치를 따지는 것窮理, 마음을 다하는 것盡

性 세 가지를 언급했다. 그중에서 듣고 보는 것과 이치를 따지는 것이 앎知에 속한다. 다시 말하자면 앎이란 감성적인 인식과 이성적인 인식의 두 가지 단계를 포함한다. 장재는 문견聞見이 사물을 인식하는 초보 단계이며, 이 단계에서 감각 기관은 사물의 형상만 인식할 뿐 그 본질에 대해서는 알지 못하므로 사유思惟 행위를 통해 이치를 따지고 나서야 비로소 사물을 제대로 이해할 수 있다고 보았다. 하지만 그의 인식론은 당시에 기득권의 환영을 받지 못했다.

장재의 '진성盡性(주관적 자아의 본성으로서의 성을 다 안다는 뜻)'이란 지식을 넓히고 도덕적 수양을 쌓는 것을 말한다. 여기서 말하는 '행함行'은 주로 도덕적 수양을 말한다. 그는 '행함'을 중요하게 여기고 늘 '배우고 행함學行'을 같이 거론했으니 여기서 행함이란 학습을 의미한다. 또한 행하여 이루지 못하면 성인의 경지에 이를 수 없다고 했으니 그가 강조한 것은 행위의 변화였다. 학습은 단순히 지식을 습득하는 것이 아니라 자기 행위를 바꿀 수 있어야 하며, 행위의 발전이 학습 효과를 평가하는 중요한 기준이 된다.

4. 학습 방법

앞장에서 선진 유학자들의 7단계 학습 방법에 대해 언급했는데 각 단계별 요점은 박학博, 상세審, 신중愼, 명철明, 독실篤에 있다. 장재는 크게 박학博學, 차기箚記(독서하면서 느낀 요점이나 감상을 적은 글), 질의質

疑, 교우交友와 자구自求에 대해 언급했다.

박학博學은 학습의 처음 단계이며 널리 배워야 전문적인 지식을 쌓을 수 있다. 장재는 폭넓은 지식은 주로 책을 통해 얻게 되며, 책을 읽을 때는 거시적인 태도로 내용을 파악하고 순서에 따라 전문적인 내용을 다루어야 한다고 했으며, 또한 꾸준히 독서해야 지식이 누적되어 학습 효과를 거둘 수 있다고 보았다.

그는 기억력을 중요하게 여겼고, 오늘날의 노트 혹은 색인 카드에 해당하는 '차기'를 이용해서 기억력을 연장할 수 있다고 생각했다. 기억은 사유思惟의 전제가 되며 기억한 내용이 있어야 사유가 가능하므로, 양자는 서로 떨어질 수 없는 관계이다. 기억력은 또한 사유의 성과를 유지하는 수단이다. 다른 한편으로 사유는 기억력을 돕는다. 유의미有意味한 기억이 기계적인 기억보다 훨씬 효과적이라는 사실이 심리학 실험 결과 증명되었다.

질문을 잘하는 것 역시 사유에 도움이 된다. 학습 도중에 질문을 많이 하고 의문을 해결할 수 있어야만 새로운 지식을 획득할 수 있는데, 이는 학습 방법의 금과옥조金科玉條에 해당한다.

다음으로 '교우交友'에 대해 알아보자. 장재는 개인이 알고 있는 지식은 지극히 협소하므로 여러 사람과 지식을 나누어야 주관적인 판단으로 말미암아 실수하는 상황을 방지할 수 있다고 보았다. 그래서 친구들과 반복해서 토론하고 연구하는 가운데 학술적인 성과를 거둘 수 있다고 말했다. 현재 국내외 학습 심리 이론은 대부분 개인에 편중되어 있고, 집단과의 교제를 통한 작용에 대해서는 연구된 바가 적다. 이런 점에서 장재의 견해는 더욱 참고할 가치가 있다.

마지막으로 자구自求에 대해 살펴보자. 이는 학습자가 주동성과 적극성을 발휘하는 것을 뜻한다. 장재는 친구들의 도움을 중요하게 생각했지만, 학습자 본인의 노력이 더욱 중요하다고 보았다. 그는 물건을 훔친 도둑을 예로 들어 이렇게 설명했다. 학습은 물건을 훔치는 것과 같다. 책을 읽고 지식을 쌓는 것은 '남에게서 지식을 구하는 것'과 같고 길에서 주워듣는 것과 같으므로 물건이 어디에 숨겨져 있는지 모르는 것이 당연하다. 친구가 뭐라고 말하든지 간에 스스로 그 집에 들어가서 뒤져봐야 보물이 있는 곳을 알아낼 수 있다. 적당한 비유는 아니지만 '스스로 구하라'는 의미를 전하고자 한 것이다. 스스로 구해야 얻을 수 있고 스스로 얻어야 족함이 있는 법이다.

5. 학습의 본질

학습이란 무엇이며 학습의 본질은 무엇인가? 이 문제를 심리학적 측면에서 연구하기 시작한 것은 근현대에 들어오면서부터이며, 지금까지도 의견이 분분하다.

지금까지 살펴본 장재의 학습 이론을 통해 그가 생각하는 학습의 본질을 정리하면 다음과 같다.

첫째, 학습을 자극과 반응에 따라 경향성이 형성되는 행위로 보았다.

둘째, 칭찬과 처벌이 학습 과정에서 서로 다른 작용을 한다고 보았다.

가령 개가 대청마루에 올라오지 못하게 하려면, 개가 마루에 올라왔을 때 바로 때려서 쫓아버리면 된다. 만약 개를 쫓으면서 먹을 것을 주면 개는 어찌할 바를 몰라 하고, 나중에 아무리 꾸짖어도 다시 마루 위로 올라올 것이다. 즉 꾸짖는 것보다 먹이를 주는 것이 더 효과적이라는 점이 입증되었다. 이 점에 관해서는 미국 심리학자가 일찍이 개괄해서 이론을 정립했다. 그는 이렇게 말했다.

"신경 체계에서 자극과 반응이 연결되고 만족이 수반될 때 연결은 강화強化되며, 걱정이 있다 해도 이 연결을 감소시키거나 없애지 못한다."

그 다음으로 장재는 기억력을 중요하게 여겼다. 게다가 그는 기억과 사유를 밀접하게 결합시켰으니 행동주의학파보다 훨씬 뛰어났다.

21

왕부지(王夫之)의
학습 심리 사상

왕부지王夫之는 명청明淸 무렵의 계몽 사상가이다. 그는 20세 때 장사長沙 악록서원嶽麓書院에서 수학했으며 33세 때부터 깊은 산중에 은거하며 40여 년 동안 연구와 저서를 집필하는 데 전념했다. 그는 평생을 부지런히 학문에 힘쓰면서 학습 원리와 방법론을 집대성했으며 중국 고대 학습 심리 이론에 지대한 공헌을 했다.

1. 학습의 의의

왕부지는 인간의 심리 발전에 대해 세 가지 측면에서 학습의 의의를 논증했다.

(1) 인성의 발전과 완성

왕부지는 다음과 같은 자신의 인성론人性論에서 출발해 학문이 인성의 발전과 완성에 끼치는 작용을 설명했다.

"인성이란 어느 날 생겨나 그날 만들어지며, 습관이 곧 성품이 된다.
(性日生日成, 習成而性與成)"

그는 다음과 같은 고자告子의 말을 새롭게 해석했다.

"인성은 지니고 태어난 것이다.(生之謂性)"

즉 인성은 매일 만들어지는 것이니 멈춰 있는 것이 아니라 하루가 다르게 변화하는 것으로 본 것이다.

그의 이론에 따르면 인간의 심리 활동은 후천적인 사회 활동 중에 환경의 영향을 받아 발전한다. 인간은 비록 그러한 본능이 있지만, 학습에 의존할 수밖에 없다.

또한 인간이 타고나는 재능은 큰 차이가 없지만, 후천적 학습으로 인성의 차이가 생기며 학습은 인성을 발전시키고 완성시키는 중요한 방법이다.

(2) 지식과 기능의 획득 및 강화

왕부지는 학습을 지식과 재능을 획득하고 신화시키는 중요한 경로로 보았다. 그의 설명에 따르면 학學이란 알지 못하던 중에 깨달음을 얻는 과정이며, 하지 못하던 일을 할 수 있게 되는 과정이다. 또한 습習은 이미 획득한 지식과 기능을 연마하여 더욱 공고히 하는 과정이다. 동시에 지식과 기술 모두 복습과 연마를 통해서 나날이 향상될 수 있다. 그래서 왕부지는 노력 없이 얻는 지식에 대해 엄숙하게 비판했다. 그는 성현이라 할지라도 학습을 통해 지식과 기능을 획득할 수 있는 법이지,

배우지 않고 알거나 배우지 않고 기능에 능한 사람은 존재하지 않는다고 했다.

왕부지는 또한 인간의 인식 과정과 동물의 본능적인 활동을 비교하면서 이 세상에 배우지 않고 아는 사람이 존재한다고 인정한다면, 어린 동물들이 일반 백성보다 훨씬 뛰어나며 일반 백성이 학식 높은 도덕군자들보다 더 뛰어난 셈이라고 일침을 놓았다.

(3) 학습은 지혜와 명철함의 근간

인간이 지혜와 명철함을 어떻게 획득하는가에 대해 그동안 두 가지 관점이 존재했다.

하나는 맹자孟子로 대표되는 선천적으로 타고 난다는 관점으로 인간은 나면서부터 사물을 인식하고 옳고 그름을 변별하는 지혜가 있다는 설이다.

그러나 왕부지는 인간이 타고나는 지식과 능력이 있는 것은 사실이지만 후천적인 학습을 통해 실천하지 않는다면 선천적인 품성을 충분히 발휘하고 드러낼 수 없다고 보았다. 따라서 인성人性은 오로지 '배우고學 사용用'해야만 발전할 수 있으며, 인간의 재능과 사유 능력 또한 그러한 기초 하에 나날이 생겨날 수 있는 것이다.

2. 학습 과정

최초로 고대 학습 이론 사상을 체계적으로 저술한 책은 《중용中庸》이다. 중용은 학습 과정을 다음과 같은 5단계로 구분했다.

"넓게 배우고, 상세히 묻고, 신중히 생각하라. 명확하게 판단하며 독실하게 행하라.(博學之, 審問之, 愼思之, 明辨之, 篤行之)"

왕부지는 이 다섯 방면의 학습 과정에 자기만의 특색을 가미했다. 그는 오단계론에 일정한 순서와 경중輕重, 완급緩急의 차이가 있으며 학學과 변辯, 문問과 사思, 사思와 학學, 변辯과 문問 간에는 내재 관계가 있고, 이 네 가지 종류와 행行 간에도 변증 관계가 존재한다고 주장했다. 왕부지는 실천行에 중점을 둔 학습과정론뿐만 아니라 학學, 문問, 사思, 행行의 단계별 학습론도 제기했다. 순서대로 간단히 설명하면 다음과 같다.

첫 번째 단계인 학學에서 그는 자신의 학업 경험을 총괄하여 많이 듣고 많이 배우며 다양한 서적을 읽을 것을 주장했다. 그리고 학문을 통해 자신의 총명함을 유지하는 데 그치지 말고 선인들의 연구 성과를 받아들이는 데 노력해야 한다고 했다. 박학다식하지 않으면 사유의 재료가 충분하지 못하므로 깊이 있는 생각을 하는 것도, 학문적인 성과를 이루는 것도 어렵다.

두 번째, 문問은 왕부지가 매우 중요하게 생각한 단계이다. 그는 '질문을 잘하는 것善問'이야말로 학업이 발전하는 상징이라고 보았다. 그는 《시광전詩廣傳》에서 '의심이 없음不疑'─'의심함疑'─'의심이 없음不

疑'의 모순 과정에 대해 상세히 설명했다.

세 번째 단계인 사思는 명확히 판단하는明辯 단계와 신중히 생각하는 愼思 단계를 포함한다. 즉 학문의 과정은 학습과 사고로 나뉘는데, 학습에 임할 때는 먼저 사유를 통해 사물의 외적 관계가 무엇인지 밝히고 나서 이유를 규명해 사물의 내적 본질을 이해해야 한다. 학습 과정 중에 사思의 단계에 대한 왕부지의 이론은 선인들의 학습 이론과 다른 점이 있다. 선인들은 명변明辯(명백히 말하거나 또는 그런 재주—역주)이 한층 발전하면 그 결과로 신사愼思(신중하게 깊이 생각함—역주)가 된다고 생각했지만, 왕부지는 양자의 위치를 뒤바꾸어 새로운 주장을 폈다.

네 번째 단계인 행行은 고대 학자들이 각별히 중요하게 여긴 덕목이다. 왕부지는 실천하지 않는 학문을 적극 반대했다. 그는 지식의 응용을 매우 강조했고, 자신이 알고 있는 것은 반드시 행실로 나타나야 하며, 행위를 통해 그 사람이 갖춘 지식의 진위 여부가 판단된다고 보았다.

3. 학습의 심리적 조건

학습의 심리적 조건이란 효과적인 학습에 반드시 필요한 심리적 요소를 말한다. 앞에서 학습의 심리적 조건들—폭넓게 학습해야 하며, 학습과 사고가 병행되어야 하며, 학습 과정에서 의문이 생기면 질문해야 한다—에 대해 이야기했다. 이 장에서는 의향意向 과정의 각도에서 왕부지가 주장한 학습의 심리적 조건을 살펴보기로 하겠다.

왕부지는 학습의 심리적 조건 세 가지를 설명했다.

첫 번째로 지志, 즉 먼저 목표를 세워야 한다.

학습 동기와 목적은 인간의 의향과 자발성을 반영한다. 왕부지는 지志를 매우 중시했다. 그는 이 점이 바로 인간과 동물을 구분 짓는 본질적인 특징 중 하나라고 보았다.

원대하고 지속적인 목표는 학습에 중요한 역할을 한다. 그래서 그는 배우는 사람의 목표는 크고 심원해야 하며 원대한 포부를 품은 사람일수록 학업적인 성취가 높기 마련이라고 생각했다.

또한 일단 목표를 세우면 오로지 목표를 향해 뜻과 마음을 다해 매진해야 한다고 지적했다.

두 번째로 즐거운 마음樂으로 성실하게勉 공부해야 한다.

고대 학자들도 이 두 가지를 중요하게 여겼지만, 왕부지처럼 즐거움과 성실함을 한데 묶어서 생각한 사람은 드물다.

왕부지는 특히 성실한 태도를 강조했다. 학습은 수고롭고 고된 노동이기 때문에 불굴의 학습 의지와 성실한 태도가 반드시 필요하다. 그리고 학업을 즐기는 마음이 있어야 성실함을 유지할 수 있다.

세 번째로 교만하고 게으른 마음을 버려야 한다.

왕부지는 학업 과정에서 교만하고 나태한 마음이 생기는 원인을 성과 부족, 지식 부족의 두 가지로 보았다. 왕부지는 겸허하고 근면한 마음을 학습의 중요한 심리적 조건으로 보았으며, 자만하고 게으른 성격은 학습으로 성과를 거두거나 교훈을 얻기 어렵다고 생각했다. 겸허한 사람만이 자신의 지금 상황에 만족하지 않고 끊임없이 앞으로 나아갈 수 있는 것이다.

왕부지는 고대 학습심리학의 사상적 발전에 중요한 공헌을 했다. 그는 공자孔子, 순자荀子, 주희朱熹를 계승하여 체계적으로 학습 심리를 저술한 사상가로, 다수의 유물론과 관련된 독창적인 견해를 내놓았다. 그 중에는 오늘날에도 연구 및 참고 가치가 높은 실제적인 이론이 적지 않다.

22

마오쩌둥(毛澤東)의 학습 심리 사상

마오쩌둥毛澤東은 학습에 관한 저서를 많이 남겼다. 자신의 학습 이론을 체계적인 형식으로 정립하지는 않았지만, 교육에 열의를 쏟았던 위대한 정치가이자 그 자신 또한 쉼 없는 배움을 실천한 현실적인 이상주의자였다. 그의 저서에 독특한 학습 이론이 소개되었는데, 그가 펼친 학습 이론은 주로 다음의 네 가지 내용을 포함한다.

1. 학습의 조건은 강인한 체력과 정신력이다.

2. 가장 효과적인 방법은 스스로 배우는 것이다.

3. 학습의 중요 원칙은 이론과 실제를 병행할 줄 아는 것이다.

4. 비판적 계승이야말로 학습에 임하는 과학적 태도이다.

마오쩌둥은 자신의 학습 방법을 실천하여 자신의 이론을 성공적으로 증명해보였다.

1. 강인한 체력과 정신은 학습의 조건

1917년, 마오쩌둥은 《신청년新靑年》지에 '체육의 연구'라는 글을 기고해서 강건한 체력과 정신력을 갖추고 학문과 수양을 쌓아야 장기적인 성과를 기대할 수 있다고 주장했다. 그는 인간이 학습을 통해 객관 세계를 인식하며, 또한 그러한 인식은 몸의 감관과 능력에 따라 좌우된다고 보았다. 그러므로 신체를 단련하는 목적은 근골의 힘을 키우는 것뿐만 아니라 심신의 조화로운 발전을 촉진시키는 데 있다. 그는 이렇게 말했다.

"체력 단련으로 근골을 강화할 수 있으며 지식을 키우고 감정을 조절하며 의지를 강화할 수 있다. 근골은 우리의 몸이고 지식, 감정, 의지는 우리의 마음이다."

중화인민공화국이 성립되고 나서 마오쩌둥은 청소년들의 건강에 큰 관심을 기울였다. 1950년에 그는 '건강이 첫째고 그 다음이 공부'라고 강조했다. 그리고 1953년 6월에 중국신민주주의청년단中國新民主主義靑年團과 두 번째로 접견한 자리에서 이 점을 다시 언급했다.

"14세에서 25세 사이의 청년들은 공부와 일에 모두 매진해야 한다. 하지만 청년기는 몸이 성장하는 시기이므로 반드시 체력을 길러야 하며, 그렇지 않으면 위험하다. 청년들은 성인들보다 더 학습에 치중해야 하며, 성인들이 이미 학습한 것들을 배워나가야 한다. 하지만 학습과 업무에 대한 부담이 지나치게 무거워서는 안 된다. 더욱이 이 연령대의 청소년들은 성인과 같은 강도의 노동을 감당할 수 없다. 청소년은 좀 더 오락을 즐기고 활기찬 생활을 해야 한다."

그는 청소년기를 건강을 다지는 중요한 시기로 보았으며, 왕성한 정력으로 학업에 전념하려면 건강한 신체가 뒷받침되어야 한다고 생각했다.

마오쩌둥이 심신 단련을 위해 내세운 원칙은 세 가지였다.

첫째는 끈기이다. 비가 오든 눈보라가 치든 간에 절대 중단해서는 안된다.

둘째는 자제력이다. 다른 사람들이 두려워하는 일체의 위협과 싸우면서 굳센 의지와 용기를 기르는 것이다.

셋째는 간단한 방법으로 실천에 옮기는 것이다. 운동 방법은 간단한 동작으로 수련할 수 있는 것이어야 하며, 지나치게 오래할 필요는 없다.

마오쩌둥은 학술 연구에 전념했을 뿐 아니라 국내외에서 발생한 사안들에도 관심이 많았고 특히 체육 활동을 통한 인격 수양을 중요시했다. 일찍이 호남제일사범湖南第一師範학교 재학 시절에 마오쩌둥은 재학생들이 아직 단꿈에 빠져 있을 이른 새벽 시간에 일어나 냉수욕을 하며 그날의 첫 번째 수업을 시작했다. 의지를 단련하고자 폭염이 내리쬐어도 학교 뒷산에서 일광욕을 했으며 추운 겨울날에는 공터에서 솜 외투를 벗어던지고 바람을 맞으며 격투기, 체조와 전통 무예의 장점만 취한 '육단 운동六段運動'을 창안하기도 했다. 특히 젊은 시절부터 수영을 즐겼고 73세의 고령에도 장강長江에서 30미터를 수영했다. 마오쩌둥은 이렇게 왕성한 정력으로 공부하고 저서를 집필했으며 혁명 사업에 매진했다.

2. 가장 효과적인 방법은 스스로 배우는 것

마오쩌둥은 어려서부터 혼자 공부하는 습관을 길렀다. 어린 시절 선생님의 엄한 감시에도 그는 《정충전精忠傳》, 《수호전水滸傳》, 《수당隋唐》, 《삼국三國》과 《서유기西遊記》를 읽었으며 초등학교 때도 스스로 책을 찾아 읽었다. 제일중학第一中學에 진학한 마오쩌둥은 국어선생님에게 《어비통감편람御批通鑑編覽》을 빌려 읽었다. 이 책을 읽고 나서 그는 혼자 공부하는 데 재미를 붙이고 지식 탐험에 몰두했다. 그러다 혼자 책을 읽고 사고하고 연구하는 것이 학교에 진학하는 것보다 훨씬 유익하다고 생각했다. 그래서 학교를 그만두고, 자기 수양 계획을 짜서 매일 도서관에서 책을 읽었다.

그는 자신이 세운 계획을 꾸준히 지속해서 반년 만에 18세기에서 19세기 사이에 수많은 서양 자산 계급 학자들이 저술한 고전 경제학, 철학, 자연과학 명저를 섭렵했다. 마오쩌둥은 당시의 경험을 다음과 같이 회고했다.

대학에 진학하지도, 외국 유학을 다녀오지도 않은 내가 가장 공부를 열심히 했을 때가 호남제일사범학교에 다닐 무렵이었다. 그때 나는 지금 인문학의 기초를 쌓았다. 하지만 다른 한편으로 생각해보면 학교생활에서 가장 큰 수확을 해야 할 시기에 학교 도서관에서 반년 동안 책만 읽은 셈이었다. 그때는 신해혁명辛亥革命 바로 다음해였으며, 19살이었다. 읽은 책도 얼마 안 되고 어떤 책이 있는 줄도 몰랐으며 도대체 어떤 책을 읽어야 하는지도 전혀 모르는 상태에서 후난湖南도서관에 들어갔다. 위아래로 빽빽하게 꽂힌 장서들은 내가 한 번도 보지 못한 것들이었다. 어디서부터 시작해야 할지 막막하기만 했다. 그러다 골라잡아 읽은 책이 마침 내용도 참신하고 좋은지라 가능한 한 책을 많이 읽어야겠다고 결심했다. 나는 굶주린 사람처럼 필사적으로 책을 읽었다. 흡사 인가의 채소밭으로 뛰어 들어간 소가 풀을 마구 뜯어먹는 듯한 기세로 말이다.

1921년 마오쩌둥은 중국 최초의 무산 계급 혁명 대학인 후난자수대학湖南自修大學을 설립했다. 이 대학의 공부 방법은 중국 전통의 학당과 현대식 학교의 장점을 취해 동지를 결성하고 자유롭게 연구하며 스스로 독서하고 사고하며 함께 토론하는 식이었다. 특히 자유 연구와 공개 토론 위주로 수업이 진행되었고 교사는 보조적인 역할을 수행했다. 교사는 물음을 제기할 책임이 있었으며, 학생이 스스로 책을 통해 사고하고 토론하고 해답을 찾게 한 후 숙제를 고쳐주는 역할을 했다. 혹은 교사가 특정한 서적을 선정해서 연구 방법을 알려주고 어려운 문제에 답해주기도 했다. 자수대학의 이러한 독특한 교육 방식은 당시 전국적으로 큰 반향을 불러일으켰다.

마오쩌둥은 스스로 학습하는 것을 특히 강조했으며 '네 가지 많이 행해야 할 일(四多)'과 '지식의 누적'이 주된 방법이라고 했다. 많이 행해야 할 네 가지 일은 바로 많이 읽고(多讀), 많이 쓰고(多寫), 많이 생각하고(多思), 많이 물어보는(多問)것으로, 그 요지는 근면함이다. 마오쩌둥은 이렇게 말했다.

"사람은 누구나 노동과 수고로움을 싫어하고 안락하게 살고자 하지만, 게으름은 만 가지 악의 시작이다. 인간이 게을러지면 농사를 지어도 밭을 돌보지 않고 공업에 종사해도 제대로 된 제품을 만들지 못하며 장사를 해도 이익을 내지 못하고 학자의 길을 걸어도 학문을 이루지 못한다."

그러므로 많이 행해야 할 네 가지 일에 근면하게 전념하는 길만이 학문을 이룰 수 있는 방법인 것이다.

3. 학습의 중요 원칙 : 이론과 실제를 병행하라

이론과 실제를 병행하라는 원칙은 마오쩌둥 사상의 정수精髓이며 그의 학습 이론에서 중요한 원칙 중에 하나이다. 마오쩌둥은 이론 학습을 특히 중요하게 여겼다. 그는 여러 차례 다음과 같이 말했다.

"이론을 잘 배우려면 책을 진지하게 읽어야 한다. 그래야만 이성과 경험을 결부시켜 종합적으로 이론을 자기 것으로 받아들일 수 있다. 그런 후에야 부분적인 경험을 보편적인 진리로 받아들이지 않게 되며, 경험주의의 오류를 범하지 않게 된다."

그러나 마오쩌둥은 책에서 얻는 지식에만 만족하지 않고 그것을 현실과 연관시키는 학습을 더욱 중요하게 여겼다.

그렇다면 왜 학습에서 이론과 실체를 연관시키고자 하는 원칙을 고수해야 하는가? 마오쩌둥은 학습 자체가 두 가지 내용을 포함한다고 생각했다. 즉 책을 읽는 것도 학습이며 책에서 배운 지식을 사용하는 것 또한 학습인데, 후자가 오히려 전자보다 더 중요하다. 구체적으로 말하자면 다음과 같다.

첫째, 책에서 배운 지식이 정확한지 여부는 실제 생활에서 검증될 수 있다. 그는 이렇게 말했다.

"인간의 역사는 우리에게 수많은 이론과 진리가 아직 불완전한 상태이며 실천적인 검증으로 그 불완전함을 고쳐야 한다는 사실을 말해준다. 그러므로 이러한 실천이야말로 진리의 기준이며, 생활 속에서 실천을 통해 얻은 관점이 올바른 관점이다."

둘째, 지식 습득의 목적은 응용에 있으며 더 나아가면 실천에 있다. 그는 이렇게 말했다.

"마르크스주의의 이론을 한낱 빛바랜 교조敎條로 여기지 말아야 한다. 마르크스주의 이론에 정통해야 하는 목적은 순전히 현실에 응용하는 데 있다. 마르크스주의의 관점을 응용할 수 있다면 현실의 문제 몇 가지를 설명해보라. 만약 타인의 칭찬을 받는다면 합격이다. 설명할 수 있는 사안의 수가 많고 보편적이며 깊이가 있을수록 여러분의 성과는 커질 것이다."

그는 철학을 가르치는 사람은 학생에게 중국 혁명 논리를 가르쳐서는 안 되며, 경제학을 가르치는 사람은 학생에게 중국 경제의 특징을 가르쳐서는 안 된다고 보았다. 이론과 실제가 동떨어진 교육 방법은 잘못된 인재를 양성할 뿐이기 때문이다.

4. 학습의 과학적 태도 : 비판적 계승

마오쩌둥은 인류 역사상 우수한 문화유산을 비판적으로 계승하는 것이 진정한 과학적 학습 태도라고 일관되게 주장했다.

역사적인 문화유산을 아무런 비판 없이 있는 그대로 받아들여서도 안 되고, 무조건 비판하며 거부하는 태도를 보여서도 안 된다고 지적했다. 마르크스주의의 변증적 사유 방법에 따라 우수한 점은 받아들이고 나쁜 점은 버리면서 비판적으로 계승해야 한다고 주장했으며, 서구 문물을 받아들이는 것도 같은 맥락으로 보았다.

마오쩌둥의 학습 이론과 실천은 오늘날까지도 귀감을 보이기에 충분한 가치가 있다. 그의 학습 이론은 우리에게 학습을 통해 괄목할 만한 성과를 거두고 사회에 필요한 인재가 되려면 원대한 포부와 강인한 체력, 정신력을 갖춰야 하고 과학적인 학습 방법과 바른 태도로 지식과 실력을 쌓고 이론을 실천하는 가운데 성장해야 한다는 교훈을 준다.

23

협동 학습과
집단심리학

각 분야의 수많은 인재들이 배출되면서 인재 관리의 필요성이 절실해졌으며 사람들은 점차 조직 구조에 주목하고 있다. 과학 기술이 고도로 발달한 오늘날, 비교적 완전한 조직 구조가 없다면 개인의 재능을 발휘하기 어려울 뿐 아니라 인력의 무분별한 배치로 인재는 많은데 일을 제대로 처리하지 못하는 상황이 빈번히 출현하게 될 것이다. 독일 과학자 하이젠베르크W. Heisenberg는 양자역학의 창시자이다. 서독 정부는 그의 탁월한 업적을 기리기 위해서 막스플랑크 연구소를 설립했다. 그가 소장으로 재임한 기간에 국내외에서 50여 명의 박사를 초빙하고 국가 차원에서 거액의 투자를 아끼지 않았지만 무뚝뚝한 과학자였던 그는 이들을 제대로 다루지 못했다. 다수의 우수한 학자가 부적절하게 배치되다보니 이 연구소는 수십 년이 지나도록 아무런 중대한 연구 업적도 거두지 못하고 인력과 자금만 낭비한 셈이 되었다. 그러므로 합리적이고 우수한 조직 구조는 서로 다른 재료와 성능을 가진 부품을 교묘하게 조립해서 만든 기기와 같다. 또한 인력의 최대 생산 효율성을 증명하는 동시에 조직 개개인이 발휘하는 지혜와 능력은 개인의 그것을 훨씬 초월한다. 단체심리학은 어떻게 하면 인재들을 최적으로 배치하고 그들의 능력을 최대한도로 발휘하도록 해서 조직의 최대 효율을 실현하는가를 연구하는 학문이다.

1. 협동과 경쟁 원칙

인간은 홀로 존재할 수 없다. 인간의 사회적 본질은 다른 사람과 교제하면서 자신의 생존과 발전을 유지하도록 되어 있다. 현대 사회에서 모든 사람은 특정 조직에 소속되어 있으며 거의 모든 연구 성과는 인간과 인간 사이의 협력 혹은 경쟁의 산물이다. 미국 《화학》지의 통계에 따르면 1910년 전체 화학 논문의 80%가 독자적으로 쓰인 논문이었고, 20%가 2인 공동 연구였다. 1963년에는 단독 연구의 비율이 32%, 2인 이상 공동 연구로 쓰인 논문이 68%였다. 그중에서 2인 공동 연구가 43%, 3인 공동 연구가 15.5%였으며 4인 이상 공동 연구는 9.5%였다. 전 세계 289인의 과학자가 최고 영예인 노벨상을 수상했는데, 그중에 공동 수상자의 수는 185인으로 전체의 2/3를 점유한다. 이상으로 볼 때, 개인의 고군분투로 성과를 거두는 확률이 점점 적어지고 있으며, 인재 간의 협력을 통해 성공하는 가능성은 부단히 증가 추세에 있음을 알 수 있다. 미국 사회학자 주크만S. Zuckeman은 《화학계의 영재들》이라는 저서에서 인재들의 협력은 이미 연구계의 주류가 되었다고 소개했다.

인재협력적인 단체의 창조에 대한 연구 방식은 현대 과학 기술 발전의 필연적인 결과이다. 현대 과학 기술의 두드러진 특징은 고도의 분업화, 종합화이다. 예를 들어 환경 과학, 생태 과학, 에너지 과학, 해양 과학, 심리 과학 등과 같이 과거 전통적인 과학이 다루지 않았던 내용들까지도 포함하고 있다는 점이다. 과학 지식이 부단히 누적되고 풍부해지는 상황에서 더 이상 한 가지 학문에만 평생 매진하는 시대는 지났다. 오늘날 자신을 물리학자, 수학자 혹은 생물학자라고 거리낌 없이 소개할 수 있는 학자는 드물다. 일본의 한 교육자가 정확히 지적했듯이 오늘날에는 한 명의 신동보다 두뇌 조직과의 협력 하에 창조적인 활동에 종사하는 다수의 일반인에게 더욱 관심을 기울여야 한다.

초전도 이론의 발견 및 성립은 인재협력적인 단체 창조 연구의 성공 사례이다. 1911년 노벨상 수상자인 네덜란드 물리학자 오네스H. K Onnes는 금속이 극저온도에서 전기 저항을 완전히 상실하는 초전도 현상을 발견했다. 그 후 적어도 5명의 노벨상 수상자들과 과학자들이 초전도체의 비밀을 풀고자 노력했지만 모두 성공하지 못했다. 그러나 바딘J. Bardeen, 쿠퍼L. N. Cooper, 슈리퍼J. R. Shrieffer가 세 방향에 걸친 연구를 통해 마침내 해결했다. 바딘은 경험 많은 반도체 전문가로 상황 판단력이 빨랐다. 쿠퍼는 양자역학 박사로 경험이 풍부하고 수학에 능통했으며 슈리퍼는 당시 갓 대학을 졸업한 젊은이로 그는 이전의 연구 방식을 뒤엎고 초전도 에너지를 최저로 한 상태에서의 함수를 찾아냈다. 그리고 결국에는 이 세 명이 노벨상을 공동 수상하는 영광을 안았다.

인재 협력이 상호 작용의 기본 형식이라면 인재 경쟁은 상호 작용의 중요한 내용이다. 인재 경쟁 역시 인재 조직 창조 연구 방식의 한 종류인데, 때로는 협력이 빠른 성과를 내기도 하고 때로는 경쟁이 효율을 향상시키기도 한다.

다음의 전형적인 심리학 실험은 인재 협력과 인재 경쟁의 장점들을 보여준다. 첫 번째 실험은 1951년에 실시되었다. 실험에서는 유리병 속에 종이로 만든 원추체 여러 개를 집어넣고 원추체의 끝부분에 가는 실을 달았다. 그러고는 피실험자에게 손으로 실을 잡아당겨 원추체를 병 밖으로 꺼내도록 했다. 그러나 병의 입구가 너무 좁아 한 번에 원추체를 한 개씩만 끌어올릴 수 있었다. 또한 병 바닥에는 파이프관이 이어져 있어서 병에 물이 차도록 설계되어 있었다. 실험이 시작되고 몇 명의 피실험자들에게 최단 시간 내에 자기 원추체를 병 밖으로 끄집어내게 하고 시간이 오래 걸려 병 밑바닥에 물이 차올라 종이 원추체가 물에 젖으면 미션은 실패로 판정된다고 알려주었다. 이 상황에서 만약 서로 양보하지 않는다면 목적을 달성하기 어려워진다. 또한 수면이 상승해서 종이 원추체가 다 젖어버리면 모두 함께 미션을 성공할 수 없게 된다. 그러므로 오로지 협력만이 순조롭게 미션을 완성할 수 있는 방법인 것이다. 실험자는 두 가지 상황을 설정했다. 첫 번째 상황에서는 피실험자에게 만약 원추체가 물에 젖기 전에 병에서 끄집어내면 모두 상금을 가질 수 있으며, 실패하면 벌금을 물린다고 했다. 이는 분명한 경쟁 상황이었다. 그리고 두 번째 상황에서는 피실험자에게 실험의 주요 목적은 그들의 협동 능력을 관찰하려는 것이며 그들이 어떻게 협력해서 짧은 시간 안에 병 속의 원추체를 꺼내는지 보는 것이라고 알려주었다. 실험 결과, 두 번째 피시험자들의 성적이 경쟁군보다 훨씬 뛰어났다.

두 번째 실험은 심리학자 칩먼S. Chipman이 진행한 것이다. 그는 초등학교 5학년 아동들을 대상으로 10일간 대조 실험을 했는데, 그중에 한 조는 비경쟁조였다. 학생들은 흥미와 교사의 규정에 따라 과제를 완성했다. 다른 한 조는 경쟁조로, 학생들은 흥미와 규정 외에 통계표에 붙은 빨간 별을 얻기 위해 누가 더 별을 많이 가지는지 시합했다. 실험 결과, 경쟁조에 속한 학생들은 최대한의 노력을 쏟아 성적이 향상되었으며 비경쟁조의 학생들은 강한 동기가 없었기에 곧 흥미를 잃고 성적이 점차 떨어졌다. 체육 활동도 이와 마찬가지다. 심리학자 트리플릿N. Triplett은 자전거 경기에 참가한 선수의 속도가 평소 스톱워치를 보고 연습할 때의 최대 속도보다 훨씬 빠르다는 것을 발견했다. 경기가 긴박하고 경쟁이 치열할수록, 그리고 선로의 거리가 가까울수록 운동선수는 더욱 좋은 기록을 낼 수 있었다.

그렇다면 인재 조직 내부의 협력과 경쟁 관계는 어떻게 처리해야 할까? 심리학자들은 참고할 만한 의견을 몇 가지 내놓았다.

첫째, 업무가 비교적 간단하고 조직 구성원들이 전체 순서에 필요한 업무를 독자적으로 수행한다면 협력할 때의 작업 성적이 더 우수하다.

둘째, 업무가 비교적 복잡하고 일부 구성원들이 전체 업무를 독자적으로 수행할 수 없다면 경쟁하는 분위기가 낫다.

셋째, 모든 조직 구성원의 태도와 감정이 조직지향적Group-Oriented이며 분명한 조직의 목표가 존재하면 조직 협력을 통한 업무 성적이 개인 경쟁 모드보다 우수하다.

넷째, 조직 구성원 모두의 태도와 감정이 자기지향적이며 업무에 대한 흥미가 결여되어 있을 때는 개인 경쟁을 부추기는 분위기가 더 우수하다. 결론적으로 조직 내부에서 서로 간의 경쟁은 협력의 기초 위에 이루어져야만 큰 효과를 기대할 수 있다.

2. 단체 구조

한漢 왕조 이래로 사학자들은 유방劉邦의 리더십에 주목해왔다. 그리고 그가 약한 군사력으로 항우를 물리치고 천하를 호령할 수 있었던 것은 그의 강대하고 조직화, 분업화된 인재 집단 덕분이라는 것을 알아냈다. 유방 자신도 거리낌 없이 말했다.

"나는 전쟁을 수행하는 데 한신韓信, 장량張良, 소하蕭何만 못하다."

그리고는 이렇게 덧붙였다.

"세 사람은 모두 인재이고 짐은 그들을 중용했으니 내가 천하를 손에 넣을 수 있었던 것이 바로 이 때문이다."

뛰어난 장수, 승상, 모사 등을 면밀히 배치해서 각각 전시에 자기 역량을 발휘하게 하니 이야말로 최적으로 조합된 인재조직 구조였던 것이다.

인재 조직에는 여러 종류가 있다. 예를 들면 정치 조직, 과학 기술 조

직, 문예 조직, 군사 조직, 기업 조직, 그리고 종류마다 조직 조합의 특
성이 있으나 일반적으로는 다음 사항을 고려해야 한다.

(1) 전문 구조

전문 구조는 사회의 각종 지력 요소들을 전문 지식과 직업 능력에 따
라 합리적인 비율로 구성하는 것을 말한다. 춘추전국春秋全國 시대의 제
齊나라 맹상군孟嘗君은 문객만 3천여 명이었는데 그중에는 문인과 협
객, 우국지사와 무뢰한도 포함되어 있었다. 그는 이 방법을 통해 합리
적인 전문 인재 조직을 형성할 수 있었고, 이것이 바로 그가 한 시대를
풍미할 수 있었던 비결이다. 전문 조직은 다양한 각도의 분업으로 세분
화되는데 산업 부분의 분야별 분업, 과학 연구 프로젝트의 분야별 분업
등이 있으며 분업은 합리적인 비율로 조직되어야 한다.

(2) 연령 구조

연령 조직은 인재 조직에서 매우 중요한 요인이다. 크게는 사회, 소속
에서 작게는 가정까지 장년, 중년, 청년 등 다른 연령대로 조직을 구성
하는 것이다. 발전심리학의 연구에 따르면 서로 다른 연령대의 사람들
은 심리적 발전 정도와 개성, 지능 등이 서로 다르므로 장년층이 임무를
책임지면 중년과 청년은 이에 따르며 업무 분위기는 유쾌하다. 일반적
으로 완전한 연령 구조는 중년, 청년이 주축이 되어 장년, 중년, 청년으

로 구성된 조직이다. 정치 집단을 예로 들면 반드시 노련하고 경험 많은 장년(이들은 풍부한 이력과 정치 경험이 있으며 명망 있는 정치인들이다. 위급한 순간에 기지와 책략으로 정국을 안정시키므로 정치 조직에 귀중한 보물과 같은 사람들이다.)이 있어야 하고 중간 세력으로 중년(이들은 정치적으로 성숙되어 있으며 임기응변이 비교적 강하다. 또한 정치 조직에서 지지 기반이 된다.)이 있어야 하며 혈기왕성한 청년(이들은 정력이 왕성하고 진취적이며 창조 정신이 풍부하다)이 있어야 한다. 이러한 연령 구조의 조직만이 각자의 우수한 능력을 발휘하고 서로의 단점을 보완할 수 있다. 미국의 '맨해튼 프로젝트Manhattan Project'는 연령 구조의 유명한 예이다.

(3) 지능 구조

지능은 지력과 능력의 총칭이다. 지력은 일반적으로 관찰력, 주의력, 기억력, 사고 능력, 상상력 등을 가르치며 능력은 일반적으로 언어 표현 능력, 실제 조작 능력, 조직 협조 능력, 대인 교제 능력 등을 말한다. 인재 조직이 지능 구조 합리화는 조직이 순조롭게 복잡한 가종 국면을 헤쳐 나가고 최고의 지능 효과를 발휘하게 한다.

인재 조직은 여러 방면의 기능을 담당하고 다방면에 걸친 변화에 적응해야 하기 때문에 지능 조직은 다양화된 복합적인 구조여야 한다. 미국 GE, 듀폰 등의 조사에 따르면 CEO를 수뇌로 한 핵심 수뇌부는 주로 네 부류의 사람들로 구성된다. 사고력이 뛰어난 사람은 주로 기획, 전략 관련 업무에 종사하고, 활동력이 뛰어난 사람은 어려움을 조정하고 해결하는 일에 종사한다. 한편 앞에 나서는 것을 좋아하는 사람은 진두지휘, 사령탑 역할을 하며 분석을 잘 하는 사람은 종합 분석 업무를 수행한다. 삼국시대에 유비는 제갈량을 군사軍師로 모셔오기 위해서 삼고초려를 단행했다. 그런데 함께했던 장비와 관우는 내심 '유약한 서생이 어찌 군대를 이끌고 전투에 나간단 말인가? 아무런 전공도 없이 어떻게 천군병마를 통솔하려는가?'라고 생각하며 불만을 품었다. 그러나 제갈량은 아무런 무기도 지니지 않은 채 지혜와 재능만으로 신야新野에서 조조曹操의 군대와 일전을 치렀다. 그리하여 관우와 장비 두 사람은 전승을 거두고 돌아와 제갈량에 대한 편견을 버렸고 서로 협력하여 마치 호랑이가 날개를 단 듯 더욱 막강한 힘을 얻었으며 제갈량의 지휘에 기꺼이 복종했다. 훗날 그들은 힘을 모아 유비劉備를 도와 남서쪽에 기반을 마련하는 데 큰 공을 세웠으니 지능 구조의 인재 조직이 얼마나 중요한지 보여주는 좋은 예이다.

(4) 지식 구조

지식 구조는 지식수준이 서로 다른 인재들을 합리적인 비율로 구성한다.

일반적으로 인재 구조에서는 분야별 인재의 수준을 칼로 자르듯이 명확하게 구분 짓지 않고 저, 중, 고의 등급으로 구분한다. 사회, 과학 연구 단체, 회사에서는 일반적으로 모든 구성원의 지식수준이 동등한 것이 불가능하며, 또 그럴 필요도 없다. 공장에 공장 노동자는 없고 기술자, 엔지니어만 있다면 어떻게 제품을 생산해서 사회에 공급할 수 있겠는가? 그러므로 합리적인 인재 조직의 지식 구조는 반드시 초급, 중급, 고급으로 구성하되 일정 비율로 완전한 구조를 만들어야 한다. 그렇게 해야만 지식수준이 서로 다른 구성원들이 자기 기량을 충분히 발휘할 수 있을 것이다. 만약 그렇지 않으면 조직에 부여된 목표에 적응하지 못하게 되며 자기 능력을 충분히 발휘하지 못하게 된다. 이상으로 볼 때 상하이항공우주국에서 1980년 초에 제기한 '엔지니어 한 명을 청년 기술 요원 두 명으로 교체한' 방침은 원래 조직의 지식 및 연령 고령화 현상을 타개하기 위해 과학 기술 단체 내부에서 진행한 '젊은 피 수혈' 움직임이었으며 이를 통해 과학 기술 분야의 합리적인 구조가 형성되었다.

(5) 개성 구조

인간의 개성, 기질, 흥미 등은 인간의 활동에 큰 영향을 끼치며 인간의 행위에 선명한 자기 색채를 부여한다. 그러므로 합리적인 인재 구조에서는 구성원의 개성적 특징을 고려하지 않을 수 없다. 합리적이고 완전한 인재 단체에서 개성은 다양성을 내포해야 한다. 성격 유형별로는 열의 있고 대범하며 활발한 사람, 말수가 적고 내향적이며 신중한 사람, '야생마'처럼 목표를 향해 질주하는 사람, 두뇌 회전이 치밀한 사람이 모두 필요하다. 지능 유형으로 보자면 탐구형, 창조형 인재와 현실형, 활동형 인재가 필요하다. 이 조건이 충족되어야만 여러 방면의 업무적 요구를 만족시킬 수 있으며 인재 조직이 왕성한 생명력과 창조력을 갖출 수 있다.

3. 단체의 플러스/마이너스 심리 효과

중국 속담에 '신기료 장수 셋이면 제갈량보다 낫다'라는 말도 있고 '중이 셋이면 먹을 물이 없다'는 말도 있다. 전자는 보잘것없는 사람도 셋만 보이면 제갈량의 지혜가 나온다는 뜻이고, 후자는 사람이 많이 모이면 서로 책임을 회피해 아무 일도 되지 않는다는 뜻이다. 어찌 보면 서로 모순된 것처럼 보이는 이 명제들은 서로 다른 각도에서 인재 조직의 플러스 효과와 마이너스 효과를 보여준다.

(1) 플러스 심리 효과

인재 조직의 플러스 효과란 인재 조직의 구성이 합리적이고 마음이 서로 잘 맞으며 협력이 잘 이루어져 조직 활동을 통해 효율을 최대치로 향상시켰음을 말한다. 인재 조직의 플러스 효과는 주로 상호 보충, 상호 격려, 상호 도움의 세 방면으로 표현된다.

① 상호 보충 : 계통론의 창시자인 베르탈란피L.von Bertalanffy는 일찍이 이렇게 말했다.

"전체는 개별 독립 부분보다 큰 집합체이다."

이 유명한 법칙은 즉 전체나 시스템 속에서 각 구성 성분의 상호 관계와 상호 작용으로 발휘되는 기능과 속성이 구성원들이 독립적으로 수행할 수 있는 수준보다 훨씬 높다는 뜻이다. 또한 일본의 한 학자는 《기업체 CEO가 되는 법》이라는 저서에서 인재의 상호 보충 효과가 기업에 미치는 영향에 대해 다음과 같이 설명했다.

"기질이 비슷한 사람들끼리 모이면 아무런 이득이 없다. 서로 다른 성격의 개성 넘치는 사람들이 협력해서 일하는 것이 바로 회사의 힘이 강대해지는 이유이다."

앞에서 설명했던 인재 조직 구조의 전문, 연령, 지능, 지식과 개성 구조가 최적으로 조합되려면 역시 '상호 보충의 원칙'을 준수해야 한다.

② 상호 격려 : 상호 보충 효과가 인재 구조 자체를 견고하게 만든다면 상호 격려 효과는 인재 조직 이후의 구체적인 활동을 통해 나타난다. 어떤 조직이든 간에 인재 조직의 긍정적인 효과는 구성원의 연령, 지식, 지능, 성격이 상호 보충으로만 표현될 뿐 아니라 상호 간의 자극과 격려, 영향력을 통해서도 표현된다.

물리학자 아인슈타인은 지성과 마음이 모두 정직하고 엄정한 친구를 가지는 것은 세상에서 가장 축복받을 만한 일이라고 했다. 독일 문학사에도 이러한 미담이 전해진다. 《젊은 베르테르의 슬픔Die Leiden des jungen Werthers》을 출판하고 나서 괴테Johann Wolfgang von Goethe는 독일 문단의 태두가 되어 국무대신의 자리에 올랐다. 그러나 그 후로 그는 현실에 안주하며 나태하게 지냈다. 그러다가 우연히 가난과 병에 시달리는 가난한 극작가 쉴러Friedrich von Schiller를 만나 정신적인 자극을 받고 단숨에 작품 몇 편을 완성했다. 그는 쉴러에게 그가 자신에게 인생의 두 번째 봄을 가져다주었으며, 그가 아니었다면 자신은 진정한 시인으로 거듭날 수 없었다고 고백했다. 이와 같은 미담들은 중국과 해외에서 숱하게 찾아볼 수 있다.

③ 상호 도움 : 인재 간의 상호 격려가 단체 구성원 간의 정신적 교제 과정이라면 상호 도움은 인재 조직 구성원 간의 직접적이고 구체적인 물질적 왕래 과정이라고 볼 수 있다. 조직 내부에 체력이나 정신력이 부족한 사람 혹은 생계가 어려운 사람이 있거나 학업, 업무 과정에서 어려움에 봉착한 사람이 있다면 누군가가 나서서 문제 해결을 도와준다. 어려움을 극복하는 것은 당사자에게 가장 절실한 문제이며 구성원에게 필요한 것을 만족시키는 일은 결과적으로 응집력을 강화하는 주요 경로이다. 필요한 것을 채워주는 것 만한 격려가 또 어디 있겠는가? 그러므로 상호 도움은 인재 조직의 플러스 효과가 되는 중요한 내용이다.

(2) 마이너스 심리 효과

인재 조직의 마이너스 효과란 인재 조직의 구성이 불합리하거나 서로 책임을 미루고 의심하며 질투와 적의까지 느껴 사기가 저하되고 조직의 효율이 떨어지는 현상을 말한다. 인재 조직의 마이너스 효과는 주로 책임 전가, 질투, 적대적 태도로 표현된다.

① 책임 전가 : 다음과 같은 속담이 있다.

"중이 하나면 물을 길어다 마시고, 둘이면 물을 맞들어다 마시고, 셋이면 마실 물이 없다."

사람이 많으면 서로 책임을 회피하여 아무 일도 하지 않는다는 뜻이다. 왜 이런 현상이 생기는 것일까? 실험 결과 심리학자들은 다음과 같은 사실을 발견했다. 한 명이 줄을 잡아당길 때 잡아당기는 힘은 평균 618N(뉴턴)이었다. 두 명이 함께 잡아당길 때는 1,157N(뉴턴)이었고(79N 줄어듦), 세 명이 함께 잡아당길 때는 1,569N(285N 줄어듦) 밖에 되지 않았다. 그리고 여덟 명이 잡아당긴 힘은 2,511N(뉴턴)으로 한 명이 혼자 잡아당긴 힘의 평균인 4,994N보다 2,433N이 감소했다. 이는 여덟 명 모두 절반의 힘만 사용했다는 뜻이다. 심리학자들은 단독으로 특정 활동을 할 때는 자기가 책임을 져야 하지만 다수와 함께 활동할 때는 남이 자신과 책임을 나누기를 바라는 마음이 생기기 때문이라고 설명한다.

인재 조직에서 이런 책임을 전가하는 현상은 집단의 목표, 프로젝트에 대해 흥미를 느끼지 못하거나 최선을 다하지 않는 행위 그리고 자기 것만 챙기려는 행위로 표출된다. 그 결과 집단의 목적이나 프로젝트는 진전이 더디거나 결과가 없는데 자신의 일은 성과가 가득해 얼굴 가득 화색이 돌기도 한다. 책임을 전가하는 현상이 생기는 원인은 주로 책임 소재가 불분명하거나 업무 분담이 애매한 경우이다. 예를 들어 과학 연구 단체에 어떤 프로젝트가 내려졌는데 관련된 업무가 없거나 세부 업무가 짜여 있지 않으면 모두에게 구체적인 책임이 없으므로 서로 다른 사람이 해주기만 기대하게 되어 결과적으로는 누구도 업무를 진행하지 않게 된다. 개개인은 인재일지 몰라도 모두를 한데 모아두면 오히려 재능을 발휘하지 못하는 경우가 종종 생긴다. 때문에 조직 규모와 구성원들의 구체적인 책임을 적절하게 고려하는 일은 책임전가를 없앨 수 있는 효과적인 방법이다.

② 질투심 : 질투는 대개 사회에서 기대하는 만큼의 인정을 받지 못하는 상황에서 표출되는 부정적인 감정이며 기대치와 현실의 거리를 좁혀 관계의 균형을 유지하려는 소극적인 수단이다. 질투에는 일반적으로 동경—걱정—적의의 세 단계가 있다. 동료나 급우, 고향 친구가 어느 방면에서 자신보다 뛰어난 성과를 거두었다면 사람들은 보편적으로 그들을 부러워한다. 그러나 어떤 사람들은 마음이 편협해서 부러워하면서도 시기하는 복잡한 감정을 느낀다. 그래서 이전처럼 친절하게 대하지 않거나 두 사람 사이에 보이지 않는 벽이 있는 듯이 행동한다. 이런 상황은 자기 자신도 미처 의식하지 못하는 가운데 나타나며, 상대방이 새로운 성과를 이루고 사회의 인정을 받으면 걱정으로 발전한다. 즉, 상대방의 성과와 영예가 자신에게 해

를 끼치지 않을까 혹은 남이 자기보다 뛰어나지 않기를 바라는 마음에 심리적인 공포감이 생겨나 상대방을 냉담하게 대하거나 상대방의 성과를 저평가하고 상대방의 약점을 소문내기도 한다. 감정이 이렇게 발전하다보면 자기 노력이나 우호적인 태도로 감정을 극복할 수 없게 되며 마침내 적의마저 생겨나게 된다. 질투의 감정에 사로잡힌 사람은 이성을 잃고 한쪽 말만 들으며 전체를 보기보다 부분적인 사실에 집착한다. 심지어는 수단과 방법을 가리지 않고 상대방에게 덫을 놓기도 한다. 그리고 상대방이 어려움에 빠진 것을 보면 오히려 기뻐하면서 자기 자존심과 허영심을 채우고 싶어 한다.

인재 집단은 수많은 인재로 이루어 있으므로 절대적인 균형을 유지하기 어려우며 사회적인 인정과 포상 역시 모두에게 균등하게 돌아가기 어려우므로 질투의 씨앗이 뿌리내리기 쉽다.

다음은 적대적 태도이다. 적대적인 태도는 인재 집단의 마이너스 효과를 극명하게 보여주는 특징으로 서로를 비하하거나 모함하고 공격하고 인신공격을 가하거나 너 죽고 나 살자 식의 세력 다툼으로 표출된다. 인재 집단 내에 적대적인 감정이 나타나면 전투력이 크게 떨어질 뿐 아니라 조직의 존망 여부도 크게 위협받게 된다.

일반적으로 적대적 감정은 하루아침에 형성되는 것이 아니라 의심, 질투, 간섭 등 부정적인 심리적 감정으로 비롯하여 생겨난다. 그러므로 적대적인 감정을 없애는 근본적인 방법은 사전에 방지하는 방법밖에 없다.

24

대학 커리큘럼의 심리적 기초

1. 대학생의 심리 특징

대학 과정의 활동 주체인 대학생의 심리적 특징을 알아보기 위해 대학 커리큘럼에 적용된 심리학적 근간을 살펴보자. 대학생의 심리적 발전 특징이란 개체적 심리 발전의 전체 과정에서 대학생 연령대에 나타나는 일반적이고 전형적인 심리적 발전의 특징을 말한다. 대학생이 처한 단계의 주요 특징은 바로 '전환'이다. 대학 과정은 청년 초기와 중기에서 청년 말기와 장년기로 발전하는 전환기이다. 이러한 과도기에 처한 대학생들의 심리적 발전 수준은 초·중고등학교 학생들의 심리적 발전과 질적인 차이를 보이며, 이러한 차이를 기반으로 대학 과정의 심리학적 기초를 고찰해야 할 것이다. 초·중고등학교 학생들의 학습 심리 과정이 지식을 받아들이는 과정이라면, 대학생의 학습 심리 과정은 점차적으로 더욱 광범위한 과학적 발견의 요소를 융합해서 받아들이고 대학생으로서의 심리적 발전을 향해 새로운 단계로 진입하는 단계이다.

(1) 대학생 시기의 지력 발전

개체의 지능은 일정한 단계, 일정한 순서에 따라 일정한 속도로 발전한다. 해외 심리학자들은 많은 실험 연구 결과를 근거로 '지능 발전 곡선'을 그려냈다. 지능 발전 곡선에 따르면, 20세 정도가 이 곡선의 정점에 자리한다. 1933년 미국 심리학자 존스와 콘래드H. E. Jones & Conrad

는 10~60세의 피실험자를 대상으로 지능 발전에 대한 단면 연구를 진
행했다. 그 결과 개체의 지능 발전 수준은 19세 정도가 정점인 것으로
밝혀졌다. 이어서 웩슬러는 표준 지능 검사를 확립하려는 노력의 일환
으로 7~68세의 연구 대상에게 단면 연구를 진행해 23세에 지능이 가장
비약적으로 발전한다는 결론을 얻었다. 50년대 초 베일리N. Bailey는 앞
선 연구자들의 연구 결과와 본인의 연구 성과를 결합하여 출생 이후 60
세에 이르기까지의 지능 발전 이론곡선을 선보였다. 이는 과거 연구자
들의 연구 성과를 과학적으로 증명한 것이었다. 그의 곡선 이론을 통해
다시 한 번 개체의 지능 발전이 가장 왕성한 연령은 20세라는 결론을
얻었다. 많은 학자의 연구 결과는 우리에게 다음과 같은 점을 시사한
다. 개체의 지능 발전은 20세를 전후해서 황금기를 맞이한다. 대학생은
막 20세 정도의 나이이므로 이 시기는 개체의 지능 발전에 가장 좋은
시기이다.

대학 시절에 지능 발전이 가장 왕성한 주요 이유는 다음과 같다.

① 생리적인 발육과 성숙이 지력의 심리적 구성 요소의 성장을 가져오
기 때문이다.

② 이 시기에는 지적 경험이 이미 매우 풍부하며 전문 지식과 사회생활
에 필요한 지식을 광범위하고 깊이 있게 파악하고 있다. 따라서 지
능의 심리적 요소의 성숙을 촉진시킨다.

간단히 말해서 대학생의 지능 발전이 정점에 도달했다는 것은 정신
적, 신체적인 자연 발육과 교학이 상호 작용한 결과이다. 개체의 지능

은 관찰력, 기억력, 주의력, 상상력, 사고력 등 여러 가지 요소의 유기적 조합이며 이러한 요소들은 대학생 연령대에 이전 단계와 다른 양상으로 표출된다. 초등학교 단계의 학생과는 더더욱 다르다. 기억력을 예로 들면 심리 과학 연구에서 이미 증명된 것처럼 청년기에 기억력은 가장 비약적으로 발전하다가 점차 저하된다. 대학생의 연령 단계에서 개체는 기억 내용뿐만 아니라 기억 방법에서도 다른 연령대보다 수준이 훨씬 높다. 심리학자들은 일찍이 일련의 숫자들로 7~19세 연령대의 피실험자에게 청각, 시각 기억 실험을 진행했다. 그 결과 시각 기억 능력의 발전은 일반적으로 나이를 먹을수록 강화되었으며 189세에 성숙 단계에 도달했다. 기억 방법으로 보자면 일반적으로 유아와 아동기의 아이는 기계적인 기억이 주가 되고 14세 이후에는 점차 이해 기억과 추리로 방법이 바뀐다. 그리고 20~25세 때 개체의 이해 기억 능력은 정점에 도달했다가 점차 저하된다. 또한 고등학교 때 학과목의 수와 정보량이 많기 때문에 정보를 입력, 저장, 해독 및 다시 인출하는 과정에서 대학생의 자각 기억력이 향상된다. 대학생의 기억력 발전은 그들이 신속하고 효과적으로 새로운 지식을 획득하고 새로운 문제를 해결하며 새로도출한 결과의 조건들을 발견하도록 한다. 주의력을 예로 들면 일반적으로 성인이 같은 시간에 4~6가지 사물에 주의를 기울이며 15~20분간 집중할 수 있으며 1초 동안 3~4차례 주의를 전환한다. 심리학 연구 결과에 따르면 대학생들은 이미 성인과 같은 정도의 안정적인 주의력과 지속 능력을 갖추고 있다. 대학생이 전공에 흥미를 느끼면 이에 대한 의식적인 제어가 강력해지며 주의력도 크게 민첩해져 의식적인 주의력을 발휘한다. 연구 결과에 따르면 17세의 청년은 의식적으로 160분 동안 집중할 수 있다. 대학생은 3시간 연속으로 한 가지 과목에 집중할 수 있으며 집중력을 조절하거나 분산하거나 전이시킬 수도 있다.

(2) 대학생들의 변증 사유 능력 경향 및 성숙

지능의 핵심은 사유 능력이다. 사유 능력의 발전은 연령대별로 다르게 나타나며 혹은 상이한 성질, 범위, 깊이로 표현되기도 한다. 가장 우수한 성질, 폭넓은 범위의 심원한 사유를 변증 사유辨證思惟라고 한다. 이는 가장 고차원적인 사유 능력이다.

대학생의 사유 능력이 중고등학생과 가장 다른 점은 그들의 변증 사유 능력 수준이 비교적 높고 점차 성숙해지고 완전해진다는 점이다.

첫 번째, 개체의 사유 능력 발전과 생리적, 심리적 발전의 순서는 일치하며 단계성, 연속성을 띤다. 그리고 일상생활과 심리적 발전의 단계성, 연속성이 그 기초가 된다. 개체의 변증 사유 능력 발전은 일상생활과 생리적 발전이 어느 정도 발전한 결과이다. 개체의 사유 능력 발전 과정은 형상 사유 단계와 형식 논리 사유 발전 단계, 변증 논리 발전 단계를 거쳐야 한다. 국내외 학자들의 연구 결과 개체의 변증 논리 사유 능력은 청년기, 즉 중고등학교 단계에서 싹튼다. 그리고 변증 논리 사유는 대학 단계에 이르러 비교적 높은 수준에 도달한다. 해외에 피아제 Jean Piaget의 사유 발전 단계학설에 대해 보충한 연구가 있다. 피아제는 15세 이하의 형식 연산 사유 단계 이후에 '변증 연산 사유 단계'를 가정해 '형식 연산 단계' 이후 청년의 사유 발전 정도를 설명해야 했다. 우리는 심리 과학 연구자들과 교내 청소년의 사유 발전에 대해 전국적으로 실험 연구를 진행한 적이 있었는데 결론은 다음과 같다. 초등학교 단계에 이미 구체적인 형상 사유의 발전이 끝나고 논리 사유의 과도기가 시작된다. 중학교 1학년 때부터 논리 사유가 우위를 점하기 시작하며 고등학교 단계에 논리 사유는 성숙되어 간다. 중학교 단계는 변증 사유가 생겨나고 형성되며 빠르게 발전하여 점차 우세해지는 단계지만 이 단계에서 성숙하지는 않는다. 변증 논리 사유 능력은 대학 단계에 이르러서야 완전하게 발전하게 된다.

두 번째, 개체의 변증 논리 사유의 발전이다. 한편으로는 개체의 생리적, 심리적 발전적 한계를 벗어날 수 없으며 다른 한편으로는 학교 교육에 따라 촉진되어야 한다. 변증 논리 사유의 발전은 자발적, 체계적, 자각적, 과학적인 변증 논리 사유 원리와 방법의 교육이 아니며 과학적으로 변증논리 사유와 변증 사유를 발전시키는 것도 불가능하다. 일반 중고등학교에서 학생들은 수업 중에 변증 논리 사유의 형식과 방법을 접하기 시작하며 변증 논리 사유 능력을 처음 사용한다. 그러나 일반 중고등학교 과정에서는 학생의 변증 논리 사유를 충분히 발전시킬 수 없다. 대학 단계에서는 학생의 사유 능력이 미시적, 거시적인 세계를 넘나든다. 그들은 광활한 지식의 바다에서 지식 체계와 세계를 변화시킬 세계관, 방법론을 배운다. 그들이 마주한 지식의 바다에는 변증 사유의 규칙과 방법이 가득하며 바로 이러한 변증 사유를 포괄한 지식 체계의 학습으로 대학생의 변증 사유 능력은 발전하고 완전해진다. 이

점은 중학교 과정의 내용과 비교할 수 없는 점이기도 하다. 그러므로 대학에 진학한 후 학생들은 중고등학교에서 발전시킨 형식 사유 능력을 심층 발전시켜야 하며 교육 과정에서 변증사유적 주장을 체험하고 학업을 통해 변증 사유 능력을 발전시켜야 한다. 예를 들어 중고등학교의 역사 수업은 대부분 역사의 발전 과정에서 추상화되고 단순화된 가장 일반적인 실마리를 밝혀내는 것이 고작이지만 대학생이 배우는 역사학은 그들에게 복잡하고 구체적인 역사 현상과 사실에서 역사 발전의 규칙을 찾아내고 각 시대, 국가, 민족 간의 복잡하고 필연적인 연계성을 찾아내도록 요구한다. 더욱 중요한 것은 역사 연구 방법과 관점도 파악해야 한다는 점이다. 이러한 역사 과정의 내용은 학생의 분석, 종합, 추상, 개괄력을 발전시킬 뿐 아니라 그들의 변증 사유 능력도 발전시킨다.

변증적 사유 능력의 발전과 성숙은 대학생이 사회 문제와 인생 문제를 분석하고 사고하는 것과도 밀접한 관계가 있다. 대학 단계는 중고등학교 단계와 비교해 사회와의 관계가 더욱 밀접하고 직접적이다. 때문에 대학생은 사회와 인생에 대해 더욱 심오한 견해와 감정을 가진다. 복잡하게 얽힌 사회관계, 굴곡진 인생 여정에 대해 대학생은 전면적이고 독립적이고 비판적으로 사고하고 처리해야 한다. 이 역시 그들의 변증 사유 능력 발전을 촉진시킬 것이다.

2. 대학 과정 개설의 심리학적 근거

(1) 커리큘럼 목표

커리큘럼 목표는 과정 설계의 출발이며 과정 평가의 기준으로 교육 과정에 중요한 의의가 있다. 타일러Tyler는 1949년에 발표한 《커리큘럼 과 교과의 기본 원리》에서 교육 과정과 교육 설계를 발전시킬 때 학생 이 교육 목표 달성에 관해 다음의 네 가지 기본 문제에 대해 대답할 수 있어야 한다고 강조했다. 첫째, 학생들이 무엇을 배우도록 할 것인가? 둘째, 교육 목표를 이루기 위해 어떠한 교육적 경험들이 준비되어 있는 가? 셋째, 이러한 교육적 경험들을 어떻게 효과적으로 안배할 것인가? 넷째, 목표 달성 여부를 어떻게 평가할 것인가? 그 후 미국 심리학자 블 룸B. S Bloom이 교육 목표 분류학을 제시하면서 교과 목표 문제는 현대 교과 과정 이론의 주요 쟁점이 되었다.

1950년, 블룸은 인지 영역의 교학 목표 분류법을 제시했다. 그는 목 표의 계층에 따라 인지적 행동을 구분하고 목표를 지식, 이해, 응용, 분 석, 종합, 평가의 6종류로 구분했다. 1964년, 블룸은 다시 감정 영역의 교학 목표 분류법을 완성했으며 목표를 ‘감정을 받아들임, 반응, 가치 판단, 가치 조직 및 가치 체계의 형성’과 같이 다섯 종류로 분류했다. 이러한 다양한 분류와 층차적層次的인 목표는 심리학 관점에서 구분한 것으로 커리큘럼을 더욱 분명하고 구체적이며 특정화시키는 등의 특징 이 있으므로 실제 응용 가치가 크다.

심리학적 관점에서 중국 대학의 커리큘럼 목표는 아직 불분명하며 대학생의 지능을 촉진시키는 방법이 포함되어 있지 않다. 그러므로 앞으로 대학생의 심리적 특징에 부합하고 다양한 심리적 요소가 종합적으로 고려된 대학 커리큘럼의 목표가 세워져야 하며 또한 대학생의 인지認知, 변증적辨證的 논리 사고와 개성을 촉진시킬 수 있는 방향으로 전개되어야 할 것이다.

(2) 커리큘럼 개설 및 교안 설계

인지심리학, 발전심리학, 학습심리학과 개성심리학 연구는 교과 과정 개설과 교안 설계에 지대한 공헌을 한다.

먼저 동기와 학습 흥미가 있다. 흥미 필요 원칙The criterion of interests은 일찍이 커리큘럼 개설자와 교안 설계자들의 주목을 받았지만 대부분이 초·중고등학교 과정이었다. 대학 커리큘럼의 개설과 설계는 이 원칙을 준수해야 한다. 예를 들면 학습자의 흥미와 필요에 맞추어 교육 내용을 선택해야 하며 학생들이 주동적으로 커리큘럼 선게 및 개설 과정에 참여하도록 해서 학습 동기를 촉발시켜야 한다. 여기서 알아야 할 것은 대학생의 주동적인 참여와 그들의 흥미, 동기가 커리큘럼 개설에 매우 중요한 의미를 갖는다는 것이다. 이러한 요소들은 과정에 생기를 불어넣으며 이러한 생기는 대학생 자신에게서 나온다. 또한 대학생의 사고 능력을 적극적으로 만들기 때문에 지력, 성품의 발전을 촉진시킨다. 특히 대학생들이 주동적으로 변증적 사유 능력과 사유 방법을 섭렵하도록 한다. 대학과정은 초·중고등학교 과정과 구별되며 그 이상의 가치가 있다.

분화와 종합 역시 중요하다. 발전심리학의 연구 결과, 인간의 심리적 발전은 분화성Differentiation과 종합성Intergration이 융합되는 과정이다. 인류의 학습은 분화—종합—재분화—재종합으로 이어지는 과정의 역사(그림 24-1 참조)이다.

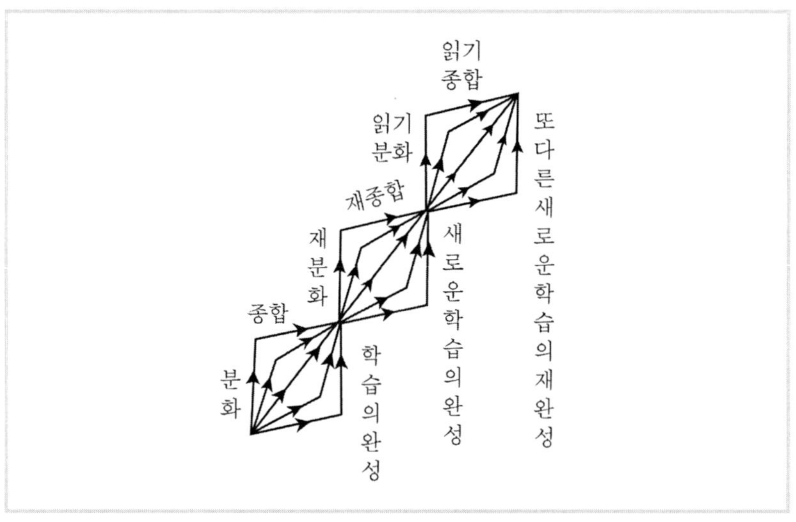

그림 24-1 분화와 종합 및 학습 과정

분화와 종합은 대학생의 학습에 꼭 필요한 기본 능력이며 대학 커리큘럼은 학생의 이 두 가지 능력을 형성하고 배양하는 데 초점을 맞추어야 한다. 분화와 종합은 대학생의 지능 활동의 구체적인 형식이며 기본 능력이다. 그러므로 이 능력들을 향상시켜 대학생의 지능과 일반 능력을 향상시킬 수 있다. 양자는 서로 유기적으로 전환되며 대학생의 변증 논리 사유 능력을 형성 및 발전시킨다. 때문에 커리큘럼 개설과 설계에서는 지식 내용의 분화와 종합을 충분히 고려하고 이 능력의 배양을 강조해야 한다. 그래서 학생들이 참신하게 생각하고 대학생으로써 갖추어야 할 지능적 소양을 기르도록 한다.

순서와 반복의 문제도 고려해야 한다. 인간의 심리 발전은 순서적, 단계적인 특징이 있다. 대학생들은 초·중고교생과 다른 심리적 특징을 보여주며 새로운 단계에 진입하지만 결코 이전 단계와 아무런 연관 없는 새로운 단계가 시작된다는 뜻은 아니다. 오히려 심리 발전의 연속적, 점진적인 특징으로 인해 대학생들은 자신들의 연령 단계에서 이전 단계의 불완전한 심리적 특징을 그대로 보여주며 단지 발전하고 성숙할 뿐이다. 피아제는 이렇게 말했다.

"대학생의 연령 단계는 이전 단계와 다르다. 그러나 이를 부단한 전환의 결과물로 보아야지 완전히 새로운 시작으로 봐서는 안 된다. 완전한 시작이란 발전 과정에서 영원히 존재하지 않는다. 새로운 산물이란 앞서 증명했듯이, 점차적인 분화 혹은 조화의 결과 혹은 양자가 동시에 작용한 결과이다."

따라서 커리큘럼을 개설할 때는 과학적인 내재 논리 체계와 학생의 지식 활동이 진행되는 순서를 고려해서 쉬운 것부터 순서대로 진행해야 한다. 이 문제로 교단에서 적지 않는 폐단이 일어나고 있다. 특히 계획성 없는 강좌개설과 확충이 매우 보편적인 현상이 되었다. 교수가 있으면 개설하고 없으면 폐강하거나 저학년에 개설해야 할 과목을 교수의 스케줄 때문에 고학년에 개설하는 등의 문제이다. 이런 방식들은 대학생의 심리적 발전 규율과 특징을 명백히 위반한 것으로 대학생이 성숙하고 바른 심리적 품성을 키우는 데도 부정적인 영향을 끼친다.

마지막으로 지식과 지능의 문제를 고려해야 한다. 지식과 지능은 서로 의존적이고 상호촉진적인 관계로 지식 전달을 기본으로 학생의 지능을 발전시키는 것이 커리큘럼의 목적이다. 그러나 대학과정은 실제로 많은 문제점을 내포하고 있다. 중국을 예로 들면, 대학 4학년이 일반적으로 들어야 하는 수업 시간은 총 2,300~2,700시간이며 대부분의 전문대학 학점 이수 시간은 이보다 훨씬 많다. 때문에 교수가 전달하는 지식의 양은 과도하게 많고, 학생들은 이를 받아들일 시간이 부족하다. 이는 실제적으로 학생의 지능 발전을 저해하는 요소이다. 해외 대학들은 지능 발전을 강조하며 학생들이 스스로 탐색하고 지식을 습득하도록 해야 한다고 주장한다. 예를 들면 케임브리지 대학University of Cambridge, 옥스퍼드 대학University of Oxford은 1년에 수업 시간이 26주이며 매주 수업 시간은 15시간이다. 중국 대학에서 물리를 전공하는 학생이 1년 동안 들어야 하는 수업의 1/3 정도밖에 되지 않는 셈이다. 외국의 다른 대학들도 수업, 토론, 자율 학습 시간의 비율이 20%, 25%, 55% 정도로 대부분 학생 스스로 시간을 조절하도록 한다. 때문에 학생들은 스스로 공부하고 지식을 탐색하면서 해당 연령 단계(18~22세)의 특징을 마음껏 발휘할 수 있다. 우리의 교육이 나아가야 할 방향을 보여주는 좋은 예라고 하겠다.

(3) 커리큘럼 평가

커리큘럼의 목표가 정해지면 과목의 목표가 달성 가능한지 진단하고 과정의 가치 등을 평가하며 모든 과정은 반드시 객관적, 과학적인 과정 평가를 근거로 해야 한다. 테일러의 제자이자 저명한 오스트레일리아의 과정학자 휠러Wheeler는 《학과 과정》에서 이렇게 말했다.

"과정 평가는 정보와 자료를 수집, 교류하고 판단하며 과정의 가치를 설명하는 과정이다. 또한 학과 과정의 단계를 조직하거나 새로 개정하는 작업인데 그 목표는 바로 학과 과정에 목표성이 있는지 여부를 판단하거나 이러한 목표들이 달성 가능한지의 여부, 그리고 만약 필요하다면 과정을 개선해야 하는지를 판단한다."

과정론의 발전 과정에서 보면 커리큘럼 평가는 교육심리학의 연구와 더불어 상당한 진전을 이루었다. 20세기 초, 미국에서 교육 심리 평가 운동이 전개되자 커리큘럼 평가는 더욱 과학적이고 객관적으로 발전했다. 심리 실험, 교육 평가 방법을 이용해서 커리큘럼을 평가하는 것이 과연 타당한가에 대한 의견이 분분하지만 심리학은 과거에도 그랬듯이 지금도 커리큘럼 평가의 잣대가 되고 있다.

해외에서 시행되고 있는 구체적인 커리큘럼 평가를 살펴보면 주로 다음의 세 가지 경우로 나뉜다.

첫째는 학생의 학업 평가에 치중하는 경우이다. 즉, 학생들이 과정을 통해 받아들인 내용으로 과정을 평가하는 것이다.

둘째로는 전 방위적인 종합 평가의 경우이다. 즉 학생, 교사, 교재,

학교 환경 등 모든 요소가 서로 작용하여 기능적 집성으로 교과 과정을
평가하는 것이다.

셋째, 교학을 평가하는 경우이다.

세 번째 평가에는 세 계층이 있다.

① 교학과 직접 관련이 있는 요소, 즉 대학 과정의 목표, 교학 방법, 교
학 계획, 서클 활동을 평가한다.

② 교학과 간접적으로 관련 있는 요소, 예를 들면 대학 교수의 과학적
인 교육 방법과 설비를 평가한다.

③ 교학을 구성하는 기초 요소들, 예를 들면 교사들의 성향, 사제 간의
관계, 학교 행정자의 관리 방식, 학교 소재 지역의 문화적 전통을 평
가한다.

이상에서 알 수 있듯이 대학의 커리큘럼 평가는 대학생들의 심리적
특징, 평가의 심리적 기초와 동떨어져서는 안 된다.

3. 잠재적 교육 커리큘럼의 심리학적 의미

잠재적 교육 커리큘럼hidden curriculum은 감추어진 혹은 보이지 않는
과정으로 계획되지 않은 학습 활동을 말하며 일반적으로 학생들이 학
교에서의 인간적인 교류를 통해 형성한 사고방식, 직관력, 행동 방식,
학급에서 장기간에 걸쳐 형성된 제도와 비제도적 문화, 학교 환경 등의

요소로 구성된다.

　잠재적 커리큘럼은 학교 교육의 각 단계에 존재하지만 대학 단계에서는 더욱 중요하다. 대학 단계에서는 정식 과정Formal or overt curriculum이 상대적으로 감소하고 학생의 자율 활동 시간이 늘어나며 학생의 개성을 계발하는 데도 중요한 시기이다. 때문에 잠재적 커리큘럼은 점차 과정 이론의 중요한 연구 주제가 되고 있다.

　첫째, 학교에서 사제지간, 급우간의 원만한 인간관계는 잠재적 커리큘럼의 중요 내용이다. 대학 단계에서 학생들은 통상적으로 그들을 보살피던 부모를 떠나 진정한 의미의 자립을 이룬다. 그들은 각자의 가치관, 생활 방식, 사고방식과 행동 방식을 갖추고 대학에 들어오며 새로운 환경에서 어울리고 서로 충돌하면서 자신이 가지고 있던 가치관을 바꾸고 개선한다. 학생들은 장시간 함께 어울리며 생활하면서 잠재적 커리큘럼을 통해 학과 수업에서 가르쳐 주지 않는 것들을 배워나간다. 우리가 대학생들을 대상으로 심리 상담과 심리 측정을 실시했을 때도 교제 문제가 그들의 주요 관심사였던 이유는 어찌 보면 당연한 일이다.

　둘째, 학과 친구들 간에 장기간 형성된 제도와 비제도적 문화, 즉 학교, 학과의 전통, 여론, 의식과 규칙 등 잠재적인 커리큘럼 형식이 대학생들에게 정신적으로 끼치는 영향은 매우 크다. 먼저 잠재적 커리큘럼은 동화 작용을 한다. 즉, 단체에 소속되어 생활하는 대학생은 자신도 모르게 영향을 받아 새로운 환경에 적응한다. 둘째, 잠재적 커리큘럼은 촉진 작용을 한다. 대학이 전통과 질서를 중시하고, 생활 방식이 개방적이고 활달하며 면학 분위기가 조성되어 있다면 대학생은 적극적이고 진취적인 태도로 유쾌하게 생활할 것이다. 교풍과 반 분위기는 그 속에서 생활하는 대학생에게서 구현된다. 그러므로 이들은 대학생의 정신세계에 지대한 작용을 한다.

셋째, 학교의 건물, 기숙사와 캠퍼스 환경 등의 생리적인 환경은 학교 교육 환경을 구성하는 유기적인 성분들로 잠재적 커리큘럼의 형식이다.

종합해보면 잠재적 커리큘럼은 다음과 같은 특징이 있다.

첫째, 예측이 불가능하다. 즉 교사, 교육 관리자, 교육 부문의 행정 관리자 등은 잠재적 커리큘럼의 구체적인 내용과 영향을 예측할 수 없다. 다만 주관적으로 추론할 수 있을 뿐이다.

둘째, 잠재적인 영향력이 있다. 즉 대학생에게 잠재적 커리큘럼은 일반적으로 교육의 일환으로 고려되지 않는다. 단지 풍부하고 다채로운 활동을 통해 자신도 모르게 그 속에 담긴 교육을 받아들인다.

셋째, 형식이 다양하다. 즉 대학 생활의 풍부한 다양성 때문에 학생이 잠재적으로 받는 영향도 개인마다 차이가 있다. 그러므로 대학에서 학습할 수 있는 잠재적 커리큘럼은 매우 다양하다. 바로 이러한 특징들 때문에 교육자들은 잠재적 커리큘럼을 소홀히 하기 쉽다. 정규 교육 과정의 기초 하에 잠재적 커리큘럼에 관심을 기울인다면 대학생들은 더욱 완전한 교육을 받을 것이다. 또한 그들의 개성을 충분히 발휘할 수 있을 것이다. 이는 대학 커리큘럼 이론에서 시급히 개선해야 할 과제이다.

잊지 못할 우정을 위하여(후기)

이 책 《교정의 파수꾼—교육 심리학 논문》은 필자가 다년간 교육심리학 연구에서 얻은 주요 성과를 집대성한 책으로 대부분이 개인적으로 아끼는 저작들이다. 또한 본인의 교육 문집을 편집하는 과정에서 감회도 남달랐다.

상편(원문에는 1집) '학교 심리 상담'은 1988년에 집필하여 1990년에 장쑤江蘇교육출판사에서 같은 제목으로 출간했다. 나는 이 책의 후기에 다음과 같이 썼다.

1985년에 지식知識출판사의 요청으로 본인과 중국대백과전서中國大百科全書출판사의 부편집장 장런쥔張人駿, 상하이上海화둥華東사범대학 강사 위안전궈袁振國는 중국 최초로 《심리상담학》 서적을 저술했다. 부끄러운 이야기지만, 처음에는 우리 모두 심리 상담에 대한 전문적인 경험이 없었고, 심지어는 이 방면의 지식도 부족했다. 그러나 우리는 이미 국내에서 실시되고 있는 심리 상담 사례와 외국의 저서를 참조하여 이 책을 완성할 수 있었다. 출간되고 나서 예상 밖으로 학계의 호평을 받았고, 더욱이 심리 상담 전문가들의 긍정적인 평가는 우리의 사기를 크게 진작시켜 심리 상담 분야를 더욱 깊이 있게 연구하는 계기가 되었다.

신기한 일이 하나 더 있다. 그러고 나서 2년 후에 우리 학교에 심리 상담 센터가 설립되고, 학교장과 동료들의 전폭적인 믿음 하에 내가 센터 주임으로 추대되었다. 우리 센터는 재학생과 교사들의 어려움을 해결하는 것 외에도 지역 사회를 위해 적지 않은 공헌을 했다. 더욱이 쑤저우蘇州, 옌청鹽城 등지에서 대대적인 심리 검사 및 상담을 실시하여 중고등학교 교사들과 학부모들에게 큰 환영을 받았다. 이를 통해 나는 이론에 초보적인 실천을 겸비할 수 있었다.

이 소책자는 처음에는 절친한 친구 위안전궈 선생과 공동 저작으로 완성할 계획이었다. 우리 두 사람은 여러 차례 만나 저서 내용을 구상하고 《중고등학교의 교육 관리》라는 잡지에 글을 몇 편 연재하기도 했다. 훗날 그에게 더 중요한 일이 생겨 우리의 일을 돌볼 겨를이 없어졌기에 결국에는 마지막 단계의 모든 일을 나 혼자서 감당해야 했다. 하지만 이 책은 우리 두 사람의 땀과 노력으로 일구어낸 결정물이다.

이 저작물은 나에게 찬란한 세월을 가져다주었고, 나는 이번 '학교 심리 상담' 수정본을 나와 전궈 형 사이의 우정의 증표로 여기고 있다. 재미있는 점은 나의 첫 번째 박사반 지도 학생이었던 타오신화陶新華가 내 뒤를 이어 쑤저우대학 심리 상담 센터 주임으로 일하고 있다는 사실이다. 상편에는 쑤저우대학 심리 상담 센터의 규정과 사례들이 적잖이 인용되어 센터의 발전 현황을 어느 정도 반영하고 있다. 타오신화 박사는 본과 학생일 때부터 심리학에 관심을 보이더니 몇 년 동안 교직에 종사하다가 다시 대학원 시험에 응시했다. 그리고 나의 지도 학생이 된

후로 지금껏 나와 함께 학술 연구를 진행하고 있다. 이번에도 그는 쑤저우 톈지아빙田家炳고등학교의 우원쥔吳文君 선생, 석사반 학생 리진李瑾과 함께 이 부분을 정리하는 데 수고를 아끼지 않아 스승과 제자가 함께 학문적 성취를 이루어간다는 미담을 남겼다.

중편(원서에는 제2집) '학생들과의 서신 상담'은 1986년에 상하이上海 인문출판사에서 출판한 《당신의 심리 건강을 증진시키는 방법》이란 책 중에서 내가 집필한 일부분이 모태가 되었다. 이 책은 나와 전궈 형이 공동 집필한 것으로 우리는 책의 후기에 다음과 같이 적었다.

처음 《난징일보南京日報》에서 심리 건강 칼럼을 연재해달라는 요청을 받고 우리는 청소년들이 자주 겪는 심리적 장애에 관한 짧은 글을 십여 편 썼다. 그리고 이러한 심리적 장애가 생기는 원인과 문제점을 분석하고, 이를 극복할 방법을 제시했다. 뜻밖에도 우리가 쓴 글은 많은 청소년 독자들의 호응을 받게 되어 그들 사이에 널리 전파되었으며, 심지어는 칼럼을 일기장에 오려붙여놓고 자신을 격려하는 청소년도 있었다. 이 일로 크게 감동한 우리는 이 일이 사회적으로 얼마나 중요한 의미가 있는 일인지 깊이 깨달았다. 그래서 《난징일보》 편집장 뤼궈룽呂國榮 선생의 격려와 지지 속에 기존의 내용을 다시 정리하고 확충하여 더욱 풍부하고 생생하며 재미나면서도 실용적인 지식을 담아 체계적으로 완성한 것이 바로 이 책이다.

《당신의 심리 건강을 증진시키는 방법》은 상하이인민출판사에서 출간한 《청소년의 친구 총서》 중의 한 권으로, 일찍이 상하이 시민들이 가장 즐겨 읽는 책으로 선정되기도 했다. 이 책이 출판됨과 동시에 나와 전궈 형은 《중국청년보》에 '심리천지心理天地'라는 칼럼을 개설했고, 청소년들과 여러 심리적인 문제에 대해 토론하면서 역시 청소년들의 열렬한 호응을 받았다. '학생들과의 서신 상담'은 나의 글에서 엄선하여 실은 것이지만, 나와 전궈 형의 사상과 관점, 심지어는 글이 하나로 융화된 것이므로 이 역시 우리 두 사람의 합작품이자 우정의 증표인 셈이다.

하편(원서에는 제3집) '연구 논문'은 내가 여러 해 동안 학습 심리 연구에 종사하면서 발표한 논문집으로, 처음으로 발표한 논문 '장재裝載의 학습 심리 사상'을 포함하여 협동 학습, 잠재적 학습 커리큘럼과 같이 상대적으로 개척되지 않은 분야에 대한 나의 평소 지론이 실려 있다. 재미난 점은 이 내용 역시 전궈 형과 관련이 있다는 것이다. 《16. 현대 학습 이론》은 내가 그를 위해 편집한 전국 통합 교재 《현대교육학》의 내용으로, 그의 허락을 받고 내 문집에 실을 수 있었다. 그리고 '흥미', '의지' 단락은 나와 옌궈차이燕國材 선생, 전궈 형 세 사람이 공동 집필한 《비지능적 요소와 학습》 중의 내용이다. 이번 정리에는 석사반 학생 진옌秦燕이 전체 인용문의 감수를 도왔다.

전궈 형은 《교제의 예술》이라는 저서의 에필로그에서 위인들의 교제를 칭송한 적이 있다.

무슨 이유에서인지 내가 쓴 글을 읽을 때마다 전궈 형과 함께 일하던 때가 떠올라 달콤하고 행복한 기억에 잠긴다. 《교정의 파수꾼―교육 심리학 논문》는 교육과 캠퍼스의 수호자로서 일익을 담당할 뿐만 아니라 우리 두 사람의 변치 않는 우정을 지켜줄 것이라 믿는다.

잊지 못할 우정을 위해 나는 이 책을 전궈 형과 내가 아는 모든 친구에게 바친다.

주영신

2003년 7월

고소姑蘇 적석재滴石齋에서

중국 주영신 교육문집 8

교정의 파수꾼 –중국교육심리학 논문

초판 1쇄 발행일 ㅣ 2009년 12월 15일

저자 ㅣ 주영신
역자 ㅣ 최영준
펴낸이 ㅣ 박영희
표지 ㅣ 강지영
편집 ㅣ 이선희·정수미
교정·교열 ㅣ 이은혜
책임편집 ㅣ 강지영
펴낸곳 ㅣ 도서출판 어문학사
132-891 서울특별시 도봉구 쌍문동 525-13
전화: 02-998-0094 / 팩스: 02-998-2268
홈페이지: www.amhbook.com
e-mail: am@amhbook.com
등록: 2004년 4월 6일 제7-276호

인 지 는
저 자 와 의
합 의 하 에
생 략 함

ISBN 978-89-6184-089-7 94370
      978-89-6184-081-1 (set)

정가 ㅣ 30,000원

※ 잘못 만들어진 책은 교환해 드립니다.